KB059920

새로 쓰는 우리 고대사

새로 쓰는

우리 고대사

서의식 지음

솔

책을 펴내며

우리나라 고대사 전개의 큰 줄기를 일별해보는 책을 펴내게 되었다. 단군의 조선 건국을 사실로 파악하고, 기자조선의 붕괴로 혼선이 빚어지게 된 진국과 삼한의 실체가 진정 무엇인지 설명하며, 삼국의 역사가 고조선사의 계기적 발전 형태임을 명확하게 하는 등 기존의 이해와 다른 점이 적잖다. 고조선이 무너지고 그 유민들이 한반도로 들어오자 먼저 자리 잡고 살던 주민들이 이 파동에 밀려 일부는 일본열도로 건너가고 일부는 남았는데, 남은 이들 중에는 유민 사회에 흡수된 이들도 있고, 따로 모여 독자성을 유지하려 애쓴 이들도 있었다. 이들의 역사가 곧 가야사이다. 아마 처음 듣는 뜻밖의 이야기가 많아, 지금까지의 한국 고대사 이해를 선입견처럼 굳건히 가진 이들에게는 다소간 당혹감을 안겨줄지도 모르겠다.

서울대학교 사범대학 역사과에 근무하면서 유수한 학생들에게 교과서의 이해 체계와 전혀 다른 이야기를 거침없이 토로할 수 있었던 것은 내 교편생활의 큰 보람이었지만, 한편으론 미안한 일이기도 하였다. 예비 교사들에게 당장 필요한 지식보다 앞으로 해명해나가야 할 과제만 잔뜩 안겨주는 일이었기 때문이다. 이제 어느덧 정년을 맞게 되었으므로, 그동안 한국 고대사 연구자로서 나름 힘겹게 알아낸 이해 체계와, 후세의 연구자에게 거는 기대를 모두와 공유하고자 한다.

이 책은 단군이 세운 왕검조선에서 시작해 백제·고구려의 멸망과 신라의 삼국통일로 끝을 맺는다. 그러나 이 시기가 바로 고대古代라는 것은 아니다. 6세기부터는 삼국 모두 중세中世로 접어들었다는 것이 이 책의 관점이다. 그렇지만 우리나라의 '고대'라고 하면 반사적으로 '삼국시대'를 떠올려온 것이 지금까지 익혀온 일반의 인식이므로 이렇게 서술해도 큰 혼선은 없으리라 생각한다.

이 책의 내용 중에는 이미 출판된 졸저 『신라의 정치구조와 신분편제』, 『뿌리 깊은 한국사 샘이 깊은 이야기 1』의 내용과 겹치는 부분이 더러 있고, 기존의 견해를 수정 보완한 부분도 있으며, 자료의 부족과 연구의 척박으로 잘 알 수 없는 내용임에도 전후 사실의 맥락을 지표 삼아 추정해서 서술한 부분이 없지 않다. 실증적 역사 연구의 결과를 소개하는 데 그치지 않고, 장차 그런 실증적 연구가 이루어져야 할 분야와 방향을 제시해두고자 한 서술이었다. 이렇게라도 일러두는 게 장차 한국 고대사를 전공하는 학생들이 기존 연구의 문제점을 깨닫고 자신의 연구 방향을 설정하는 데 다소간 보탬이 되리라 생각한 것이다.

우리 고대사의 흐름과 맥락을 올바로 이해하기 위해서는, 이렇듯 현재 우리에게 주어진 문헌과 자료를 적극적으로 해석하는 한편, 지금까지 이루어진 '실증적 연구'의 실상과 한계를 자각하고 인정할 필요가 있다. 한국 고대사학계의 기존 이해를 답답하게 생각한 비전공자의 저술이 적잖이 출간된 실정이다. 민간의 역사 인식 수준이 이런 정도에 이르렀다면, 이제 어느 정도의 내용은 그 역사성 여부를 독자들이 스스로 가늠할 수 있는 단계에 이르렀다고 생각한다. 이 책의 본문에 굳이 각주를 달지 않은 것은, 국사를 전공하지 않았지만 우리 역사에 관심이 많은 일반인들도 별 무리 없이 편히 읽을 수 있도록 하려는 나름의 배려였다.

대학원 석사과정 재학 시절, 방에 가만히 누워 있었는데 갑자기 사지가 움직이지 않는 경험을 한 적이 있었다. 옆에 있는 아내에게 도와달라 말하고 싶은데 말이 나오지 않았고 손끝도 움직이지 않았다. 심장박동과 혈행이 정지한 것이라는 자각이 일순 머리를 스쳤다. 사지가 움직이지 않고 답답한데 의식은 비교적 또렷했다. 그때, 환각처럼, 정말 검은 갓을 쓴 사자使者가 왔다. 그래서 그에게 나는 이렇게 가면 안 되는 사람이라 호소하며 내가 아니면 우리나라 고대사의 이해 체계를 바로 세울 수 없다고 강변했다. 그랬더니 사자가, 정말 그렇다면 네 일이 끝난 후 다시 오마고 돌아섰고, 나는 마비에서 풀려 살아났다. 꿈이고 환幻이었는지 모르지만, 살기 위해 얼마나 애썼는지, 땀에 흠뻑 젖어 깬 나에게 그것은 분명한 현실이었다. 나중에 환갑이 넘어 안 사실이지만, 나는 선천적으로 심장에 기형을 가지고 태어나 언제 무슨 일을 당해도 결코 이상하지 않은 사람이었다. 이를 처음 발견한 주치의는, 이 상태로 어떻게 살아왔는지 모르지만 사례와 참고 서적이 없어 어떻게 해보자는 이야기도 할 수 없노라 했다. 실제로 환각이 아니었던 모양이다.

어쨌든 이후로 나는 신라사를 중심으로 우리나라 고대사의 진상을 알기 위해 노력하면서도, 우습지만, 사실을 일찍 밝혀내면 그 사자가 그만큼 일찍 다시 찾아오는 것 아닌가 은근 걱정하며 지냈다. 고조선사와 삼국사 사이의 단절적 이해를 극복하는 것이 목표였으나 이 주제를 직접 다루지 않고 미적거린 건, 변명이지만 이런 내면의 주저 때문이기도 하다. 그런데 두어 해 전 뇌에서 종양이 발견되었다. 종양은 두 개였는데 하나는 감마나이프 시술을 해 축소시켰지만, 하나는 위치도 좋지 않고 급히 자라는 것도 아닌 것 같으니 좀더 지켜보자 했다. 볼록한 모양이 수종이 분명하므로 급할 것도 없다는 심산이었다. 그런데 얼마 전에 다시 찍어보니 이게 더 자란데다 모양마저 바뀌어 전이의 양상을 보였다. 이 사실을 알고 피식 실소가 나왔다. 그렇다면 이제 내가 우리나라 고대사의 참모습에 꽤나 접근해서 사자와 기약했던 그 구실을 다했다는 얘기가 아닌가 여겨져서다. 하하.

책을 내며 쓸데없이 이런 흰소리를 하는 이유는, 지금 돌아보면 참으로 훌륭한 선생님을 운명처럼 만나, 내 깜냥으론 목숨을 걸고 궁리해서 이런 인식에 이른 것임을 고백하기 위해서다. 김철준金哲埈(1923~1989), 변태섭邊太燮(1925~2009), 김용섭金容燮(1930~2020), 김광수金光洙, 최병헌崔柄憲, 이경식李景植, 노태돈盧泰敦 선생님의 각별한 지도가 없었다면 얻지 못했을 인식이다. 이분들 모두를 만나 가르침을 받은 것은 큰 행운이었다. 남은 자료가 비록 성기고 드물더라도 그에 입각해서만 사실을 파악해야 함은 물론이려니와, 그나마 편린으로라도 남은 사료를 통해 역사의 진상을 알기 위해서는 당대의 정치, 사회, 경제, 문화, 사상이 서로 어떻게 맞물려 시대의 큰 흐름을 이루고 변화해갔는지 구조적으로 그 맥락을 파악하고 이해해야 함을 선생님들로부터 배웠다.

그리고 많은 선후배와 동학이 나를 질책하고 격려하며 이끌어주었다. 이 자리를 빌려 가슴 깊은 곳에서 우러나오는 고마움을 전한다. 수업에서, 한국 고대사에 대한 기존의 이해가 가진 한계와 문제점을 아주 체계적이고 논리적으로 질문하여 내 문제의식을 자극하고 시야를 확대해준 제자들에게 특히 고맙다. 지금 가진 자료와 지식의 여건에서는, 우리 고대사를 이렇게 이해하는 것이 최선이 아닐까 생각한다. 그리하여 결국은, 이 책에서 제시한 이해 체계를 골격으로 우리 고대사를 재인식하게 되리라 감히 기대하고 전망한다.

이 책의 서술을 거의 끝내간다니 속없이 좋아하며 원고를 모두 읽고 교정해준 아내 김은주와, 어려운 시기임에도 불구하고 이 책의 출판을 기꺼이 맡아준 친구 임우기에게는 무어라 감사의 말을 전하기 어렵다.

2021년 7월

서의식

| 차례 |

머리말

우리나라 고대사의 바른 이해를 제약해온 요인을 여럿 꼽을 수 있겠지만 무엇보다 결정적으로 작용해온 요인은 자료의 절대적 부족이다. 워낙 오래전의 일이라서 관련 자료의 거개가 이미 인멸되었고, 남아 전하는 자료는 후대의 설화적 윤색과 정치적 왜곡이 덧칠해진 나머지 그 원형을 알기 어려운 경우가 대부분이다. 그래서 우리 고대사의 적잖은 사실에 대해 여러 견해가 난립하거나 서로 엇갈려 무엇이 진실인지 도무지 알 수 없는 경우가 흔하다. 관련 기록이 없거나 적다 보니 어느 정도의 유추와 추정은 불가피하다지만, 그것이 다시 단정과 억측으로 확대 혹은 증폭되기 쉬운 한계를 안고 있는 것이다. 그만큼 연구자의 자의적 판단이 개재할 여지가 큰 분야가 고대사이다.

고대사 이해의 걸림돌로 작용하는 또 하나의 요인은 선대로부터 전해져온 편견과 선입견이다. 처음엔 아무 근거 없이 무심코 내뱉은 이야기에 지나지 않았는데, 이것이 후인에게는 확고한 전거典據

가 되어 각주로 달리고, 시간이 지나면서 그대로 사실인 것처럼 굳어지고 만 경우가 적잖다. 예컨대, 사로국이 주변의 다른 소국을 차례로 정복해 영토를 확장함으로써 신라로 발전했다거나, 그 사로국이 '사로육촌斯盧六村'에서 비롯했다는 것은 기실 아무 근거가 없는 허구의 역사상歷史像이다. 심지어 '사로육촌'은 어느 기록에도 보이지 않는 한갓 '조어造語'에 지나지 않는다는 게 엄연한 사실이다. 가야가 변한에서 나왔다는 이해도 확실한 근거 없이 던진 이야기에서 비롯되었다. 그리고 우리 고대사 이해의 근간을 이룬 신라 골품제에 대한 이해도 꼼꼼히 따져보면 자료를 잘못 이해하여 생긴 허구의 이해를 겹겹이 쌓아 구축한 사상누각과 같은 것이다.

이에 더하여, 처음부터 정치적 의도에서 시작된 사실의 왜곡이 우리 고대사의 바른 이해를 그르쳐왔다는 점도 지적하지 않을 수 없다. 무엇보다, 일본제국주의 관학자들의 식민사관이 우리의 고대사상古代史像을 형편없는 형태로 만들었다. 우리 역사가 타율적이고 정체적이었다는 인식이 고대사에 대한 이해를 토대로 성립했던 것이다. 그리고 중국의 동북공정 역사 인식이 우리 역사에서 고구려사를 빼내 중국사의 일부로 편입시키는 역사 침탈로 이어졌다. 모두 정치적 목적에서 사실을 왜곡한 경우였다.

그런데 문제는, 우리 스스로가 그간의 고대사 연구를 주체적이고 자주적인 안목 위에서 행하지 못하고, 주로 저들의 억지에 대항해 그게 아니라고 주장하는 방향에서 진행해온 점이었다. 남의 주장을 전제로, 우리 조상은 그렇게 살지 않았다는 식으로 저들이 제시한 역사 인식을 부인하는 데 역점을 두어온 나머지, 정작 우리 조상이 실로 어떻게 살아왔는지를 체계적으로 파악하는 데는 소홀할 수밖에 없었던 것이다.

　역사의식이란, 세계사의 흐름을 주체적으로 파악하는 하나의 세계관이다. 식민사관이나 동북공정의 역사의식을 부인하는 데 초점을 둔 것은, 그것을 부인하기 위해 일본이나 중국의 세계관에 빠져 있었다는 의미이다. 결국, 나의 세계관을 자주적으로 확립하는 데 힘쓰지 못하고, 남의 세계관에 대해서만 가타부타 말해온 셈이다. 남의 세계관을 놓고 그것을 열심히 부정하거나 긍정한다고 해서 내 정체성이 확립되는 것은 아니다. 우리가 자신이 살아온 내력을 주체적이고 자주적인 안목에서 체계적으로 설명할 수 없다면, 정체성, 곧 내가 존재해왔고 또 앞으로도 존재해야만 하는 정당한 이유를 세계인을 향해 제대로 내세울 수 없게 되는 것이다.

　우리 고대사의 올바른 이해를 위해서는 무엇보다 철저한 사료 비판을 선행해야 하지만, 가능한 한 그 사료 비판에 자신의 자의적 판단이나 소견이 개입할 여지를 좁혀야 한다. 아무리 널리 유행하는 방법론이고 이론이라 하더라도 그것을 우리 고대사에 적용하는 데는 신중해야 하며, 아무리 확신이 서는 이해 체계를 획득했어도 그것이 기록을 부인하고 성립한 것이라면 일단 자신의 확신을 거둬야 한다. 엄연한 기록을 자신의 견해에 입각해 전거가 확실하지 않거나, 틀린 곳이 많은 '두찬杜撰'이라 매도하고 무시한다면, 그것을 타당한 견해라 할 수 없는 노릇이다. 사료 비판은, 최소한의 골자라도 모아 그 기록을 사료로 이용하기 위해 하는 것이지 멀쩡한 사료를 아예 못 쓰게 만들기 위해 하는 것이 아니다.

　이 책은, 이와 같은 생각의 바탕에서 가능한 한 많은 사료를 폭넓게 이해할 수 있는 방향으로 우리 고대사를 이해하고자 노력한 결과

물이다. 단군 이래로 신라가 삼국을 통일하기까지 우리 조상들이 삶을 이어오며 살아온 그 총체적인 내력을 설명하는 데 역점을 두었다. 그러면서 이런 필자의 의지가 또 다른 편견으로 작용하지 않도록 힘껏 애썼다. 잘 음미하며 읽어주길 바라는 마음이 간절하다.

기존의 이해가 가진 불합리와 부정합을 어떻게든 극복해보려 노력했지만, 이 책의 인식에도 한계가 없지 않을 줄 안다. 또 이 책은 우리 고대사의 큰 흐름을 조망한 개설서로 쓰였으므로 구체적인 논증에 소홀한 측면이 있다. 더 궁금한 사항에 대해서는 필자의 다른 저술들이 도움이 되었으면 하지만, 그렇지 못한 경우는 후학의 과제로 넘긴다. 그저, 많은 이들이 이 책을 읽고서 우리 자신의 고대사에 대해 관심을 갖게 되고, 또 이런 이해의 문제점이 무엇일지, 기탄없이 활발하게 토론하는 분위기가 형성된다면 더 바랄 나위가 없겠다.

제1장

왕검조선의 건국과 기자조선으로의 발전

1. 단군과 치우, 우리 역사의 서막을 열다

단일민족의 참뜻

흔히, 우리는 모두 '단군의 자손'이라 말하면서, '우리 민족은 단일민족'이라고 자부한다. 하지만 일부에서는, 단군의 실재도 의심스럽거니와 '단일민족'이란 개념 자체가 사실을 완전히 왜곡하고 만들어진 허구로서, 이로부터 다른 민족에 대한 배타성이 나오는 등 부작용이 심각하므로 지구촌 시대를 사는 우리는 이런 시대착오적이고 국수주의적인 개념을 버려야 마땅하다고 주장하기도 한다.

그러나 '단일민족'이란 우리 모두 단군의 혈통을 이어받은 후손이라는 생물학적 의미에서가 아니라, 우리 민족의 역사가 그로부터 비롯되었다는 역사적 의미에서 나온 개념이라는 사실에 먼저 유의할 필요가 있다. '우리는 단일민족'이란 얘기를, 곧이곧대로 우리가 같은 피를 나눠 가졌다는 뜻으로 받아들이면 곤란한 것이다. 우리나라 성씨의 반 이상이 귀화인을 시조로 둔 성씨라 하며 근래에는 다

문화가정이 크게 느는 추세이니, 한국인 모두가 단군의 혈통을 이어 받은 게 아님은 두말할 나위 없는 일이다.

그럼에도 불구하고 우리가 의연히 '단일민족'이라고 자부하는 까닭은, 우리가 같은 언어와 관습, 가치 등을 공유하며 하나의 나라를 이루며 살아왔고 또 앞으로도 그러해야 할 운명 공동체임을 강조하기 위해서다. 그래서 이 말에는 남북통일을 지향하는 뜻과 함께 지역과 계층·계급 간의 화합이 필연이고 당위라는 뜻이 담겨 있고, 민족과 나라를 동일시하려는 관념도 배어 있다.

그러니 괜히 생물학적 지식을 앞세워, "우리는 결코 단일민족이 아니며, 따라서 허구의 단일민족이란 말을 자주 입에 올리는 이들은 배타적이고 독선적인 민족주의자임이 분명하다."고 주장한다면, 이는 편향된 인식을 근거로 의도된 선동을 일삼거나 그저 남에게 생트집하기 위한 행위에 지나지 않는다. 애당초 민족이란 혈연에 입각하여 저절로 구성되는 실체가 아니라, 그동안 같이 살아온 기나긴 역사와 문화 경험에서 다분히 의식적으로 형성되는 것이기도 하다.

문제는 실제로 '단일민족'이란 용어가 배타적이고 폐쇄적인 태도를 부추기거나 정당화하는 근거라도 되는 듯 행동하고 받아들이는 경향이 있다는 점인데, 이런 사람은 두 가지 사실에 유념할 필요가 있다. 첫째, 우리는 모두 하나의 독립한 개체로 살아가야 한다는 점이고, 둘째, 역사적 현실에서 독립의 개체는 인간으로서 개인만이 아니라 인위적 공동체로서의 국가이기도 하다는 점이다.

따지고 보면 우리 인간은 거의 동일한 원소로 구성된 생명체이다. 그러나 그렇다고 해서 네가 나이고 내가 너인 것은 아니다. 나는 나로서, 너는 너로서 살아가면서 서로를 구별할 수 있게 해주는 요소가 피부와 기억이다. 똑같은 구성 원소지만 피부가 이를 따로 감싸 독립한 하나의 개체로 존재하게 하고, 또 태어난 이후 지금까지 서로 다른 기억으로 살아가면서 나는 나이고 너는 네가 되었다. 피부를 벗기고는 살아남지 못하며, 기억을 잃으면 내 정체성을 잃는다.

피부색이 다르다고 차별하거나 차별받는 것은 두말할 나위 없이 부당한 일이다. 인종차별과 민족차대民族差待는 범죄이다. 피부로 차별해서는 안 되며, 다른 민족이라 해서 차대差待해서도 안 된다. 그런데 마땅히 이러해야 함에도 불구하고 피부로 차별하는 일이 우리 현실에서 빈번히 일어나고 있다. 하지만 피부가 차별의 근원이라고 해서 피부 없이 살자 할 수는 없는 노릇이다. 시각적으로 구별이 되는 것은 현실이며, 차별하면 안 되는 것은 당위이다. 우리가 '단일민족'이라며 독자의 역사 경험과 그 속에서 추구해온 가치를 내세우는 것은 우리 자신을 다른 나라 사람과 구별하는 것이긴 하지만, 이를 차별의 근거나 당위로 여기는 사람이 있다고 해서 구별 자체를 부인한다면 그것은 스스로 피부를 벗기려는 행동과 마찬가지라 하겠다.

역사적 현실에서는, 마치 피부가 그런 것처럼, 우리를 우리 자신으로 살아갈 수 있도록 해주는 근거가 국가이다. 나라를 잃은 난민이 세계를 떠돌며 고초를 겪는다거나, 코로나19가 세계적으로 만연하자 각국이 국경을 봉쇄하고 나라별로 대응한 작금의 실태를 보면 우리가 삶을 도모하는 실질적인 터전이 국가임을 금세 알 수 있다. 우리 또한 나라를 잃고 타국 땅을 떠돌거나 강제로 끌려가 노역당하고 성性을 유린당한 경험을 가졌다. 나라를 육신으로, 민족을 정신으로 여기는 생각이 이때 큰 힘이 되었다. 끝내 정신 줄을 놓지 않아야 육신의 회복을 기대할 수 있듯, 민족을 잘 지켜나가노라면 언젠가 다시 나라를 회복하리라는 믿음이었다.

그리고 우리를 우리 자신으로 살아갈 수 있도록 해주는 또 다른 요소인 기억이 바로 국사國史이다. 우리 민족이 언제 어떻게 이 지구 상에 등장하여 어떤 내력으로 지금까지 살아왔는지 우리가 제대로 기억함으로써 우리로서 살아갈 수 있는 것이다. 기억상실증에 걸려 기억을 잃은 나를 온전한 나라고 할 수 없듯이, 국사를 알지 못하는 이가 한국인으로서 제대로 살아갈 수는 없는 일인 것이다. 이런 사실에 유념하면서, '단일민족'이란 용어 속에, 분단을 극복하고 기필 코 통일을 이뤄 하나의 나라로서 함께 번영하며 살아가길 바라는 마음만 담아 간직하면 된다.

단군의 조선 건국 사실

우리 역사가 단군으로부터 비롯하였다는 인식은 고려 후기에 크게 유행하였다. 충렬왕 3년(1287)에 이승휴李承休가 지은『제왕운기帝王 韻紀』는 "시라尸羅(신라), 고례高禮(고구려), 남북 옥저南北沃沮 · 동북 부여東北扶餘 · 예濊와 맥貊이 모두 단군의 후예이다."라 하였고, 이와 비슷한 시기인 충렬왕 7~9년(1281~1283) 사이에 편찬된 일연一然 (1206~1289)의『삼국유사』는 우리 역사가 단군의 왕검조선에서 비 롯하였음을 명기하였다.

그렇다고 해서 물론, 우리 역사가 조선에서 비롯한다는 인식이 고 려 후기에 와서 처음 생긴 것도 아니고, 우리나라에만 있었던 것도 아니다. 남조南朝 송宋의 범엽范曄(398~445)이 지은『후한서後漢書』예전濊傳을 보면, "예는 북으로 고구려·옥저와, 남으로 진한과 접해 있고, 동으로는 큰 바다에 맞닿으며, 서로는 낙랑에 이른다. 예와 옥저와 고구려는 본디 모두가 다 조선의 땅이다."라고 쓰여 있다. 그 영토로 말하자면 예, 옥저, 고구려가 모두 옛 조선 땅에서 일어난 나라라는 것이다. 이런 사실은 우리만이 아니라 중국 사람들까지 두루 아는 상식이었던 셈이다.

그러니, 영토만 봐서 그렇지 그 민인民人의 연원까지 따지면 신라를 비롯한 남방의 여러 나라도 조선에서 비롯하지 않은 경우가 없다는 것은 매우 이른 시기에서부터 동북아시아 사람들이 널리 상식으로 공유하던 역사 인식이었다고 해도 과언이 아니다. 3세기 후엽에 진수陳壽(233~297)가 지은 『삼국지三國志』 진한전辰韓傳에는 진한 사람이 낙랑 사람을 '아잔阿殘'이라 일컫는다면서, 이는 낙랑에 '남아 있는 우리 사람'이란 뜻이라고 했다. 결국 중국 삼국시대 사람인 진수 역시 조선으로부터 이동해온 사람들이 진한을 이뤘다고 알고 있었던 셈이다.

그리고 이에 더하여, 그 조선을 세운 이가 단군이었다는 역사 사실까지 아는 이가 적잖았던 모양이다. 『삼국유사』에 의하면 중국에, "지금부터 2천 년 전에 단군왕검壇君王儉이 계셔 아사달阿斯達에 도읍을 정하고 새로 나라를 세워 조선朝鮮이라 불렀는데 고高(요임금)와 같은 때였다고 한다."고 기록한 『위서魏書』가 있었다. 안타깝게도 지금 전하는 몇 종의 『위서』에서는 이런 내용을 찾을 수가 없어, 단군의 조선 건국 사실을 기록한 『위서』가 언제 누가 지은 사서인지 알길이 없으나, 3세기 위魏의 역사를 기록한 책이 틀림없으니 4~5세기의 저작일 터임은 분명하다. 이 책이, 일연이 살던 13세기 말엽까지만 해도 여실히 전하다가 그 후 언젠가 그만 없어지고 만 것이었다. 그러므로 이런 사서가 전하던 시기에는 단군이 조선을 세웠고, 그 조선의 후예들이 북방의 부여, 고구려, 예, 옥저는 물론 남방의 신라까지 거의 모든 나라를 세워 발전했다는 사실을 아는 것이 지극히 당연한 일이었다고 하겠다.

단군설화는 역사적 사실

『삼국유사』는『고기古記』에 이런 이야기가 나온다면서 다음과 같이 전하고 있다.

옛날에 환인桓因의 서자庶子 환웅桓雄이 계셔, 천하에 자주 뜻을 두고 인간 세상을 매우 갈구했다. 아버지는 아들의 뜻을 알고 삼위태백三危太伯을 내려다보니 인간 세계를 널리 이롭게 할 만했다. 이에 천부인天符印 세 개를 주어 내려가서 다스리게 했다. 환웅은 그 무리 삼천 명을 거느리고 태백산太伯山의 신단수神壇樹 밑에 내려와서 여기를 신시神市라 불렀다. 이분을 환웅천왕桓雄天王이라 한다. 그는 풍백風伯·우사雨師·운사雲師를 거느리고 곡식·수명·질병·형벌·선악 등을 주관하고 인간의 360가지나 되는 일을 주관하여 인간 세계를 다스리고 교화시켰다.

이때 곰 한 마리와 범 한 마리가 같은 굴에 살았는데 늘 환웅에게 사람이 되기를 빌었다. 때마침 환웅이 신령한 쑥 한 심지와 마늘 스무 개를 주면서 말했다. "너희들이 이것을 먹고 백 날 동안 햇빛을 보지 않는다면 곧 사람이 될 것이다." 곰과 범은 이것을 받아서 먹었다. 곰은 약속한 지 삼칠일 만에 여자의 몸이 되었으나 범은 능히 지키지 못했으므로 사람이 되지 못했다. 여자가 된 곰은 그와 혼인할 상대가 없었으므로 항상 단수 밑에서 아이 배기를 축원했다. 환웅은 이에 임시로 변하여 그와 결혼해주었더니 그는 아들을 낳았다. 이름을 단군왕검이라 일컬었다.

왕검은 요堯 임금이 왕위에 오른 지 50년인 경인년에 평양성에 도읍을 정하고 비로소 조선이라 불렀다. 또 도읍을 백악산白岳山 아사달阿斯達에 옮겼는데, 궁홀산弓忽山 또는 방홀산方忽山이었다고 하기도 하고 금며달今旀達이었다고 하기도 한다. 그는 1500년 동안 여기서 나라를 다스렸다. 주周나라 호왕虎王(武王)이 왕위에 오른 기묘己卯년에 기자箕子를 조선에 봉하니 단군은 이에 장당경藏唐京으로 옮겨 갔다가 후에 돌아와 아사달에 숨어서 산신이 되었는데 나이가 1908세였다고 한다.(『삼국유사』, 권2, 기이紀異 제1)

설화의 형태로 윤색되어 있어서 언뜻 보면 역사 사실을 전한 내용이 전혀 아닌 듯 보이지만, 이는 우리 역사 여명기에 일어난 여러 사건을 함축적으로 전한 것이다. 곧, 단군 이야기는 실제의 역사 사실이 반영된 이야기, 곧 사화史話이다. 여기서 우선 주목할 점은 이 이야기가 청동기시대부터 철기시대에 걸쳐 매우 긴 시간 동안 발생한 복잡다단한 일들을 교묘하게 서로 연계시켜 마치 처음부터 일련의 사건으로 전개된 단기간의 일인 것처럼 묶어낸 형태라는 사실이다.

단군사화檀君史話를 잘 읽어보면 세 개의 서로 다른 내용으로 이루어졌음을 알 수 있다. 첫째는 환웅이 태백산에 내려와 신시를 열고 홍익인간의 이념을 실천했다는 내용이며, 둘째는 환웅이 곰과 호랑이에게 쑥과 마늘을 주어 사람이 될 수 있는 길을 열어주었으며 마침내 여자가 된 곰과 결합함으로써 단군이 태어났다는 내용이고, 셋째는 단군이 아사달에 도읍하여 1500년을 다스리다가 주무왕周武王 (기원전 1087?~1047?)이 기자를 조선에 봉하자 장당경으로 옮겨 갔다는 내용이다. 그리고 이 이야기의 구성은 각각 서로 다른 문화 기반을 반영한 형태이다.

따라서 이 세 개의 이야기가 함의하고 있는 역사성을 정확히 이해하려면 먼저 청동기시대와 철기시대의 문화적 특성을 올바로 알아둘 필요가 있다. 청동기시대가 석기시대 다음에 온 시대라는 것은 누구나 아는 사실이며, 이 시대가 인류 사회의 발전에 대단히 큰 영향을 미쳤다는 것도 대강은 알려져 있다. 그런데 청동기의 어떤 특성이 인류의 삶에 혁신적 변화를 초래했는지에 대해서는 아는 사람이 의외로 드문 듯하다.

청동기문화의 특질과 환인의 홍익인간

석기는 돌을 재료로 삼아 만든 도구이다. 그런데 천지에 널린 게 돌이다. 돌은 천연의 상태로 편재하는 재료인 것이다. 그러므로 돌을 누가 독점한다는 것은 애초에 불가능한 일일 수밖에 없다. 돌을 가진 자와 못 가진 자로 나눌 수는 없는 노릇이라는 말이다. 즉 석기시대엔 계급이 발생할 토대가 갖추어지지 않았던 셈이다. 게다가 돌로 도구를 제작하는 데는 아주 정교한 기술이 요구되지도 않는다. 이를 테면 돌칼이나 돌화살촉 따위는 웬만한 어른이라면 누구나 만들 수 있는 것이었다. 그러니 신석기시대의 두 집단 사이에 싸움이 일어나 승패가 판가름 나더라도 패인이라 해봤자 기껏 싸움에 참여한 인원이 좀 모자랐거나 돌로 만든 무기가 다소 부족했던 데 지나지 않았다. 따라서 패배한 집단이 승리한 집단에 영구적으로 예속될 이유가 없었다. 까짓것 열심히 아이를 낳아 인구를 늘려나가고, 상대방이 노쇠하길 기다리며, 밤새워 돌을 갈아 칼과 화살촉 등 무기를 비축하다 보면 언제든 다시 이길 날을 기약할 수 있었기 때문이다. 집단 내부에서든 외부 집단과의 관계에서든 계급이 발생할 요인은 희박하였다.

그렇지만 신석기시대에도 도시가 발달하고, 질서를 유지하기 위한 권력이 생기며, 외부의 적을 방어하기 위한 군대가 조직되어 위

사진 1 터키 아나톨리아 고원에 위치한 신석시 시대 도시 유적인 차탈회위크 유적 전경

계적으로 운용되었다. 기원전 9천 년경 요르단강 유역에 등장한 예리코Jericho, 기원전 7500년경 아나톨리아 고원에 형성된 차탈회위크Çatalhöyük, 기원전 4천 년경 유프라테스강 유역에 생겨난 우르Ur 등은 성벽·성문·망루를 갖춘 성곽과 신전 등 종교 시설이 있던 대규모 도시였다. 예리코의 인구는 1천 명, 차탈회위크의 인구는 7천~1만 명에 이르렀다고 한다. 영국의 진화심리학자 로빈 던바Robin Dunbar는 인간의 두뇌가 감당할 수 있는 친구의 수가 150명 정도라고 했는데, 이 말이 맞다면 이들 도시 사람들은 심지어 수십에 이르는 다수의 집단으로 나뉘어 서로 경쟁하거나 다퉜을 터이고, 이들 사이에 우열이 생겨 서열화하는 경향도 없지 않았을 것이며, 그 이해관계 및 의견 충돌을 원만히 해결하기 위한 조정 기구나 도시를 지속적으로 유지·관리하기 위한 조직도 제도적으로 갖춰나갔을 것이다. 마치 이 시기에 국가가 성립한 듯 보이기도 하는 이유가 여기 있다. 마야문명이나 아즈텍문명의 기반도 석기였다.

그렇지만 이들 도시가 계급에 의해, 계급을 위해 조성되고 유지되었다고는 여겨지지 않는다. 계급은 청동기문화 단계에서 생겼다. 청동이라는 새로운 재료의 특질이 초래한 변화였다. 청동은 돌과 달리 구리와 주석의 합금이다. 더러는 여기에 아연을 섞기도 하는데, 아연이 함유된 청동은 질겨서 잘 부러지지 않는 성질을 띤다. 즉 청동은 천연 상태로는 존재하지 않는, 인간이 기술로 광석에서 추출한 두어 가지의 금속을 섞어 만든 인공의 재료인 것이다.

따라서 아무나 청동을 가질 수가 없었다. 노천의 잡다한 여러 돌 가운데서 구리와 주석, 아연이 함유된 광석을 각기 알아보는 안목과, 이를 채취해 거기서 금속을 뽑아내고 성질이 서로 다른 구리와 주석, 아연 등을 섞어 청동으로 만드는 기술과 지식을 두루 갖추어 아는 사람 또는 종족만 청동을 가질 수 있었다. 또 어찌어찌하여 덩어리 청동을 구했더라도 그것을 녹여 자신이 쓰려는 목적에 따라 다양한 무기와 제기, 장신구를 만들어내는 기술을 가진 종족이 아니면 청동기문화를 누릴 수 없었다.

인류가 청동을 처음 사용하기 시작한 경위와 장소, 시기를 지금으로서는 정확히 알 수 없다. 인류가 광석을 용해해서 구리를 추출한 가장 이른 시기의 야금冶金 유적이 발견된 곳은 흑해와 카스피해 사이에 있는 캅카스Kavkaz 지방이다. 지금은 아르메니아가 자리 잡고 있는 땅인데, 여기서 이란고원으로 연결되는 산악지대에서 기원전 3천 년 무렵의 동銅 야금 유적이 발견되었다. 이곳은 구리와 주석, 아연만이 아니라 황금과 철 등 광물질이 풍부한 지역이다. 인류가 제련을 통해 얻은 구리로 도구를 제작하기 시작한 것은 대략 기원전 4천 년경의 일이었을 것으로 판단된다. 여기서 멀지 않은 메소포타

지도 1 고대의 노천 주석 산지

미아 지역이 인류 청동기문화의 발상지로 일찍부터 널리 알려졌는데(기원전 3500~3200년으로 편년된 우르의 왕릉에서 주석이 8.1%, 11.1% 함유된 청동제 도끼가 발견되었다), 그 청동기의 원료는 메소포타미아산 광석이 아니다. 메소포타미아 지역에서는 주석이 나지 않기 때문이다.

한편 캅카스 지방 못지않게 광물질이 다양하고 풍부한 예니세이강 상류의 알타이 지역(몽골)도 청동기문화의 발상지로 유력하게 거론된다. 또 황하黃河와 합류하는 원하洹河 유역의 은허殷墟도 이곳에서 청동기가 쏟아지듯 출토되었으므로 유력한 청동기문화 발상지 중 하나로 꼽힌다. 은허 유적은 가로 6km, 세로 4km의 방대한 지역에 걸쳐 있는데, 여기서 다수의 청동기와 갑골문, 건물 유적, 무덤 등이 발견되었다. 은殷은 상商의 마지막 도읍이고, 상은 기원전 1600년 무렵부터 기원전 1046년까지 유지된 왕조이다.

그런데 황하 유역에서 청동기문화 유적은 은허에서만 발견된 게

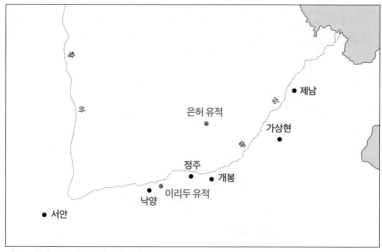

지도 2 황하 유역의 청동기문화 유적

아니다. 1957년, 낙양洛陽 중심부로부터 동쪽으로 약 25km 떨어진 이리두二里頭에서 궁전 터를 포함한 고대 도시 유적이 발견되었는데, 여기서 출토된 청동기는 탄소-14 연대 측정의 결과 기원전 2천 년 무렵까지 소급하는 것으로 드러났다. 하지만 이리두나 은허의 청동기가 어디서 어떻게 만들어진 것인지는 분명하지 않다. 지금까지 발견된 유물만 놓고 보면 황하 유역의 청동기가 메소포타미아 지역의 그것보다 1천 년 정도 뒤지므로, 황하 유역에 살던 사람들이 중앙 아시아를 거쳐 뒤늦게 전파된 청동기문화를 수용하여 나름대로 독자성을 띤 청동기문화를 발전시킨 것으로 짐작되지만, 그저 추측일 뿐, 스스로 청동기문화를 개척한 것이었을 가능성도 배제할 수 없다. 하지만 황하 유역에서 청동을 직접 주조해냈음을 입증해주는 유적은 아직 발견되지 않았다.

한편 '중국'이란 인식이 형성되기 시작할 즈음에 자기 영토와 인구를 외적外敵으로부터 지키기 위해 북방 이민족과의 경계에 쌓은 만리장성의 북방에서 황하문명보다 더 앞선 시기의 신석기문화 및 청동기문화 유적이 발견되어 세계인의 관심을 끌었다. 이른바 요하문명이 그것이다. 이 문명은 특히 빗살무늬토기, 옥결玉玦을 비롯한

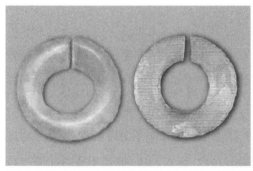 

사진 2 요하문명 지역인 사해査海, 흥륭와興隆窪에서 출토된 옥결(왼쪽)과 강원도 고성에서 출토된 옥결(오른쪽)

지도 3 요하문명 출토지(고조선과 연관된 것으로 추정되는 유적)

옥 장신구, 적석총積石塚, 비파형동검 등을 매장하고 있어, 이를 창도한 주인공이 우리 조상이거나 우리 조상과 매우 깊은 관련이 있는 사람들이었을 개연성이 주목되어왔다.

　그러나 이 유적의 성격과 우리 역사와의 연관 여부를 둘러싸고는 의견 대립이 분분하여, 지금으로서는 발굴의 진전을 기다리며 더 논의해봐야 할 형편이다. 다만 여기서 주목되는 것은 청동기 관련 유적인데, 기원전 3천~2천 년의 초기 청동기시대 유적으로 평가된 적봉시赤峰市 오한기敖漢旗의 소하연小河沿 유적과 기원전 2천~1500년에 조성된 하가점夏家店 하층 문화 유적이 대표적이다. 그 편년이 황하 유역의 그것보다 더 오래되었으면 오래되었지, 결코 뒤지지 않는 시기의 청동기 유적인 것이다. 황하 유역뿐 아니라 요하遼河 유역에도 독자의 청동기문화가 있었다는 점을 기억해둬야 한다.

　청동이 구리와 주석의 합금이므로 아주 발달한 기술을 갖지 않으면 이를 향유할 수 없다는 이야기를 했는데, 사실 청동은 기술보다도 그 광석을 구하는 게 더 어려워 쉽게 만들 수 있는 금속이 아니었다. 청동을 만드는 데는 반드시 주석이 필요한데, 이 주석 광석을 구하기가 특히 어려웠다. 메소포타미아의 청동기를 만드는 데 쓴 주석도 지금의 영국에서 들여온 경우가 적잖았다고 한다. 지중해 한복판에서 크레타문명(기원전 3650~1170)을 연 미노스인들이 장거리 주석 교역을 주도하였다. 황하나 요하 유역의 청동기에 쓰인 주석의 산지는 아직 알려지지 않았다. 황하 유역으로부터 요하 유역을 거쳐 한반도에 이르기까지 지금도 변변한 주석 광산이 없다.

따라서 노천에서 광물을 구하던 당시의 여건에서 생각해보면, 그 청동기에 쓰인 다량의 주석은 중국 남부(예컨대, 호남성湖南省 당관포塘官鋪)나 동남아시아, 또는 몽골의 알타이 지역으로부터 수입한 것이었다고 볼 수밖에 없다. 아마 아주 값비싼 대가를 치르고 수입했을 것이다. 그러므로 당시 청동은 대단히 귀한 금속이었다.

귀금속은 그것을 가질 자격이 있는 사람만 지닐 수 있는 것이다. 그것을 가지고 지켜낼 수 있는 능력 곧 강한 무력을 지닌 집단만 청동기문화를 누릴 수 있었다. 청동기시대가 되었다고 해서 어느 집단이나 조금씩의 청동기를 갖고 생활했으리라 상상한다면 오산이다. 한마디로 말해, 청동기문화는 강자, 승리자의 문화였다는 게 가장 큰 특징이었다. 약자와 패배자는 우연히 청동기를 손에 넣더라도 그것을 결코 지켜낼 수 없었다. 어느 집단이 약간의 청동기라도 가졌다는 소문이 나면 반드시 강자가 그것을 빼앗으러 왔고, 저항하면 죽임을 당하였다. 청동기는 최고의 강자에게 집중되었으며, 따라서 그 세력은 더욱 강력한 지배력을 지녔고, 그 지배 범위는 갈수록 더 넓어졌다. 약자와 패배자는 청동기시대를 살고 있긴 했지만 여전히

석기밖에 쓰지 못했다. 승자와 패자의 위치는 시간이 흐를수록 굳어
져, 패자가 언젠가 승자를 이길 날이 올 가능성은 희박하였다. 청동
기를 가진 자와 못 가진 자의 구별은 뚜렷하였고, 그 관계는 영속적
이었다. 계급이 나뉘고, 지배와 피지배의 관계가 굳어진 것이다. 흔
히, 청동기시대에 들어서면 광역의 정복국가가 출현할 토대가 충분
히 갖추어진다고 생각하는 것은 이 때문이다. 은허에서는 청동기가
지천으로 발견되는데, 여기서 10km만 벗어나도 석기만 출토될 뿐
청동기를 찾아보기 힘들다. 이는 청동기인과 신석기인이 공존하였
기 때문이 아니라, 같은 청동기시대에 살면서 누구는 승자였고 누구
는 패자였기 때문에 생긴 현상이다. 패자는 승자에 복속하여 석기를
이용해 농사를 지었고, 그 산물의 일정량을 승자에게 바쳤다.

　청동기시대의 한반도 지역 농기구가 반달돌칼[半月形石刀]이나 홈
자귀[有溝石斧] 등의 석기인 것은, 청동이 농기구로 쓰기엔 약한 금
속인 탓도 있고 또 그러기엔 터무니없이 비싼 고가의 귀금속인 탓
도 있지만, 본질적으로 청동기가 승자의 차지였던 데 원인이 있다.

사진 3 청동기시대 한반도의 농기구로 사용된 반달돌칼과 홈자귀

청동기시대에 들어서서 석기로 만든 농기구가 다양해져 농업생산력이 증대되었다고는 하지만, 피지배 집단의 생활이나 생산력은 신석기시대의 그것이나 별반 다름이 없었다고 해도 과언이 아니다. 청동기시대의 사회발전은 농업생산력의 증대에 힘입어 생긴 것이 아니라 청동제 무기를 독점한 지배 집단의 무력에 의해 광역의 생산물이 한 지역에 집중되면서 일어났다.

청동기문화를 향유한 승자로서의 지배 집단은 하늘로부터 넓은 지역의 부족과 읍락을 통치하도록 권력을 위임받은 천손족天孫族임을 자처하면서, 위험하기 짝이 없는 청동기는 자신이 독점하는 것이 널리 인간을 이롭게 하는 일임을 설파하였다. 어차피 청동검 몇 자루도 갖지 못한 집단끼리 다툴 일도 없었고, 다퉈봐야 지배자 집단의 재결裁決로 모든 잘잘못이 가려지는 판에 약자끼리는 기실 다툴 여력도 없었다. 평화 상태가 장기간 유지되었고, 멀리서 복속해온 수장首長에게는 충성의 대가로 지배자의 상징인 청동제 검과 거울, 방울 몇 점을 하사하기도 하였다. 지방 읍락들에서 제사 등 의례 때 사용하는 의기儀器들이 흔히 발견되기 시작하면 이미 청동기시대는 저물고 철기가 등장하여 위세를 떨치기 시작한 시기에 접어들었다고 보아도 크게 그르지 않다.

같은 맥락에서, 환인이 홍익인간을 표방하며 태백산에 내려와 신시를 열고 풍백, 우사, 운사와 더불어 인간의 360여 가지 일을 다스렸다는 이야기는 청동기문화를 반영하여 성립한 것임을 알 수 있다. 청동기시대의 지배자는 하늘의 권위에 기대 신정정치神政政治를 펼쳤으며, 이런 정치체제에서 제단祭壇은 사회 통합의 구심점이었다. 요하문명권의 유적지 도처에서 발견된 제단과 신묘神廟가 이 시대의 산물이다. 인간의 360여 가지 일을 다스렸다는 것은 1년 365일간 매일매일 따로 할 일을 정하고 이를 지배자가 국가 차원에서 통솔하고 있었다는 뜻이니 매우 잘 조직된 사회였음을 능히 짐작해 알 수 있다.

그런데 설화처럼 전하는 이야기에 의하면, 환인이 지배하던 지역과 별도의 또 다른 지역에서는 치우蚩尤가 지배하는 영역이 따로 있었다고 한다. 사마천司馬遷(기원전 145?~86?)의 『사기史記』에 전하는 이야기이다.

맥족의 대수장, 치우

사마천은 한무제(재위 기원전 141~87) 때의 사관史官[太史令]으로서 궁형宮刑이라는 치욕을 견디고 살아남아 마침내 『사기』를 완성한 사람으로 유명하다. 그는 중원을 차지한 한漢이 이른바 3황 5제三皇五帝에서 발원하여 하夏-상商[殷]-주周와 진秦을 거쳐 내려온 정통 중국 왕조의 계승자라는 역사 인식을 체계적으로 정리하는 데 필생의 노력을 기울였다. 지금까지 흔히 통용되는 중국사 인식의 토대를 마련한 사람인 셈이다. 그러나 이 인식은 황하를 중심으로 한 중원 땅을 차지한 국가들의 흐름을 정리한 형태일 수는 있지만, 그 자체를 중국사로 인정하기엔 무리가 있는 인식 형태이다. 한 예로 상商의 역사와 문화는, 스스로 중국인의 중심 족이라 자처하는 화하족華夏族이 자기들과 따로 구분하여 동이東夷라고 부른 사람들이 이룬 것이었기 때문이다.

지금 중국에서 통용되는 역사 인식에 따르면, 현재의 중국 문화는 화하족인 주周가 동이족인 상商을 정복하고 그 문화를 그대로 인정하여 중국 문화의 기반으로 받아들여 형성된 문화이며, 이를 계기로 대부분의 동이족이 중국 민족에 흡수되었으므로 동이족 역시 중국 민족의 한 줄기로 보아야 한다고 한다. 그래서 이런 인식의 확산에 유의한 한국의 동양사학자 중에는, 동이족이라면 무조건 우리 민족의 조상이라고 생각해서는 곤란하다고 생각하는 이들이 생겼다. 긴 역사의 흐름 속에서 동이족의 대다수가 중국 민족에 흡수되어 갔다는 것은 부인하기 어려운 사실이므로, 우리가 그 동이족의 후예임을 자처하고 나선다면 이는 자칫 중국인으로 하여금 한국인은 더 이상 독자성을 고집하지 말고, 앞서 선조들이 그랬던 것처럼 이제라도 중국으로 들어오는 게 어떠냐고 억지를 쓰게 만들 빌미가 되지 않을까 우려한 까닭인 듯하다. 그래서 3세기의 사서인『삼국지』동이전에 나오는 동이와 그 이전 시기의 동이를 구별해서 파악하지 않으면 안 된다고 주장한다.

　그리고 같은 맥락에서, 3세기의 동이를 그 이전 시기 동이의 후예로 파악한『후한서』는 우리가 결코 참조해서는 안 될 사서라며 그 가치를 깎아내리고 헐뜯는 경향까지 생겼다. 그러나『후한서』는 그렇게 간단히 폄훼하거나 매도해도 될 사서가 아니다. 그 이유와 관련해서는 뒤에서 다시 자세히 살필 것이므로, 여기서는 우선『사기』가 중국 대륙에서 전개된 역사를 단일 계통의 역사로 획일화하려는 분명한 목적을 가지고 서술된 사서라는 점을 확실히 알아두었으면 좋겠다. 그리하여『사기』에는 사실을 의도적으로 조작하고 왜곡하여 이치에 맞지 않는데도 자기에게 유리하도록 억지로 끌어 붙여 서술한 부분이 적지 않다. 본디 중국의 역사가 아닌 이민족의 역사임에도 불구하고 마치 애초부터 중국사인 것처럼 당연시하며 서술한 곳도 있다. 치우 이야기가 그 한 사례이다.

사마천은 기록으로 상고할 수 있는 중국사의 기원을 황제黃帝로 잡았다. 그래서『사기』제1권은『오제본기五帝本紀』로 시작하는데, 황제가 누구며 어떻게 성스러운 인물인지 간략히 언급한 후 곧바로 다음과 같은 이야기를 소개하고 있다.

헌원軒轅이 살던 때는, 신농씨神農氏가 다스리는 세상이 쇠퇴하여 제후諸侯들이 서로 침략하고 베어 죽이며 백성에게 포학질을 일삼았으나 신농씨가 능히 이를 정벌하지 못하고 있었다. 이에 헌원이 방패와 창 등 병장기 쓰는 법을 익혀 조공朝貢하지 않는 제후를 정벌하니, 제후들이 모두 와서 복종하였다. 그러나 치우蚩尤는 가장 난폭하여 정벌할 수 없었다. 염제炎帝가 제후들을 불의에 습격하여 능멸하고자 하였으나 제후들은 모두 헌원에게 복속하였다. 헌원은 이에 덕을 닦고 병력을 정돈하며, 5기五氣를 다스리고 5종五種을 심어 만민萬民을 어루만지며, 4방을 제도하고, 곰(熊)·말곰(羆)·비휴貔貅·추호貙虎를 길들여서는 염제와 판천阪泉이라는 들에서 결전하였는데 세 번을 싸운 뒤에야 그 소원을 이룰 수 있었다. 치우가 난을 일으켜 황제의 명령을 듣지 않으니 이에 황제黃帝는 제후들의 군대를 징발하여 치우와 탁록涿鹿의 들에서 싸워 마침내 치우를 잡아 죽였다. 이리하여 제후들이 모두 헌원을 받들어 천자天子로 삼아 신농씨를 대신하게 하니 이가 곧 황제黃帝이다.

황제가 탁록의 들에서 치우와 승부를 결판내는 마지막 싸움을 했고, 여기서 이겨 중원을 제패하게 되었다는 게 이 이야기의 요지이다. 탁록은 하북성河北省 장가구張家口에 있는 현 이름으로 지금까지 남아 있는 지명인데, 북경으로부터 서북쪽으로 약 120km 떨어진 곳이다. 황하 유역을 석권한 황제가 이곳에서 치우와 충돌했다면, 치우 세력의 본거지는 그 건너편의 난하灤河, 대릉하大陵河 유역이었을 터이다. 이른바 '요하문명'이 발견된 바로 그 지역이다. 그런데 이 기사記事와 관련하여 후한 말기의 대학자이자 관료인 응소應劭(?~204?)는 "치우는 옛 천자天子이다."라 주석하여 치우를 황제에 맞선 대세력의 수장으로 파악했으며, 당唐의 장수절張守節은 그가 736년에 편찬한 주석서인 『사기정의史記正義』에서, 『용어하도龍魚河圖』와 『산해경山海經』에 다음과 같은 이야기가 따로 전함을 주註로 달아 소개하였다.

　　『용어하도』에 이르기를 (…) 황제가 섭정할 때에 치우蚩尤라는 사람이 있어 형제가 81인이었으며 짐승의 몸에 사람의 말을 하였다. 구리로 된 얼굴에 쇠로 된 이마를 가졌고 모래와 자갈을 먹었으며, 전쟁에 쓰는 여러 기구와 칼, 창, 큰 활을 만들어 위세를 천하에 떨쳤으나 법도가 없이 마구 사람을 죽이니 어질지 못하였다. 만민이 황제로 하여금 천하의 일을 다스려주길 원하였으나 황제가 인의仁義로서 치우를 저지할 수가 없자 이에 하늘을 우러러 탄식하였다. 하늘이 현녀玄女를 내려보내 황제에게 군사를 움직이는 데 쓰는 신표와 신령스러운 부절을 주고 치우를 제압하도록 하였다. 이리하여 황제는 이것을 가지고 병력을 주관하여 팔방을 제어하였다. 치우가 몰락한 후에 천하가 다시 소란해지자 황제는 드디어 치우의 형상을 그려 천하를 위협하였다. 천하가 함께 말하기를 치우는 죽지 않았다 하고 팔방의 모든 나라가 모두 복종하였다.

『산해경』에 이르기를 (…) 황제가 응룡應龍을 시켜 치우를 공격하게 하자, 치우는 풍백과 우사에게 청하여 따르도록 하고 큰 바람과 비를 일으켰다. 황제는 이에 '가물귀신[魃]'이라는 천녀天女를 보내 비를 그치게 하였다. 비가 그치자 마침내 치우를 죽였다.(『사기』 권1, 오제본기五帝本紀 1)

이 가운데 『용어하도』는 한漢 대의 앞날의 길흉화복을 예언한 책인 도참서圖讖書로 짐작되나 그 원문은 지금 전하지 않고, 『산해경』은 기원전 3~4세기 무렵에 편찬된 책으로 변방 지역의 신과 인물, 사물 등에 대한 이야기를 그림과 함께 기록한 것이다. 이 두 책이 기록한 내용을 종합해보면 치우의 특징은 ① 몸은 짐승인데 말을 했다. ② 81인의 형제가 있었다. ③ 병장기를 무섭게 잘 쓰고 용감무쌍한 무신武神과 같은 존재였다. ④ 풍백과 우사를 부하로 거느렸다는 것으로 요약된다.

먼저, ① 짐승이면서 말을 한다고 기록한 것은 황제족의 관점에서 볼 때 치우가 이민족이었음을 나타낸 것이다. 말을 하지만 황제족으로서는 잘 알아들을 수 없는 언어였기 때문에 자기들과 종족 계통이 다르다는 뜻으로 짐승이라 표현한 것이겠다.

② 형제가 81인이었다는 것은 치우의 세력이 형제적 질서로 조직되어 있던 것을 가리킨 대목이다. 한 부족장이 자기보다 더 큰 세력

의 부족장을 만나면 '형'이라 부르고, 그보다 더 큰 세력의 부족장은 '큰형', '더 큰형' 하는 식으로 불렀기 때문에 다른 종족이 보기엔 이들이 모두 형제처럼 여겨졌던 모양이다. 그러니 치우는 '81'이라는 숫자로 헤아릴 정도로 매우 많고 크고 작은 부족을 형제적 질서로 통합하여 거느린 대수장大首長이었다고 하겠다.

그런데 후대에 맥족貊族이 주축이 되어 세운 나라인 고구려에 '형兄'· '대형大兄'·'태대형太大兄'과 같은 관등官等이 있었던 것으로 전하여,

치우 집단과 높은 상관성을 보이는 사실이 주목된다. 말하자면 고구려 지배층은 관등의 높낮이에 따라 '형', '큰형', '더 큰형' 등으로 불렸던 것인데, 이는 고구려가 본디 형제적 질서에 바탕을 두고 형성된 사회에서 유래했음을 뜻한다. 치우 집단의 경우와 그 기본 성격이 완전히 일치하는 사회 조직 형태였던 셈이다. 따라서 『용어하도』와 『산해경』의 이 기록은 치우가 맥족의 조상이었을 개연성을 대단히 높게 시사한다고 하겠다.

③ 치우가 무신적武神的 존재로 묘사된 점도 맥족과의 연관성을 더욱 높여주는 측면이다.

사진 4 고구려 제19대 광개토대왕의 업적을 담은 광개토대왕릉비

고구려 사람들은 그 시조의 이름을 주몽朱蒙이라 불렀는데, '주몽'은 활을 잘 쏘는 사람을 가리키는 고구려 말이었다고 한다. 즉 고유명사가 아니라, 무적武的 능력이 탁월한 사람을 뜻하는 일반명사였던 것이다. 광개토대왕릉비문에는 주몽을 '추모鄒牟'라고 써놓았다. 『설문해자주說文解字注』에 의하면, '추鄒'는 '주루邾婁'라고 쓰기도 하며 동이족의 말이라고 한다. 그런데『삼국사기』에 고구려 3대 왕인 대무신왕大武神王을 대해주류왕大解朱留王이라고도 했다는 기록이 있다. 한자 말 '무신'에 대응하는 고구려 말이 '주류'였음을 전하는 내용이다. 주류는 '주루 > 추'로도 표기될 수 있는 말이었으니, 주류나 추는 맥족의 언어로 활을 잘 쏘거나 병장기를 잘 다루는 무적武的 영웅, 곧 '무신武神'을 가리킨 말이었던 것이다. '치우'는 '추'를 달리 표기한 것으로서 맥족이 그들의 대수장을 부르는 말을 한자로 적은 것이 틀림없다. 치우는 맥족의 수장이었다.

④ 치우가 풍백과 우사를 거느렸다는『산해경』의 기록도 치우가 이미 단군 이전에 동이를 이끌던 대수장이었음을 전하는 내용이다. 누구나 알고 있듯이, 풍백과 우사는 단군사화에 나타나는 인물들로서 단군 이전에 환웅과 함께 신시에 와서 인간의 여러 가지 일들을 나누어 돌보았다는 이들이다. 풍백은 수명과 질병, 우사는 곡식을 주관하였다. 그런데 환웅에게는 이들 외에도 형벌과 선악을 주관하던 운사가 더 있었다. 운사는 구름신이지만 번개와 벼락의 상징으로서 선악과 형벌에 관여한 존재였다. 환웅 단계에서는 법에 따라 선악을 판별하고, 법을 어긴 자는 물리적 강제력을 가하여 벌을 줄 수 있는 사회로 발전한 것이었다. 이에 비해 치우 때는 형제적 질서로서의 대등 관계에 머물러 물리적 강제력까지는 아직 행사하지 못한

단계였던 셈이다. 치우 이야기는 환웅보다 앞선 시기(또는 단계)의 맥족사회의 모습을 담고 있는 것이고, 환웅의 예족과 치우의 맥족이 거의 유사한 정치조직을 가져 문화를 공유한 사실을 보여주고 있는 것이다. 우리가 예맥의 후예라고 한다면, 기록을 통해 확인할 수 있는 한 가장 먼 윗 선조는 치우이다.

황제와 다툰 치우 이야기를 단순한 전설로 여기거나 중국의 옛이야기로만 여겨, 이를 토대로 실제의 역사상을 재구성해보려는 시도를 무의미하거나 우리와 무관한 일이라고 생각하는 이들도 있다. 그러나 오랜 기간을 말로 전해오는 과정에서 생긴 약간의 윤색과 착오가 있을 수 있다고 하더라도, 황제 이야기의 기본 골자는 중국 민족의 형성과 관련된 역사적 기억으로 대단히 중요하게 전승되었을 터이므로 신뢰성이 전혀 없다고 단언하긴 어렵다. 여기 나오는 치우를 단지 허구의 인물로만 여길 수 없다.

동이족과 황제

황제는 중원의 여러 제후 세력을 끌어모아 치우를 쳤으나 한동안 이기지 못했다고 한다. 치우의 위세가 어찌나 강했던지 치우는 그가 죽은 뒤에도 한동안 공포의 대상이 되었다. 천하가 다시 소란해졌을 때 난을 일으킨 제후에게 치우의 용모를 그림으로 그려 보여주었더니 치우는 죽지 않았다며 두려움에 떨었다고 할 정도였다.

그러나 『사기』가 전하는 치우 이야기는 탁록에서 벌인 결전에서 황제가 마침내 치우를 쳐서 깨뜨렸다는 것으로 끝난다. 요서 지역

동이사회를 이끌던 맥족貊族의 대수장인 치우가 황하 중류 지역의 황제에게 패배함으로써 그가 이끌던 세력이 구심점을 잃고 무너지고 만 것이었다. 치우의 패배와 관련하여 다른 이야기를 전하는 기록도 있으나 어떻든 지금 우리의 처지로 보아 우리 선조가 패퇴한 것은 부인하기 어려운 사실일 터이다.

황제는 원래 황하 중·하류 유역의 동이사회를 이끌던 동이족 수장이지만 지금은 한족漢族을 넘어 중국인의 시조로 숭상되고 있는 인물이다. 그런데 황제가 중국인의 시조로 추앙받게 된 것은 그가 주나라 희성姬姓의 조상이라고 서술한『사기』의 기록을 그대로 수용한 결과일 뿐이라는 점에 유의할 필요가 있다. 하지만 정작 주周 대의 희성은 그들 스스로 황제의 후손이라는 인식을 전혀 갖지 않았던 것으로 밝혀졌다. 희성은 황제의 혈통과 무관한 것이다. 그럼에도 불구하고『사기』가 중국사의 기원을 3황 5제에서 찾고, 이로부터 하-상-주로 이어지는 화하족 왕조가 서로 계승·발전했다고 본 것이었다. 이는 앞서도 말했듯이,『사기』의 인식이 실제의 역사 사실을 그대로 반영한 것이라기보다 통일 왕조의 안정을 바란 한漢 대의 정치 상황에서, 필요에 의해 만들어진 것이었던 데 그 원인이 있다.

실제 주周는 황하 상류의 서안西安에서 발원한 왕조로서, 이에 앞서 황하 중류의 낙양·정주鄭州 등지를 중심으로 발달한 상商 왕조를 혈통 혹은 문화면에서 계승한 왕조였다고 보기 어려운 게 사실이다. 상을 정복하고 그 문화를 자기 것으로 흡수해들임으로써 한족의 발전에 새로운 전기轉機를 개척한 왕조였을 뿐이다. 따라서 탁록에서 치우와 패권을 다퉜다는 황제를 화하족華夏族의 선조로 추앙하는 현재의 중국 역사관은 사실에 입각한 것이 아니다. 다만, 당시의 동이는 황하 유역에 살던 여러 종족을 한꺼번에 뭉뚱그려 부르던 표현이므로 황제가 이끌던 동이가 우리 민족의 직접적인 조상이라 할 수는 없다. 먼 시기로 올라갈수록, 우리 역사 및 문화의 계통을 찾아 세우는 작업과 우리 혈통의 기원을 찾는 작업은 구분하여 인식할 필요가 있다.

탁록의 패배와 맥족의 이산

치우의 본거지를 지금의 산동성山東省 일대로 보는 견해가 적잖다. 『사기집해史記集解』는, 황제가 치우를 죽인 후 그의 신체를 훼손하여 각기 다른 곳에 묻었다면서 치우의 무덤이 동평군東平郡 수장현壽張縣과 산양군山陽郡 거야현鉅野縣에 있다고 하였는데, 그것은 이 지역이 모두 산동성에 속하는 장소들이라는 점에 주목했기 때문이다. 그러나 치우 세력의 중심은 지금의 적봉赤峰 일원에 있었다고 봄이 옳다고 생각된다. 황제는 지금의 산동성 곡부曲阜에서 태어나 하남성河南省 정주 일대를 장악한 수장首長이었으므로 그가 탁록으로 진격하여 치우와 맞붙었다면 치우의 본거지는 응당 그 반대편인 적봉 방면에 있었다고 보는 게 사리에 맞는다. 치우는 노합하老哈河와 대릉하 유역을 아우른 넓은 지역의 여러 세력 수장들을 형제적 질서로 편제하여 거느린 대수장이었던 것이다.

따라서 황제가 치우의 시신을 나눠 산동성 여기저기에 묻었다는 이야기는 치우를 격파한 후 그 세력을 각지로 흩어 분산시킨 사실을 반영한 내용으로 이해하는 것이 옳다. 주로 맥족의 유력 세력들이 세력 분산의 대상이 되었을 것이다. 실제로 치우의 어깨와 팔을 매장했다는 거야현은 지금도 거야현巨野縣이라 불리는 지역으로서 단군신화의 내용을 그린 것으로 짐작되는 무씨사武氏祠 화상석畫像石이 발견된 가상현嘉祥縣과 바로 이웃한 현이다. 무씨사 화상석은 이 지역으로 이주당한 맥족의 후예가 그 역사를 돌에 새겨 남긴 것이다. 그러고 보면 치우의 무덤이 여러 곳에 있었다는 이야기도 각지에 분산된 맥족이 저마다 치우를 제사한 데서 유래한 설화일 개연성이 크다고 여겨진다. 오늘날 중국의 소수민족 가운데 묘족苗族이 스스로 치우의 후예를 자처하고 있는데 이것이 그대로 사실일 가능성도 없지 않다.

맥족이 주로 거주하던 위치와 관련해서는, 당唐 배구전裵矩傳에 "고려는 본디 고죽국이었다(高麗本孤竹國)."고 한 사실이 참고된다. 여기서 '고려'는 고구려라는 나라를 가리킨 말이 아니라 '맥貊'의 다른 표기로 쓰인 것이다. 지금도 일본에서는 '고려'와 '맥'을 모두 '고마こま'로 읽어 둘을 동의어로 쓰던 용법을 아직 간직하고 있다. 고죽국이 어디에 있던 나라인지를 둘러싸고는 여러 설이 있지만, 1970년대에 요녕성遼寧省 객좌현喀左縣 북동촌北洞村 고산孤山에서 '고죽孤竹'의 표기로 보이는 명문이 새겨진 상商 말기 청동제기靑銅祭器가 발견되어, 대략 이곳을 중심으로 해서 남으로 난하 하류의 창려昌黎 유역, 서로 승덕承德, 북으로 적봉赤峰, 동으로 조양朝陽, 금주錦州에 걸친 지역이 그 영향권에 있었으리라 여겨진다. 기원전 11세기 무렵까지도 이곳에 맥족이 집중 분포해 있었던 셈이다.

맥족의 치우를 중심으로 결집했던 만리장성 이북의 요서 동이 세력은 탁록에서의 패배 후 그 구심점을 잃고 와해되고 말았다. 기원전 약 2600년경의 일이었다. 치우를 지지하여 연맹에 참여했던 예족 등 다른 종족들은 각자도생의 길을 모색하고 나섰으며, 분산으로 세력이 약화된 맥족도 잔여 집단을 수습·재정비하여 재도약을 향한 장정에 올랐다. 멀리 떨어져 있게 되었어도 같은 맥족끼리의 협력과 연대는 매우 끈끈하였으리라 짐작된다. 이로부터 200~300년이 지난 뒤 환웅이 신시神市를 연 것으로 나타나는 것은, 맥족과는 별개로, 예족이 독자적으로 나름의 정치조직을 구축하게 되었음을 전하는 사실이다.

하지만 지금 우리는 이 격동의 구체적인 역사 과정을 제대로 알지 못하고 있다. 관련 기록이 전연 전하지 않고, 기억의 잔재라고 여겨지는 설화는 그동안 변형되고 윤색되어 원형을 짐작하기조차 어렵게 되었다. 게다가, 본거지에 머물러 살다가 화하족에 흡수된 종족의 역사와 문화는 마치 원래부터 화하족 역사이고 문화였던 것처럼 오인되기에 이른 경우가 허다했기 때문에 그 원형을 복원해내기가 쉽지 않다.

그리고 보면 지금 중국의 것으로 전하는 고대 설화의 상당수가 본디는 동이의 것일 개연성이 크다. 앞으로 이를 면밀히 고찰하여 그중 우리의 설화를 찾아오는 작업이 체계적으로 이루어지리라 기대하지만, 현재로서는 분명히 말할 수 있는 것이 거의 없다. 신석기시대의 빗살무늬토기와 청동기시대의 비파형동검이 출토되는 대릉하, 요하 유역의 광범위한 유적들만이 이곳에, 화하족이 '동이'라 하여 자신과 구분해 불렀던 종족들이 오랜 세월에 걸친 격변의 정치변동에도 불구하고 서로 긴밀한 관계를 형성하며 독자적 문화를 발전시키고 살았던 역사를 간접적으로 증언하고 있을 뿐이다.

동이 문화의 전승과 변형

동이족은 그 역사의 벽두부터 화하족과 이웃해 살았다. 서로 문화가 다르고 언어의 차이로 의사소통에 장애가 있었으므로 힘으로 다투는 일이 잦았지만, 문화 면에서는 피차 깊은 영향을 주고받으며 발전하였다. 특히 동이 문화가 화하족의 발전에 큰 영향을 미쳤다고 여겨진다. 한자도 원래는 동이의 상형문자를 수용해 발전시킨 것이라고 한다. 최근에는, 황제가 치우의 동이 세력을 이긴 후 치우 집단의 토템이었던 용龍을 중국 전체를 상징하는 통합 토템으로 수용하였다고 본 견해가 제출되어 주목을 받았다. 다른 집단의 토템을 수용하였다는 것은 곧 그 문화의 세계관과 가치 체계를 고스란히 받아들였다는 의미이다. 지금 중국의 주족主族이 된 화하족은 저 황제의 계승자를 자처하고 나선 존재이니, 중국 문화가 동이 문화를 수용함으로써 그 발전의 결정적 전기를 마련하였음을 인정한 견해인 셈이다.

중국 집안의 고구려 장천1호분 천장에는 일월성수도日月星宿圖가 그려져 있다. 고분의 그림은 여기에 묻힌 사람이 죽어서 갈 조상의 나라를 묘사한 것이다. 조상의 나라는 선조로부터 전해 들은 과거의 실제 역사와, 그 역사를 들으며 그리던 상상이 어우러진 신화적 세계이다. 그런데 이 그림에서, 태양 속에는 삼족오가 있고, 달 속에는 토끼와 두꺼비(혹은 개구리일 가능성도 있다)가 있는 것이 눈에 띈다. 이 삼족오와 토끼, 두꺼비는 무엇인가를 상징한 것이거나 특정 부족의 토템일 것이다. 흔히 토끼와 두꺼비(개구리)는 번식과 다산을 상징하는 대표적 동물로 꼽힌다. 따라서 고대 다른 지역 사람들이 이런 동물을 형상화한 그림을 유사하게 그렸다고 해서 크게 이상할 것은 없는 일일 수도 있겠다. 실제로 중국 신화를 그린 한漢대의 화상석畫像石 중에는 뱀의 몸을 가진 복희와 여와가 각각 태양과 달을 든 모습을 그린 것이 있는데, 태양 속에는 삼족오가, 달 속에는 두꺼비(개구리)가 있다.

사진 5 태양을 든 복희(왼쪽)와 달을 든 여와(오른쪽)

하지만 그렇다고 해서 이런 일치를 인류 보편의 감성에 의한 우연의 일치라고만 단정 짓기는 곤란하다. 이외의 다른 지역에서 이와 유사한 그림이나 설화가 발견된 바 없기 때문이다. 따라서 우리와 중국의 신화에 보이는 유사성은 상호 간의 문화 교류 내지 영향, 또는 그 신화와 관련된 종족의 혈통을 각기 직접 계승한 결과라고 볼 수밖에 없다. 그렇다면 어느 쪽일까? 현재로서는 명확하게 답하기 어렵지만, 황하 유역 및 산둥반도 일대의 동이가 중국 민족의 한 부류로 편입됨에 따라 그 문화 또한 중국 문화의 저류 일부를 형성하게 된 사실과 깊이 연관된 현상이 아닐까 여겨진다.

이와 관련해서, 경주박물관에 소장된 국보 195호 토우장식 장경호土偶裝飾長頸壺의 부조 두꺼비가 주목할 만하다. 뱀이 두꺼비의 뒷다리를 금방이라도 물듯이 바짝 뒤쫓고 있는 모습이다. 그냥 무심코 만든 장식이 아니라 어떤 의미 있는 이야기나 역사의 전승을 표현한 것이겠다. 그런데 이와 똑같은 내용의 그림이 새겨진 토기가 대릉하 유역에서 출토되었다. 뱀이 두꺼비를 쫓는 모습이 뚜렷하다. 이 토기가 발견된 곳은 대릉하의 지류인 세하細河 상류의 사해이고, 이것이

사진 6 토우장식 장경호의 두꺼비와 뱀 부조(왼쪽부터 국립경주박물관, 국립중앙박물관 소재, 국보 195호)

사진 7 사해 토기에 새겨진 두꺼비와 뱀 문양

만들어진 시기는 기원전 6천~5500년 무렵으로 편년되었다. 그리고 또 능원凌源에서는 두꺼비 뒷다리를 각각 하나씩 물고 있는 뱀 두 마리가 서로 몸체를 휘감아 싸고도는 모습으로 조형된 춘추시대春秋時代의 청동제 장신구가 발견되기도 하였다.

지금은 잊히고 말았지만 두꺼비와 뱀(혹은 용)은 특정 집단의 상징일 개연성이 높고, 뱀이 두꺼비를 쫓거나 무는 모습은 어떤 사실이나 설화를 표현한 것이 틀림없어 보인다. 이를테면 두꺼비 토템을 가진 부족과 뱀 토템을 가진 부족 사이에 후대의 역사에 큰 영향을 미친 어떤 형태의 공방이 있었거나 서로 혼인 관계를 맺는 일이 일어났을지 모른다. 그렇다면 이런 일련의 유물들은, 지금부터 8천 년 전쯤 되는 아주 오랜 옛적에 대릉하 유역에서 실제로 일어난 어떤 사실이, 2500년 전 무렵에 이르러서 이를 소재로 만든 장신구가 제작될 정도로 널리 회자되었으며, 1500년 전에는 신라 사람이 이 이야기를 기억하여 토우를 장식하는 소재로 삼았음을 말해주는 것이라 하겠다.

　그것이 구체적으로 어떤 일이었고 이야기였는지는 언젠가부터 전승이 단절되고 말아 이제 알 수 없게 되었지만, 그 역사의 기억을 이처럼 긴 세월 동안 잊지 않고 전승해왔다면 이들은 그 이야기에 등장하는 주인공들의 후손일 터이다. 우리가 신라인의 후손임이 분명한 것과 마찬가지로, 신라인들은 사해·능원 지역에 문화를 남긴 주인공들의 후손이었던 셈이다. 그렇다면 여와가 들고 있는 달 속의 두꺼비는 사해 문화의 후예 중 일부가 화하족에 의해 정복·흡수되면서 그 설화마저 마치 원래부터 중국 문화의 한 요소인 것처럼 되고 만 결과로 해석해도 무리는 아니지 않을까.

　그러나 이러한 추측은 다만 개연적인 것일 뿐 그것이 곧바로 사실이라 단언할 수는 없다. 그런데도 여기서 굳이 이런저런 이야기를 풀어놓는 이유는 이런 문제들을 석연하게 밝히는 것이 우리에게 주어진 과제라는 점을 강조하기 위해서다.

2. 마지막 단군이 왕검조선을 건국했으나 쫓겨나다

개국 기원, 기원전 2333년

예족의 수장인 환웅은 아주 신중한 모색 끝에 곰 토템을 가진 맥족 수장의 딸을 배필로 맞았다. 철기문화가 확산되면서 예하 지배세력이 점차 독자성을 강화해나가고, 자기의 세거지世居地를 떠나 동쪽 예濊 땅으로 들어온 맥貊 세력이 이곳저곳에 흩어져 예족과 빈번히 대립·충돌하는 형세를 보이는 가운데, 이제 더 이상 혼란을 방치할 수 없는 단계에 이르렀음을 깨달은 환웅이 맥족과 적극 제휴하여 사태를 진정시키고자 나선 것이었다. 그리고 그 사이에서 단군이 태어났다고 한다. 예맥이 뒤섞인 데서 야기된 문화 갈등을 해결할 새로운 기준을 제시하는 한편 신흥의 지배세력에게 통합 사회가 추구할 미래의 가치와 전망을 제시할 것이 요구되던 때, 예맥 연합의 상징인 단군이 이런 시대적 과제의 수행을 자임하고 나섰다는 게 지금까지 전하는 개국 전설의 요체이다.

단군은 스스로 왕검王儉이라 칭하며 예맥 통합의 새로운 국가를 건설하였으니, 이것이 곧 '왕검조선'이라고 한다. 『삼국유사』는 그 도읍이 처음에 평양성平壤城이었으며 때는 요임금 50년인 경인년이 었다는 『古記』의 기록을 그대로 인용하면서, 그런데 요임금 50년은 경인년이 아니라 정사년이므로 이 기록이 액면 그대로 사실은 아닌 것 같다고 주석을 달았다. 요임금의 즉위년을 서로 다르게 파악하고 계산한 셈이다. 왕검조선은 나중에 도읍을 평양성에서 백악산白岳山 아사달阿斯達로 옮겼다.

『삼국유사』의 지은이인 일연이 참고했다는 『고기』가 어떤 책인 지는 확실하지 않다. 1485년(성종 16년)에 서거정徐居正(1420~1488) 에 의해 찬진撰進(글을 지어 임금에게 올림)된 『동국통감東國通鑑』 외 기外紀의 단군조선檀君朝鮮 항목에도 『古紀』라는 책이 나오는데, 일연 이 보았다는 것과는 표기가 다르며, 그 내용도 차이가 있다. 『동국통 감』이 인용한 『古紀』의 기록은 다음과 같다.

"단군이 요堯와 더불어 무진년戊辰年에 함께 즉위하여, 우虞와 하夏를 지나 상商의 무정武丁 8년 을미乙未에 아사달산阿斯達山에 들어가 신神이 되었는데, 1048년의 수명을 누렸다."

『삼국유사』와 달리, 조선이 건국한 해를 무진년이라 하고, 단군이 1048세에 신이 되었다고 한 것이다. 『삼국유사』가 인용한 『古記』에 는 단군이 신이 된 때의 나이가 1908세였던 것으로 되어 있었다. 요 임금이 단군과 마찬가지로 무진년에 즉위했다고 본 점도 눈길을 끄 는 대목이다.

여기서 일단 우리가 알 수 있는 사실은 이 두 사서에 인용된 『고기』가 서로 다른 책이라는 점이다. 그리고 이를 통해, 15세기 말까지만 해도 단군의 조선 건국 사실을 전하는 사서가 남아 있었음을 알수 있다. 그런데 이런 서술과 관련해서 『삼국유사』의 지은이든 『동국통감』의 지은이든 모두 자신이 본 『고기』의 기록을 액면 그대로 믿을 수 없다고 한 점이 주목된다.

• 요임금의 즉위 원년은 무진이니, 50년은 정사이지 경인이 아니다. 아마 이는 사실이 아닌 것 같다.(『삼국유사』)

• 지금 살펴보건대, 요 임금이 즉위한 것은 상원갑자上元甲子의 해인 갑진년甲辰年(기원전 2357)의 일인데, 단군의 즉위가 그 후 25년인 무진년에 있었다면서 "요와 더불어 함께 즉위하였다."라고 한 것은 잘못이다.(『동국통감』)

단군이 조선을 건국하고 즉위한 연도에 대해 『古記』는 요임금 50년인 경인이라 하였고, 『古紀』는 요임금 즉위년과 똑같은 무진이라 했는데, 이를 인용한 일연과 서거정에 의해 각기 다 잘못이라는 지적을 받은 것이다. 요임금 즉위년과 단군 즉위년의 간지干支를 잘못 기술했다는 게 그 요지였다. 그런데 일연 역시, 『동국통감』에 인용된 『古紀』에서와 똑같이, 요임금의 즉위년을 무진년(기원전 2333)으로 본 사실이 흥미롭다. 그렇다고 일연이 『古紀』를 읽은 것 같지는 않은데, 막상 『古紀』를 직접 읽어본 서거정은 갑진년(기원전 2357)에 요임금이 즉위했다고 알고 있었다.

요임금 즉위년에 대한 사실의 인식이 달라 각자 산출한 단군 즉위년이 서로 다른 해로 나타났던 셈이다. 일연은 요임금의 즉위가 기원전 2333년에 이루어졌다고 보고, 그 50년에 해당하는 정사년(기원전 2284)에 단군이 조선을 건국했다고 생각했다. 그래서 이 해를 경인년이라고 한 『古記』의 기록은 오류라고 단정한 것이다. 경인년이라면 기원전 2311년에 해당한다.

일연이 요임금 즉위년을 무진이라 생각하고 그 50년을 정사로 계산한 반면, 서거정은 요임금이 갑진년(기원전 2357)에 즉위했으며 단군이 조선을 건국한 것은 요임금 25년인 무진년(기원전 2333)의 일이었다고 알고 있었다. 요임금 즉위년과 단군 즉위년에 대한 각각의 『고기』 및 일연, 서거정의 지식을 도표로 정리하면 다음과 같다.

	『古記』 (『삼국유사』 인용)	일연	『古紀』 (『동국통감』 인용)	서거정
요임금 즉위년	기해년 (기원전 2362)	무진년 (기원전 2333)	무진년 (기원전 2333)	갑진년 (기원전 2357)
단군 즉위년	당요 50년 경인년 (기원전 2311)	당요 50년 정사년 (기원전 2284)	무진년 (기원전 2333)	당요 25년 무진년 (기원전 2333)
단군이 신이 된 나이	1908세		1048세	
비고	경인년이 요임금 50년이라 해석해 필자 역산	요임금 50년을 정 사로 본 일연의 견 해에 입각해 역산	'여고동시與高同時' 를 액면 그대로 받 아들이고 기술	요임금 즉위년을 갑진년으로, 단군 즉위년을 무진년 으로 확신

요임금과 단군의 즉위년에 대한 사서와 사가들의 견해차

일연과 서거정은 요임금이 즉위한 시점과 단군이 조선을 건국한 시점에 대해 서로 다른 지식을 지니고 있었다. 시간의 흐름에 따라 역사 사실에 대한 지식이 다소 달라졌던 것으로 여겨진다. 그리하여 이처럼 사가마다 자기가 알고 있는 바에 따라 기록한 내용에 차이가 나는 사실을 근거로 혹자는, 결국 어느 『고기』든 그 기록은 사실을 적은 게 아니라 인식을 적은 데 불과한 것 아니냐며, 이처럼 혼선이 있는 기록에 입각해 사실을 파악하려 든다는 것 자체가 올바른 역사 이해의 방법일 수는 없지 않겠느냐고 반문하기도 한다. 그러나 이는 물정 모르는 생각이다.

각 『고기』가 전하고자 한 사실의 본질은, 그게 어느 책이든, "여고 동시與高同時(요임금과 같은 때였다)"와 "여요병립與堯竝立(요임금과 같은 때 즉위했다)"이라 한 기술에 담겨 있다고 봐야 한다. 중국에서 요임금이 나라를 열던 무렵에 우리도 그랬다는 것이 이들 『고기』가 전하고자 한 사실의 요지인 것이다. 역사의 유구함에서 우리가 중국에 뒤질 게 없다는 인식은 변함없이 계속 전승되고 있었던 셈이다. 중국 사람도 조선 사람들의 이런 인식과 자부를 익히 알고 있었던 것 같다. 『동국통감』의 지은이가 전하는 다음 일화가 이를 말해준다.

얼마 전에 권근이 천정天庭(명나라 조정)에 들어가 뵈니, 태조 고황제太祖高皇帝가 단군을 시제詩題로 삼아 시를 지으라고 명하였는데, 권근이 지은 시에 이르기를, "세대世代를 전한 것은 얼마인지 모르나 역년歷年은 일찍이 1천 년을 지났다(傳世不知幾 歷年曾過千)."고 하니, 황제가 보고 옳다고 하였습니다.

권근權近(1352~1409)이 명에 사신으로 갔을 때의 일화를 전한 내용인데, 당시의 명태조 주원장朱元璋(재위 1367~1398)이 권근에게 시를 지어보라면서 단군을 시제로 주었다는 이야기이다. 명태조가 단군의 존재를 알고 있었을 뿐만 아니라, 조선인들이 단군을 시조로 생각하며 그 역년을 요임금 때로 잡아 자신의 역사가 중국과 대등할 만큼 유구하다고 여기며 이를 자못 긍지로 삼고 있다는 사실까지 파악하고 있었다는 것이다. 그래서 권근에게 단군을 시제로 시를 지어보라 함으로써 명에 대한 조선의 자세를 시험하고자 한 것이었다. 이런 주원장의 의도를 파악한 권근은, 사실을 말하자면 그 역년을 확실하게는 모르며 대략 1천 년은 넘은 것으로 파악하고 있다고 말함으로써 자세를 크게 낮추었고, 이에 주원장이 만족을 표했다는 게 이 이야기의 골자이다. 14세기 말까지만 해도 단군의 조선 건국 사실은 중국의 고위 관리들까지 널리 알 정도로 보편화된 역사 인식이었음을 알 수 있는 일화이다. 사신으로 온 사람에게 시를 짓게 하고 거기에 반영된 문화 의식이나 역사 인식을 살펴봄으로써 중국에 대한 정치적·외교적 자세와 그것이 진심인지 가식인지의 여부를 가늠해보는 절차가 당唐·송宋을 지나면서 의례화되고 있었다.

이런 맥락에서 이해한다면 단군이 처음 즉위한 해가 경인년인지 정사년인지, 아니면 무진년인지는 크게 중요한 일이 아닌 셈이기도 했다. 표면적으로 보면, 요임금 50년이 경인년이었다고 한 『古記』의 기록은 사실에서 어긋난다는 게 일연을 비롯한 모든 사가史家의 판단이었던 반면, 단군이 무진년에 즉위했다고 명기한 『古紀』의 기록은, 그대로 사실인지는 알 수 없어도, 전하는 내용이 아주 분명할 뿐더러 이를 부정할 다른 근거가 딱히 없는 것이었다. 게다가 '여요병립'하였다고 한 부분은, 꼭 같은 해 즉위했다는 이야기가 아니라 단군이 즉위했을 때 저편에서는 요임금이 왕이었으니 같은 시기에 왕

노릇을 한 셈이라는 정도의 내용으로 이해하면 그만인 기술이기도 했다. 이런 맥락에서 사실의 진상은 결국, 당요 25년 무진년, 곧 기원전 2333년에 조선이 건국하고 단군이 즉위한 것으로 정리, 확정되었다. 오늘날 우리가 지닌 일반적인 건국 기원 인식은 여기서 비롯한 것이다.

단군사화에서, 단군이라는 군장이 우리 역사에 처음 등장한 시기가 요임금 때였다든가, 단군이 왕검조선을 세웠다고 한 것 등은 그대로 사실로 받아들여도 좋을 것이다. 문제는, 왕검을 칭하며 조선을 건국한 단군이 역사상 최초로 단군이라 칭한 그가 아니었고, 그러므로 왕검조선의 건국 시점 역시 요임금 때로 보기 곤란하다는 점이다.

단군의 '왕검조선' 건국과 철기문화

단군이 조선을 건국했다는 진술 자체는 역사 사실에 부합하는 전승이라고 판단된다. 그런데 여기서 '단군'이라고 했을 때, 그 단군이 구체적으로 어느 단군이었는가는 별도의 다른 문제이다. 『고기』에 따르면 단군이 신이 되었을 때의 나이가 1908세 또는 1048세였다고 한다. 그래서 사람들은 이 엄청난 숫자로 보아 단군이 어느 한 명을 지칭한 것이 아니라, 누대의 단군이 왕위를 계승해 내려온 역년歷年을 말하는 거라고 생각해왔다. 서거정 등 『동국통감』의 저자가 아래와 같이 말하였던 것도 그 한 예이다.

당唐(요임금)과 우虞(순임금)로부터 하夏·상商에 이르기까지 세상의 인정이 점차 야박해져서 임금으로 나라를 경영한 기간이 오래되어야 기껏 50~60년에 지나지 않았는데, 어찌 단군만 홀로 1048년의 수명으로 한 나라를 다스렸단 말입니까? 이 말이 꾸며낸 것임을 알겠습니다. 앞사람들이 이르기를, "그 1048년이라고 한 것은 곧 단씨檀氏가 대를 전하여 내려온 햇수이고, 단군의 수명이 아니다."라고 하였으니, 이 말이 이치가 있는 것입니다.

그러므로 단군이 조선을 건국한 것은 사실이지만 어느 단군이 건국했다는 이야기인지는 좀더 따져봐야 할 문제라 할 수 있다. 여기서 주목되는 것이, 『삼국유사』가 전한 『古記』의 기록에, 조선을 세운 단군을 '왕검'이라 부른 점이다. 조선의 건국자는 종래의 단군과 달리 '왕검'이라는 새로운 성격의 존재였음을 암시하는 기사記事이기 때문이다.

'단군'이라고 부른 군장君長이 처음 등장한 시기가 기원전 24세기 무렵이었다는 것이 그대로 사실이라 하더라도, 이때 조선이라는 나라가 건국한 것은 아니라고 파악하는 게 사리에 맞다. 단군에 앞서서도, 환웅이 풍백·우사·운사 등 관료적 성격의 존재를 거느리고 인간의 360여 가지 일을 돌보았다고 하는 등 일정한 정치체의 성립 사실이 감지되거니와, 그 세월 또한 꽤 오래되었을 것으로 보는 게 합당하겠다. 황하 유역에서 황제가 활약하던 시기에 81개로 일컬어지는 다수의 집단을 아우른 치우가 맥족을 이끌고 있었던 사실도 단군에 앞선 환웅 시기의 예족 정치 상황 또한 결코 만만치 않았음을 짐작하게 하는 일면이다.

단군이 요임금과 같은 시기의 군왕君王이었다는 기록은 아마 예족사회에 처음 정치체가 성립하고 환웅에 이어 '단군'이라 부른 군장이 처음 등장한 사실을 전하는 내용일 공산이 크다. 그런데 이에 수반하여 자연스레 전개된 것처럼 나타나는 단군왕검의 조선 건국은 기실 그 문화 배경이 완전히 다른 상황에서 전개된 별개의 역사 사실을 전한 내용이다. 전자는 청동기시대의 문화 및 사회 상황을 반영한 것인 반면, 후자는 철기시대의 그것을 반영한 이야기 구성이라서 같은 시기의 사실로 볼 수가 없다. 이 점을 올바로 이해하기 위해서는 철기문화에 대한 바른 지식이 필요하다.

앞서 환웅의 '홍익인간'이 청동기시대의 이념을 나타낸 구호였음을 살펴보았는데, 철기 단계로 접어들면서 전개된 사회의 변동은 이런 구호의 가치가 더 이상 통용되기 어려운 방향으로 전개되고 있었다. 청동에 반해 철기는 고열을 내는 방법만 알면 어디서나 쉽게 얻을 수 있는 금속이었고, 이런 특징이 사회 전반을 새로운 국면으로 몰아간 것이었다.

철광석은 도처에 산재하였다. 그리고 철은 청동보다 강한 금속이었으나 검고 무거운데다 쉽게 산화하므로 장신구의 재료로 쓰기 어려운 금속이었다. 통치층이나 지배층이 독점적으로 소유할 가치가 적은 금속이었던 셈이다. 그러나 철로 무기를 만들면 잘 부러지지 않고 예리함을 오랫동안 유지하여 군사력을 강화하는 데 매우 유용하였으므로 그 유통을 철저히 관리하고 통제해야 하는 금속이기도 했다.

한편 철은, 농기구를 위시하여 각종 생산도구나 생활 용구를 제작하는 데에 사용하면 수확량과 생산력이 급증하는 금속이기도 하였다. 철제 농기구를 사용할 경우엔 일인당 가경 면적이 크게 확대될 뿐 아니라, 쟁기와 호미, 낫 등 다양한 농기구가 땅을 깊이 갈아 경작하는 심경深耕을 가능하게 하고 제초와 수확을 손쉽게 만들어 단위 면적당 수확량도 크게 증가하였다. 따라서 농사를 짓는 일반 민民들이 철을 사용하거나 소지하도록 허용하지 않을 수 없었다. 청동이 지배세력의 독점물이었던 반면, 철은 피지배세력이 가질 때 그 효용성이 있었던 것이다. 이 점에서 철기문화는 보편성이 강한 문화라는 점에 그 특성이 있다고 할 수 있다.

철이 온 나라 피지배층에 의해 흔히 사용되면서 농업 수확량이 크게 늘어, 중앙에 납부하도록 정해진 조세와 공납 등을 부담하고도 여력이 남는 지방이 갈수록 늘어갔다. 게다가 처음엔 지방의 철제 농기구 관리를 중앙에서 철저히 통제하였으나 시간이 흐를수록 통제는 약화되고 불가능해졌다. 결국 잉여 생산량은 지방에서 독자의 군사를 기르는 근거가 되었으며, 이에 지방 세력들이 땅을 나누어 굳게 지키는 할거割據 형세가 불가피한 대세로 변해갔다. 주周의 정국이 춘추전국시대의 분열과 대립의 국면으로 접어든 것은 철기문화의 이와 같은 속성이 가져온 필연의 추세였다. 이제 가장 강력한 군사력을 지닌 세력이라 해도 독자의 힘만으로는 제패가 불가능한 형세였고, 다른 세력과 연합·제휴하지 않으면 정국을 주도하기 어려웠다. 그리고 이런 변화는 실제 요서 및 요동, 만주, 한반도에서 그대로 진행되었다.

이와 같은 청동기문화와 철기문화의 특성을 이해하고 다시 동북아의 정세 변화를 살펴보면, 고조선의 성립을 좀더 구체적으로 파악할 수 있다. 우선 주목할 점은 단군사화에서 환웅이 '홍익인간'을 표방하는 대목은 청동기문화를 배경으로 한 이야기라 할 수 있지만, 웅녀와 결합하여 단군을 낳았고 그가 나라를 세웠다는 대목은 청동기시대의 문화와 좀체 어울리지 않는 설정이라는 사실이다. 혼인을 통한 두 세력의 연합은 철기문화 단계에서 보편화한 정치 형태이다. 여기에 주무왕 때 기자에게 정권을 넘긴 이야기까지 부가되었으니, 단군사화는 청동기시대부터 철기시대에 걸친 매우 긴 시간의 이야기가 함축 또는 합성되어 성립한 것임이 분명하다. 천신인 환웅이 웅녀와 결합하여 단군을 낳았다는 설정은 역시 천신인 해모수가 하백녀와 결합하여 주몽을 낳았다는 고구려 건국 설화와 정확히 일치하는 구성이다. 그런데 고구려의 주몽 설화는 부여의 동명 설화를 차용한 것이므로 단군이 조선을 건국한 이야기와 동명이 부여의 시조가 되었다는 이야기는 거의 같은 시기에 형성된 것이라고 보아 크게 어긋나지 않을 것이다.

인류가 만든 철제 가공품으로 현재 가장 오래된 것은 기원전 3200년경의 이집트 고분에서 출토된 구슬형 철관鐵管이다. 철을 얇게 펴서 판을 만들고 이를 둥글게 말아 줄에 꿸 수 있도록 한 약 2cm 길이의 원통형 철관인데, 1911년에 기자Giza 평원 남쪽으로 약 60km 떨어진 엘 게르제El-Gerzeh 마을에서 발견되었다. 그 성분을 분석 조사해보니 높은 함량의 코발트에 인, 게르마늄 등이 함유되어 있어, 철 성분의 운석을 이용해 만든 것이 확실하다고 한다. 운철隕鐵에 고열을 가한 후 망치로 두드려 얇게 펴고 둥글게 말아 가공한 것이었다. 이는 이 시기 사람들이 철을 제대로 다룰 줄 알았음을 보여주는 사실이다. 철을 제련할 만큼 높은 고열을 내줄 연료를 아직 찾지 못해서 그렇지, 철을 얻기만 하면 어떻게 가공할지 오랜 기간 청동을 다루면서 진작부터 터득하고 있었던 셈이다.

인류가 본격적으로 철을 사용한 것은 기원전 1500년 무렵부터로 알려져 있다. 나중에 터키·시리아·이라크가 들어선 서아시아 지역에서, 철광석에서 철을 뽑아내 정제하는 정련 기술이 발달함으로써 철기시대가 개막되었다는 것이다. 이런 변화를 이끈 민족이 터키 아나톨리아 고원을 장악한 히타이트Hittite족이다. 이들이 건설한 신왕국(기원전 1430~1178)은 철제 무기를 기반으로 세력을 확장하여 이집트에 맞서는 제국으로 발전하였다. 히타이트 이외의 지역에서 철을 만들어 사용하기 시작한 것은 히타이트가 멸망한 이후의 일이라고 생각되어 히타이트 왕국이 무너진 뒤 그 제철 기술이 전 세계로 확산되었다고 여기는 게 통상이다.

그러나 히타이트의 제철 기술은 일정 시기에 그 수도인 하투샤 언덕으로 매우 강하게 몰아치는 자연 바람에 의존한 것이어서 다른 지역으로 널리 확산되기 어려운 기술이었던 데다가, 히타이트를 멸망시켰다는 무서운 '해양 민족'도 철제 무기를 가졌을 터여서 우리를 포함한 동아시아의 제철 기술이 꼭 히타이트로부터 전수된 것이었다고 확언하기엔 난점이 있는 게 사실이다. 이때 이 '해양 민족'은 히타이트만이 아니라 아시리아 등 오리엔트 문명과 그리스·이집트 등에도 결정적인 타격을 가하였는데, 아직 그 실체를 밝히지는 못했으나 단기간에 이 넓은 지역의 여러 문화에 타격을 가했다면 필시 철제 무기를 소지한 세력이었음이 분명하다. 그렇다면 동아시아에서 철기시대가 시작된 시점을 가늠할 때 히타이트의 제철 기술과 그 전파 시기에만 온통 관심을 쏟을 이유가 없다. 또 동아시아의 철은 목탄(숯)과 송풍기를 이용해 만든 고품질의 철이었다는 사실도 그 기술의 기원을 따로 살펴봐야 함을 말해준다.

고고학계에서는 중국이 철기시대로 진입한 것은 주周 왕조가 도읍을 낙양으로 옮긴 기원전 771년 이후의 일이었다고 보는 게 일반이다. 하지만 그 도읍을 서안西安 서쪽의 보계시寶鷄市 주원周原이나 풍경豊京에 두고 있던 서주西周 시기에도 문화의 기반은 철기에 있었다고 봐야 옳다. 다음과 같은 이유에서다.

첫째, 지금까지 발견된 서주 시기의 청동기 중 다수가 상商의 유민이 쓰던 것들이라는 사실이 청동기에 대한 주周의 무관심을 보여준다는 점이다. 주는 상의 청동기를 빼앗아 독차지하지 않았다. 예컨대 은허가 있는 안양安陽에서보다 낙양에서 서주 대의 청동기가 많이 출토되었는데, 이는 상의 지배층을 낙양으로 옮기면서 청동기를 빼앗지 않고 그대로 두었음을 의미한다. 문화 기반을 청동기에 둔 시대였다면 도무지 일어날 수 없는 상황이다. 청동기시대의 전쟁은 청동기를 빼앗아 독점하는 데 그 목적이 있었다. 다수의 청동기를 방치했다는 것은 이미 청동기시대가 지났음을 의미한다. 서주 시기에 이미 민간의 무덤에서 청동 그릇이 발견되는 것도 이런 사정에서 기인한 일이라 할 것이다.

둘째, 서주 시기의 청동기에는 많은 명문이 새겨져 있어 상商 대의 그것과 청동기의 용도, 더 나아가 청동기가 그 사회에서 차지하는 위치와 의미가 달라졌음을 보여준다는 점이다. 전쟁에서의 승리, 정치적 주종 관계의 선포, 친인척 관계, 송사와 판결, 토지의 소유 관계나 상속·증여 사실, 상속, 분봉分封, 포상과 이에 대한 기념 등 후세에 길이 전할 내용을 청동기에 문자로 새겼던 것인데, 이처럼 청동기의 용도가 달라진 사실은 서주의 문화가 상의 그것과는 다른 성격의 것이었음을 뜻한다. 이와 관련해서는, 철기문화가 극성에 달한 춘추시대의 공자가 서주 문왕文王 때의 정치를 이상으로 생각한 사실을 참고할 필요가 있다. 문화 기반이 질적으로 전혀 다른 시기의 일을 이상으로 생각했을 리가 없는 노릇이기 때문이다.

셋째, 철은 검고 윤기가 없어 의기나 예기禮器로 쓰기에 적당한 금속이 아니라는 점이다. 서주 때의 청동기는 흔히 구덩이[교장窖藏]에서 다수가 한꺼번에 발견되는데, 그 원인에 대해서는 여러 설이 있지만 어떻든, 이렇게 오로지 청동 예기류만 모아둔 곳에 용도가 전혀 다른 시꺼먼 철을 함께 두었을 까닭이 없다. 즉 이런 청동기만 발견된다고 해서, 이 사실이 곧 아직 철기시대가 아니었다고 볼 근거가 되지는 않는 것이다. 철은 농기구 등 다른 형태로 만들어놓더라도 언제든 손쉽게 무기로 변할 수 있는 위험한 금속이다. 따라서 철기시대 초기에는 철제 도구에 대한 엄중한 파악이 이루어져 그 용도와 수효가 철저히 통제되었을 것으로 짐작된다. 철기를 흔히 땅에 묻을 상황이 아니었다.

넷째, 서주는 농토를 개간하여 밭두둑[묘畝]으로 구분했으며 심지어는 정전井田을 시행했다고 전하는데, 이는 농업생산력이 비약적으로 상승한 철기시대에나 가능한 일이라는 점이다. 석기를 농구로 쓴 청동기시대의 생산력 단계에서는 농지를 밭두둑으로 엄밀히 구분하고 반듯한 구획을 두어 관리할 필요나 이유가 없다. 서주가 봉건제에 입각하여 전 국토를 장악하고 통치할 수 있었던 것도 철제 농기구를 사용하여 달성한 높은 토지 생산성 덕이었다.

주무왕은 봉건제를 실시했는데 초기의 것으로서 한계가 있었다고는 하지만 본질적으로 봉건제란, 왕의 종친이나 공신을 제후諸侯로 봉하고 그에게 일정한 지역과 그곳의 민을 통치하도록 일임한 정치제도이다. 곧 제후에게 경제적 공납과 번병藩屏으로서의 역할을 요구하는 대신 독자적 군사 지휘권을 부여하여 그 주변 지역까지 제어하도록 한 것이다. 농업 생산을 크게 높여 생산량의 일정 부분을 중앙에 납부하고서도 많은 잉여물을 남김으로써 독자적으로 군사를 기를 수 있게 된 단계에서나 가능한 정치제도이다. 철제 농기구의 사용을 전제하지 않고서는 봉건제를 운위할 수 없는 것이다. 흔히, 주가 그 도읍을 낙양의 낙읍洛邑으로 옮긴 후를 춘추시대라고 부르며 이때부터 비로소 철제 농기구를 쓰기 시작했다고 보나 그렇지 않다.

철로 만든 농기구로서 농경의 발달에 가장 기여한 것은 쟁기였다. 황하나 대릉하 유역의 흙은 주로 황토이다. 이들 강에서 쏟아져 나오는 황토물이 바다 전체를 누렇게 만들어 그 바다를 황해黃海라고 부를 정도니 가히 이 황토 지대의 크기를 알 만하다. 그런데 이 황토는 토질이 수직으로 형성된 모세관 구조로 돼 있는 땅이다. 그래서 비가 오면 모세관을 따라 땅속 깊이 물이 스며들어 매우 질퍽해져 사람이 다니기 힘들 정도가 되지만, 비가 그치고 해가 나는 즉시 다시 모세관을 따라 빠르게 증발이 일어나 짧은 시일 안에 땅이 돌처럼 딱딱하게 굳는다. 황토의 성질이 이러하므로 이 흙을 경작지로 활용하기 위해서는 물이 잘 마르지 않도록 하는 것이 무엇보다 중요하였다.

방법은 두 가지였다. 하나는 황토 위에 물을 대 논으로 만들어 경작하는 수전水田 농법이고, 또 하나는 비가 그치자마자 재빨리 황토를 갈아엎어 모세관 구조를 뒤섞이게 만듦으로써 물을 오랫동안 머금게 하는 쟁기 농사[여경犁耕] 기법이다. 그러나 석기에 의존하던 청동기시대의 농기구로는 논을 조성하여 물을 대는 시설을 갖추기도 힘들고, 또 돌로 만든 쟁기 날은 둔하고 쉽게 깨지거나 부러지므로 아무리 비에 젖어 물러진 황토라도 이를 단시간에 갈아엎는 것은 여간 어려운 일이 아니었다. 그러던 중에 철로 쟁기나 따비를 만들어, 적은 인력으로 짧은 시간 안에 넓은 농토를 깊이 파서 갈아엎을 수 있게 되었으니, 이로 인한 농업 발전은 가히 혁명적이었다고 해도 결코 과언이 아닐 정도였다. 그러므로 철은 청동과 달리 중앙의 지배층이 독차지할 수도 없고 또 해서도 안 될 금속이었다. 파악과 관리만 철저히 하고, 일반 생산층인 민이 농사에 쓸 수 있도록 널리 보급하여야 했다.

철제 농기구로 인한 생산성의 향상에 힘입어 지방 각지에서 새로운 성격의 정치 세력이 대두하였고, 이에 따라 이들을 군사적으로 제어하기 위해 불가불 봉건제를 시행해야 했으며, 지방으로 나간 봉건 제후는 지방 세력 통제를 구실로 군사력을 더욱 확장하여 독자성을 키워나가는 일련의 변화가 일어났다. 그리하여 결국 서로 이해관계가 얽히게 될 경우 중앙 정부의 조정과 통제를 무시하고 무력으로 충돌하는 일이 잦게 되었으니, 춘추전국시대의 사회 혼란이 이로써 야기된 일이기도 했다. 하지만 이에 앞선 봉건제의 시행 자체부터 이미 철기를 그 문화 기반으로 한 상태에서 전개된 일이었다 하겠다. 철기문화가 가진 속성이 사세事勢의 필연으로 봉건제의 시행과 춘추전국의 혼란을 불러온 것이었다.

철기의 도입에 따른 이와 같은 추세는 단지 황하 유역에서만 일어났던 양상이 아니었다. 상商-주周의 교체와 때를 같이하여 조선에서 단군-기자의 정권 교체가 일어난 것은 대릉하 유역 예맥사회의 문화 기반 역시 청동기에서 철기로 전환되었기 때문에 생긴 변동이었던 것이다. 서주만이 아니라 예맥사회 또한 늦어도 기원전 11세기 내지 기원전 10세기부터는 철기시대로 접어들고 있었다.

이와 관련해서, 1973년에 시라무렌西剌木倫강 유역의 동광을 조사하던 중에 임서현林西縣 대정촌大井村에서 발견된 대규모의 고대 동광이 주목된다. 정식으로 발굴 조사해보니 기원전 11세기부터 기원전 7세기에 걸친 유적으로 밝혀졌는데, 문제는 여기서 수습된 1500여 건의 채광 도구 가운데 철제 도구가 전혀 없었다는 점이다. 만일 이때 철기시대로 접어들었다면 이 단단한 금속을 동광 개발에 쓰지 않았을 이유가 없다고 여겨지는데, 한 건도 없었던 것이다. 그렇다면 기원전 7세기까지는 아직 철기를 모르고 있었다고 보는 게 합리적이라고 생각할 수 있겠다. 하지만 그럼에도 불구하고, 바로 이웃한

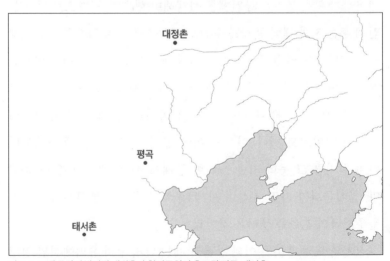

지도 4 고대 동광이 발견된 대정촌과 철인동월이 출토된 평곡, 태서촌

황하 유역에서의 문화 전환과 철기시대 초기의 철제 도구에 대한 엄격한 통제라는 변수를 염두에 둘 때, 역사 전개의 전반적인 맥락은 기원전 11세기 무렵부터 이미 철기시대로 접어들고 있었다고 보는 것이 역시 옳은 판단이라 생각한다.

황하 유역에서 하夏 왕조가 들어서고 다시 상商으로 바뀌는 지배 세력의 교체, 그리고 그에 따른 중심지의 변화가 일어났지만, 예맥족 중심의 대릉하 유역 동이사회에서는 주목할 만한 큰 변화 없이 비교적 안정된 평온이 장기간 계속되었다. 그러한 동이사회가 크게 요동치기 시작한 것은 화하족이 세운 주周가 동진하여 상을 멸망시키고 동북 지역의 동이사회를 압박하면서부터였다.

동이사회가 서주의 철기문화를 받아들인 것인지, 아니면 다른 경로로 서주와 거의 같은 시기에 철기문화에 대해 알게 되었는지, 그 여부를 판단할 수 있는 자료는 아직 우리에게 없다. 다만, 상·주의 교체와 때를 같이하여 조선에서도 단군·기자의 정권 교체가 이루어졌다는 것은 곧 양측의 철기문화 수용 시기가 거의 같았음을 의미한다고 보아도 좋을 것이다. 이와 관련해서, 북경 시내로부터 동쪽으로 약 70km 떨어진 평곡平谷과 하북성河北省 석가장시石家庄市 태서촌台西村 등지에서 기원전 13세기의 상商 대 철로 된 날의 청동도끼인 철인동월鐵刃銅鉞이 출토된 사실이 주목된다. 바로, 동이의 집중 거주지로 지목되어온 지역들이다.

이 철인동월을 만드는 데 쓴 철은 운철로서 자연 상태의 철이다. 하지만 여기서 분명한 사실은 이를 만든 사람들이 이미 이 시기에 철을 정교하게 가공하여 청동기에 붙일 줄 알 정도로 고도의 기술을 터득하고 있었다는 점이다. 이런 기술을 가진 이들이 철을 제련해내는 법까지 알게 되었을 때 그 지식을 얼마나 빨리 그리고 넓게 활용하였을지 넉넉히 짐작할 수 있다. 제철 기술이 동이사회에 알려지자마자 철기문화로 인한 사회변화가 급격히 진전된 것으로 나타나는 까닭이 여기에 있었던 셈이다.

그것이 히타이트 계통으로부터 배운 것이었는지 확실치 않으나 제철 기술은, 위하渭河 유역의 주周만이 아니라 황하 유역의 상商과 대릉하 유역의 동이사회에도 거의 동시에 전파되었다고 판단된다. 그리고 지배층이 독점할 수 없는 보편 문화라는 철기문화 고유의 특성은 이 지역사회 전반을 커다란 변혁에 휩싸이게 하였다. 생산력의 발전에 따른 잉여의 증대로 말미암아 새로운 성격을 지닌 지배세력이 대두한 것이 이 변혁의 요체였다. 문제는 이러한 사회변동을 수습할 새로운 정치조직의 형태와 운영 원리를 제시할 능력을 가진 자가 누구인가 하는 것이었는데, 주는 이 과제에 답하고 나섰던 반면 상은 그러지 못했던 데서 성패가 갈린 것이었다. 상은 청동기에서 철기로 문화의 기반이 바뀌면서 일어난 변화에 제대로 대응하지 못하고 종래의 청동기시대 이념과 질서를 고집하다가 멸망하고 말았다.

한편 동북 지역의 동이사회는 그 내부에서 대두하는 새로운 성격의 지배세력을 여하히 편제해낼 것인가 하는 과제와 동시에, 동진하는 화하족에 떠밀려 들어오는 상의 유민과 이에 자극받은 내부 사회의 동요를 어떻게 수용하고 진정시킬 것인가 하는 과제를 이중으로 떠안게 되었다. 특히 맥족이 상과 인접해 있다가 그 유민의 집단적이고 파상적인 유입에 큰 타격을 입었다. 맥족의 지배층은 신문화의 파괴력에 놀라고 당황했던지 사회변화의 방향을 제시하지 못한 채 그만 정치적 구심력을 잃고 무너지고 말았던 것 같다. 맥 계통의 많은 종족이 대릉하 중·하류의 예족 거주지로 흘러들었고, 그 일부는 더 동진하여 요하를 건넜다. 예족사회는 맥족과 뒤얽혀 일대 혼란에 빠졌다.

이제 지금까지 살핀 바를 토대로, 치우의 패배로부터 단군의 조선 건국에 이르는 아주 긴 시간 동안 동북아에서 일어난 사건들의 맥락을 대략 가늠해볼 수 있겠다. 황하 중·하류를 중심으로 한 중원에서 헌원軒轅(黃帝)이 일어나 패자로 대두할 즈음, 그 북방에는 치우가 이끄는 맥족과 환웅이 이끄는 예족이 거주하고 있었다. 위하 유역의 화하족은 이들을 모두 '동이'라 불렀지만, 황제 세력과 치우·환웅 세력은 종족 계통과 문화가 다른 별개의 '동이'였다. 치우와 환웅이 통할統轄하던 지역의 토기에선 서로 간에 적잖은 유사점이 발견되는 반면, 황제가 지배한 지역의 토기와는 현격한 차이를 보이는 사실이 이를 말해준다.

이런 문화적 친인성親隣性으로 미루어, 황제와 치우가 대결할 때 환웅의 예족 세력은 치우의 맥족과 손잡고 공동 대처했을 개연성이 높다고 생각된다. 그러나 치우가 패배함으로써 그 세력이 크게 타격을 입고 무너져 사방으로 흩어지자 예족은 따로 살길을 모색하지 않으면 안 되었다. 게다가 다수의 맥족 집단이 흘러들어 섞여 살기 시작하였으므로 예족사회는 크게 동요하지 않을 수 없었다. 예맥의 제1차 잡거가 일어난 것이었다. 환웅이 웅녀와 혼인하여 단군을 낳았고 그 시기가 대략 요임금 때였다는 이야기는 아마 이런 변화를 배경으로 성립한 것이겠다. 그러나 환웅과 웅녀의 결합은 예맥의 잡거와 연대의 표상이긴 하였지만, 강력한 두 정치 세력의 연맹과 이를 통한 주변 세력 제패를 상징할 정도의 모티프가 되지는 못하였다.

요임금과 같은 시대의 단군은 예맥 잡거 사회의 수장으로서, 예족 시조인 환인에게 그 정통성을 둔 신정정치의 주관자일 뿐이었다. 단군이 다스리는 영역의 서남부에는 여전히 맥족의 잔여 세력 다수가 따로 거주하면서 독자성을 띠고 나름대로 발전하였다.

이러한 가운데 다시 세월이 한참 흘러, 철기문화의 세례를 더 일찍 받은 위하 유역의 주가 청동기문화에 기반한 황하의 상을 쳐서 이기는 대사건이 일어났고, 그 여파로 상의 일부 세력이 북방으로 이주하면서 맥족 세력을 압박하게 되었다. 이에 자극된 맥족이 또다시 단군의 통치 지역으로 대거 유입하였으며, 그 압력으로 단군 세력도 본거지를 떠나 얼마간 동진東進하는 대격변이 일어났다. 예맥의 제2차 잡거에 이어, 아사달阿斯達로의 천도라는 중심지 이동이 진행된 것이었다. 예전 단군과 달리 새로운 예맥 잡거 사회의 대통합을 기치로 '왕검'이라 칭하며 조선을 건국한 것은 이 무렵의 일이다. 곧 그가 다시 환웅과 웅녀의 후예임을 새삼 강조하고 나선 것이었다.

단군사화는 요임금 때 단군이 평양성에 도읍하고 조선을 건국했다고 하였지만, 요임금 때는 청동기시대로 접어든 예족사회에 신정적神政的 성격을 띤 수장이 처음 등장하여 단군이라 칭하며 예족을 중심으로 맥족사회를 아우르는 노력을 막 시작하던 때일 뿐이다. 단군의 조선 건국은 기원전 11세기 무렵의 일로서, 상·주 교체의 여파로 말미암은 맥족과의 대대적인 잡거로 인해 예족사회가 혼란에 빠지자 예맥사회를 효율적으로 통합하기 위한 다각도의 노력이 기울여지는 가운데 그 궁극적 귀결로 추진된 별개의 일이었다. 이로써 환웅과 웅녀의 결합으로 상징되는 예맥의 연대가 본격적으로 의미를 지니게 되었으며, 이런 변화 속에서 예맥사회는 바야흐로 철기문화의 영향 속으로 휘말려 들고 있었다.

　전통적으로 예족을 이끌어오던 '단군'과 다시 예맥사회를 통합하고 조선을 건국하여 왕검으로 대두한 '단군'은 서로 다른 시기의 단군이다. 그럼에도 불구하고 그 명호가 똑같이 단군이었기 때문에 자칫 혼동이나 착종이 생기기 쉬웠다. 요임금 때의 단군이 조선을 건국한 것처럼 구성한 단군사화의 이야기도 서로 다른 역사 사실이 혼동되거나 착종된 형태의 하나라고 하겠다.

단군의 퇴출과 기자의 옹립

왕검 단군은 조선을 건국했으나 예맥사회를 완전히 통합하여 새로운 질서를 수립하는 데는 실패하고 말았다. 하늘의 아들임을 칭하면서 환웅과 웅녀의 결합으로 태어난 예맥 통합 상징의 적통임을 표방하는 것만으로는 신흥 세력을 포섭하는 데 한계가 있었기 때문이리라 짐작된다. 초기 단군 이래의 전통적인 신정정치를 계속 고집하는 한 그 어떤 표방도 새로운 사회를 열어갈 이념일 수 없었을 것이다. 왕검 정치의 신정적 성격과 조선의 지배권이 기자에게 넘어간 사실을 종합해볼 때, 왕검은 하늘의 아들로서 절대적인 권위를 내세우며 신흥 세력만이 아니라 기존의 수장층까지 강압적으로 억눌러 대대적인 반발을 불러일으켰던 것이라고 헤아려진다.

　신흥의 지배세력은 그들을 대표할 새로운 성격의 대수장을 추대하고 직접 새로운 지배 질서 구축에 나섰다. 그리하여 새로 추대된 대수장이 곧 기자箕子이다. 단군왕검이 장당경으로 옮겨 갔다고 한 것은 그가 이때 축출되었음을 암시하는 대목이다. 신흥 국가인 조선의 주도권이 단군왕검에서 기자로 완전히 넘어가고 만 것이었다.

기자가 이끈 새 조선의 정치 형태는 각 집단의 독자적 지배 구조를 그대로 인정하면서 국가 중대사는 여러 수장들이 함께 모여 공론으로 결정하는 합의 정치체제였다. 주周의 봉건제도에 필적할 예맥 사회 특유의 정치 질서가 확립된 것이었다. 이후에 신라의 화백和白, 고려의 도병마사사都兵馬使司와 도평의사사都評議使司, 조선의 비변사備邊司 등으로 합좌合坐와 공론, 합의를 지향하는 정치 기구가 지속적으로 유지되었던 것은 이때 수립된 합의 정치의 이념과 전통을 계승해 나아간 문화유산 계승의 징표라 할 것이다.

▶ 예족과 맥족

기록에서 '예맥濊貊'이라고 연칭連稱한 경우가 많아, '예맥'이 본디 하나의 종족이기 때문에 이렇게 표기한 것인지, 예족과 맥족은 엄연히 별개의 종족이지만 하나의 정치체를 이뤄 늘 함께 움직였기 때문에 이렇게 표기한 것인지를 둘러싸고 지금까지 논의가 분분하였다. 그러나 동예東濊와 같이 '예'만 따로 독자의 정치체로 분립한 경우가 있으므로 '예'와 '맥'은 서로 다른 문화 전통을 지닌 별개의 종족이었을 개연성이 크다.

단군사화의 기본 플롯은 하늘로부터 태백산으로 내려온 환웅이 여인으로 변한 곰과 결합하는 구조로 되어 있다. 여기서 환웅계와 웅녀계는 별개의 주체이다. 그런데 치우가 거주했으리라 짐작되는 홍산紅山 지역 우하량牛河梁의 여신묘에서 곰발 모양의 점토 조각인 소조塑造가 발견되었다. '치우'는 무신적 존재를 지칭하던 맥족의 언어로서, 이는 곧 맥족 수장에 대한 호칭이기도 하였다. 곧 웅녀는 맥족과 깊이 연관된 존재인 셈이다.

이에 반해 자기들의 수장을 환웅(단군)이라 부른 집단은

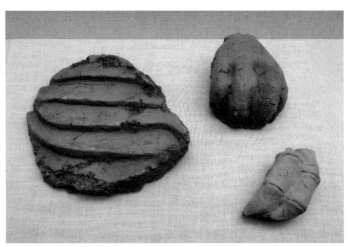

사진 8 여신묘에서 발견된 곰발 모양 소조

예족으로서, 맥족과 이웃하고 살았지만 별개의 종족이었다. 환웅이 내려왔다는 태백산은, 여러 정황들로 보아 오늘날 요녕성遼寧省 북진시北鎭市의 의무려산醫巫閭山이라고 여겨진다. 의무려산의 옛 이름이 '태백산'인 것도 그 한 이유이다. 천강天降 설화는 대개 이주 사실을 반영하여 성립하는 모티프라는 점에 주목한다면, 다른 지역에 거주하던 예족의 한 갈래가 이곳 의무려산 지역으로 옮겨와 살게 된 사실이 이런 이야기로 정리된 것이었다고 하겠다. 이처럼 생각할 때, 그 원래의 본거지로 유력하게 지목되는 곳이 요동성遼東省 대문구大汶口 지역이다. 거현莒縣 능양하陵陽河에서 출토된 팽이형 토기 등에서 '아사달' 또는 '해(배)+산(달) > 배달'을 연상케 하는 문양이 여럿 보이기 때문이다. 이들 토기는 기원전 3500년 무렵의 것으로 편년되었다. 다른 의견도 있고 또 후대의 것이기도 하지만, 단군사화의 내용을 담았다고 여겨지는 화상석이 발견된 무씨사당도 여기에서 멀지 않은 곳에 있다.

그리고 또 주목되는 것이 석축石築 문화와 토축土築 문화의 병존이다. 거주지, 묘지, 성곽 등을 돌로 쌓은 문화와 흙으로 쌓은 문화가 두 계통으로 함께 존재했는데, 이것이 각각 맥족, 예족의 문화가 아니었나 여겨지는 측면이 있는 것이다. 맥족의 거주지였다고 생각되는 우하량 쪽에는 돌로 쌓은 제단과 금자탑 등 적석문화積石文化 유적이 집중적으로 분포되어 있는 반면, 의무려산 인근에서는 주로 흙을 쌓아 만든 거주지가 발굴되었다. 맥족 계의 고구려에서 적석총積石塚과 석성石城이 주로 축조되고, 부여 백제 등 예족계의 국가가 토성土城을 축조했던 것은 예로부터 이처럼 계통이 다른 문화를 각기 발전시켜온 결과일 개연성이 크다. 예맥의 잡거로 인해

사진 9 토축 주거지(내몽고자치구 이도정자二道井子)

사진 10 우하량 제2지점 전경(현재 보호 시설로 둘러진 모습)

두 문화는 하나로 합쳐지지만 원래는 계통이 다른 문화였으리라는 것이다.

　이와 관련하여, 우하량의 적석 문화와 고구려의 그것 사이에는 2천 년의 시차가 있으므로 서로 관련이 없는 것으로 봐야 옳다는 견해도 있지만, 관련 유적들을 충분히 발굴하지 못한 상태이기도 하고, 또 하나의 문화가 얼마나 끈질기게 전승되는지를 고려한다면, 이런 형식 면에서의 유사성을 단지 시간 차를 근거로 무시하기만 할 일이 아니지 않나 여겨진다. 유물에 나타나는 조그마한 차이를 특징으로 규정하고 가급적 그 유형을 구분하는 데 집중하여 서로 별개의 문화라고 보는 게 현 학계의 대세적 경향이다. 그러나 유형의 유사성과 상호 관련성에 주목하고, 그것이 문화의 계승이나 교류, 또는 주민의 이주와 혼인에 의한 인적 교류 등의 결과일 가능성은 없는지 적극 살핌으로써 동북아시아 문화의 계통과 맥락을 잡아나가는 작업도 함께 병행해야 할 것이다.

맥족과 예족이 서로 섞여 살게 된 계기는, 멀리 황제와 치우의 대결, 그리고 치우의 패퇴로 인한 맥족의 이산과 이에 자극된 예족의 연쇄 이동, 그리고 가까이는 상주商周 교체기에, 주에 패배한 상계商系 동이족의 동진과 이에 따른 맥족의 파상적 이동 및 예족과의 잡거 등 여러 차례 있었을 것이다. 그러나 상주 교체기에 일어난 예맥의 잡거는 철기로의 문화 전환기에 대규모로 전개된 일이었다는 점에서 새로운 역사 전개의 강력한 동력으로 작용하였고, 그 결과가 왕검 단군의 조선 건국으로 나타났다. 그리고 얼마 지나지 않아 기자조선이 성립하였으며, 이로써 예맥사회가 삼한三韓으로 재편되는 대변화가 전개된 것이었다.

▶ 철기문화의 두 가지 길 ─ '기능' 중심과 '관계' 중심

광역에 걸친 교역과 정복을 기반으로 하나의 문명을 이루고
안정되던 청동기시대의 질서는 철기가 보편화하면서 생겨
난 신흥 세력이 각지에서 난립하자 서서히, 그러나 현저히 무
너져갔다. 철기의 영향으로 인한 사회변화는 특히 내륙의 농
업 지역을 중심으로 일어나 확산되었다. 그동안 청동기문명
의 중심 세력에 눌려 힘들게 생활하던 농업 지역이 철기문명
의 실질적인 혜택을 가장 많이 받는 지역으로 떠올랐기 때문
이다. 철제 농기구의 사용이 생산량의 급증으로 이어졌고, 그
결과 농업 지역은 할당된 조세를 부담하고도 잉여의 생산물
을 남길 수 있게 되었으며, 이것으로 군사력을 기르고 무장하
여 점차 자립하는 세력이 생겨났다. 각지에서 생겨난 이들 신
흥 세력은 중앙의 가혹한 수취에 반발하는 한편 더 큰 세력으
로 성장하기 위해 이웃한 세력과 대립하고 갈등하기 시작했
다. 인류 역사상 처음 경험하는 엄청난 전란이 계속되었으며,
그리하여 기존의 질서와 가치관을 상실한 사회는 큰 혼란에
빠져들었다.

이런 격동의 시대를 살던 지식인들은 너나없이 사회를 안정시키고 질서를 회복할 방안을 궁리하는 데 진력하였다. 그리스의 소피스트들과 중국의 제자백가諸子百家, 그리고 네팔의 석가모니가 거의 같은 시기에 나타난 것은 철기문명 초기의 이런 시대적 성격 때문이다. 철기시대의 혼란은 청동기시대의 개별 문명이 형성했던 '세계'의 경계를 넘어 다른 '세계'로까지 파급되었다. 따라서 이 혼란은 하나의 도시나 나라, 문명을 초월하여 전 세계 또는 천하에 두루 통용될 보편의 가치 또는 원리에 입각하지 않으면 진정될 수 없는 성질의 것이었다.

동양과 서양을 나누고, 그 문화를 비교하며, 그리하여 우열을 따지는 방식의 거의 모든 논의는 사실상 큰 의미를 지니지 않는 게 보통이다. 그러나 그렇다고 해서 동양과 서양의 차이를 전적으로 부정하고 각각이 이룬 문화적 성취를 무시하거나 외면하는 것을 바람직하다고 말할 수는 없다. 여기서는 에게해를 중심으로 한 지중해 세계와 황하를 중심으로 한 동아시아 세계를 대표적인 예로 삼아, 철기문화가 발전함에 따라 불가피하게 초래된 인류 사회 최초의 대혼란이 이 두 세계에서 어떻게 수습되어갔는지, 그 문화적 성취를 인류사 전체의 안목에서 대강이나마 살펴보려 한다.

동서를 막론하고 인류가 발견한 최상의 보편 또는 가장 안정된 질서는 바로 자연이었다. 자연을 이루고 움직이는 원리만큼 안정적이고 보편성이 있는 가치는 없었던 것이다. 그러므로 이 원리를 인간 세계에 적용한다면 세계적인 혼란도 능히 수습할 수 있으리라 여겨졌다. 자연에 대한 이해는 각 문명에서 매우 다양 다기하게 전개되었으나 그 내용은 서로 크게 다를 바 없었다. 그러나 그것이 정치와 결부되면서 지중해 세계에서의 생각과 아시아 대륙에서의 생각은 크게 벌어지기 시작했다.

지중해 세계에서는 자연의 일부인 인간에 주목하여 자연 전체를 움직이는 원리를 파악하려는 견해가 설득력을 얻어 갔다. 인간은 머리와 몸통과 손발로 이루어졌고, 이들이 각각 먹고 소화하고 배설하며 생각하고 만들고 움직이는 등 다양한 기능을 조화롭게 수행해냄으로써 생명을 지속적 안정적으로 유지하는 것이며, 자연 또한 그렇다는 발상이었다. 사회나 국가도 마찬가지일 것으로 여겨졌고, 도시의 형성과 유지에 필요한 여러 기능을 유기적으로 조직하고 그런 도시들로 세계를 이룬다면 그보다 더 이상적인 것은 없으리라 전망되었다.

그리하여, 도시로 들어가는 길목엔 그 도시를 건설하거나 지키는 데 기여한 인물들을 기릴 네크로폴리스를, 도시 입구엔 교역을 위해 먼 길을 찾아온 외지인들이 몸을 씻을 목욕탕과 몸을 정결하게 한 다음 경배할 신전을, 도시 가운데엔 많은 사람이 모여 교역도 하고 현안도 토론할 광장을, 그리고 그 옆엔 번 돈을 쓰며 즐길 유흥가와 원형극장과 경기장을, 또 마을이 내려다보이는 언덕엔 이 세상의 온갖 지식을 모은 도서관과 후세를 양성할 학교, 정치가·장군·거상 들의 주택가를, 수원지가 있는 더 높은 언덕엔 도시의 보루인 아크로폴리스를 배치하여 조성한 도시가 하나의 전형으로 제시되었다. 여러 기능이 유기적으로 조화롭게 조직된, 그야말로 이상적으로 시스템화된 도시의 모습이었다. 특히 플라톤(기원전 427~347)과 아리스토텔레스(기원전 384~322)가 아테네를 이런 이상향으로 만들고자 하였다. 그러나 알렉산드로스(기원전 356~323)는 이상적 도시를 그리스 민족의 범위를 넘어 세계 곳곳에 건설함으로써 모든 인류에게 그 문화를 누리게 한다는 포부를 키웠다. 그의 정복은 문명의 확산으로 표방되고 식민시植民市의 건설은 은혜를 베푼 것으로 포장되었다. 그리고 이 과정에서, 그리스의 신들은 가장 이상적인 인체의 모습으로 형상화되었다.

한편, 동아시아 세계에서는 우주 만물이 목木·화火·토土·금金·수水, 곧 오행五行의 서로 다른 성질들로 이루어져 음陰·양陽의 상호작용 속에 순행하면서 변화한다는 생각이 설득력 있게 받아들여졌다. 그래서 인간 자체도 간肝·심心·비脾·폐肺·신腎의 5장臟으로 이루어졌고, 인간이 이루는 사회도 부자父子·군신君臣·부부夫婦·장유長幼·붕우朋友의 다섯 가지 관계를 축으로 형성되었으며, 이 관계는 각각 친親·의義·별別·서序·신信의 다섯 가지 도리에 의해 유지된다고 보았다. 오륜五倫이 그것이다. 세상의 모든 인간관계는 이 다섯 가지 기본 관계의 변형일 뿐이라는 게 이들의 인식이었다. 이를테면 스승과 제자 사이는 부자와 똑같은 계승 관계이고 그 의리는 '친'이라는 것이었다. 인간의 덕목이 인仁·의義·예禮·지知·신信의 5상常으로 나뉘고, 자연의 소리가 궁宮·상商·각角·치徵·우羽 5음音으로 이루어졌다고 여긴 것도 이런 인식의 연장에서 가능하였다. 모든 존재의 생멸生滅과 변화가 일체 색色·수受·상想·행行·식識의 5온蘊에서 비롯한다고 본 석가모니의 식견도 같은 선상의 인식이다. 그리하여 이들은 인간의 관계를 예禮, 자연의 이치를 악樂이라 부르며 세상이 혼란해진 것은 이 '예악'이 무너졌기 때문으로 파악하였고, 따라서 혼란한 세상을 안정시키기 위해서는 예와 악을 그 원상대로 되돌려야만 한다고 생각했다. 그러자면 개인의 이기와 욕망을 극복하지 않으면 안 되었다. 곧 '극기복례克己復禮'이다.

이 세상이 '관계'의 안정으로 이루어졌다는 생각과 '기능'의 조합으로 이루어졌다는 생각이 동·서양에서 양립한 셈이었다. 그리스와 로마의 신화가 우리라면 상상조차 못할 불륜과 패륜의 이야기로 점철하는 것은 이들이 관계를 잘 따지지 않는 문화를 가졌음을 보여주는 단적인 사례이다. 지중해 세계 사람들은 인간의 탐욕과 사랑이 이 사회를 움직이는 힘이라 생각하였다. 그리고 거기에 신에 대한 경건과 숭배를 더하고 나니 세상만사 설명되지 않는 일이 없는 듯 보였다. 그리하여 로마의 왕은 스스로 신의 자리에 서고자 노력했고, 그리스의 신상神像이 놓였던 자리엔 황제의 전신상全身像이 들어섰으며, 기독교의 비호를 얻어 '신성神聖'으로 포장된 '절대'가 왕권을 수식하는 말로 변해갔다.

'기능'은 그것을 규율하는 법칙이 있어야 안정되기 마련이다. 시스템을 통해 질서를 회복하려 한 지중해 세계에서 일찍부터 많은 법규를 만들어 운용한 것은 당연한 일이었다. 그러나 인간 사이의 관계를 자연의 도리로 생각하고 그 원형으로 되돌아가고자 노력한 아시아 대륙에서는 그리 복잡한 법규가 필요하지 않았다. 동·서양은 서로 다른 발상에서 서로 다른 형태로 조직된 사회였던 것이다.

그러므로 법이 미비하다고 무턱대고 원시라고 여기면 곤란하다. 이는 지중해 중심적 시각일 뿐이다. 법이 아니라 예악이 질서의 축으로 작용한 사회가 있다는 것을 염두에 두어야 한다. 기원전 2세기 말, 한이 조선 사회를 강점했을 당시 그 사회가 겨우 8조의 법금法禁으로 유지되고 있었다고 해서 이를 원시의 증거로 단정해서는 곤란한 것이다.

동·서양은 고대부터 서로 다른 사회를 형성해 발전해왔고, 추구해온 가치도 달랐다. '관계'를 보편으로 설정한 동양과, '기능'을 보편으로 설정한 서양은 발전의 경로와 형태가 다를 수밖에 없었다. 충성·효도와 신의는 '관계'의 덕목이고, 균형·조화와 효율은 '기능'의 덕목이다. '기능'을 추구한 서양은 기독교를 받아들이고 중세, 근대를 거치면서 박애와 자유·평등을 새로운 덕목으로 추가하였다. 그러나 '관계'를 추구한 동양은, 세상이 아무리 바뀌어도 천륜과 인륜이 변할 수는 없는 노릇이라고 굳건히 믿으며 근대로의 변화와 전환에 정면으로 대응하지 않았다.

국왕을 몰아내고 국민이 직접 통치자를 선택하는 근대로
접어들자 그동안 그렇게 중시해온 '충'의 의리가 사라졌고,
가족이 핵가족으로 파편화되면서 '친'의 의미가 퇴색되었으
며, 남녀의 구별 없이 노동함에 따라 '별'의 의의에 일정한 수
정이 가해질 수밖에 없었다. 하지만 근대로의 전환 과정에서
제기된 관계 재편의 요구에 적극 부응하려는 움직임은 일어
나지 않았다. 이미 시대착오가 되어버린 옛 가치를 고집하며
고식적 태도로 일관하는 부류가 '보수'를 칭하고, 기능 중심
의 서양 가치를 그대로 수용하려는 부류가 '진보'를 칭하게
된 것은 과거의 가치를 근대적으로 재해석하고 재구성함으
로써 새로운 '관계'를 창출해내지 못한 사회가 그 한계를 드
러낸 결과였다. 결국, 근대의 주도권은 서양으로 넘어갔으며,
이에 동양의 근대화는 서구화의 다른 이름이 되고 말았다.

오늘날에 와서 우리 사회가 부쩍, '기능'에 초점을 두고 자
신이 추구해온 '관계'를 파괴하면서도 이를 당연하게 받아들
이는 경향을 보이고 있다. '기능'의 수용이 보편의 확대 또는
세계화라고 생각하기 때문이다. 사제의 '관계'가 약화되는 풍
조가 한 예이다. 이는 우리가 서구화해가면서 유사 이래 지금
까지 부단히 추구해온 보편 가치를 스스로 포기하기에 이르
렀음을 의미한다. 여기에 주관과 주체는 더 이상 존재할 여지
가 없다.

예를 들어 사제 사이의 '인륜'을 해친 죄는 강상綱常을 범한

중죄로 다스려야 할 문제이다. 초점은 '관계'의 붕괴에 있는 것이지 '기능'의 비정상에 있는 게 아닌 것이다. 사제 관계가 무너지는 것은 교육의 기능이 약화되는 것보다 더욱 심각한 문제이다.

관계의 차이를 엄격히 가리지 않은 서구에서는, 사람 사이의 관계보다 개인 자체를 중시하는 경향이 있어, 언어에서도 존댓말과 반말의 구분이 명확하지 않다. 이러한 기능적 사고에 집중하다 보니 제대로 된 '관계'를 잃은 셈인데, 우리는 이것을 그대로 수용하기보다 제대로 된 사고의 '근대적 관계'를 만들어내야 한다. 우리가 긴 역사를 통해 지금까지 추구해온 가치를 포기해선 안 되는 것이다.

세상은 이미 변했고, 변화에 대한 통찰과 새로운 관계 설정을 향한 궁리는 등한했거나 더디고 굼떴다. 그사이 평등과 자유와 사랑과 인권만이 보편 가치이고, 우리가 추구해온 '관계'와 '의리'는 일방적인 강요와 폭력의 다른 이름이라는 생각이 우리 사회에 횡행하기에 이르렀다. 하지만 진정 그러한가? 자신의 보편을 이렇게까지 폄하하면서 잘 살아가리라 기대하는 건 무망無望한 일이다. 지금 우리 사회를 형성하는 '관계'의 축들을 주체적으로 다시 설정해내고, 서둘러 이를 근대적으로 재확립해내지 않으면 안 된다.

서양이 발전시켜온 '기능' 중심 사고는 최고의 효율을 추구하며 '기계'를 만들어내었고, 마침내 인공지능AI을 창조해내기에 이르렀다. 그리고 인간의 노동은 기계를 이길 수 없고 인간의 지능이 AI를 능가할 수 없다는 사실이 이제 명백해졌다. 기계와 인공지능이 인간을 대체해나가면서 미래 사회는 결국 지능을 가진 기계와 인간의 대결로 귀착되리라고 예측되는 상황에 직면한 셈이다. 인간이 인간다움에 기초하여 서로 연대하지 않으면 생존을 기약하기 어려운 국면이 되었다. 그런데 인류의 역사에서 인간이 이룬 성과 중 하나는, 인간은 '관계'로서 연결될 때 비로소 굳건히 연대하고 그 사회를 안정시킬 수 있다는 사실을 깨달은 일이다. 즉, 동아시아 세계가 추구해온 '관계'의 가치를 현대적으로 재구성해내는 일은 기계와의 싸움에 당면한 인간들이 그 생존을 걸고 연대하기 위해 반드시 달성해야만 하는 과제이기도 한 것이다.

3. 기자조선으로 왕권이 교체되고
부여와 서국이 서다

기자와 기자동래설

『삼국유사』의 단군사화에 따르면, "주周나라 무왕이 왕위에 오른 기
묘己卯년에 기자를 조선에 봉하니 이에 단군은 장당경으로 옮겨갔
다."고 한다. 여기서 기자는 미자微子·비간比干과 함께 상말商末의 세
현인 중 하나로 일컫는 사람이다. 『죽서기년竹書紀年』이나 『상서尙書』
등 선진先秦 문헌을 종합해보면, 기자는 제신帝辛(紂王)에게 밉보여
옥에 갇혔다가 주무왕이 상商을 멸하자 풀려났으나 무왕에게 복속
하지 않고 은거하였다고 한다. 그렇지만 무왕이 그 13년에 찾아와
세상을 다스리는 법을 묻자 '홍범구주洪範九疇'를 설하였으며, 결국
무왕 16년에는 조정으로 나아가 왕을 알현하고 신하가 되었다는 것
이다. 요컨대, 주가 상을 멸한 뒤 기자는 한때 무왕을 거부하여 숨었
지만, 마침내 굴복하여 그 신하가 되었다는 게 진秦 대까지의 문헌이
전하는 사실 전개의 개요인 셈이다.

그런데 한漢 대로 접어들어서는 이야기가 갑자기 변하여, 기자는 조선으로 망명했으며 이 사실을 알게 된 주무왕이 그를 조선의 왕으로 봉했다는 새로운 전개 방식으로 바뀌었다. 기자가 동쪽 조선으로 왔다는 이른바 '기자동래설'이 바로 이것이다. '기자동래설'은 복승伏勝(기원전 206?~161?, 복생伏生이라고도 함)이 전한『상서대전尙書大典』에 처음 보이고, 사마천의『사기』에 와서 사실처럼 굳어졌다. 한무제는 위만조선을 침략해 정복하고 그 지역을 군현으로 편제한 왕이다. 그러면서 아마, 조선은 원래 중국의 지배를 받던 나라이고 지역이라고 강변함으로써 그 지배의 정당성을 주장할 필요가 있었던 것이고, 이런 정치적 의도가 당시의 사서史書에 투영된 것이었을 개연성이 크다.

기자동래설의 허구와 기자조선의 실재

기자가 조선으로 와 왕이 되었다는 이야기는 여러 면에서 사실이 아닌 게 확실하다. 정복한 지역에 대해, 따지고 보면 이곳은 본디 자기 조상과 연고가 깊은 땅이라는 식의 억지 역사를 조작해내고 이를 근거로 침략을 정당화하려는 시도는 인류의 긴 역사 속에서 시공을 초월해 흔히 있어온 일이다. 당이 백제를 점령하고 웅진도독부를 설치한 후 남원에 대규모의 성을 쌓고서는 대방성帶方城이라 부르며, 이곳이 바로 조위曹魏가 설치한 대방군帶方郡의 옛 땅이니 백제를 멸한 당唐이 이곳을 통치하는 것은 옛것을 회복한 지당한 처사라고 주장한 것도 그 일례이다. 훗날 청淸의 태종은 조선을 굴복시킨 후『만주

원류고滿洲源流考』를 편찬해 그 정치적 간섭을 정당화하였으며, 청 말기에는 원세개袁世凱가 '속방론屬邦論'을 들고 나와 조선 정치에 간섭한 적이 있었다. 또 일본은 한국을 강점하고 '일선동조론', '임나일본부설' 등 허위 사실을 주장하며 그 식민 통치를 합리화하였다. 침략은 이렇듯 역사의 왜곡을 흔히 동반한다. 그러므로 선진 시대에는 있지도 않던 '기자동래설'을 한이 조작해냄으로써 그 군현 지배의 정당성을 주장하는 방편으로 삼았다고 해서 그리 놀랄 일도 아니다. 또한 후한後漢 때에 이르러서는 낙랑 지역의 순후한 민속民俗이 죄다 기자의 교화 덕에 생긴 것이라고까지 말할 정도였으니(『한서漢書』 지리지), 기자의 조선 지배는 이미 기정사실로 굳어진 일이나 다름없었다.

그런데 근년에 이르러, 기자의 '동래東來'가 조작된 사실임을 알아가면서 많은 이들 사이에서, 그렇다면 기자조선도 역시 존재하지 않았던 것이 아니냐고 생각하는 경향이 슬그머니 일어난 점이 주목된다. 기자가 조선으로 와 왕이 되었다는 게 사실이 아니면 기자가 왕으로 있었다는 조선도 있어서는 안 되는 것 아니냐는 생각이다. '기자동래설'의 부인否認이 기자조선 자체의 부정否定으로 확대된 인식이다. 그리하여 고구려가 기자를 제사한 것이나 고려 숙종 때 기자의 사당祠堂을 세운 일 등이 잘못된 역사 인식의 소산으로 간주되었다. 또 이승휴가 『제왕운기帝王韻紀』에서 조선을 전조선前朝鮮과 후조선後朝鮮으로 나누고 단군이 전조선의 시조라면 기자는 후조선의 시조라고 서술한 것도 그저 항몽抗蒙 정신에서 촉발된 민족의식의 발로쯤으로 치부되었다. 처음엔 기자조선에 대한 인식이 전혀 없었는데 점차 후대로 내려오면서 역사 사실인 것처럼 체계적으로 꾸며지

사진 11 『광주천자문』에는 王이 '긔ㅈ왕'
으로 표현되었다(일본 도쿄대학).

기에 이르렀다는 식으로 생각이 정비되었다. 단군, 단군조선의 경우와 마찬가지로 기자, 기자조선 역시 우리 역사에서 실재한 인물도, 나라도 아니었다는 게 이들의 생각이다. 그러나 '기자동래설'이 허구이므로 기자조선도 부정되어야 마땅하다는 것은 역사적 당위성을 가진 정당한 사고일 수 없다. 우리 역사에 실재한 기자를 상商의 현인이라는 기자로 바꿔친 데 불과한 변개·조작일 개연성이 매우 크기 때문이다.

1575년에 간행된 조선의 한자 교본인 『광주천자문光州千字文』에는 王이 "긔ㅈ왕"으로 되어 있다. '기자箕子'가 왕을 지칭하는 순우리말 훈訓으로 쓰인 것이다. 그런데 '箕子'라고 써서 몽골의 고음운 학자에게 보여주면 지금도 '케세르 칸Keser Qan'이라 읽는다. '箕子'는 '케세르'인 '칸'의 표기라는 것이니, 이를 '긔ㅈ 왕'이라고 읽는 우리와 완전히 일치하는 독법이다. '칸'은 알타이어를 쓰는 지역에서 철기 문화에 기반을 두고 성장하여 독자성을 띠게 된 신흥의 정치적 수장을 부르던 말이다. 후대의 기록에 보이는 '干' 또는 '加', '韓' 등은 '칸'을 표기할 때 쓴 한자이다. 곧 '칸'은 한자어의 왕王과 똑같은 뜻을 가진 용어인데, 이런 '칸'들 가운데 가장 영향력이 커서 '칸 중의 칸'이라고 부를 만한 존재를 '箕子'라 표기하고 '케세르'라 읽은 것이었다.

'케세르'는 신라어에서의 '거서居西'와 음가 및 뜻이 매우 유사하여 같은 말의 다른 표기일 가능성이 크다. '거서'는 고구려의 '개차皆次', 백제의 '길지吉支', 일본의 '기시きし', 중국 사서에 보이는 '거수渠帥'와

92

동음이표기同音異表記로서, 어느 것이나 각 지역에서 그들의 왕을 지칭하던 용어였다. 음가音價는 대략 'KəSə'였으리라 짐작된다. '箕子'는 예맥족이 자신들의 왕을 부르던 'KəSə'의 표기였던 것이다. 그런데 이 표기가 공교롭게도 상商의 현인이라는 '기자'와 표기가 같았던 탓에, 그것이 의도적이었든 아니든, 이른바 '기자동래설'과 같은 변개·혼선이 생기고 만 것이었다. 그렇다면 '기자동래설'이 허구라 해서 기자의 존재 자체를 부인하는 것은 근거도 없을뿐더러 심히 어리석은 일이다.

기자조선과 부여

단군사화에 따르면 기자는 단군왕검의 뒤를 이은 왕이다. 단군왕검은 기자에게 조선을 내어주고 장당경으로 옮겨 갔다가 훗날 되돌아와 아사달에 숨어 산신이 되었다고 한다. 단군왕검이 기자에 의해 축출된 셈이었다. 그러니 단군에서 기자로의 정권 교체가 평화롭게 이루어진 선양이었을 리 없다. 그랬다면 다른 곳으로 옮겨 가 살 이유도 없었을 터이다. 원래, 청동기에서 철기로의 문화변동은 어느 지역에서나 심한 무력 충돌과 사회 격변을 동반하였다. 정치 주도 세력이 교체되고, 사회 이념과 편제가 바뀌는 대변혁 과정에서 일어난 정권 교체였다.

　이 과정이 실제로 어떠했는지 구체적으로 알려주는 기록은 없다. 그러나 『삼국유사』에 전하는 다음과 같은 기록이 이를 유추해내는 데 하나의 단서를 제공한다.

「단군기壇君記」에는 "단군이 서하西河 하백河伯의 딸과 관계하여 아들을 낳아 이름을 부루夫婁라 하였다."고 한다.

여기서 부루는 북부여의 왕인 해부루解夫婁이다. 곧 부여 왕이 단군의 혈통이었다는 것이다. 그렇다면 부여는 축출된 단군왕검 또는 그 세력이 개창한 나라였다는 이야기가 된다. 『삼국지』는, 옛 부여에서 날씨에 대한 책임을 왕이 지고 있어서 혹여 조화롭지 못한 날씨 탓에 오곡이 잘 익지 않으면 왕을 갈아 치우자거나 죽이자는 논의가 일었다고 하였는데, 이 또한 부여가 왕검조선과 깊이 연관되어 있을 개연성을 높여주는 사실이다. 왕이 날씨까지 책임지는 것은 신정정치의 한 양상이거니와, 이는 하늘에서 내려온 천왕天王의 아들로서 신정정치를 행하던 단군과 그 성격이 꼭 일치하기 때문이다. 부여 시조인 동명왕 이야기의 구성이 단군사화의 그것과 같은 것도 두 사회의 문화적 성격이 같음을 시사한다.

주몽이 고구려를 건국하면서 내세운 동명왕 설화는 본디 부여 시조의 설화였다. 『삼국지』가 전한 『위략魏略』 기사를 보면, 부여 시조가 동명이고, 동명왕의 건국 과정이 고구려 주몽의 그것과 대략 같다.

옛 기록(舊志)에 또 말하기를, 옛날 북방에 고리高離라는 나라가 있었는데 그 왕의 시비侍婢가 임신을 했다. 왕이 이 시비를 죽이려 하자 그녀는, "달걀만 한 기운이 아래로 내려오더니 제가 임신한 것입니다."라고 말했다. 뒤에 아들을 낳았는데 왕이 돼지우리에 버렸으나 돼지가 주둥이로 입김을 불어주었고, 마구간으로 옮겼으나 말이 또한 입김을 불어주어 죽지 않았다. 이에 왕은 혹시 하늘이 낸 아이가 아닐까 생각하여 그 어미가 거두어 기르도록 하고 이름을 동명東明이라 하였으며 늘 말을 먹여 기르도록 했다. 동명이 활을 잘 쏘았으므로 왕은 자기 나라를 빼앗을까 두려워 그를 죽이려고 하였다. 동명이 남쪽으로 달아나 시엄수施掩水에 이르렀는데, 활로 물을 치자 물고기와 자라가 떠올라서 다리를 만들어주었다. 동명이 물을 건너자 물고기와 자라가 흩어졌으므로 추격병은 건널 수 없었다. 동명은 이에 부여 땅에 도읍을 정하고 왕이 되었다.

이야기가 간략하게 축약되어서 그렇지, 그 원형은 해모수解慕漱와 하백녀河伯女 사이에서 동명왕이 나왔다는『동명왕편東明王篇』의 이야기 전개와 별반 다를 바 없다. 그런데 해모수와 하백녀 사이에서 동명이 탄생했다는 이야기 구성은 환웅과 웅녀의 결합으로 단군이 탄생했다는 구성과 근본적으로 같다. 어머니가 소서노召西奴이지만 아버지는 우태優台인지 주몽인지 불확실하다는 백제의 비류沸流·온조溫祚, 궤짝에서 나와 부모가 누구인지조차 모른다는 신라 혁거세와 비교해보면 단군과 동명의 탄생 배경이 얼마나 유사한지 금세 알 수 있다. 환웅과 해모수가 하늘에서 내려온 것도 같지만, 그 이름에 수컷을 뜻하는 '웅雄'과 '수漱'가 쓰인 것도 똑같으며, 웅녀와 하백녀의 대응도 매우 유사한 구성이다. 이와 같이 그 구성이 거의 일치한다는 것은 두 이야기가 같은 시기에, 같은 문화를 바탕으로 성립한 것임을 뜻한다. 아니면 같은 이야기의 변형이기 때문에 생긴 일치라고 할 수밖에 없다. 곧 부여를 성립시킨 문화 기반은 바로 왕검조선의 그것에 다름 아닌 것이다.

이런 맥락에서 다시 생각하면, 동명이 물고기와 자라의 도움으로 물을 건너는 등 절체절명의 위기에서 천신만고 끝에 탈출한 이야기는, 여러 칸(干=加=韓)들이 기자를 옹립하고 정변을 일으켰을 때 왕검단군이 백척간두의 위험에 처했다가 간신히 목숨을 건져 부여 땅으로 탈출하던 사정을 은유적으로 말해주는 대목일 공산이 크다. 왕검에서 기자로의 정권 교체는 결코 평화스럽게 이루어진 일이 아니었다. 조선은 기자를 정점으로 재편되었고, 조선에서 축출된 왕검 혹은 그의 세력은 따로 부여사회를 건설해 새로운 출발을 도모하였다. 그리고 조선에서 축출된 왕검 세력이 부여 쪽으로만 간 것은 아니었다. 남쪽 중원으로 향한 세력도 있었다. 서국徐國이 바로 이들이 새로 건설한 나라였을 것으로 추정된다.

서국의 사회와 인성

서국에 대해서는, 그에 관한 기록이 응당 있어야 하리라 여겨지는 『춘추좌씨전春秋左氏傳』이나 『초세가楚世家』 같은 사서에 그 이름이 보이지 않기 때문에 이를 이유로 애초부터 실재하지 않은 나라라는 견해도 있다. 서국의 언왕偃王에 관한 사실이 기원전 10세기 주목왕周穆王 때의 일로도 나타나고 기원전 7세기의 초문왕楚文王 때 일로도 나타나 혼효混淆되어 있는 것도 기록의 신뢰성을 떨어뜨리는 한 원인이 되었다. 그러나 『사기』와 『후한서』 등 그 이름이 보이는 사서가 여럿인 데다 관련된 서술 내용도 구체적이고, 또 기원전 4세기 사람인 시교尸佼와 기원전 3세기 사람인 한비자韓非子, 순자荀子 등이 서국의 언왕에 대해 구체적으로 언급한 사실로 미루어, 그 역사 사실 자체를 부인할 수는 없다.

더욱이 서언왕徐偃王의 출자에 관한 이야기는 부여의 동명왕 이야기와 매우 흡사한 구성으로 이루어진 점에서 그 문화적 토대의 동일성이 주목된다.

> 서언에 대해 『왕지王志』에 이르기를, "서나라 임금은 궁녀가 임신하여 알을 낳자 상서롭지 않다고 여겨 물가에 버리도록 했다. 홀로 된 여자 독고모獨孤母에게 개가 있었는데 이름이 곡창鵠蒼이었다. 곡창이 물가에서 사냥하다가 버려진 알을 발견하고 이것을 입에 물고 동쪽 집으로 돌아왔다. 독고모가 이를 이상하게 여겨 알을 따뜻하게 덮어주니 마침내 알이 쫙 깨어지면서 아이가 태어났다. 태어날 때 똑바로 누워 있었으므로 누울 '언偃' 자를 그의 이름으로 삼았다. 서나라 임금이 궁중에서 이를 듣고 다시 거두어 길렀으며, 자라서 인자롭고 지혜로웠으므로 그에게 나라를 물려주었다(『박물지博物志』).

궁녀가 임신하여 알을 낳았다든가, 상서롭지 못하다고 여겨 그 알을 버렸더니 짐승이 보호하였다는 이야기의 기본 구성이 일치하며, 알을 깨고 나온 사내아이가 비범하므로 결국 왕위를 계승하게 하였다는 이야기로 끝나는 점도 같다. 설화의 기본 줄거리가 같다는 것은 이들이 같은 문화를 공유한 같은 계통의 종족임을 뜻한다. 서국은 부여와 같은 계통의 종족이 세운 나라였던 것이다.

나중에 한무제가 위만조선을 침략했을 때 전황이 불리하자, 조선의 왕실 사람들과 동족 계통이라 여겨지는 위산衛山이라는 자를 우거왕右渠王에게 보내 항복을 권유한 일이 있다. 이에 우거왕은 항복을 결심하고 태자를 보내 예를 표하게 하였다. 태자는 만여 명의 군사를 거느리고 한군漢軍의 장수인 좌장군을 찾아갔다. 그러자 좌장군이 조선군의 무장해제를 요구했다고 한다. 태자는 무장해제에 응하지 않고 사람들을 이끌고 그냥 돌아왔다.

그런데 흥미로운 사실은 서국이 멸망할 때도 이와 유사한 일이 있었다는 것이다. 서국이 싸우지 않기로 작정하고 항복 의사를 밝히자 초군이 서국 사람들에게 무장해제를 요구하였고, 이에 응하여 서국 사람들이 무기를 버리자 초군이 이들을 몰살시킨 일이 있었다. 위만조선의 태자가 한의 무장해제 요구에 그냥 돌아서고 만 것은 아마 이러한 서국의 고사를 잘 알고 있었기 때문일 공산이 크다. 그렇기 때문에 그런 어리석음을 되풀이하지 않기 위해 무장해제하지 않고 돌아선 것일 터이다. 서국과 위만조선 사람들이 같은 계통이어서 그 역사를 함께하고 있었기 때문에 이런 일이 생겼으리라 짐작되는 것이다.

『후한서』는 동이열전 서문을 구이九夷에 대한 소개에서부터 시작하여, 그 역사가 요임금 때로 소급될 만큼 유구함을 밝히고, 구이가 점차 위축되게 된 경위며, 진秦이 동이사회를 해체하여 그 민호民戶로 편제한 사실과 한무제가 조선을 정벌한 사실 등 그 전개 과정을 계기적으로 서술하였다. 저자인 범엽은 그가 살던 5세기 당대의 동이가 구이의 남은 후예라는 인식을 갖고 있었던 것이다. 그리고 구이가 위축된 결정적 계기로, 서언왕이 초의 침입에 맞서 싸우지 않고 나라를 들어 내주고 만 사실을 지목했다. 언왕이 권도權道가 없이 어질기만 한 나머지 백성을 차마 전장으로 몰아 적과 싸우지 못하고 패배를 감수하였다는 것이다. 범엽은 구이로부터 서국을 거쳐 부여, 고구려, 예, 삼한에 이르는 역사와 문화가 모두 동이라고 부를 수 있는 한 계통의 종족이 이룬 것이었다고 본 셈이다. 이런 범엽의 역사 인식을 그저 소홀히 넘겨보아서는 안 될 것이다. 다만 범엽은 구이가 동이의 아홉 종족을 뜻하는 용어라고 생각했으나, 구이는 국명으로 나타나는 '고리'의 다른 표기일 가능성도 있다.

『후한서』만이 아니라 동이나 서언왕에 대해 언급한 모든 사서가 한결같이 강조하여 말하고 있는 것은 이들이 순종적이고 어질다는 점이다. 이는 실제로 동이사회가 인간으로서의 도리를 중시하고 어짊이나 의로움과 같은 보편 가치를, 중국인들이 보기에 지나치다 싶을 만큼 숭상하는 문화를 지녔기 때문일 것이다. 공자가 구이에 가서 살고 싶다고 하고, 한비자가 서언왕의 인의를 비판한 사실로 미루어 보면, 이 시기 사람들이면 누구나 동이 문화의 이런 성격 및 특질에 대해 익히 알고 있었다.

『삼국사기』에는 지금으로서는 좀체 이해하기 어려운 이야기가 적잖이 나온다. 그 가운데는, 이를테면 낙랑樂浪 사람들이 신라를 침입하려다가 변방 사람들이 밤에도 문을 닫지 않고, 한데에 쌓아둔 곡식 더미가 들판을 덮은 것을 보고 군사를 이끌고 돌아갔다는 식의 이야기가 있다. 백성들이 도둑질하지 않는 것을 보고 도덕이 있는 나라임을 알고 이런 나라를 습격하는 것은 부끄러운 일이라 여겨 그랬다는 것이다. 심지어는 왜인도 신라의 변경을 침범하려다 혁거세왕에게 뛰어난 덕이 있음을 듣고 돌아갔다고 한다. 이러한 이야기들은 신라 등 삼국은 물론 낙랑, 왜까지도 동이의 후예로서 인의와 도덕을 중시하는 문화에 기초해 있었음을 보여주는 한 단면이라 할 것이다. 혁거세왕의 신하인 호공瓠公은 왜인이었다고 하며, 아달라왕阿達羅王 때 연오랑延烏郎은 일본으로 건너가 왕이 되었다고 하니 당시 신라와 일본의 관계가 실제로 무척 밀접했음을 알 수 있다.

여러 기록을 종합해서 생각할 때, 치우와 함께 황제 세력에 맞섰던 모든 종족과 그 후 단군에 의해 재통합된 종족들이 모두 우리의 조상이라고 말할 수는 없다. 그러나 그중에 중국에 편입됨을 거부하고 동진한 사람들이 있었고, 이들이 곧 우리의 직계 조상임은 분명하다. 그러므로 이들을 '우리'라 부를 때, 한때 우리와 함께했던 많은 종족이 그동안 사방으로 흩어져 그 흔적조차 찾기 어렵게 되었고, 그 땅에 그대로 남았던 종족들은 중국인으로 흡수되어 지금은 자신의 내력을 전혀 깨닫지 못하기에 이르렀지만, 이들의 이런 역사를 우리가 정리해주어야 함은 마땅하고 당연한 이치이고 도리이다.

4. 기자조선이 발전하며 변모하다
진국과 삼한

기자조선의 성립과 운영 원리

1905년에 간행된 정교鄭喬 · 최경환崔景煥의 『대동역사大東歷史』는 단
군에서 기자로의 정권 교체 시기를 기원전 1122년으로 적었다. 전
해오는 역년歷年을 계산하여 나름대로 결정을 내린 셈이다. 기원전
1122년이라면, 상商이 멸망하기 76년 전에 해당하는 시점이다. 조선
의 정권이 단군에서 기자로 넘어가는 변화가 일어났던 것은 분명한
사실이라 여겨지지만, 실제로 그 해가 이 해였는지를 확신할 근거
자료는 딱히 없다. 대략, 황하 유역에서의 상·주 교체기에, 대릉하
유역에서도 단군에서 기자로의 정권 교체가 이루어졌다고 보면 사
실과 크게 다르지 않을 것이다.

단군을 축출하고 기자를 왕으로 추대한 후 조선의 정치 운영은 기
본적으로 앞 시기의 신정정치에 입각한 형태가 아니라 합의 정치의
원칙 위에서 이루어졌다. 국가의 중대사는 기자를 추대할 때 참여했

던 모든 '칸'들이 모여 함께 논의해서 결정했고, 국지적인 이해 다툼에는 이해가 얽힌 당사자인 몇몇 '칸'들과 국정의 운영 실무를 담당한 '칸'들이 얼굴을 맞대고 합의하여 결정했다. 이해관계를 조정해 합의한 사항을 어긴 세력에 대해서는 일정한 징계가 따랐을 것이다.

'칸'들은 제각기 자신의 지배 영역과 민인을 가진 소국의 왕으로서 독자성을 띠었고, 기자는 그러한 '칸'들의 독자적 지배를 인정하면서 모든 '칸'을 대표하는 대군왕大君王으로서 각국의 '칸'으로부터 조세를 거둬 조선의 국정 전반을 운영하는 한편 이들로부터 징발한 군대에 대한 통수권을 가지고 외세의 침입과 내란內亂에 대응하였다. 그러므로 기자조선의 정치체제는 주周의 봉건제도와 거의 같은 원리와 맥락에서 운영되었다. 관제상의 경卿·대부大夫가 주周에서처럼 기자조선에도 있었던 것은 이 때문이겠다. 이왕易王(재위 기원전 332~321) 때에 연燕이 한韓·조趙·위魏·중산국中山國 등과 오국상왕五國相王 동맹을 맺고 서로 왕이라 부르면서 동쪽의 조선을 넘보자 단단히 화가 난 조선이 오히려 연을 칠 계획을 세운 적이 있었는데, 이때 조선의 대부大夫인 예禮가 극력 간하여 중지시켰다고 한다. 조선에는, 기록에는 보이지 않지만, 대부만이 아니라 경卿, 사士도 있었음이 틀림없다.

기자조선의 범금 8조

반고班固(32~92)의 『한서』 지리지에는, 은殷(商)의 도덕이 쇠퇴하자 기자가 조선에 가서 그 백성에게 예절과 의리, 밭농사, 누에치기, 길

쌈, 옷 짓기 등을 가르쳤다고 서술되어 있다. 물론 여기서 기자를 은 나라 사람이라 한 것은 『사기』의 이른바 '기자동래설'을 무비판적 으로 수용한 그릇된 서술이다. 기자조선이 대단한 문명국가였다는 사실을 전한 기록이라고 생각하면 되겠다.

그런데 이에 이어서, 낙랑군樂浪郡의 조선현朝鮮縣 사람들에게는 범해서는 안 될 8조의 법이 있었다면서, 사람을 죽인 자는 그 즉시 죽여서 목숨으로 갚게 한다, 사람을 다치게 한 자는 곡식으로 보상 케 한다, 도둑질한 자는 남녀를 불문하고 그 재산을 모두 몰수하여 그 집의 노비로 삼되, 스스로 재물을 바치고 죄를 면제받고자 할 경 우엔 1인당 50만을 내게 한다는 등의 3조를 소개한 것이 주목된다. 이 50만의 단위가 표기되어 있지는 않으나 아마 돈을 세는 단위로 쓴 것이겠다.

한漢에서는 사형수에 대한 속전贖錢을 50만 전錢으로 규정하고 있 었는데, 사형수가 이 정도였음을 감안하면 절도 행위에 대한 속전으 로는 좀 지나치다는 느낌이 드는 것이 사실이다. 하지만 조선 사람 들은 도둑질을 그만큼 중죄로 생각했을 뿐 아니라, 평생 노비로 삼 는 것과 사형에 처하는 것을 거의 동일한 수준의 형벌로 생각했던 것이다. 그래서 죄인이 재물을 바치고 속죄하여 다시 일반 민民이 되 더라도 사람들이 그를 수치스럽게 여겨 배필로 삼으려 하지 않았다 고 한다.

한에 의해 멸망하여 낙랑군으로 편제되기 전의 위만조선 법규는 대략 이상과 같았다. 그런데 이런 내용이 기자에 관한 서술에 곧바 로 이어진 것을 보면, 반고는 이 8조의 범금犯禁을 기자조선 때부터 내려온 조선 사회 전통의 법규로 인식했던 것 같다. 『삼국지』와 『후한서』는 기자가 조선에 와서 8조의 교법敎法을 만들어 백성을 교화시켰다고 명시적으로 기술했다. 근거 없는 '기자동래설'이 점차 확대되고 있었던 셈이다.

그리고 이에 이어진 반고의 설명에 따르면, 이런 금제禁制 때문에 조선의 백성들은 도둑질을 하지 않으므로 굳이 문을 닫을 필요가 없었고 부인들은 정조가 곧고 신실하여 음란한 성향이 없었다고 한다. 하지만 한의 군현으로 편제된 후에는 사정이 바뀌어, 요동遼東으로부터 벼슬아치와 장사꾼들이 와서 드나들기 시작하면서 도둑질이 성행하는 등 풍속이 각박해졌으며, 이에 지금은 범금犯禁이 60여 조로 늘어나게 되었다는 것이다.

그런데 여기서, 이 기록에 입각할 때 '기자조선'의 실체는 결국, 겨우 8조의 규범만으로도 능히 그 사회의 질서 유지가 가능했던 저급한 단계의 정치집단이었음이 분명하지 않은가 하고 생각하는 이들이 적잖다. 범금의 구체적인 내용을 볼 때, 인명 존중의 가치관과 곡식을 화폐처럼 쓰는 관행, 사유재산제도 및 노비제도의 존재 등을 알 수 있어 기자조선이 사회·경제적으로 계층 분화가 상당히 진행되고 제법 정비된 법령체제를 갖춘 사회였다는 사실이 인정되지만, 그럼에도 불구하고 국가state 단계에 이르러 있었다고까지는 보기 어렵다는 것이다. 우리 역사에서 국가가 성립한 것은 훨씬 후대로 내려온 이후의 일이라는 생각이 이런 인식을 더욱 부추겼다.

8조의 범금 중 기록으로 전하지 않는 5조의 내용은 정확히 알 수 없으나 부인들이 매우 정숙했다는 서술로 미루어 간음을 엄금하는 내용의 조항이 있었음이 분명하다. 나머지도 신성 모독을 금지하는 등 인류 사회 보편의 기본법 조항이었을 것이라는 게 많은 이들의 견해다. 따라서 이런 기본적인 법규 8조만으로 유지된 사회였으니 기자조선의 사회발전 단계를 높게 보기가 매우 곤란하다고 생각하는 것도 어찌 보면 일면 가능할 법하다.

하지만 기자조선은 단군의 조선을 계승하여 성립한 나라라는 사실을 잊으면 곤란하다. 단군이 건국한 조선은 서로 섞여 살게 된 예맥사회의 각 단위 정치체 곧 '칸'이 통치하는 소국들을 통합하여 건설한 국가였다. 기자 자체가 이들 '칸'이 공립共立한, 즉 함께 한마음으로 세운 '칸들의 왕'이다. 그러므로 기자조선의 법규는 모든 단위 정치체들이 쉽게 납득하고 복종할 수 있는 인류 보편의 기본법일 수밖에 없었다. 구체적인 법은 각 소국이 저마다의 사정을 감안해 각기 정하여 운영하였고, 조선 전체의 일은 칸들이 공론으로 결정하였기 때문이다.

법규의 수가 적다는 이유로 그 사회의 발전 단계를 저급하게 보면 안 된다. 예컨대 신라의 경우도 6부를 중심으로 나라를 운영하던 시기에는 세세한 법 조항을 둘 필요가 없었다. 기자조선 범금 8조犯禁八條에는 공론에 임하는 칸들의 의무와 그 합의를 어긴 경우에 대한 제재 등 공공성의 유지에 관한 내용도 포함되어 있었을 것이다. 동이 사람들이 유난히 어질고 의로운 문화를 가졌다고 강조한 『후한서』동이열전의 기록이나, 침략에 정면 대응하지 않고 백성들의 안위를 걱정해 그냥 항복하고 만 서국 언왕의 이야기를 참고할 때, 조선 사람들 역시 명문화된 법규가 아니라 불문의 문화와 예악을 중시한 사람들이었음이 분명하다.

기자조선과 진국

기자조선은 기본적으로 봉건적 정치체제와 질서 위에서 운영되었다. 망명해 온 위만衛滿을 박사로 삼은 후 홀忽을 주고 100리의 땅을 봉하여 중국 쪽 변경을 지키게 한 것은 이런 봉건체제에서 매우 자연스러운 통상의 조처였다. 뜻하지 않게 위만이 배신했던 것뿐이다.

위만은 반기를 들어 준왕準王을 치고 그가 거처하던 왕검성을 빼앗았다. 준왕은 겨우 측근의 세력만 거느리고 바닷길을 통해 마한으로 들어가 한왕韓王을 칭했다고 한다. 급속한 정국의 변화에 대응하지 못한 왕검성 인근의 일부 칸은 어쩔 수 없이 위만에게 복속했겠지만, 대다수의 칸은 각기 독자성을 띤 왕이었으므로 그 독자성을 유지하는 쪽으로 움직였을 것으로 보인다. 위만이 점령한 지역은 왕검성과 그 서방 지역에 한정되었다. 기자조선의 나머지 지역은 기자왕을 잃은 채 거의 그대로 남았다.

왕검성이 지금의 어디인지를 확실히 알 수 있는 자료는 아직 없으나 여러 정황으로 보아 요녕성遼寧省 조양朝陽 근처였을 개연성이 크다. 이와 관련해서는 후한後漢 말기의 왕부王符가 지은 『잠부론潛夫論』에, "주선왕周宣王(재위 기원전 827~782) 때 한후韓侯가 있었는데, 연燕 지역 인근에 있었다. 그 후 한韓의 서쪽에서도 성姓을 한이라고 일컫더니 위만에게 정벌당하여 바다 가운데로 옮겨 가 살았다."고 한 기사를 주목해야 할 것으로 생각된다.

조양에서 동쪽으로는 의무려산醫巫閭山이 있고, 이를 넘으면 심양瀋陽에 이르기까지 딱히 기댈 곳이 없는 메마른 평지라서 정주定住하기가 좀체 힘들다. 조양에서 동진할 때는 발해만渤海灣 연안을 따라

금주錦州, 반금盤錦을 경유해 요양遼陽에 이르는 길이 주로 이용되었다. 위만은 이 동부 지역의 칸들까지 장악하지는 못했던 것으로 보인다. 위씨 정권에 복속했던 칸 중에도, 우거왕 때의 역계경歷谿卿처럼, 뒤늦게 무리를 이끌고 조선을 이탈하는 이들이 있었는데, 이들이 "동쪽 진국辰國으로 갔다."고 한 것을 보아 거의 확실하다. 준왕이 바다를 통해 마한으로 들어가자 기자조선의 잔여 세력이 동쪽의 요양을 중심으로 재결집하여 진국을 칭하고 있었던 모양이다.

요양에서 더 동쪽으로 무순撫順을 거쳐 장춘長春 · 길림吉林으로 연결되는 지역은 부여가 장악하고 있었으므로, 남쪽의 요동반도와 한반도의 칸들이 진국에 참여하였다고 여겨진다. 그러나 각지의 칸이 진국에 참여하는 형태는 천편일률적이지 않았다. 고구려 벽화고분의 천장에 그려진 일월성신도日月星辰圖에서 별과 별 사이를 잇는 선이 실선과 점선, 그리고 이를 섞은 선 등 세 종류로 표기된 사실이 그 복잡한 관계를 나타내주고 있다. 진국은 이런 별들 곧 독립적 소국

지도 5 왕검성이 위치한 장소로 추정되는 '조양'과 부여 세력권

의 칸들이 연대하여 이중용립二重聳立의 구조를 이루며 형성한 '별들의 나라'였다.

되짚어보면, 기자 곧 케세르 칸인 준왕이 마한으로 들어가 한왕을 칭했다는 것은 그가 더 이상 공동으로 추대된 '칸들의 왕'으로 인정받지 못하게 되었음을 뜻한다. 어이없게 도성을 잃고 겨우 측근 세력 몇몇과 함께 도피한 준왕은 더 이상 삼한 전체의 왕일 수 없었을 것이다. 그리고 그가 마한으로 들어가 자리를 잡았다는 것은 마한도 본디 그의 관할 하에 있던 곳임을 암시한다. 기자조선은 마한만이 아니라 진한, 변한 등 삼한으로 구성된 국가였던 것이다. 각 소국에 왕이 용립聳立한 상황에서, 여러 소국이 모여 삼한을 구성하고 그중 가장 큰 세력을 형성한 소국의 왕이 삼한 전체의 왕, 곧 기자로 용립한 '이중용립'의 구조였다.

진국을 이룬 삼한

원래는 삼한 중 진한이 가장 컸다. 준왕은 삼한 중 진한의 왕으로서 기자 위에 오른 이였다. 『후한서』는, 삼한이 모두 진국에서 나왔으며 삼한 전체의 왕을 진왕辰王이라 하였다면서, 마한이 삼한 중에서 가장 강대해졌으므로 마한의 월지국月支國(목지국目支國으로 표기한 사서도 있다) 왕이 진왕이 되었다고 서술했다. 진왕이란 용어로 보아, 원래는 마한이 아니라 진한이 가장 강대했고 진한에서 가장 큰 세력의 왕이 진왕이 되어 진국을 이끌었음을 능히 짐작할 수 있는 기록이다. '진'이란 말의 의미 자체가 가장 크다는 뜻이라고 한다. 그러고 보면,『후한서』의 진국이 곧 기자조선의 후신이며, 진왕은 곧 기자의 다른 표기임을 알 수 있다.

삼한 중 가장 강대했던 진한이 급격히 약해지게 된 데에는 준왕이 위만에게 속아 속수무책으로 도성을 넘기고 만 사건도 하나의 계기로 작용했지만, 무엇보다 한무제의 침략이 위만조선을 무너뜨린 데 그치지 않고 계속 동쪽으로 확산되고 있었던 사실에 결정적 원인이 있었다. 위만에게 밀려 세력이 약해졌어도 전통에 따라 그런대로 삼한의 구심점이 되어 요양을 중심으로 진국을 이끌던 진한 세력은 한의 침략을 견디지 못하고 무너졌다. 이로써 진한의 많은 세력이 한 군현의 통치하에 놓였고, 그 통치로부터 벗어난 지역의 칸 가운데 일부는 그 자리에서 겨우 세력은 보전하였지만 삼한사회에서의 정치적 영향력을 급격히 상실하였으며, 나머지는 세력을 이끌고 남하하여 마한 땅으로 들어가 한반도 남부로 이동하였다. 마한은 이렇게 이동해 온 다수의 유민들이 마한 중심부로 유입하여 마한사회의 기존 질서를 교란시키지 못하도록 아예 동쪽 지역을 내줬다고 한다.

『삼국지』는 "변진이 진한과 '잡거'한다(弁辰與辰韓雜居)."고 서술했다. 아마 이 기사만큼 당시의 사회 상태를 잘 설명해주는 기록은 없을 것이다. 변진과 진한에는 각각 12국이 속해 있었는데 이들 24국이 서로 섞여 존재한다는 얘기다. 한 세력에 속한 여러 소국이 다른 세력에 속한 소국들과 서로 섞여 있는 '잡거'의 형세는 정상적으로는 이루어지기 힘든 모습이다. 이런 형세가 조성될 여건은, 이주해 온 대규모의 세력을 한 곳에 수용할 수 없을 경우에나 부득이 상정될 수 있을 뿐이다. 즉 변진과 진한의 '잡거'는, 이들이 우여곡절 끝에 마한의 동남부 지역으로 들어오고 보니 각기 자기 세력끼리 모여 함께 거주할 넓은 공지空地를 구할 수 없었고, 이에 하는 수 없이 기존 세력이 차지한 땅 여기저기에 빈 곳을 찾아 형편대로 흩어지고 나누어 살게 되면서 조성된 형세였던 것이다.

이런 잡거의 사정을 『삼국사기』는 조선의 유민들이 산골짜기에 '분거分居', 곧 흩어져 살면서 6촌을 형성하였다고 적었다. 이것이 나중에 '진한 6부'가 되었다는 것이다. 그런데 이때에는 아직 '촌村'이란 단어가 생기기 이전이니 여기서 '촌'이라 한 것은 나중에 신라가 군현제를 시행하면서 기존의 소국小國을 촌으로 편제하였기 때문에 이렇게 표현한 것으로서, 실은 '소국'을 일컬은 말이다. 변진, 진한, 그리고 마한의 진왕, 이처럼 삼한이 모두 '진'을 내세우거나 연관된 사실에서, 이들이 본디 함께 진국을 형성하며 진왕을 받들던 세력이었음을 넉넉히 유추해낼 수 있다. 그러던 세력이 남하하여 잡거의 형세를 이루게 된 것이었다. 삼한은 모두 진국에서 나왔으며 진왕이 삼한 전체의 왕이라는 『후한서』의 기사는 이런 점에서 신빙성이 대단히 높은 기록이다.

▶ 이중용립구조

우리나라 역사에서 처음 국가가 성립한 때가 언제냐고 물으면, 대다수의 학자들은 국왕을 정점으로 하는 일원적 지배체제가 성립한 시기라고 답해왔다. 그리고 우리 역사 최초의 국가는 고구려·백제·신라 삼국이며, 진수가 지은 『삼국지』에 사로국과 백제국이 각각 진한 및 마한 등 여러 나라의 하나로만 나타나는 사실로 미루어, 신라와 백제가 고대국가로 성립한 것은 4세기 이후의 일이었을 것이라 말한다. 신라가 기원전 57년, 백제가 기원전 18년에 건국했다는 『삼국사기』의 기록은 소국小國으로서의 백제와 사로가 처음 성립한 때를 전한 것일 뿐이며, 이때의 소국은 각 지역의 촌락 집단 몇 개가 연맹하여 형성한 치프덤chiefdom(추장사회)이지 국가는 아니었다는 얘기다. 이를테면 신라의 경우, 기원전 1세기 중엽에 경주 지역의 여섯 촌락이 사로국을 형성했고, 사로국이 주변의 다른 소국들을 정복함으로써 일원적 지배체제를 구축하고 국가로 발전한 것은 기원후 4세기 무렵의 일이었다는 것이다.

그런데 이런 이해에는 결정적인 결함이 있다. 조선 유민이 진한을 이뤘다는 『삼국사기』 기록이나, 진한과 변진의 나라들이 서로 섞여 잡거하고 있었으며 진한 사람이 낙랑 사람을 '잔류한 우리(阿殘)'라고 말한다는 『삼국지』의 기록들을 무시한 점이다. 진秦에 이어 한漢이 중원을 장악한 직후인 기원전 2세기 초에 위만의 거짓 계략에 말려 기자조선이 무너지고 그 유민들이 대거 남하한데다, 그로부터 80여 년 후 한의 대대적인 침입에 의해 위만조선마저 멸망함으로써 한반도 중·남부로 내려와 결집하게 된 삼한의 조선 유민들이 여기저기 흩어져 저마다 따로 국國을 형성하고 섞여 살았다는 게 이들 역사서의 증언인데, 이를 외면한 것이다. 이로써 고조선을 세워 나라를 경영했으며, 중원을 통일하고 대제국으로 발전한 한의 대군에 맞서 1년 가까이 걸쳐 대등한 전투를 벌일 정도로 탄탄한 문화 능력을 가졌던 역사 경험이 우리의 기억에서 송두리째 사라지고 말았다. 신라의 기원을 경주 지역의 부족사회가 전화한 촌락 집단에서 찾는다는 것은 결국 고조선의 역사 경험과 문화 능력을 부인한다는 이야기이기 때문이다.

조선 유민이 내려와 진한을 형성하였다는 것, 진한과 변진만이 아니라 마한의 읍락도 잡거하고 있었다는 것, 마한의 목지국왕이 진왕으로서 삼한 전체의 왕으로 군림한다는 것 등은 그대로 인정되어야 할 사실들이다. 삼한 중 마한이 가장 강대하기 때문에 마한의 목지국왕이 진왕이 되었다고 한다. 진한이 옛 진국이라고도 한 것으로 보아, 예전에는 진한이 가장 강대하던 때가 있었고, 따라서 진한에서 진왕을 내어 진국을 이끌던 때가 있었음을 알 수 있다. 조선의 유민들이 한반도 중·남부로 이주해 와서 서로 떨어져 각기 '국'을 형성하고 다른 한에 속한 '국'들과 섞여 살았지만, 어느 어느 '국'은 진한의 '국'이고 어느 어느 국은 변진의 '국'이라는 식으로 각기 삼한의 어느 '한'에 속하면서, 동시에 진왕에 복속하던 정치질서를 형성하고 있었던 것이다. 말하자면, 각국의 왕이 용립聳立하여 '칸' 또는 '한'을 칭하며 관료 조직을 거느리고 하호를 지배하는 상황에서, 이들 칸이 다시 지배층을 거느리고 진국을 형성하며 진왕을 용립시킨 '이중용립의 구조'였던 것이다. 이것이 우리나라 고대국가의 특질이다. 국왕을 정점으로 한 일원적 지배체제를 구축하고, 종래의 하호를 국왕의 똑같은 백성으로 편제하여 '제민적齊民的'으로 지배하는 구조로 전환한 것은 우리나라 역사에서 중세가 시작되었음을 알리는 표징이었다.

진한의 여러 나라가 목지국 중심의 진국체제에서 따로 떨어져 나와 독자적인 진왕 곧 거서간을 용립시키고 독립하니 이것이 곧 신라라는 게 기록이 전하는 역사 사실이다. 진한이 곧 신라였던 것이다. 『삼국사기』의 '진한육부'와 울진 봉평리 신라비의 '신라육부'는 같은 표현으로서, 진한이 곧 신라임을 단적으로 보여주는 사례이다. 중국인들은 하향식의 주대周代 봉건제와 다른 칸 중심의 '이중용립구조'를 잘 이해하지 못하여, 3세기까지도 진한이 독립적이기만 한 개별 12국으로 이루어진 듯 기록한 것일 뿐이다.

'이중용립구조'는 예맥사회가 '국가'를 이룬 독특한 정치질서이다. 이와 같은 맥락에서, 우리 역사 최초의 고대국가는 처음 '이중용립구조'를 이룬 왕검조선이었다고 보는 게 옳다. 다만, 왕검조선은 극히 단명하여 얼마 지나지 않아 기자조선으로 교체되었고, 이 기자조선에서 '이중용립구조'가 더욱 체계화되고 공고해졌다.

제2장

기자조선의 변동과 삼국으로의 재편,
토착세력의 가야 형성

1. 위만조선이 흥하고 쇠퇴하며 예맥사회가 급변하다

기자조선의 옛 질서를 부정한 위만

기자조선의 정치 편제는 예맥족이 따로 혹은 서로 섞여서 각기 형성한 소국의 통치층이 지역별로 연대하여 세 개의 한韓을 이루고, 그 삼한三韓을 대표하는 유력 칸들이 모여 그 위에 다시 기자를 공립한 이중용립의 구조로 짜여, 외견상으로는 중앙집권적 정치 편제에서 흔히 볼 수 있는 피라미드형 조직과 유사한 형태를 띠고 있었다. 그러나 그 운영은 기본적으로 각국의 독자성과 칸(干)의 대등성에 기초한 공론과 합의라는 질서와 가치관 위에서 이루어져왔다. 준왕準王 때까지 이 체제는 변함없이 유지되었다. 하지만 연燕의 장수로 지내면서 한漢의 군현 통치 조직이 몸에 익은 위만에게는 이 체제가 매우 불합리하고 비능률적인 형태로 인식되었다. 위만은 준왕을 내몰고 왕검성을 차지한 후, 무엇보다 중앙집권적 지배체제의 구축에 힘썼다.

『삼국지』동이전의 한전韓傳에는, 우거왕 때 조선상 역계경이 왕에게 어떤 일이 잘못되었다며 고치라고 간언했으나 받아들여지지 않자 동쪽 진국辰國으로 갔는데, 이때 그를 따라 나간 민이 2천여 호나 되었다는 『위략』의 기사가 인용되어 전한다. 조선상은 관직 이름이고 역계경은 사람 이름일 것이다.

경卿이란 '밥상을 가운데 두고 마주 앉은 모습'을 표현한 글자로서 왕과 같은 수준의 신분에 속한 동배 집단同輩集團의 인물임을 나타내는 뜻을 지녔다. 주周 대의 봉건제에서, 경卿은 대부大夫와 함께, 독자적으로 지배하는 영역과 민인을 가지고 국정에 주체적으로 참여하는 사람에게 주는 관직 이름이었다. 따라서 이런 의미와 역사성을 지닌 글자를 사람 이름에 함부로 붙여 쓸 수는 없는 일이었을 것이다. 그가 실제로 '경' 신분에 해당하는 인물이었기 때문에 높여 부른 말임이 분명하다. 역계경이 왕에게 직언할 위치에 있던 사실에서나, 2천여 호의 민이 그를 따라나섰다는 데서 이미 그가 이들 민을 독자적으로 통주統主하던 칸(干)이었음이 드러난다.

이에 반해, 상相은 원래 종속적인 종사자從事者층에게 주던 관직 이름이었다. 독자성은 없지만 그의 재능이나 공로가 국정에 참여하는 위치에 올라도 손색없는 사람에게 '상'이란 관직을 주었다. '상'은 국왕의 신임을 전제로 존재하는 종속적 위치에 있었던 점에서 스스로 독자성을 띤 경대부와는 계통이나 성격이 다른 직명이었다.

그러므로 칸 출신의 역계경에게 조선상이라는 관직을 부여했다는 것은 왕이 그를 동배 집단으로 인정하지 않고서 자신의 휘하에서 명을 받아 일을 수행하는 종속적 위치의 직사자職事者로 여기고 그렇게 편제했음을 뜻한다. 바꾸어 말하면, 위만조선은 기자조선 이래의

118

전통적 질서에서 봉건 세력으로서 독자성을 인정받아오던 칸들의 정치적 사회적 위치를 부인한 것이었다. 어떻게든 중앙집권적 정치 체제를 구축하여 왕권을 강화하려는 속셈에서, 현실을 돌보지 않고 추진한 패권적 조치였다고 할 수 있다.

역계경이 조선을 떠나 진국으로 들어간 것은, 칸들의 합의를 중시해온 기자조선 이래의 전통적 정치 질서와 관행이 위만이 집권한 이후에 무시 또는 부정되어온 경향에 대해 그동안 누적된 불만을 그 손자인 우거왕에게 표출했다가 그마저 묵살되자 더 이상 참지 못하고 취한 행동이었다. 아마 동조 세력이 적잖았을 것이다.

위만조선이 강력하게 추진한 중앙집권화 정책은 이처럼 내부로 적잖은 저항과 이탈을 불러일으키고 있었지만, 대외적으로는 주변의 여러 세력에게 큰 압력으로 작용하였다. 동아시아 전반에서 진행된 시국 변동의 대세적 흐름을 반영한 것이었기 때문이다. 중앙집권적 군현 지배체제는 진秦·한漢으로 이어지면서 중원中原에서 더욱 체계화되어 이제는 모든 나라가 따라가지 않으면 안 될 새로운 조류로 자리 잡아가고 있었다. 따라서 옛 질서를 고수하는 진국은 결코 대안일 수 없으며, 차라리 한에 복속하는 것이 생존을 위한 길이라고 여기는 세력도 생겨났다. 기원전 128년에 28만에 이르는 대규모 민인의 호적을 들고 가서 한에 투항했다는 예군濊君 남려南閭가 그 대표적인 경우이다. 한무제는 이곳에 창해군滄海郡을 설치하였는데, 이 일을 계기로 연燕과 제齊 사이가 벌어져 소요가 일었다고 한다. 창해군은 2년도 안 되어 폐지되었다. 이로 미루어, 남려가 이끌던 예濊의 땅은 연·제와 이웃했거나 이로부터 크게 멀지 않은 지역이었다고 여겨진다. 남려는 예족의 원래 본거지, 곧 왕검조선이 일어난 아사달 지역에 남아 대대로 살아오던 예족 세력을 이끈 군왕이었던 것이다.

중개무역으로 부강해진 위만조선

『사기』조선 열전에 의하면, 위만이 집권한 후 아들을 거쳐 손자인 우거왕에 이르기까지 조선은 중국 쪽에서 건너오는 유망민을 받아들여 세력을 키우는 한편, 독자성을 강화하고 주변 세력의 확장을 억제해나갔다고 한다. 진국辰國이 글을 올려 한의 천자와 통하려고 해도 위만조선이 길을 막아 통하지 못하게 했다는 것이다.

진국과 관련된 『사기』기록의 원문은 "眞番旁辰國 欲上書見天子 又擁閼不通"이다. 진번 곁의 진국이 글을 올려 천자를 알현하고자 했으나 또한 (이를) 가로막고 통하지 못하게 하였다는 내용이다. 여기서 '眞番旁辰國'을 '眞番旁衆國'으로 새긴 판본도 있어, 이 사실을 근거로 진국의 존재 자체를 부인하는 견해가 제출되기도 했다. 그러나 진국이 전혀 존재한 바 없는 국명이라는 것은, 사마천司馬遷 이후에 동이東夷 관련 기사를 남긴 모든 사가가 앞의 기록을 그저 옮겨 적기만 했다고 본 견해로서, 아무래도 무리한 주장이다.

위만조선은 진국만이 아니라 부여 등 동북방의 여러 나라가 한과 통하는 길을 막고 있었다. 길을 막아 통하지 못하게 한다는 것은 곧 서로 왕래하며 직접 교역하지 못하도록 차단하고 있었다는 뜻이다. 말하자면 위만조선은 그 지리적인 위치를 이용하여 주변 여러 나라가 한과 직접 통교하는 것을 막고 중간에서 문물을 중개함으로써 막

대한 이익을 취하고 있었던 것이다. 그리고 이런 정책은 적잖은 결실을 거두어 위만조선의 변방 여러 세력에 큰 압력으로 작용하였다. 그중 몇몇은 결국 위만조선에 편입되었고, 몇몇은 예군 남려南閭처럼 아예 한에 복속하기도 하였으며, 또 몇몇은 관망의 태도를 접고 뒤늦게 진국으로 들어가 자리를 잡았다.

한은 남려가 다스리던 땅에 창해군蒼海郡을 설치하는 등 그 세력을 확장하고 나섰으며, 20년 뒤에는 위만조선에 대해 육상과 해상으로 대대적인 양면 공격을 시작하였다. 결국 위만조선이 무너지자 그 동부의 진국 중심 세력은 요양遼陽을 포기하고 남쪽으로 내려가 지금의 평양으로 이동한 듯하다. 그동안 진국의 국정을 주도하던 진한이 그 주도력을 완전히 잃은 것은 이때의 일이었으리라 짐작된다.

여기서 한 가지, 평양은 선인仙人 왕검이 도읍했던 곳이라는 기억이 고려 시기까지 남아 있었다는 사실을 『삼국사기』를 통해 알 수 있는데, 이는 사람들이 이곳을 왕검성王儉城이라 부른 데서 생긴 유추일 뿐이다. 원래의 왕검성을 위만에게 내주고 동진한 기자조선의 중심 세력이 그들이 옮겨 가 새 도읍으로 삼은 곳을 여전히 왕검성이라 불렀기 때문에, 오랜 세월이 지나면서 이런 곡해가 생기게 된 것이었다. 단군이 장당경으로 옮겨 갔다가 아사달로 돌아와 산신이 되었다고 하였으므로 '선인'이라 부른 것인데, 단군이 왕검성에 도읍하였고, 또 후대의 평양을 왕검성이라 부른 것은 그대로 사실이지만, 첫 단군이 도읍한 왕검성이 후대의 평양인 것은 아니다. 『사기』와 『한서』에는 왕검성이 왕험성王險城으로 적혀 있다.

진국의 중심이 요양에서 평양으로 다시 옮겨 갈 수밖에 없었던 것은 위만조선 지역을 차지한 한 세력이 지속적으로 압박을 가해왔기 때문이다. 위만조선 지역을 군현으로 편제하여 지배하기 시작한 한의 무제는 주변 지역과 교역하는 한편, 이들에 대해 정치적·군사적으로 갖가지 압박을 가함으로써 해당 지역의 지배세력이 독자적으로 크게 성장하지 못하도록 억제해나갔다. 이 점과 관련하여, 무제가 위만조선을 공략하기로 결정하게 된 과정과 위만조선이 이에 맞서 싸운 과정을 좀더 자세히 살펴볼 필요가 있다.

한무제의 침입과 위만조선의 저항

중국은 전국시대의 분열을 수습하고 통일 왕조가 들어선 후에도 북방의 흉노匈奴로부터 빈번한 침입과 약탈에 시달리고 있었다. 진秦의 시황제始皇帝가 국력을 기울여 만리장성을 완성한 사실에서 흉노의 침입을 저지하기 위해 중국이 얼마나 심혈을 기울이고 있었는지 넉넉히 가늠할 수 있다. 흉노는 기원전 3세기부터 기원후 1세기까지 몽골고원과 만리장성 일대에서 큰 세력을 이루고 활약한 유목 기마민족이다. 이들은 생계를 유목에 의존하고 있었으므로 건기乾期인 가을이 되면 심각한 식량 부족에 당면하기 일쑤였고, 그 부족분을 농경민족에 대한 약탈로 해결하려 하였다. 흉노의 중국 침입은 연례행사처럼 되어 있었다. 만리장성의 성벽이 아무리 길고 높아도 굶주림 속에서 중원의 풍요로운 물산을 찾아 달려드는 흉노의 기마 군단을 막기는 어려웠다.

한이 들어선 후 흉노를 군사력으로 굴복시켜 또다시 공격해오지 못하도록 하려는 시도가 적극 행해졌다. 한고조 유방은 기원전 200년에 32만 대군을 이끌고 흉노 정벌에 나섰다. 그러나 묵돌[冒頓] 선우가 거느린 30만 명의 기마병에게 참패를 당하고 말았는데, 그 이후 한은 오히려 매년 흉노에게 막대한 조공을 바치게 되었다. 흉노가 필요로 하는 물자를 미리 갖다 바침으로써 침입을 억제하고자 한 것이었다.

한의 이와 같은 대對 흉노 관계에 변화가 모색된 것은 무제武帝 때의 일이었다. 기원전 141년에 즉위한 무제는 60년간 지속된 굴욕적인 유화정책을 버리고 강경 대응으로 나섰다. 그러나 초원에서 생활로 훈련된 흉노의 우수한 기마병과 이들이 말을 타고 질주하면서 마음대로 사용하는 활과 창 등 발달한 철제 무기를 당해내기는 결코 쉬운 일이 아니었다. 그러던 중 무제는 흉노의 경제력을 약화할 방안을 우연찮게 발견하게 되었다.

무제는 흉노와 인접하여 고통을 당하고 있던 서역의 월지국月氏國과 공동 전선을 구축하여 흉노를 협공할 목적으로 기원전 139년에 장건張騫을 사신으로 파견하였다. 그러나 장건이 흉노에 붙잡혀 10여 년간 억류되는 등 천신만고 끝에 월지국 땅에 도착했을 때에는 일리강[伊犁河] 유역에 있던 월지국이 흉노에 견디다 못해 서역의 아무다리야강 북안北岸으로 옮긴 후였다. 따라서 월지국은 흉노를 칠 의사가 전혀 없었고, 장건은 목적을 이루지 못한 채 그냥 돌아올 수밖에 없었다.

장건은 가까스로 귀국하여 왕의 명령을 제대로 수행하지 못하게 된 구체적인 사정을 보고하였다. 그런데 무제는 그 보고 내용 중에서 중국의 비단이 서역에서 매우 비싼 값에 유통되고 있다는 사실에 주목하였다. 이 비단은 한나라가 그동안 흉노에 공물로 바치거나 흉

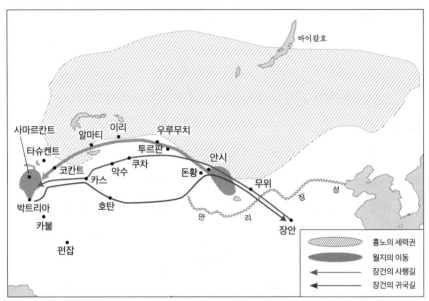

바이칼호

사마르칸트
타슈켄트
코칸트
박트리아
카불
펀잡
알마티
이리
우루무치
투르판
쿠차
악수
카스
호탄
안시
돈황
무위
장안

만   리
장   성

흉노의 세력권
월지의 이동
장건의 사행길
장건의 귀국길

지도 6 장건의 사신 행차길

노가 직접 만리장성을 넘어 약탈해간 물건들로, 흉노는 이를 비싼 값에 서역의 상인들에게 팔아 필요한 물자를 구입해 쓰고 있었던 것이었다. 따라서 무제는 서역과 직접 교역하는 길을 열어 서역의 비단 값을 떨어뜨린다면 흉노는 저절로 심각한 경제난에 봉착하리라고 생각했다. 비단길이 열린 것은 이런 배경에서 이루어진 일이다. 비단길은 이미 기원전 9세기 무렵부터 사용되기 시작한 동서 교역로였지만 흉노가 이 길을 장악하면서 거의 폐쇄되다시피 했던 것을 한무제가 다시 활성화한 것이었다.

비단길을 개척한 무제는 기원전 119년까지 수차례에 걸쳐 기병대를 보내 흉노를 침공하였다. 흉노는 이 전쟁에서 인적·물적인 피해를 크게 입었다. 전쟁 동안 전체 인구의 15~20%에 이르는 20만 명 이상이 전사하거나 포로로 잡혔다고 추산된다. 또 흉노의 목축 경제를 떠받쳐온 양과 소, 말 등 수많은 가축이 전투 와중에 달아나거나 노획되었다. 그러나 무엇보다 흉노의 경제력을 파탄으로 몰고 간 것은 그 경제력을 지탱하는 데 큰 몫을 해온 비단 값의 하락이었다.

한무제는 비단길을 개척함으로써 흉노를 제압한 경험을 통해, 국가 간의 교역 구조를 조정함으로써 주변 세력을 제어하고 경제적인 이익까지 추구할 수 있다는 사실을 알게 되었다. 그는 동북쪽의 위만조선이 중국과 토착사회를 중개하는 중간 무역의 이득을 독점하여 동방 사회의 강자로 부상하는 것을 더 이상 방치할 수 없다고 판단했다. 위만조선이 한나라에 위협적인 존재로 성장하는 것도 문제였지만, 동방의 토착사회와 직거래할 경우 얻을 수 있는 경제적 이득이 무제의 관심을 끌었다. 무제는 위만조선을 친 후 그 지역에 군현을 설치하여 종래 위만조선이 얻고 있던 경제적 부와 정치적 영향력을 직접 누리고자 했다.

무제는 좌장군左將軍 순체荀彘와 누선장군樓船將軍 양복楊僕을 시켜

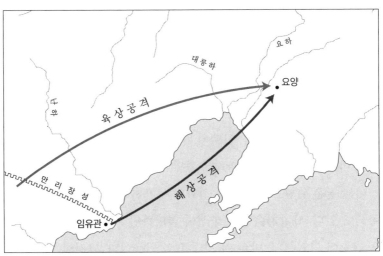

지도 7 한의 위만조선 침입로

대군을 이끌고 육로와 해로를 통해 위만조선을 공격하도록 하였다. 순체는 시중侍中으로서 무제의 총애를 한 몸에 받던 인물이었다고 하니 무제가 조선 공략에 얼마나 공을 들였는지 알 수 있다. 무제는 위만조선을 쉽게 공략할 수 있으리라 생각했지만, 전쟁은 1년여간 지속되었다. 위만조선의 강성함과 그 국가적인 성장도가 대단했던 것이다. 위만조선은 막강한 한의 대군에 맞서 완강하게 저항하였다.

위만조선의 몰락과 삼한의 칸들

전쟁이 장기화되면서 곤궁해진 삶에 지치고, 또 한무제의 집요한 공격을 결국은 막아내기 어렵다고 생각한 위만조선의 조정은 분열의 기미를 보이기 시작했다. 그리하여 조선상朝鮮相 노인路人, 상相 한음韓陰, 장군 왕겹王唊 등이 서로 모의하여 한나라에 항복하는 일이 일어났다. 그리고 이어서 이계상尼谿相 참參이 지속적인 항전을 촉구하는 우거왕을 죽이고 항복하였다. 그러나 왕의 죽음에도 불구하고 왕검성은 함락되지 않았다. 우거왕의 대신이었던 성이成已가 잔여 세력을 수습하여 항전을 계속했기 때문이다. 이에 중국은 위만조선의 지배세력들을 이간하기 위해 더욱 노력했으며, 마침내 성이를 죽이도록 만드는 데 성공했다. 이로써 위만조선은 위만의 손자인 우거왕대에 이르러 86년 만에 멸망하고 말았다.

이와 같은 위만조선 멸망의 경과가 사마천의 『사기』에 자세히 기록되어 있다. 사마천은 위만조선이 멸망하던 기원전 108년에 태사공太史公이 되었으니, 바로 이 시대를 산 인물이다. 그러한 사마천의 기록에 의하면, 무제는 전쟁이 끝난 후 이 전쟁을 이끈 좌장군 순체를 사람들이 많이 오가는 시정에서 사형시켰으며, 누선장군 양복은 속전을 받고 사형을 면해주었으나 서인庶人으로 만들었다고 한다. 조선 공략은 사실상 실패로 인식된 것이었다.

위만조선의 멸망은 단지 기자조선의 왕권을 속임수로 찬탈하여 성립한 패권 왕조의 붕괴만을 의미하는 일이 아니었다. 그것은 한의 직접적인 영향으로부터 진국과 부여 등 예맥사회를 보호해오던 울타리가 일시에 사라졌음을 뜻하는 일대 사건이었다. 한이 위만조선 땅을 군현으로 편제하여 직접 통치에 나서자, 예맥사회는 한의 영향을 아무 여과 없이 그대로 받을 수밖에 없었다.

준왕이 겨우 측근 몇 명만 거느리고 마한으로 패주敗走하여 따로 한왕韓王을 칭하자 기자(진왕)를 잃은 진국의 중심 세력은 새로 진왕을 추대하고 사태의 수습에 나섰지만 이미 구심력을 상실한 상태였다. 진국을 형성하고 있던 삼한의 칸들은 제각기 흩어져 나름대로 삶을 도모하지 않으면 안 되었다. 이들 중 적잖은 세력이 본거지를 떠나 각자 민인을 이끌고 남하하였다.

기자조선 시기에 그 대부분이 마한에 속해 있던 한반도 지역은 한에 의한 타격을 상대적으로 적게 받았으나, 북방의 변한과 진한에 속한 소국 사람들이 대거 이동해 들어오자 그 영향을 받지 않을 수 없었다. 본디 평양 일대에 있던 마한의 중심 세력도 서해안을 따라 남하의 흐름에 동참했다. 나중에 최치원崔致遠(857~908?)이 마한에서 고구려가 나왔다고 말한 것은 이런 내력을 잘 알고 있었기 때문이다. 마한의 칸들은 한반도의 서부 지역에 포진하고, 유입하는 진·변한 세력을 가급적 동쪽 변경으로 내몰아 자신이 거점으로 삼은 지역으로는 들어오지 못하게 막았다. 기존의 사회질서를 가능한 한 보호하기 위한 조처였다.

결국 위만조선의 영토만이 아니라 요동 지방을 거쳐 한반도의 서북부에 이르는 지역이 한의 수중에 떨어졌으며, 한은 이곳에 군현을 설치하여 직접 지배하는 한편 주변의 예맥사회에 대한 견제에 나섰다. 한에 의한 군현 통치의 기본 방향은, 주변 세력에서 강력한 영향력을 가진 영도 세력이 등장하지 못하도록 어떤 세력의 성장도 적극적으로 방해하여 소규모로 개별화시키는 것이었다. 그리하여 그 통치의 영향권에서 벗어나지 못하게 직간접으로 주변 세력을 조정하는 것이 군현의 임무고 역할이었다. 이로 말미암아 일단 그 직접 통치에서 벗어나 있던 지역까지도 점차 경제적 문화적으로 한 군현의 영향권 속에 흡수되어갔다.

이제 새로운 정치체제의 성립은 안팎으로 두 가지 문제의 해결 여부에 달리게 되었다. 즉 안으로는 각처에서 새로 일어나는 수장 세력을 통합할 수 있는 문화 기준을 발견하여 이들을 자기 지배체제 속에 편입하는 문제였고, 밖으로는 중국 문화의 영향으로부터 독자성을 유지하는 한편 다투어 일어나고 있던 다른 새외塞外 민족(국경 지역에 건설한 요새 바깥의 민족)과의 충돌에서도 패하지 말아야 한다는 문제였다. 중국 군현의 기미정책羈縻政策(중국의 역대 왕조가 주변 다른 나라나 민족을 간접으로 통제해온 정책으로, 강한 군사력이나 문화를 구실로 견제하고 통제하는 지배 방식)에 대항하는 예맥사회의 투쟁은 이와 같은 상황에서 힘겹게 전개되고 있었다.

2. 삼한사회의 변동에 따라 진왕 위가 옮겨 가다

삼한과 진국, 진왕

"한에는 세 부류가 있는데, 첫째는 마한이고, 둘째는 진한이
며, 셋째는 변한이다. 진한은 예전에 진국이었다. 마한은 서
쪽에 있는데 (…) 무릇 50여 국이다. (그중) 대국은 만여 가이
고 소국은 수천 가이며, 모두 십여만 호이다. 진왕이 목지국을
다스린다(一曰馬韓 二曰辰韓 三曰弁韓 辰韓者 古之辰國也 馬韓在西
(…) 凡五十餘國 大國萬餘家 小國數千家 總十餘萬戶 辰王治月支國)."

『삼국지』 한전의 기록이다. 삼한 이전에 진국이 있었고, 삼한 중
진한이 그 진국의 후신이라는 얘기다. 그리고 그 명호로 보아 응당
진국의 왕을 부르는 말일 것 같은 진왕이 마한의 목지국을 다스린다
고 되어 있는 점이 주목된다. 그런데『후한서』의 기록은 이와 좀 다
르다.

"한에는 세 부류가 있는데, 첫째는 마한이고, 둘째는 진한이
며, 셋째는 변진이다. (…) 이들은 모두 예전에 진국이었다.
마한이 가장 커서 그 부류를 공립하여 진왕으로 삼았는데, 목
지국에 도읍하였고 삼한 땅 전체의 왕으로 군림했다. 한의 모
든 나라의 왕은 그 선조가 모두 이 마한 사람이었다(韓有三種
一曰馬韓 二曰辰韓 三曰弁辰 (…) 皆古之辰國也 馬韓最大 共立其種爲
辰王 都目支國 盡王三韓之地 其諸國王先皆是馬韓種人焉)."

　　삼한 모두가 진국에서 나왔고, 삼한 중 마한이 가장 세력이 컸으
므로 삼한 전체의 왕인 진왕을 마한에서 냈는데, 지금은 목지국왕이
진왕이라는 것이다. 또 삼한 여러 나라의 왕이 모두 '마한 사람'이라
고도 했다. 진국 및 진왕에 대한 이해가 이렇듯 서로 다른 까닭에 그
역사적 진실을 둘러싸고 많은 고대사 학자들이 서로 다른 의견을 보
여왔다.
　　특히, 삼한 전체가 진국에서 나왔다는 『후한서』 기사의 신빙성 문
제가 논쟁거리로 떠올랐다. 『삼국지』는 진한만이 진국에서 나온 것
처럼 서술했기 때문이다. 논의가 진행되면서 급기야는 '진국'의 실
재를 부정하는 견해까지 등장하였다. 사마천의 『사기』에 '진국辰國'
이란 국명이 처음 보이는데, 판본에 따라서는 이것이 '중국衆國'으
로 표기된 사실에 특히 주목하여, 뒷날의 사서가 앞선 시대의 사서
를 옮겨 적는 과정에서 '중국'을 '진국'으로 잘못 쓰고, 또 후세의 사
서들이 이 실수를 바로잡지 않고 답습함으로써 진국이 실재했던 것
처럼 인식하기에 이르렀다고 본 것이다. 그리고 더 나아가, 진한이
진국에서 나왔다는 서술 또한 믿기 어렵다는 주장도 나왔다. 신라가

성립하기 전에 이미 진한 12국 전체를 통할한 진국이란 나라가 존재했다는 게 과연 있을 법한 일이겠냐는 거였다.

'진국'의 존재를 부정하는 견해 쪽이 염두에 두고 있었던 근거는 사회발전단계설이었다. 인간이 군집사회band를 이루다가 마침내 국가를 형성하기까지는 반드시 몇 가지 단계를 거친다는 주장인데, 이에 따르면 그사이에 부족사회tribe 단계와 추장사회 단계를 거치게 되어 있다고 한다. 딱히 문제 삼을 것 없는 상식적인 이야기이다. 그런데 문제는 이 주장을 수용하면서, 우리나라 역사에서 처음 나타난 국가를 삼국으로 단정한 데 있었다. 이에 따라 신라·고구려·백제의 삼국이 등장하기 전에 있었다는 삼한은 이 가설에 입각하여 응당 추장사회로 간주되어야 하리라고 여겨졌다. 그 결과, 그로부터 삼한이 나왔다는 진국의 존재는 필연적으로 부인되어야 했던 것이다.

문제는 이뿐만이 아니었다. 이렇게 되자 기원전 2세기 말에 한제국漢帝國의 침략에 맞서 1년을 버티다 멸망한 위만조선은 어떠한 사회발전단계로 보아야 옳을지 문제가 된 것이다. 이미 삼국을 한국사상 최초의 국가로 단정하고 삼한을 추장사회로 봐야 한다고 확신한 이들이 선택할 수 있었던 것은 기껏, 위만조선을 좀더 발달한 추장사회로 보거나 국가 단계로 막 접어들기 시작한 사회쯤으로 간주하는 것뿐이었다. 이런 관점의 맥락에서 더 앞선 시기의 고조선은 우리 역사에 더 이상 존재해서는 안 되었다. 고조선사와 삼국의 역사는 괴리되었고, 고조선의 존재를 북방 일부 지역에서 뜬금없이 일어난 우발적 사건쯤으로 파악하는 게 고작이었다.

그리고 때마침, 『삼국지』와 『후한서』의 기사를 일일이 비교 대조한 끝에 5세기의『후한서』는 3세기의『삼국지』를 대본으로 하여 편찬된 사서지만 여러 곳에서 잘못 베껴 쓴 기사가 발견되므로 전혀 신빙할 수 없는 사서라는 견해가 제출되었다. 이에,"삼한이 모두 진국에서 나왔고, 진왕은 삼한 전체의 왕이었다."는 취지의『후한서』기사는 아주 자연스럽게 터무니없는 내용으로 폄훼되었다. 삼한에 앞서 진국과 진왕이 있었다는 기록은 사실을 전한 내용이 아니라고 단정하기에 이른 것이었다.

『후한서』 한전 기사의 진위

『삼국지』와『후한서』의 기록이 서로 다르게 된 사정은 여러 각도에서 찾아볼 수 있을 것이다. 우선 생각할 수 있는 것은『후한서』가 앞선 시기에 편찬된『삼국지』를 참고하였으되 적어도 삼한과 진국의 관계를 서술할 때만큼은『삼국지』를 그대로 베껴 적지 않고 다른 어떤 전적典籍을 참조하였을 가능성이다. 그 전적은『삼국지』가 참조한 어환魚豢의『위략』이었을 수도 있고, 이와는 별개의 이본異本『위략』이었을 수도 있으며,『위략』보다 앞서 편찬된 사승謝承의『후한서後漢書』동이열전東夷列傳이었을 수도 있다.『후한서』는『삼국지』의 기사를 다시 옮겨 적은 데 불과하다는 혹평도 있고, 또『후한서』의 지은이인 범엽은 그보다 십수 년 앞서 배송지裴松之(372~451)에 의해 간행된『삼국지』배주본裴注本조차 참고하지 않는 안일한 자세를 보였다는 견해도 있지만, 예컨대 소마시蘇馬諟 기사처럼『후한서』에 보이나『삼국지』에는 없는 기사가 있다는 사실은 범엽이 나름대로 참고한 전거典據가 따로 있었음을 시사하는 일면임이 분명하다 할 것이다. 소마시 이야기는『삼국지』배주에 인용된『위략』에 보이는 염사착廉斯鑡 이야기와 비슷한 내용이나, 건무建武 20년(44)이라는 확실한 연도가 제시된 점과 광무제光武帝가 소마시를 한漢 염사읍군廉斯邑君으로 봉했다고 매우 구체적으로 기술한 점 등으로 보아 단순한 '궤상조작机上造作(책상머리에 앉아 멋대로 만들어낸 것)'으로 치부할 수 없는 기사이다.

『위략』은 대략 265년을 전후한 시점에 찬술된 것으로 여겨지는데, 그 후 겨우 십여 년이 지나 이루어진『삼국지』의 찬술 때에 이미 이본이 출현했을 개연성이나,『후한서』가 찬술되던 때에 동이에 관한 기록에서만 차이가 날 뿐 다른 내용에서는 자구字句까지 동일한 또 다른『위략』이 존재했을 가능성 모두 인정하기 어려운 것이 사실이므로, 동시대의 배송지가 본 어환의『위략』을 역시 범엽도 참고했다고 보는 것이 올바른 판단일 것이다.

문제는 진수陳壽와 범엽이 참고한 전거가 동일함에도 불구하고 전혀 다른 기사를 남긴 이유가 무엇인가 하는 것이다. 물론 범엽이『삼국지』외에『위략』만 참고한 것은 아니었다. 범엽 이전에 이미 오吳 (229~280)의 사승·설영薛瑩, 서진西晉(265~316)의 사마표司馬彪·화교華嶠, 동진東晉(317~420)의 사침謝沈·원산송袁山松 등이 찬술한 7종의 기전체紀傳體『후한서』·『속한서續漢書』와 동진東晉의 원굉袁宏·장번張璠이 편찬한 편년체編年體『후한기後漢紀』, 그리고 후한後漢 유진劉珍의『동관한기東觀漢記』및 동진東晉 장영張瑩의『후한남기後漢南紀』등이 유포되어 있었다. 그러나 동이 관련 기록에 관한 한은『위략』과『삼국지』에 거의 전적으로 의존했다고 생각된다.『삼국지』도 동이

전 기사의 4분의 3 이상을『위략』기사로 채운 것이었다. 결국, 같은 사서의 기록을 보고 서로 달리 기술한 셈이다.

이렇게 된 원인으로는 첫째, 적어도 두 사람 중 하나는『위략』원문을 보았으되 자기가 이해한 대로 기술한 것일 가능성, 둘째, 앞서 진수가『위략』의 기사를 잘못 보고 기록한 것을 뒤의 범엽이 바로잡은 것일 가능성, 셋째, 어환의『위략』부터가 전해 들은 이야기를 채록한 것이어서 일종의 상상력이 녹아든 기록이었던 데다가 진수와 범엽을 거치면서 그 상상력이 확대되어간 것일 가능성 등이 거론될 수 있을 것이다. 종래에는 중국 사서의 동이전이 현지 사정에 어두운 지은이가 간접으로 전해 들은 이야기에 의거하여 작성한 것이라는 점을 들어 셋째의 가능성이 높다고 여기는 경향이 강하였다.

7세기 중반 당태종唐太宗(재위 627~649) 때 편찬된『진서晉書』단계에 이르러서도 한반도 남부의 사정을 마한과 진한으로 나누어 기록한 것을 보면, 당대의 실상에 대해 구체적으로 아는 바가 없이 책상머리에서 앞 시대 사서의 해당 부분을 이리저리 주워 모아 짜깁기하는 고식적 방식으로 외국 열전을 작성하던 것이 일반적 수사修史 태도였음이 분명하다. 따라서 개필改筆과 장절의 순서나 내용이 바뀌 편집된 착간錯簡 등 숱한 착오가 일어났으리라고 여겨지며, 그 과정에서 다소간 상상력이 반영되었을 가능성이 있다. 그러나 진수와 범엽이 앞 시대의 사서를 읽고 나름대로 생각한 역사상을 좀더 합리적으로 꾸미기 위해 자의적으로 고쳐 쓰거나 사실을 숨기는 등 안이한 방식으로 역사를 써 내려간 것이었다고 확신할 증거는 찾기 어렵다. 따라서 오류가 있다면 그것은 지은이가 일부러 의도하지 않은 방향에서 뜻하지 않게 생긴 과실이나 무지의 결과였다고 보는 것이 실상에 가까운 파악일 것이다.

지은이가 부지불식간에 오류를 범했을 개연성은 여러 경우로 상정해볼 수 있다. 그렇지만 일반적으로 생각해볼 수 있는 것은 참고한 사서의 원문을 지은이 스스로가 잘못 읽은 데서 빚어졌을 개연성이다. 그것이 지은이의 단순 착각에서 말미암았든, 아니면 그렇게밖에는 달리 읽을 도리가 없었던 사정에서 비롯되었든, 참고한 사서의 원문에 문제가 있었던 것이 분명하다. 육필로 쓴 글씨의 자체字體가 좋지 않았거나 종이의 상태나 재질이 조악하여 자획字畫이 분명치 않았던 까닭에 제대로 읽기 힘든 글자가 있었을 경우는 얼마든지 상정할 수 있는 일이다.

105년에 후한의 채륜蔡倫이 종이를 양산하는 방법을 알아냈다고는 하지만 이때의 종이는 표면이 매우 거칠어 거기 쓰인 글자를 제대로 판독하기 어려운 경우가 많았다. 나무껍질, 넝마, 헌 어망 등을 재료로 삼아 만든 것이었기 때문이다. 그리고 3세기 말~5세기 중반에는 누가 책을 저술해도 그것을 육필로 옮겨 적는 방도 외에는 세상에 널리 퍼뜨릴 길이 없었다. 목판인쇄법이 발명된 것은 일러도 당나라 초기(7세기 전반)의 일이다. 그러니 그 전사轉寫 과정에서 적잖은 오·탈자가 발생함은 다반사였고, 책을 사용하며 펼쳤다 접기를 반복하는 과정에서 완전히 분쇄·융해되지 않은 채 종이의 일부를 이루던 나무껍질 등 거친 재질이 떨어져 나가면서 그 위에 쓴 글씨가 함께 없어지는 경우도 흔했을 터이다.

이런 사정 속에서, 같은 『위략』을 보고 찬술했어도 동일한 필사본을 본 것이 아닌 한, 설령 동일한 필사본을 보았다고 해도 세월의 흐름에 따른 마모 상태의 차이로 인하여, 후대의 범엽이 본 『위략』은 진수가 본 것보다 잘 읽을 수 없는 부분이 훨씬 많아져 전연 별개의 책이나 다름없었다. 이런 형편이었으므로, 당시 사람들은 책을 읽다가 판독하기 어려운 글자가 나올 경우, 그것이 용언用言이면 앞뒤의 문맥으로 미루어 적절히 짐작하고 조정하여 이해하는 것이 습관처럼 되어 있었다. 같은 책의 같은 기사를 참고하고서도 서로 다른 서술을 하게 된 배경에는 이와 같은 사정이 놓여 있었던 것이다.

그러나 체언體言의 경우엔 판독이 어렵다고 해도 멋대로 써넣을 수가 없었다. 문맥으로 미루어 판단할 수 있는 대상이 아니기 때문이다. 그 체언의 일부만 보일 경우, 자신이 가진 지식에 근거하여 더러는 유추도 하고 더러는 부연하기도 하여 원형이라고 생각한 문장으로 가공한 때도 없지 않았으리라 짐작되나, 자신이 합당하다고 생각한 방향으로 오로지 상상에만 의지하여 임의로 작문한 경우는 거의 없었다고 보는 것이 옳을 것이다. 설령 오독과 오해로 원문의 내용을 잘못 전한 경우가 있었다고 해도 그것을 의도된 창작으로까지 확대해석하기는 곤란하다.

일반적으로 말해, 앞 시기의 사서를 거의 옮겨 적다시피 했으면서도 빠뜨리거나 간추린 문장이 있다면 일차적으로 그것은 해당 기사의 역사적 가치를 평가한 지은이의 안목이 작용한 결과라 하겠지만, 원문의 체언을 제대로 읽을 수가 없어 하는 수 없이 그렇게 된 경우도 적지 않았으리라는 점을 충분히 감안할 필요가 있다. 그리고 이런 탈루脫漏와 축약은 그가 본 원전의 종이 상태 혹은 마모 상태에 의해 크게 좌우되었을 것이므로 후대의 사서보다 앞 시기의 사서가 더 원전에 가깝다고 단정할 수도 없는 일임에 유의해야 한다. 종이 표면이 더 조악한 책을 참조했던 앞 시기의 사서가 오히려 원전을 더 오독했을 개연성마저 없지 않은 형편이다. 게다가 지금 전하는 『삼국지』와 『후한서』도 진수나 범엽이 편집하고 펴낸 그대로의 사서가 아니다. 엄밀히 말하면, 후대에 그것을 인쇄하기 위해 판각할 당시에 판각자가 읽은 형태일 뿐이다. 저본의 상태가 조악할수록 판각자가 잘못 읽고 새기는 부분이 많을 수밖에 없었을 것이며, 오래된 사서일수록 그 상태는 더 조악했을 터이다.

『후한서』가 과연 믿을 수 있는 사서인지 아닌지를 판단하기 위해서는 우선 『삼국지』 기록과 비교해볼 필요가 있지만, 다르면 무조건 『삼국지』부터 신용하고 보는 자세는 피해야 한다. 이런 맥락에서, 『후한서』가 "삼한은 모두 진국에서 나왔으며, 진왕이 삼한 전체를 다스렸다."고 한 기록을 다시 잘 음미해보자.

진국과 진왕의 역사성

지금까지 이 기록이 『삼국지』의 해당 부분과 서로 다른 사실과 관련해 여러 가설이 제시되어 있지만, 그 이유와 배경을 정확히 파악하는 데 편견이나 선입견으로 작용할 소지가 있으므로 일단은 모두 잠시 잊는 것이 좋겠다. 역사의 실상을 정확히 파악하기 위해 우선 문제가 된 한문 기사를 직접 읽고 살펴보는 것이 중요하므로 여기서는 원문을 그대로 인용하려고 한다. '한韓에는 세 개의 한이 있는데, 첫째는 마한이고, 둘째는 진한이며, 셋째는 변진'이라면서, 이들과 진국과의 관계를 설명하는 대목이다.

○ 一曰馬韓二曰辰韓三曰弁韓辰韓者古之辰國也(『삼국지』)

○ 一曰馬韓二曰辰韓三曰弁辰 (…) 皆古之辰國也(『후한서』)

두 기록은 '弁韓辰韓者'와 '弁辰皆'만 다르고, 나머지 문구가 그대로 일치하는 문장으로 이루어져 있다. 그러고 보면 '弁辰'은 '弁韓辰韓'의 축약으로 볼 여지도 있어 실제로 다른 글자는 '者'와 '皆'뿐인 셈이다. 그리고 이 두 글자는 거친 종이에 쓰여 있을 경우엔 판별하기가 쉽지 않았으리라 여겨질 만큼 자형字形이 매우 유사한 글자이다. 따라서 둘 중 하나는 『위략』 원문을 오독한 것임이 분명하다. 문제는 어느 쪽이 원문과 같은 글자이냐는 것인데, 원문이 '者'일 경우와 '皆'일 경우를 각각 상정해볼 수 있다.

먼저 『삼국지』 쪽이 원문 그대로라면 『후한서』는 원문의 '者'를 '皆'로 오독하여 잘못 쓴 것이 된다. '三曰弁韓辰韓者古之辰國也'라는 원문을 '三曰弁韓辰韓皆古之辰國也'로 읽고 쓴 경우다. 그런데 여기서 원문에 '三曰弁韓'으로 되어 있었으리라는 상정은 재검토의 소지가 있다. 왜냐면 원문을 그대로 전재轉載한 것이라고 간주한 『삼국지』가 그 뒤에서는 '弁辰'이라고만 썼기 때문이다. '弁韓'이라고 쓴 표기는 오직 여기에만 보인다. 당시 현지에서 실제로 통용된 명칭은 '弁辰'이었음이 분명한 것이다. 물론 '弁韓'이라는 말이 사용되지 않은 것은 아니었다. 배송지가 주注로 인용한 『위략』의 염사착廉斯鑡 설화에 '弁韓布'가 보이고, 또 통념으로 생각해도 마한·진한이 모두 '韓'을 칭하는 마당에 유독 弁辰만 弁韓이라 불리지 않았다 하기도 어렵다. 弁辰과 弁韓은 병용된 용어라고 볼 수밖에 없다. 그러나 『삼국지』와 『후한서』를 통틀어 본문에 弁韓이라고 표기한 용법이 이 문장에서만 쓰였다는 것은 아무래도 미심쩍은 일이다. 뒷부분의 서술과 동일한 맥락에서 생각한다면 '三曰弁韓'보다는 '三曰弁辰' 쪽이 더 자연스럽다. 『위략』 원문에는 '弁辰'으로 되어 있었는데 이를 弁韓과 辰韓의 합칭合稱이라고 생각한 진수가 '弁韓辰韓'으로 나누어 썼던 것일 개연성이 큰 것이다. 그렇다면 이는 『삼국지』 쪽을 원문에 가깝다고 본 앞의 상정을 다소 무색하게 만드는 일임이 분명하다.

다시 돌아가서, 범엽이 『위략』 원문을 '三曰弁韓辰韓皆古之辰國也'로 읽었다면 오독하기는 했어도 문의가 통하지 않는다고 생각했을 가능성은 적다. 이 문장은 '三曰弁韓'에서 일단 마무리되는 구문構文이므로 '辰韓皆古之辰國也'로 읽은 셈인데, 이는 '(12국이 있다는) 진한은 모두 옛 진국'이라는 뜻으로서 그런대로 문의가 통하기 때문이다. 따라서 범엽은 그가 읽은 원문의 멀쩡한 문장에서 '弁韓·辰韓'을 굳이 弁辰으로 축약해서 쓰고, 하나로 죽 연결된 문장에서 '皆古之辰國也'만 분리하여 뒤로 돌리는 무리를 감행했다는 이야기가 된다. 범엽이 사서를 수찬修撰할 때 원자료의 기록을 예사로 자기식 문투로 바꿔 임의로 윤색하는 자의적 태도를 가졌던 사람이었다면 몰라도 그렇지 않다면, 도무지 납득하기 어려운 문의文意 조작이고 왜곡 서술인 셈이다. 그러나 그가 그러한 사람이었다고 볼 단서는 발견할 수 없다. 원문에 자신의 지식을 더하여 해설하고 보완한 경우는 없지 않았다고 여겨지지만 내용까지 제멋대로 바꾼 경우는 찾아지지 않는다. 즉 원문의 '者'를 범엽이 '皆'로 잘못 읽었을 개연성은 거의 희박하다.

그렇다면 거꾸로, 『위략』 원문에 본디 '皆'로 되어 있던 것을 이번에는 진수가 '者'로 잘못 읽었을 가능성을 검토해볼 차례다. 즉 『후한서』쪽이 원문을 그대로 옮겨 실은 기사였을 경우인데, 일단 분명한 것은 '三曰弁辰' 뒤에 삼한 각각에 대한 일반 현황을 개괄하는 글을 두고 이어서 삼한의 여러 나라가 '皆古之辰國也'라고 쓴 『후한서』의 문장 구조 자체가 『위략』의 원문 형태를 그대로 전재轉載한 것이라고는 말하기 어려우리라는 점이다. 『삼국지』와 『후한서』가 같은 문장을 보고 서술했다면, 문제가 된 이 부분은 원래 『삼국지』처럼 하나의 문장으로 이어진 구문이었을 공산이 크다. '一曰馬韓二曰辰韓三曰弁辰皆古之辰國也'로 되어 있던 문장에서 '皆'를 진수가 '者'로 읽었으리라는 것이다. 곧 '一曰馬韓二曰辰韓三曰弁辰者古之辰國也'로 잘못 읽었을 경우다.

이렇게 읽은 진수는 일단 무언가 착오가 있다고 생각했을 것이 틀림없다. 문의가 통하지 않았기 때문이다. 그렇지만 자신이 글자를 잘못 읽었다고는 미처 생각지 못했던 진수는 아마도, 책을 읽다보면 오·탈자로 말미암아 그 의미를 이해하기 어려운 문장과 마주치는 것은 흔하던 때였기 때문에, 자신의 지식에 입각해 전후 문맥을 미루어 짐작하면서 원래의 문장은 어떠했을지 복원해보려 했을 것이다. 그러다 보니 앞의 '弁辰'이 자연스럽게 다시 주목되었을 것이고, 이는 본디 '弁韓辰韓'의 합칭으로 쓰일 수도 있는 문구이므로 원래는 이렇게 쓰여 있던 문장인데 필사자筆寫者가 실수로 잘못 베꼈던 게 아닌가 생각했을 개연성이 크다. '者'는 그 앞에 으레 이로써 그것을 받는 체언을 동반하는 말이기 때문이다. 그리하여 나름대로 복원해낸 문장이 '一曰馬韓, 二曰辰韓, 三曰弁韓, 辰韓者, 古之辰國也'였을 것이다. 이렇게 살피면 이 같은 문장이 나온 배경을 납득할 수가 있다.

결국 논리적으로 추정할 때 『위략』의 원문이 '者'였을 개연성보다는 '皆'였을 개연성이 높다고 하겠다. 원자료의 글자나 문장에 손을 대는 이유는 그 글자를 잘못 읽은 결과 문의가 통하지 않게 되었기 때문일 터이므로 오독해도 문의가 통한 전자의 상정은 개연성이 적다고 생각되는 것이다. 그러므로 『삼국지』보다는 『후한서』쪽이 원문에 더 충실한 기사라고 보는 것이 이치에 부합하는 판단이라 할 수 있다. 범엽은 『삼국지』가 『위략』기사를 오독한 사실을 발견하고 바로잡아 줄 요량이었는지도 모른다. 그러면서 그는 문의를 더 명백하게 하기 위해, 『위략』에 하나로 연결된 문장처럼 서술된 기사를 나눠 그 사이에 삼한에 대한 일반론을 삽입하는 손질을 가했던 것이겠다. 한편 『위략』을 잘못 읽고 '辰韓者古之辰國也'로 서술하게 된 진수는 목지국의 진왕이 '삼한 땅 전체의 왕(盡王三韓之地)'이라는 기사를 '진한은 옛 진국'이라고 쓴 것에 배치되는 내용이라고 보았기 때문인지 채록하지 않았다.

그러나 이상의 추론은, 실제로 이러했을 개연성이 어느 경우보다 높다고 생각은 되지만, 역시 하나의 추정에 지나지 않는다. 현재로서는 양쪽 그 어느 견해도 단지 추정일 뿐이다. 그렇다면 그 중 한문에 아주 능통한 사람의 견해를 들어보는 것이 바람직한 방향일 것이다. 사실을 말하자면, 지금까지 이끌어온 추론의 기본 맥락은 간략하게나마 이미 정인보鄭寅普(1893~1950)가 제시한 바 있는 내용이다. 이를 우리 학계가 여태껏 전혀 인정하지 않고 외면하며 지내왔을 뿐이다.

그 원인은 지금까지의 논의가 『삼국지』에 대한 신뢰를 확신하는 쪽으로 기울어 진행되어왔기 때문이라고 여겨지지만, 어떤 뚜렷한 증거가 있어서 『후한서』의 사료史料적 가치를 폄훼해왔던 것은 아니다.『후한서』기사를 인정하지 않으려 한 결정적인 이유는, 이를 사실로 받아들이고서는 자신들이 설계하고 있는 한국 고대사의 전개에 대한 사회발전단계설적 이해를 더 이상 진행할 수 없다고 판단한 데 있었다. 사료에 입각하여 논지를 세우는 것이 아니라, 가정 또는 선입의 역사상에 입각해 오히려 사료를 부인하거나 외면해온 것이 한국 고대사 연구의 오래된 폐습이었음을 인정할 수밖에 없다.

여기서 분명히 확인해두고자 하는 것은 삼한 전체가 옛 진국이라는『후한서』기록이 두찬이라는 증거는 딱히 발견할 수 없다는 사실이다. 논리적 추론에 의하면 오히려『삼국지』쪽이 사실을 잘못 기록한 것일 확률이 더 높다.『후한서』를 신뢰하고 전개한 논의면 무조건 반사적으로 마치 지금까지의 연구 성과를 무시한 마구잡이식 논의인 것처럼 매도하려 든다면 이는 결코 학문적 태도라고 할 수 없다.

삼한이 분립하여 다투기 전에 '진국'이라는 하나의 정치체로 통합되어 있었다는 것이『위략』의 지은이인 어환의 역사 지식이었다. 그리고 이를 수용한 진수와 배송지, 범엽 등도 모두 이렇게 알고 있었다. 곧 '古之辰國'이 그것이다. 그러나『위략』과『삼국지』가 찬술된 3세기 후반의 시점에서는 이미 그런 진국은 존재하지 않았다. 삼한으로 나뉜 것이다. 다만 마한의 목지국에 진왕이 있을 뿐이었다. 그렇다면 이 시점에서 '진국'이라는 존재 자체가 완전히 소멸해 있었던 것인가?

분명히 말할 수 있는 것은 이 질문에 확실한 답을 내기가 곤란하다는 점이다. 삼한 전체가 '옛 진국(古之辰國)'이었다는 언급이 '지금의 진국'은 그렇지 않다는 의미인지, 아니면 지금은 진국이 없다는 의미인지 확언하기 어렵기 때문이다. 지금까지의 연구는 대개 '古之辰國'을 '(지금은 더 이상 존재하지 않는)옛 진국'이라는 의미로 해석하고 확신하는 이해 위에서 논의를 전개해온 경향이 강하지만, 기사의 문구를 이렇게 해석한 것일 뿐 다른 근거가 있는 판단은 아니다. 하지만 '古之辰國'이라는 자구字句는 비록 예전 같지는 못한 처지이지만 지금 진국이 존재하는 상황에서도 가능한 표현이다. 3세기 후반의 시점에서 예전의 진국은 그랬지만 지금은 그렇지 않다는 의미 쪽으로도 해석할 수 있는 것이다.

따라서 이에 대한 논의는 강성했던 '옛 진국'과 쇠락한 '지금의 진국'을 대비하여 생각한 경우도 염두에 두었어야 했다. 그럼에도 불구하고 논의를 일방적으로 3세기 후반의 시점에서는 진국이 더 이상 존재하지 않았으며, 따라서 목지국의 진왕은 진국과 전혀 무관한 존재였다는 쪽으로 몰아갔다면 이는 독선이라는 비판을 피하기 어려울 것이다. 이런 일방적 추론 위에서 진왕을 일개 소국의 수장쯤으로 간주하거나, 자생적 토착적인 존재가 아니라 중국의 강대한 정치 권력에 의해 창출된 외래의 존재였다고 본 견해를 전폭 지지하기는 곤란하다. 진왕을 진국과 분리하여 파악하는 것이 이치에 합당한 판단이라고 인정할 근거는 딱히 발견할 수 없는 형편이다.

일반 상식으로 생각한다면 '진왕'은 분명히 '진辰 나라의 왕'이라는 뜻을 가진 명칭이라 할 것이다. 지금의 진왕을 '옛 진국(古之辰國)'의 진왕과 구분할 필요는 있겠지만, 진국과 분리된 전연 별개의 진왕을 상정하는 것은 아무래도 여러모로 어색하고 근거도 박약하다. 진왕은 역시 진국을 전제로 이해해야 자연스러운 존재임이 틀림없다. 다만 진국의 실체와 그 변화를 어떻게 파악하느냐에 따라서 진왕에 대한 이해도 큰 편차를 보이며 다양하게 갈릴 소지가 있을 뿐이다.

여기에 본질적인 난국難局이 있다. 즉 『후한서』의 진국, 진왕 관련 기사가 『위략』의 원문에 가깝다는 사실을 수긍해 받아들인다고 해도 과연 이것을 그대로 사실로 인정할 수 있느냐가 여전히 별도의 문제로 남는 셈이기 때문이다. 결국, 기록이 무어라고 전하든 상관없이 나름대로 추론을 내세운 임의의 견해는 그 추론을 근거 삼아 얼마든지 기록을 무시할 수 있고, 또 그 위에서 전혀 뜻밖의 역사상을 구축할 가능성마저 없지 않은 것이다. 기록이 전하는 바가 통념과 다르더라도 일단 그에 입각하여 재구성한 결과를 사실에 가까운 것으로 본다는 데 합의하지 않고서는 논의의 진전은 기대하기 어렵다. 기록을 적당히 조작하거나 새로 고쳐, 혹은 여러 개연성 중에서 뚜렷한 근거 없이 하나를 택하는 선택을 숱하게 반복한 결과로서 만들어낸 역사상보다, 우선은 잘 납득되지 않더라도 기록이 전하는 역사상 자체를 온전히 파악하는 것이 급선무다.

진국 정치체제와 진왕辰王 위위位의 이동

진국과 진왕을 분리해서 생각하는 연구자건, 연계해서 이해하는 연구자건, 목지국의 진왕을 마한 연맹의 맹주 또는 금강 중류 및 하류 유역 등 제한된 범위 내의 소국들로 구성된 지역 연맹체의 대표자쯤으로 생각하는 게 보통이다. 3세기 중·후반에 이른 시점에서는 실제로 그러했다고 여겨진다. 그러나 이와 같은 생각이 그 논거를 서구 신新진화주의 고고인류학의 이른바 사회발전단계설에 두고, 삼국에 앞선 시기에 삼한 전체를 통할하는 권력이 성립했다는 것은 도무지 상정하기 곤란한 일이라고 생각한 데서 비롯한 것이라면 이에 동의하기 어렵다. 오히려 그와는 반대로 이는 일련의 변화 과정 속에서 앞 시기보다 위축된 형태일 수도 있기 때문이다.

『후한서』가 전하는 명백한 사실史實은 삼한이 70여 개의 소국으로 분립하여 각축하기에 앞서 이미 삼한 전체를 통할하는 권력이 존재했고, 그것은 엄연히 국가권력이었다는 것이다. 그럼에도 불구하고 지금까지 이를 두찬의 허구적 사실로 간주해온 것은, 국사상 최초의 '국가'는 삼국 단계에 이르러야 비로소 성립했다고 미리 단정하고 나서 그 국가 형성 과정을 이해하는 방편으로 사회발전단계설을 적용한 결과였다. 혹시 삼국이 성립하기 전에도 넓은 범위에 그 지배력을 미친 왕권이 존재했다면 그것은 삼국의 영역보다 훨씬 작은 한정된 범위에서 성립한, 삼국의 왕권으로 향하는 발전 과정의 중간 형태로서만 인정되어야 하리라는 생각이 여기서 나왔다.

본디 이 사회발전단계설을 한국 고대사 이해에 처음 도입하게 된 이유는, 1970년대로 접어든 시점에서 백남운白南雲(1894~1979) 이래 줄곧 사용해온 '부족국가部族國家'라는 용어가 개념상 문제점이 있다는 지적이 제기되면서, 우리나라 고대국가의 성립 과정을 체계적으로 이해하고 설명하기 위해서는 세계사적 보편성이 있는 이론을 참고할 필요가 있다고 느끼게 된 데 있었다. '부족국가'는 용어 자체가 혈연 개념에 입각한 것이어서 실제로는 지연의 확대를 토대로 성립하는 국가의 성격을 왜곡하는 측면이 있고, 그 결과 한국 고대 사회를 이해함에 있어서 공동체 관계의 유제遺制를 지나치게 강조하는 폐단을 수반하게 되었음을 깨달은 것이었다. 한국사에 독자의 청동기시대가 존재했다는 사실이 1960년대에 명확해진 것도 '부족국가' 개념의 전면 재검토를 촉구하는 배경으로 작용하였다.

그리하여 일각에서는 막스 베버Max Weber의 '성채왕국城砦王國' 개념을 차용하여 '성읍국가城邑國家'로 부르는 것이 적절하리라는 의견도 개진되었다. 그러나 학계 전반의 논의는 엘만 서비스Elman. R. Service를 비롯한 신진화주의 고고인류학자들이 하나의 가설로서 제시한 사회발전단계설을 원용해보는 쪽으로 기울었다. 한국 고고학자들이 이 이론을 적극 지지하고 검토한 데도 원인이 있지만, 이 가설은 세계적으로 널리 받아들여지는 추세이므로 이를 원용한다면 한국 고대국가의 형성 과정을 단계적이고 체계적으로 설명해낼 수 있으리라고 여긴 기대감의 결과가 아닌가 여겨진다.

그러나 이후 지금까지 근 40년에 걸친 논의 결과는 별로 이룬 것이 없는 형태라고 해도 과언이 아니다. 국가 형성 과정에 대한 서구 이론을 자세히 알게 되었을 뿐, '부족국가' 개념에 대치할 만한 다른 용어를 확실히 찾아낸 것도 아니고 국사의 전개 과정을 체계적으로 밝히기에 이른 것도 아니었다. '추장사회'의 일반적 개별적 개념과 정의는 무엇이며 이 단계를 국사상의 어떤 시기에 적용할 것인지 등을 둘러싸고 논란은 무성했지만, 3세기 이전의 삼한제국을 '국가' 이전 단계로 파악하려는 태도와 관점은 여전한 것이 현실이다.

아울러 사회발전단계설의 적용에 몰입한 결과 우리 고대사의 근원을 사로국으로 파악하려는 경향이 생겼다. 삼국부터 고대라고 인식한 결과 삼국 이전의 사회 단계를 원시공동체 사회로 파악할 수밖에 없었던 데서 비롯된 논리상의 귀결이었다. 삼한으로 분립하기 이

전에 진국의 진왕이 삼한 전체를 통할했다는 역사서의 기록을 좀체 인정하지 않으려 했던 이유도 그래서였다. 물론 이러한 이해 체계에서는 고조선 또한 국가로 인정될 리 없었고, 그 결과 고조선사는 자연히 우리의 시야에서 멀어지게 되었다. 고조선문명일 개연성이 크다고 알려진 이른바 '요하문명'에 대해 한국 고대사 학계가 침묵하고 있는 데는 이런 사정이 있다.

그러나 다시 강조하여 확인해두는 바이거니와, 무엇보다 중요한 것은 어떤 이론보다도 자료를 중시하는 태도다. 사료 비판을 역사 연구의 출발점으로 삼는 것은 당연하고 마땅한 일이지만, 이를 구실로 뚜렷한 근거 없이 사료를 불신하고 못 쓰게 만들어서는 곤란하다. 특히 관련 자료가 보잘것없는 고대사의 연구에서는 가정과 추론이 불가피한 경우가 많은데, 그 추론을 매양 사실로 착각하고 확신하면서 그나마 겨우 남은 자료를 오히려 묵살하는 태도는 결코 바람직하지 않다. 역사 사실의 진상을 은폐하는 행위를 역사 연구라 부를 수는 없는 것이다. 기록에 입각하여 궁구한 끝에 아무리 생각해도 아니라고 여겨질 경우에 하나의 가정으로서 자신의 견해를 조심스럽게 개진해볼 수 있을 뿐이다.

『후한서』만이 아니라『위략』원문 자체가 삼한의 격절隔絶과 각자 도생에 앞서 삼한 전체를 통할하는 권력이 존재하였다고 기록했으며, 이것은 그대로 사실일 개연성이 크다. 그리고『삼국지』나 우리 측『삼국사기』가 전하는 바 또한, 이러한 역사상으로부터 크게 벗어난 것이라 말하기 어렵다. 서로 상충하는 듯 보이는 내용의 기록일 경우엔 양자를 동시에 충족할 수 있는 방향에 역사의 진상이 있는 경우가 많다. 한쪽 기록에만 의지하여 상상력을 키우기에 앞서, 가능한 한 다수의 기록을 동시에 납득할 수 있는 이해 방향을 찾아보는 게 우선이다. 여기서 서로 상충하는 자료는 무조건 그중 하나만 택할 수밖에 없다고 여기는 양자택일적 태도는 아무런 도움도 되지 않는다.

이와 같은 이치를 염두에 두고 기록을 다시 보면, 진왕은 꼭 진국만이 아니라 진한과도 결부될 소지가 있는 명호임에 주목하게 된다. 진한 전체의 왕이라면 진한왕辰韓王이라 부르는 것이 자연스럽겠지만 이를 줄여 진왕辰王이라 했다고 해도 수긍하지 못할 바가 아니기 때문이다. 삼한제국 모두가 진국을 이루면서도 삼한으로 구분되어 있었다면, 그 명호로 볼 때 진국과 가장 친연성이 있는 것은 삼한 중 진한일 터이다. 또한 마한 진한 변한으로 모두 '한韓'을 칭했으니 이들이 이룬 진국을 다른 말로 불렀다면 한국韓國이라 했을 만도 하다. "진한은 옛 진국(辰韓者 古之辰國也)"이라거나 "많은 인민이 한국으로 흘러 들어왔다(民多流入韓國)." 혹은 "여러 한국의 신지에게 읍군의 인수(직무상 사용하는 도장과 이를 매단 끈)를 더해주었다(諸韓國臣智加賜邑君印綬)."는 등의 『삼국지』 기록이 아마 이러한 사실에서 가능했을 것이다.

'삼한이 모두 옛 진국'이라고 기록한 『후한서』 기사와 '진한은 옛 진국'이라고 기록한 『삼국지』 기사는 서로 충돌하는 내용이 아니다. 삼한 전체가 진국을 구성하던 지난날에는 그중 진한이 주도권을 쥐고 있었고, 그래서 국명과 왕명이 처음에 진국, 진왕으로 정해졌던 것일 수 있다. 『후한서』가 삼한 중 마한이 가장 크기 때문에 마한 사람을 진왕으로 공립한 것이었다고 해설한 대목에 이르러서는 더더욱 이렇게 생각된다. 지금은 마한이 최대 세력이지만 예전에는 다른 세력이 더 커서 거기서 진왕이 나오던 때가 있었다는 뜻을 함축한 기사로 읽히는 까닭이다. 목지국에 있는 진왕은 삼한 가운데 마한이 가장 커지는 변화가 생긴 이후에 공립된 존재이고, 앞서서는 진한이 가장 컸으므로 그중 유력한 소국의 왕을 진왕으로 공립했던 것이 역사의 진상이겠다. 11세기 초에 완성된 『책부원귀冊府元龜』에는 "마한이 옛 진국(馬韓古之辰國也)"이라는 기사가 보이는데, 이는 삼한 모두 진국에서 나왔다는 사실을 전제로 받아들이고 기술한 것이거나, 마한이 진국을 주도하던 때를 염두에 두고 행한 서술이라 보는 게 옳을 것이다. 여기서 '옛[古]'이라고 표현한 시점이 『삼국지』나 『후한서』의 그것과 일치한다고 말하기 어렵다.

진국이 3세기 후반 당시에 이미 소멸한 상태든 아니든, 적어도 예전과 같지 않았던 것만은 분명하고, 진국이 그렇게 변화해 있었다면 삼한 중 마한이 가장 큰 세력이 된 것도 그 변화의 결과일 수 있다는 것 역시 능히 추정 가능한 사실이다. 또 진국의 주도 세력이 교체되는 대대적인 변화가 있었다면 그것은 진한 사람들이 마한으로 흘러들어 왔다는 기록과 분리해서 생각하기 어려운 상황임이 틀림없다. 즉 진한인들이 유이해 오기 전의 상태가 『삼국지』나 『후한서』에서 '古之辰國'으로 표현된 것이었던 셈이다.

『삼국지』에 의하면, 진한 사람들은 자기들이 유이해 들어왔을 때 마한이 동쪽 땅을 내주어 살게 되었다고 말하고 있었다. 진나라 때 고된 부역을 피해 내려왔다고도 하고, 낙랑 사람을 일러 '우리 남은 사람들'이라는 뜻의 '아잔阿殘'이라 부른다고 하여 낙랑에서 이동해 왔다고도 말한다고 하였는데, 그렇다면 그 이동은 대략 기원전 3세기 후반부터 시작되어 기원전 2세기 초까지 수십 년에 걸쳐 이루어졌다고 볼 수 있을 것이다.

　기록에서 확인할 수 있는 한, 낙랑 지역 사람들이 집단으로 남하한 것은 기자조선이 망했을 때와 위만조선이 멸망했을 때 두 차례였다. 따라서 이 중 『삼국지』가 전하는 진한 세력의 이동은 준왕準王이 위만衛滿에게 패배함으로써 야기된 기자조선 중심 세력의 이동을 뜻하는 것이 틀림없다. 『위략』의 역계경 기사로 미루어, 위만조선의 우거왕 때에는 조선과 대립 경쟁하던 진국이 그 동쪽에 존재하고 있었음이 분명하기 때문이다. 그러므로 진한은 본디 기자조선의 핵심 세력으로서, 기자조선이 강성했을 때는 삼한 중 최대 세력이었으나 이동 후에 위축되어 마한의 제어를 받는 약소의 처지로 전락한 것이 된다. '古之辰國'이란 표현은 곧 전성기의 기자조선을 지칭한 말이고, 그때의 진왕은 바로 기자조선의 왕이었다고 볼 수밖에 없게 되는 것이다.

　그런데 『후한서』에는 이와는 달리 생각할 수 있는 기사가 전한다.

　　처음에 조선왕 준이 위만에게 패배하고 그 나머지 무리 수천
　　인을 거느리고 바다로 도망하여 마한을 공격해 깨뜨리곤 스
　　스로 한왕이라 칭했는데, 준의 후손이 끊어지자 마한인들이
　　다시 일어나 진왕을 세웠다(初 朝鮮王準爲衛滿所破 乃將其餘衆數
　　千人 走入海 攻馬韓 破之 自立爲韓王 準後絶滅 馬韓人復自立爲辰王).

　준왕準王을 '조선왕 준'이라고만 기록했을 뿐이어서 그를 진왕이라고도 불렀다고 볼 근거가 희박한 데다가, 준왕이 마한을 공격해 깨뜨리곤 스스로 '한왕韓王'이 되었다고 기록한 것으로 미루어 기자

조선이 삼한으로 형성되어 있었다는 상정이 무색하고, 준왕의 후손이 끊어진 후에 마한인이 다시 자립해 '진왕'이 되었다고 했으므로 '진왕'이라는 위호는 기자조선에서가 아니라 오히려 그 맥이 끊어진 이후에 성립했다고 보는 것이 타당할 것처럼 여겨질 수 있는 기사이다. 그래서 정인보조차도 이 기사는 두찬으로 간주하였다. 준왕은 이미 삼한의 왕이므로 마한을 공격할 까닭도, 새삼스레 자립해 '한왕'을 칭할 까닭도 없었다고 보고, '바다로 도망했다(走入海)'는 기술은 준왕이 바다로 가 투신자살하였음을 전하는 기사로 보아야 한다고 생각한 것이었다.

그렇지만 여기서는 우선, 『후한서』가 "삼한 모든 나라의 왕들이 그 선대先代는 모두 마한인이었다(其諸國王先皆是馬韓種人焉)."고 한 기사를 눈여겨볼 필요가 있다. 삼한으로 나뉘어 있으면서도 진한이나 변진의 왕들까지 모두 '마한인'이었다는 것은 이때의 '마한인'이 단순히 마한 출신이라는 뜻으로 쓰인 말이 아니었음을 의미한다. 출신으로 말하자면 진한과 변진 제국의 왕들은 모두 각자 자기 나라 출신이었을 터인 까닭이다. 그럼에도 불구하고 이들이 마한 사람으로 파악되었다면 이는 그렇게 마한에 속하게 되어 있는 정치체제가 실제로 작동하고 있었다는 뜻이다. 두말할 나위 없이 이는 삼한 최대의 세력인 마한의 목지국왕을 진왕 곧 '진국의 王'으로 공립한 정치체제 바로 그것이다. 이를 '진국체제辰國體制'라고 명명하여도 좋으리라 생각한다.

진국체제의 구조와 변화

진국체제는 삼한 여러 나라의 왕들이 모여 함께 논의하고 의결하여 삼한 중 가장 큰 한에 속한 소국의 왕을 추대, 진왕으로 공립하는 절차를 거침으로써 성립하고 유지되는 상위 개념의 국가체계였다. 이 진국체제는 삼한 중 진한이 최대 세력이어서 이 중에서 진왕을 찾아 공립하던 예전 시기에도 그대로 작동하였다. 그리고 그때의 진국체제에서는 삼한제국의 모든 왕들이 진한인으로 편제되어 있었겠다. 그러므로 진한 사람들이 남하하여 약소 세력이 되고 삼한의 주도권을 마한에게 넘긴 처지에서, 형세를 역전당하여 거꾸로 진한 여러 나라의 왕들이 마한인이 됨은 당연한 일이었다.

앞서 삼한 여러 나라의 왕은 그 선대가 모두 마한인이었다고 한 것은 물론이고,『삼국지』가 변진전弁辰傳에서 마한인으로 진왕 곧 진한왕을 삼는다고 하고,『위략』이 이는 진한 사람들이 흘러들어 온 이들이라서 마한의 통제를 받게 된 때문이라고 풀이한 것은 모두 이런 사정을 직간접으로 전한 내용들이었던 셈이다. 이러한 문맥에서 『삼국지』변진전의 진왕을 진한왕으로 파악해야 하리라는 것은 굳이 논증할 필요가 없는 명료한 일이라 할 것이다. 현재의 진한왕은 실제로 과거의 '진왕'이기도 했던데다가, 그가 마한인으로 간주되는 사실이야말로 이러한 국가체제가 생소한 중국인의 눈에는 참으로 이해하기 어려운 일이었을 터임이 분명하다.

여기서 진국체제의 기본적 구조와 특징의 윤곽을 잡아볼 수 있다. 먼저 진국의 주도 세력이 진한에서 마한으로 바뀐 이후에도 그 왕호가 종전과 마찬가지로 '진왕'으로 유지되었음을 주목할 때 아직 진국체제가 완전히 와해된 것은 아니었다고 하겠다. 삼한 여러 나라의 왕들이 진왕을 공립함으로써 '진국체제'가 성립한 것이었으므로 진왕이 존재하는 한 진국체제도 존속한 것으로 보아야 마땅한 까닭이다. 목지국의 진왕은 적어도 명분상으론 여전히 삼한 땅 전역을 다스리는 왕이었다.

그러나 진한 및 변진의 제국이 진국체제에 들어와 목지국의 진왕에게 복속하여야 한다는 것은 진왕 또는 마한 측의 관점이고 주장일 뿐, 실제의 형세가 그랬던 것은 아니었다. 『삼국지』가 전하는 바와 같이 진한 12국은 이미 독자의 진왕(진한왕)을 공립하여 서로 대를 이어 계승(世世相繼)하고 있던 상태였다. 3세기 후반의 시점에서 진국체제의 원형은 사실상 무너져, 마한 목지국 중심의 몇몇 국가만 참여하는 이지러진 체제로 전락해 있었음을 중국인들도 익히 알고 있었던 셈이다.

그리고 이와 관련해서는 무엇보다 혁거세赫居世거서간이 그 38년(기원전 20)에 호공瓠公을 사신으로 마한에 보내 수빙修聘하게 하였다는 『삼국사기』의 기록을 참고하는 것이 좋을 것이다. '진, 변 두 한은 우리의 속국인데 근년에는 왜 공물貢物을 보내지 않느냐?'고 질책한 마한왕의 언급이 기사화된 사실로 미루어 대략 이 무렵을 전후하여 진한은 실질적으로 진국체제로부터 이탈했던 것으로 보이기 때문이다. 그러나 사신을 보내 그간의 형세 변화를 설명하고 이해를 구하려고 한 진한 거서간의 태도에서는 종래의 진국체제를 가능한 한 존중하려는 자세도 읽힌다. 마한왕이 사신으로 온 호공을 호되게 질책했다는 데서도, 일방적인 태도이기는 하지만 어떻든 진국체제의 엄연한 존속을 표방할 수 있는 여건이었음이 인지되는 바이다.

마한은 여전히 진한(신라)의 거서간을 마한인으로 편제하여 웅대했을 것이고, 거서간은 자신이 마한인으로 간주되든 말든 크게 개의치 않고 독자적 처신을 도모했을 것이다.

이러한 상황이었으므로 "진왕은 늘 마한인으로 삼는다(辰王常用馬韓人作之)"는 『삼국지』의 기록도 진국체제가 제대로 작동하던 과거 지사를 말한 내용으로 이해해야 한다. 『후한서』의 범엽 또한 삼한제국의 왕들이 '마한사람(馬韓種人)'이었던 것은 선대의 일로 인지하고 있었다(其諸國王先皆是馬韓種人焉). 하지만 여기서 늘 마한인으로 진왕(진한왕)을 삼았다고 한 것은 명목상으로라도 진국체제가 작동하고 있는 한 진한왕은 마한인일 수밖에 없었던 사정을 소개한 기술이겠지만, 다소 어폐가 있어 오해의 소지가 있는 언급이었다고 하겠다. 진한인들이 다른 데서 흘러들어 온 사람들이기 때문에 마한의 통제를 받게 된 것이었고, 이로써 형성된 복속 관계로 말미암아 마한인을 그 왕으로 삼게 된 것이었다고 나름대로 판단하고 기록한 『위략』의 기사도 마찬가지다. 진국체제의 외형만 염두에 두고 그 본체를 제대로 이해하지 못함으로써 사실의 선후와 인과관계를 거꾸로 파악한 셈이었다.

진국체제에서 삼한제국의 왕들이 마한인이었다는 것은 단지 복속의 의미로서만 이루어진 일이 아니었다. 그것은 복속과 동시에 마한의 정치에 주체적으로 참여할 자격을 지님을 의미하였다. 신라의 경우를 보면 왕위의 계승에 '신라국인新羅國人'이 관여하였던 것으로 드러나는데, 여기서 '국인'이라 함은 신라 국정에 주체적으로 참여하고 있던 6부의 칸들을 가리킨 말이다. 6부로 편제된 진한 여러 나라의 왕을 비롯한 지배층 인사들이 곧 '신라국인'이었다.

마찬가지로, 마한뿐 아니라 진한 및 변진 여러 나라의 국왕들도 '마한인' 즉 '진국인'으로서, 진왕인 마한 목지국왕이 이끄는 진국의 국정 논의와 결정에 주체적으로 참여하였을 것이다. 삼한의 여러 나라가 함께 진왕을 세웠다고 하였으니 진·변한의 왕들이 진왕을 공립共立한 주체였음이 틀림없고, 이는 이들이 '마한인'으로서의 위치에 있었기 때문일 것도 당연지사다. 즉 '마한인'이라는 소속의 명시는 그 정치에 주체적으로 참여할 수 있는 존재임을 밝히는 표현이기도 했던 것이다. 다시 말하자면 삼한제국의 왕들이 마한의 '국인' 자격으로 마한을 대표하는 왕을 공립하는 데 참여한 것이었고, 그렇게 공립된 왕이 삼한 전체의 왕인 진왕으로 군림하던 이중용립의 정치체제가 곧 진국체제였다.

진왕의 기본 속성은 그가 '왕들의 왕'이라는 점에 있었다. 당시 삼한에서는 왕을 '한' 또는 '칸(干), 가'라 하였으니, '진왕'을 달리 표기하면 '거서간'일 수도 있고 '한왕韓王'일 수도 있었겠다. 거서간은 말 그대로 '거서[거수] 칸'으로서 '칸들의 수장首長(王)'이라는 뜻이다. 지금도 브리아드 몽골 학자들은 기자箕子를 '게세르칸'으로 읽는다고 하니, 기자는 곧 거서간의 다른 표기라는 것을 확신해도 좋을 것이다. 기자는 진왕을 달리 표기한 것이었던 셈이다. 기자조선을 진국으로, 기자를 진왕으로 보아야 하는 이유가 여기에도 있다.

그리고 진왕(한왕=기자=거서간)은 삼한 모든 나라의 왕들이 공립한 존재로서, 스스로 자립自立한 왕이 아니라는 점에 특징이 있는 존재였다. 진한의 진왕(신라 거서간)만 자립할 수 없었던 것이 아니라 목지국의 진왕도 자립할 수 없는 왕이기는 마찬가지였던 셈이다. 진왕의 지위는 진한왕(신라의 거서간과 이사금)의 경우와 마찬가지로 후손에게 대대로 계승(世世相繼)되었으리라 여겨지지만, 그렇다고 공립의 의의가 부인되거나 그 절차가 무시된 것은 아니었다. 진왕의 공립에 참여한 각 소국의 왕은 진국체제를 형성한 주체로서 여전히 독자성을 띤 왕자王者였지만, 진왕 휘하에서 진국체제의 운영에 참여하는 존재로서 진왕으로부터 그 독자성을 허여許與받은 봉건적 존재이기도 하였다. 진왕 중심의 집권 체제를 표상으로 한 이런 고대적 봉건성이 이중용립의 진국체제가 가진 본질이다.

한편, 앞서 진한이 주도하던 전기 진국체제(古之辰國)는 진왕이었던 준왕이 위만의 기만책에 말려 나라를 잃고 마한으로 쫓겨 들어가게 되자 위기에 당면하였다. 준왕의 후대가 끊어진 뒤에도 3세기 말의 삼한 사람[韓人] 중에는 여전히 그 제사를 받드는 자가 있다고 한 기사가 이를 전한다. 거개는 준왕의 제사를 받들지 않았으며 이는 그를 진왕으로 인정하지 않는 세력이 대다수였음을 암시하기 때문이다. 그가 패퇴하여 마한으로 들어왔을 때 이미, 그를 여전히 진왕으로 인정해야 한다는 세력과 그럴 수 없다는 세력으로 나뉘었던 것이겠다. 마한의 주축 세력은 진왕의 교체를 주장했다고 여겨진다. 준왕이 마한을 공격한 이유가 여기에 있었을 것이다.

그리하여 마한의 중심 세력을 이긴 준왕은 스스로 '한왕韓王'을 칭했다. 한왕은 '대왕大王'의 뜻으로서 진왕과 크게 다를 바 없었지만, 공립共立된 존재가 아니라 자립自立한 왕이었으므로 '진왕'을 칭하지 못하고 그냥 '한왕'이라는 칭호에 머물고 만 것이었다. 무기력한 패퇴와 세력 축소를 이유로 자신을 더이상 진왕으로 인정하지 않으려는 여러 나라의 왕들에 맞서 몇몇 세력을 무력으로 제압하기까지 하였으나, 결국 전체 왕들로부터 다시 공립되는 데는 실패했으므로 준왕 스스로 "자립해서 한왕이 되는(自立爲韓王)"(『후한서』), 혹은 "스스로 한왕이라 칭하는(自號韓王)"(『삼국지』) 수준에서 만족할 수밖에 없었던 것이다. 바로 한왕이 주도하는 새로운 진국시대가 시작된 셈이었다.

공립된 진왕 중심의 진국체제가 다시 회복된 것은, 정확히 그것이 언제인지는 불분명하나, 준왕의 후대가 절멸한 뒤의 일이었다는 것이 범엽의 이해였다. 그렇지만 복구된 후기 진국체제는 마한이 주도하는 새로운 진국체제였다. 그리고 이 체제는 '자립'한 왕이 그에 상응하는 중앙집권적 지배 구조를 만들어 세우지 못한 채 무너진 후 다시 예전의 '공립' 체제로 복귀한 형태로서, '공립'에 참여한 세력이 적잖이 축소되고 그 결속의 강도마저 약해져 예전의 그것과는 사뭇 다른 체제였다.

이렇게 이해하고 보면, 앞서 살핀 『후한서』의 기사 역시 기자조선을 옛 진국으로, 기자를 옛 진왕으로 파악하는 데 장애가 되는 요소라고 할 수 없을 것이다.

3. 신라 건국으로 마한 중심
진국체제가 크게 동요하다

진한의 복권

변한과 진한의 잡거 양상

통상 삼한이 어디에 있었는지 아느냐고 물으면, 지금의 경기·충청·전라도 일대에 마한, 경상북도에 진한, 경상남도에 변한이 있었

지도 8 현행 중등 교과서의 삼한 형세도

다고 대답하는 경우가 많다. 다음과 같은 지도를 익히 보아온 탓이다.

그러나 『삼국지』는 "변진이 진한과 서로 섞여 있다(弁辰與辰韓雜居)."고 적었다. 삼국지』는 진晉의 역사가 진수陳壽가 편찬한 사서로서 대략 280년대에 완성된 것이다. 관련 기사를 그대로 옮겨보면 다음과 같다.

진한은 마한의 동쪽에 있는데 (…) 처음엔 6국이었다가 점차 나뉘어 12국이 되었다. 변진도 12국이다. 또 여러 작은 별읍이 있는데, 각기 거수가 있어 큰 거수는 신지라고 부르며, 그 다음은 험측, 다음은 번예, 다음은 살해, 다음은 읍차라 한다. ① 기저국 ② 불사국 ㉠ 변진미리미동국 ㉡ 변진접도국 ③ 근기국 ④ 난미리미동국 ㉢ 변진고자미동국 ㉣ 변진고순시국 ⑤ 염해국 ㉤ 변진반로국 ㉥ 변낙로국 ⑥ 군미국(변군미국) ㉦ 변진미오야마국 ⑦ 여심국 ㉧ 변진감로국 ⑧ 호로국 ⑨ 주선국(마연국) ㉨ 변진구야국 ㉩ 변진주주마국 ㉪ 변진안야국 ⑩ 마연국 ㉫ 변진독로국 ⑪ 사로국 ⑫ 우유국이 있다. 변·진한 모두 합하여 24국이며, 큰 나라가 4~5천 가, 작은 나라가 6~7백 가로서 모두 4~5만 호이며, 이 가운데 12국은 진왕에게 속해 있다. 진왕은 항상 마한인으로 삼으며, 대를 이어 계승하지만 진왕 스스로 자립해서 왕이 되는 건 아니다(辰韓在馬韓之東 (…) 始有六國 稍分爲十二國 弁辰亦十二國 又有諸小別邑 各有渠帥 大者名臣智 其次有險側 次有樊濊 次有殺奚 次有邑借 有 ① 已柢國 ② 不斯國 ㉠ 弁辰彌離彌凍國 ㉡ 弁辰接塗國 ③ 勤耆國 ④ 難彌離彌凍國 ㉢ 弁辰古資彌凍國 ㉣ 弁辰古淳是國 ⑤ 冉奚國 ㉤ 弁辰半路國 ㉥ 弁[辰]樂奴國 ⑥ 軍彌國(弁軍彌國) ㉦ 弁辰彌烏邪馬國 ⑦ 如湛國 ㉧ 弁辰甘路國 ⑧ 戶路國 ⑨ 州鮮國(馬延國) ㉨ 弁辰狗邪國 ㉩ 弁辰走漕馬國 ㉪ 弁辰安邪國 ⑩ 馬延國 ㉫ 弁辰瀆盧國 ⑪ 斯盧國 ⑫ 優由國 弁·辰韓合二十四國 大國四五千家 小國六七百家 總四五萬戶 其十二國屬辰王 辰王常用馬韓人作之 世世相繼 辰王不得自立爲王).

이 기사는 진수가 삼한을 직접 방문하여 친히 얻은 식견을 서술한 게 아니라, 앞선 시기에 나온 다른 사서의 내용을 그대로 옮기거나 단지 전해 들은 이야기를 소개한 것으로 짐작된다. 하지만 여기서 변진 및 진한에 속한 나라들이 서로 뒤섞여 있다고 한 진술이 사실과 다르다고 볼 근거는 딱히 없다. 진한 12국(①~⑫)과 변진 12국((ㄱ)~(ㅌ))의 국명을 일일이 거명한 점도 이 기사의 신뢰성을 높여주는 일면이다.

이들 24국을 진·변한 가리지 않고 번갈아 소개한 것은, 필시 잡거의 형세를 보이며 서로 뒤섞여 있는 나라들을 북쪽부터 남쪽으로, 또 서편부터 동편 쪽으로 차례대로 열거하다 보니 생기게 된 현상일 것이다. 이 역시 잡거의 양상이 사실임을 말해주는 측면인 셈이다. 국명 앞에 '변진' 또는 '변'이 붙어 있는 나라((ㅂ))는 변진 소속의 나라임이 분명하다. 그리고 또, 변진과 진한에 각기 12국이 있었다면서 실제로 열거한 국명은 26국이라는 사실도 눈에 띈다. 마연국과 군미국을 두 번 거명했기 때문인데, 이는 어떤 착오나 간오刊誤에서 빚어진 일이 아니라, 이들 두 나라의 영역이 다른 나라들을 사이에 두고 나뉘어 있었기 때문에 생긴 일일 개연성이 높다. ⑥번 군미국의 경우를 보면 이를 확신하게 된다. 원문에는 "軍彌國弁軍彌國"으로 나타나는데, 두 차례 거명된 마연국과 군미국의 한 나라씩을 빼고 헤아려야 24국이 되므로, 군미국이 진한에도 있고 변진에도 있어서 이렇게 기술한 것이라고는 도저히 생각할 여지가 없다. 즉 여기서 '변弁'은, (ㅂ)의 경우와 달리, '변진'의 약자가 아닌 것이다. 그렇다면 '변弁'은, '또'라는 뜻으로 쓴 '우又'를 목판 각자장刻字匠이 으레 그러려니 하고 착각한 나머지 '변弁'으로 새기고 만 경우 정도로 보는 게

160

합당하다. 왜냐하면 24국을 차례로 나열하다 보니, 동쪽 끝에 군미국이 있었는데 그다음 차례의 서쪽 끝에도 '또' 군미국의 영역이 있었기 때문에 이렇게 기술하게 된 것이라 볼 수 있다.

변진과 진한이 독자의 영역으로 나뉘어 있었던 것이 아니라는 점은 분명한 사실이다. 서로 섞여 있었다. 따라서 그동안 익히 보아온 앞서와 같은 지도는 사실과 전혀 무관한, 그저 누군가의 상상에서 나온 근거 없는 내용에 지나지 않음을 알 수 있다. 문제는, 변진과 진한의 여러 나라가 불편함을 무릅쓰고 왜 이렇게 서로 섞여 살게 되었는가 하는 점인데, 이에 대한 답은 '이주'를 전제하지 않고서는 달리 찾기 어렵다. 계통이 다른 두 정치체가 시초부터 섞여 살았을 리 만무하기 때문이다.

잡거의 형세를 전한 기록을 외면하고 삼한 사람들의 이주를 부정함으로써 삼국의 역사를 고조선사와 단절시켜 인식해온 기존의 한국 고대사 이해 형태는 전면 재검토되어야 한다. 경주 지역에 있던 6개의 토착 촌락이 연합하여 사로국이란 소국을 건설했고, 이 사로국이 주변의 소국들을 차례로 병합하여 4세기 무렵에 신라로 발전했다는 식의 인식은 사실과 거리가 먼 억설이다. 우리 고대사의 진상을 좀더 분명히 파악하기 위해서는 그동안 전개된 정세의 변화를 다시 정리해볼 필요가 있다.

변·진한 사람들의 남하와 불가피한 잡거

예족과 맥족이 서로 섞여 살게 된 데다, 따로 고립되어서는 체제의 안정을 기약할 수 없게 된 철기시대의 사회변동 속에서 지배세력 상호 간의 협력과 연대가 불가피하게 되었을 때, 그때까지 예족을 이끌어온 수장인 단군이 그 상호 연대의 구심점을 자처하며 나섰다. 왕검조선을 건국한 것이다. 그러나 단군왕검이 구래舊來의 신정정치를 의연히 고수하자, 새로운 성격의 지배세력으로 대두한 신흥의 칸(干)들은 이를 거부하고 그들의 대표 격인 기자를 공립하여 새 나라를 건설하였다. 기자의 조선, 곧 진국이 그것이다.

정인보는 '조선'이 국호였다기보다 '관속管屬된 토경土境', 풀어 말하면 왕의 지배력이 미치는 강역疆域 전체를 지칭하는 보통명사라는 견해를 제시한 바 있다. 기자의 '조선'은 그 범위가 매우 넓어 대릉하 유역으로부터 요하, 압록강을 지나 한반도에 이르렀다. 단군계 예족이 기자조선을 이탈하여 세운 부여가 흑룡강 유역에 있었던 사실로 보아, 이 정도로 멀리 와야 비로소 그 강토의 구역을 벗어날 수 있을 정도로 기자조선의 영역이 넓었음을 알 수 있다.

진국의 왕 곧 기자는 기자조선을 구성하는 모든 예맥족 칸들의 공론과 합의에 입각하여 국정을 운영하였다. 그러나 기자조선의 영역이 매우 넓었으므로, 그 안의 모든 칸이 기자가 주재하는 중앙 회의에 참석하여 개별적으로 일일이 의견을 개진한다는 것은 비현실적인 일이었다. 칸들은 권역별로 따로 모임을 갖고 거기서 의견을 모은 후 대표단을 통해 중앙 회의에 참여하고 의사 표시를 하는 간접 방식의 정치체제를 구축하였다. 세 개의 권역이 설정되었으며, 각각에는 해당 권역에 속한 여러 나라의 칸이 그중 가장 세력이 강한 나라의 도읍에 모여 함께 진국辰國의 중대사와 공동의 관심사를 논의하였다. 진한辰韓, 마한馬韓, 변한弁韓의 삼한三韓이 이것이었다. '한'은 각국의 칸과 그를 대리할 자격이 있는 칸의 자제들이 권역별로 모여 구성한 회의체이자 단위 정치체였던 셈이다.

진국이라는 국명이나 그 왕을 진왕이라 부른 사실로 미루어, 처음엔 삼한 중 진한이 가장 중심이 되는, 진왕을 내는 한이었을 것이다. 대릉하 유역으로부터 요하에 이르는 요서 지역의 칸들이 진한에 속했겠고, 나중에 진한 사람들이 남하하자 마한이 동쪽 땅을 내주었다고 한 것으로 보아 마한은 한반도 지역의 칸들이 구성한 '한'이었을 것이다. 변한은 요하로부터 압록강 유역에 이르는 요동 지역 칸들이 구성했으리라 짐작된다.

초기엔 진한이 중심이 되고, 변한이 진한 가까이에 있으면서 진한을 보위하는 형세를 이뤄 나중까지도 변진이란 별칭으로 불렸으며, 한반도의 마한이 가장 주변부의 약체로 진국에 참여하였다. 그러나 기원전 2세기 초에 마지막 기자였던 준왕이 위만에게 나라를 빼앗기고 마한으로 피신하며, 기원전 2세기 말엔 위만조선마저 한漢의 군사력에 밀려 무너지는 일련의 역사 과정 속에서 진한과 변한의 많은 국國이 한漢에 복속당하여 멸망해가자, 상대적으로 피해를 덜 입은 마한이 가장 강대한 세력을 갖게 되는 형세의 변화가 일어났다. 진한과 변한에 속한 나라들 가운데 한에 대한 복속과 굴종을 거부하고 기약 없는 이주와 새로운 삶의 개척이라는 험로를 택한 나라도 있었으나 그 수는 그리 많지 않았다.『삼국지』에 따르면 진한은 처음에 6국이었다가 점차 12국이 되었다고 하니, 진한에선 처음에 6국 정도만 남하의 행렬에 참여했던 것 같다.

진한과 변한에서 유이민이 발생하여 자신의 경내로 들어오자 마한은 그 동쪽 땅으로 이들을 유도하였다. 외부 세력의 대량 유입으로 말미암아 기존 질서가 크게 동요할 것을 우려한 마한사회 중심부가 그 충격을 최소화하기 위해 내린 응급의 대응이었다. 그러나 마한의 동부라고 해서 빈 땅으로 남아 있던 것은 아니었다. 변한 및 진한 각국의 유이민이 전처럼 함께 거주할 수 있는 광활한 공지를 찾기는 어려웠다. 이들은 선주민이 차지한 지역을 피해 이곳저곳으로 나뉘어 주로 산골짜기를 찾아 자리를 잡았다.『삼국지』가 전하는 변한과 진한의 '잡거'는 이들이 유이민인 까닭에 어려운 가운데 어쩔수 없이 이룬 형세였다.

진한 6국의 신라 건국

진·변한의 여러 나라 사람들은 마한의 동쪽 지역에 뿔뿔이 흩어지고 섞여 궁색하나마 삶의 근거를 마련하였다. 이와 같은 상황이『삼국사기』에, "조선의 유민들이 산골짜기에 나뉘어 6촌을 이뤘다."고 간략히 기록되어 전한다. '6촌' 사람들은 단군의 왕검조선과 기자조선, 그리고 또 일부는 위만조선에 참여한 선조의 역사 경험과 문화 능력을 고스란히 물려받아 가진 이들이었다. 먼 길을 이주해 오는 과정에서 살림살이는 거덜 나고 세력도 적잖이 허물어졌지만, 광역의 국가를 건설하고 경영했던 풍부한 경험을 이어받았고 중원의 패자와도 대등하게 겨룬 문화 능력을 견지하고 있었다. 기원전 1세기의 궁핍해 보이는 살림 유적만 보고 이들의 이런 경험과 능력을 깨닫지 못한 채 무시하면 안 된다.

진한은 본디 삼한 곧 진국의 으뜸으로서 진왕을 내는 위치에 있었지만 이주해 온 이후로는 세력이 크게 위축되어 마한의 공론에 따라야 하는 처지가 되었다. 마한 동쪽에 겨우 자립의 근거를 마련하게 된 것만도 다행이라 생각될 정도였다. 진한이란 이름은 여전히 남았지만 진한 각국의 칸은 진왕이 있는 마한의 공론에 참여하기 위해 마한에도 속한 존재가 되어 해마다 조공을 바치는 등 복속에 상응하는 의무를 짊어졌다. 진국辰國의 주인은 바뀌었지만 그 운영 원리와 체제는 그런대로 유지되고 있었던 셈이다. 마한에서 가장 세력이 강한 나라가 목지국이었으므로 목지국왕이 삼한 전체를 다스리는 진왕이 되어 있었다.

그렇지만 진한은 옛 진국의 주인이라는 의식이 여전히 강하였다. 언젠가는 다시 진한이 중심이 되어 삼한 전체를 통합하는 날이 꼭 오리라 여겼고, 이런 인식은 자자손손 계승되었다. 신라가 나중에 삼국을 통일하고서 이를 '일통삼한一統三韓' 곧 삼한을 통일하였다고 말하며 드디어 숙원을 푼 듯이 여긴 것은 역사의 맥락이 이러했던 까닭이다. 진한 여러 나라의 칸들은 진한의 재건을 위해 애썼다.

『삼국유사』에 따르면, 전한前漢 지절地節 원년 임자(기원전 69) 3월 초하루에 '6부部의 조상'들이 각기 자제를 거느리고 알천閼川의 언덕 위에 함께 모여, 덕 있는 사람을 찾아 임금을 삼고 도읍을 정해 나라를 세우자고 의논하였다고 한다. 그리하여 기원전 57년에 혁거세를 거서간으로 세우고 신라를 건국하게 되었다는 것이다. 『삼국지』에 따르면, 진한에 속한 나라는 3세기에 12국이었지만 처음엔 6국이었다고 한다. 반면, 우리 측의 『삼국사기』와 『삼국유사』에는 6국이 6촌村으로 표기되어 나타난다. 훗날 신라 왕권이 안정되면서 중앙 집권적 지배체제를 구축하는 과정에서 많은 '국'들이 실제로 '촌'

으로 편제되었기 때문에 이렇게 기록한 것이다. 하지만 기원전 1세기는 '촌'이란 용어가 아직 생기지 않은 때였다. 사마천의 『사기』에 '촌'이란 단어가 전혀 보이지 않는 사실에서 이를 알 수 있다. 우리 사서에서 말하는 '6촌의 촌장'이란 곧 6국의 칸들을 지칭한 후대의 표현이었던 것이다. '6촌'이라 불렀다고 해서 경주 일대에 있었을 6개의 토착 촌락쯤으로 단정하여 어설프게 여기면 안 된다.

진한 6국의 칸들은 어쩔 수 없이 마한에 복속해왔던 그간의 곤궁한 처지로부터 벗어나 따로 독자의 거서간 곧 진왕을 공립함으로써 옛 진국의 부활을 삼한 전체에 선포하고자 하였다. 이들은 간지가 새로 시작되는 갑자년甲子年을 택해 이 꿈을 실현하였다. 기원전 57년이었다. 신라가 건국한 것이었다.

진한과 신라

진한 6국의 칸들은 그 자제들을 거느리고 함께 모여 모두의 뜻으로 혁거세를 거서간에 추대하였다. 거서간은 '거서'와 '칸(干)'의 합성어로서 '칸'들의 '거서居西[渠帥=箕子=王]'임을 지칭한 위호位號이다. 진왕을 달리 부른 용어였던 셈이다. 직접 '진왕'이라고 칭하지 않았지만 같은 뜻의 '거서간'을 칭했다는 것은 마한 목지국의 진왕 중심 체제를 부정하고 옛 진국의 새로운 부활을 선포한 것이나 다름없는 일이었다.

혁거세는 6국의 칸 중 한 사람이 아니라, 6국의 칸과 자제들이 그들의 거서간으로 삼기 위해 공론을 모아 간택하고 양육한 '신성한 아이'였다고 한다. 혁거세가 박처럼 생긴 큰 알에서 태어났다는 이야기는, 진한의 칸들이 신라를 세우기 위해 적잖은 준비 과정을 거친 사실을 전하는 동시에 그 신성성을 강조하여 표현한 내용이다.

'거서간'이란 왕호에서 짐작할 수 있듯이 신라는 처음에 칸들의 나라로 성립한 정치체였다. 앞서 누차 말했지만, 칸은 각국의 왕으로서 하호下戶인 민인을 노복처럼 부리는, 마치 고대의 노예주奴隸主와도 같은 성격을 띤 지배자였다. 그러한 각국의 칸과 칸의 친족들이 모여 공립한 '칸들의 왕'이 곧 거서간이었던 것이고, 이로써 세운 나라가 곧 신라였던 것이다. 그러므로 일반의 각국 민인은 거서간의 지배가 미치는 대상이 아니었고, 신라국 사람도 아니었다. 각기 그 나라의 칸에 의해 통치되는 하호였을 뿐이다.

칸이 다스리는 국들이 저마다 존재하는 가운데 그 국의 칸이 친족과 일부 지배층을 거느리고 모여 다시 신라라는 나라를 형성한 구조, 말하자면 칸을 용립시킨 구조에 덧씌워 칸들이 자기들의 왕을 다시 옹립한 이중의 용립 구조가 초기 신라의 본질이다. 신라의 구성에 참여한 각국의 지배층을 따로 '부部'라는 단위로 불렀으므로 진한 6국에서 나온 6부가 신라를 형성한 주체인 셈이었다. 『삼국사기』엔 '진한육부'라는 용어가 보이고 봉평신라비에는 '신라육부'라는 용어가 보이지만, 진한이 곧 신라였으므로 모두 같은 대상을 지칭한 말이다. 뒤늦게 신라의 구성에 참여한 국의 지배층은, 이미 6부가 곧 신라인 구조였으므로, 따로 별도의 부를 구성하지 못하고 기존의 6부로 편제, 해소되었다.

신라가 성립했으나 그 얼개가 이러했으므로 신라는 외형상 종래의 진한과 거의 다를 바가 없는 존재처럼 보였다. 진한 전체의 왕이 따로 공립되었을 뿐인 모습이었다. 그래서 3세기 후반까지도 중국인들에게는 진한에 12국이 있는 것만 보였다. 『삼국지』와 『삼국사기』가 전하는 역사상이 마치 전혀 다른 것처럼 보이기도 하는 것은 이 때문이다. 진한이 곧 신라였다.

신라의 개국 전설과 시조 설화

신라는 예맥족이 서로 섞여 형성한 진한의 여러 나라 지배층이 모여 합의로 세운 나라였으므로 그 개국 전설은, 고구려·백제와는 달리, 시조의 능동적이고 영웅적인 활약상을 담고 있지 않다. 먼저 와서 자리를 잡은 세력들이, 혈통조차 제대로 알 수 없는 혁거세를 거두고 키워서 왕으로 추대함으로써 나라를 세웠다는 내용이다. 이는 여러 국의 지배층이 서로 대등한 위치에서 건국을 주도한 데서 온 특징이다. 신라는 어느 한 세력이 다른 세력들을 정복함으로써 성립한 국가가 아니었다는 사실이 개국 전설에 그대로 반영되어 나타난 셈이다.

신라의 개국 전설은 『삼국사기』의 것과 『삼국유사』의 것, 두 가지가 있다. 두 전설은 대동소이한 내용이나, 다만 시조 혁거세거서간이 왕비 알영閼英을 맞아들인 시기에 대해서는 서로 다른 사실을 전한다. 먼저 『삼국사기』에서는 알영의 탄생 설화를 개국 전설 자체에서 빼버리고, 혁거세거서간이 즉위 5년에 알영을 왕비로 맞았다면서 이와 관련해 그 탄생 설화를 간략히 소개하였다. 그러나 『삼국유사』는 혁거세와 알영이 같은 날 탄생하여 함께 자랐으며 13세가 되던 해에 왕과 왕비로 추대되어 신라를 건국하였다고 적었다. 시조 왕의 왕비에 관해서도 그 탄생에 얽힌 설화가 전하는 점은 신라 개국 전설만의 특징이다.

알영은 혁거세와 함께 성인聖人으로 모셔졌다. 신라 초기에는 신성한 사람이 왕이 된다는 관념이 있었으므로 왕과 왕비는 물론 다음 왕위를 이을 아들도 신성하게 그려져야 했다. 성골聖骨 신분은 이런 관념을 토대로 성립한 신분이다. 이는 그 후대의 왕들이, 왕이기 때문에 성스럽다고 여겨진 것과 대비된다. 후대에는 국왕만 성상聖上이라 불렀을 뿐 그 가족 모두를 성스럽게 여기지 않았다.

신라가 건국한 뒤에도 유이민의 유입은 계속되었다. 나중에 신라로 들어온 집단 중 큰 세력을 형성하여 결국 신라의 왕위를 차지한 집단이 둘 있었다. 탈해가 이끈 석씨계 집단과 알지가 이끈 김씨계 집단이 그것이다. 그러므로 신라에는 개국 전설 말고도 이들 집단의 유입과 관련된 시조 설화가 함께 전한다. 이들도 신라의 국가 형성과 직접 관련된 설화인 셈이니, 신라의 개국 전설은 여러 세력의 시조 설화가 복합된 형태라 할 것이다.

마한의 동요와 분열

신라가 건국함으로써 진한이 진국체제로부터 이탈해나가자 그동안 이 체제를 이끌어오던 목지국의 진왕은 큰 타격을 입었다. 이런 정세 변화는 변진의 태도에도 영향을 미쳐 그간 진왕에게 바쳐온 공납을 중지하는 사태로까지 이어졌다. 혁거세거서간이 즉위한 지 38년

(기원전 20)이 되어 국가체제가 다소간 안정되자 호공瓠公을 사신으로 파견해 마한왕을 예방했더니, 마한왕이 진한과 변한 두 나라는 우리의 속국임에도 불구하고 근년에 공물을 보내지 않는다며 크게 질책했다고 한다. 여기서 마한왕은 목지국의 진왕을 말한 것으로, 진한과 변한이 진국체제를 이탈한 저간의 사정을 전하는 기록이다. 신라의 건국은 진왕을 정점으로 한 진국체제에 균열을 야기한 일대 사건이었다.

진국체제의 위기는 마한 내부에서도 발생하였다. 마한 내부의 소국들이 지역별, 권역별로 따로 결집해 독자적으로 활로를 모색하기 시작한 것이었다. 북쪽 졸본부여에서 남하한 비류와 온조 세력이 기원전 18년에 한강 유역에서 백제를 세운 것이 이런 추세에 불을 당겼다.

비류와 온조는 처음에 미추홀彌鄒忽과 위례慰禮에서 각기 건국했는데, 미추홀에 자리 잡았던 비류 세력이 나중에 온조의 백제에 흡수되었다고 한다. 미추홀은 지금의 인천시 남구, 위례는 서울시 송파구 지역의 옛 이름이다. 미추홀이 위례의 백제에 흡수될 때, 현재의 인천 남부 일대부터 서울 강남에 이르는 넓은 지역에 자리 잡고 있던 다른 소국들도 백제에 복속했을 개연성이 크다. 온조가 처음엔 십제十濟라고 일컬었다가 세력이 커지자 백제百濟를 칭하게 되었다고 한 데서, 온조 당대에 그 세력의 확대가 매우 급속하게 진행되었음을 유추해낼 수 있다.

『삼국지』는, 마한 소국 중에서 큰 나라의 왕이 스스로 신지臣智라 하고 그다음은 읍차邑借라 부른다면서, 신지 가운데는 간혹 우대하는 호칭을 쓰는 경우도 있다고 하였는데, 이 기사도 삼한 소국의 권역별 결집 사실을 전하는 내용이다. 그 우호優呼에 몇 나라의 국호가 함께 쓰인 것이 이를 말해준다. 말하자면, 마한 목지국의 진왕을 중심으로 한 진국체제 내에서 권역별로 모여 따로 진왕을 옹립하는 일이 여기저기서 전개되고 있었던 것이다. 삼한에 다수의 기자箕子가 등장한 셈이었다. 나중에 백제가 마한을 제패하자 그 왕을 대왕이라는 뜻의 '건길지鞬吉支'라 불렀다고 한 사실을 통해 이런 상황이 실제로 일어났음을 여실히 확인할 수 있다.

'건길지'는 '큰 길지'라는 뜻이고, '길지'는 '기자' 곧 진왕의 다른 표기이다. 그러므로 '큰 길지'라는 왕호는 다수의 길지(기자)가 여기저기 존재하며 서로 경쟁하던 상황을 전제하지 않고서는 생길 수 없는 말이라 하겠다. 즉 백제 왕을 건길지라고 불렀다는 것은, 그 사이에 마한의 여러 길지 가운데 백제의 길지가 가장 큰 길지로 대두하기에 이르는 긴 역사 과정이 전개되었음을 전하는 일면이라고 할 수 있다.

▶ 하호

『삼국지』위서 동이전에 따르면, 부여에서 가加가 다스리는 읍락에는 호민豪民이 있으며 "민 하호는 모두 노복처럼 일한다(民下戶 皆爲奴僕)."고 한다. 그런데 판본에 따라서는 여기서의 '民'이 '名'으로 쓰여 있기도 하여 이 기사의 해석을 둘러싸고 학자들 사이에 논란이 일었다. 학자들은 '민'의 성격을 정확히 파악할 수 있다면 부여의 국가 발전 단계를 알 수 있으리라고 생각했는데, 기록 자체에 혼선이 있으니 논란이 생긴 것은 당연한 일이었다. 그렇지만 어느 쪽이 정확한 기록인지 확정하기 어려웠으므로 학자들은 자신이 상정한 부여의 국가적 성격에 맞춰 이 기사를 해석하는 경향이 강하였다.

민民이 곧 하호下戶라는 것인지, 아니면 민 계층 밑에 하호 계층이 따로 있다는 건지, 그것도 아니면 민 계층 내부의 하층민을 하호라고 불렀는데 이들이 거의 노복과 같은 상태였다는 얘긴지 여러 견해가 제시되었으나, '가'가 '민'을 마치 노복을 부리듯 매우 가혹하게 수탈한 것은 틀림없는 사실이라고 의견이 모아졌다. 그런데 여기서 유의할 사실은, 이 기록에서 '읍락'은 '가'가 통치하는 '국'을 지칭한 용어이며, 민이 이미 상층의 호민과 하층의 하호로 나뉘어 처지를 달리할 만큼 계층분화가 진전된 상태였다는 점이다. 하호는 이밖에 고구려 조와 마한 조에 보이나, 부여부터 삼한에 이르기까지 예맥사회 전체에서 칸·가의 지배를 받는 '민'을 지칭한 일반 용어였다고 보는 게 옳을 것이다. 신라의 '노인奴人'도 노복처럼 부려진 민인民人 곧 '하호'를 지칭한 다른 표현이다.

가의 지배를 받는 민을 하호라고 불러 구분한 것은 이들이 국왕의 직접 지배하에 놓인 존재가 아니었기 때문이지만, 국왕은 가들이 각각 어느 정도의 하호를 거느리는지 정확히 파악하고 그에 상응하는 부세를 '가'로부터 받으면서, 하호가 노복처럼 일한다며 측은히 생각하였다. 그리고 이와 같은 인식은 국왕이 '가' 계급을 국가의 일반 귀족으로 편제하고, 하호를 '가'로부터 해방시켜 '민호民戶'로서 직접 지배하게 되는 지배체제 개편의 강한 명분으로 작용하였다. 민이 가의 하호로서 존재한 시기를 '고대', 보편적인 '왕민'으로 존재한 시기를 '중세'라고 보면 크게 틀리지 않는다.

4. 부여사회가 변화하며 발전하다

재조명되어야 할 역사, 부여사

이승휴는 『제왕운기』에서 "신라, 고구려, 남북옥저, 동북부여, 예와 맥은 모두 단군의 자손이다."라고 하여, 부여의 역사 역시 고조선으로부터 비롯한 우리 국사의 일부임을 천명했다. 그래서 우리는 부여사를 당연히 국사의 일부로 알고 가르친다. 하지만 솔직히 우리는, 부여사에 관해 아는 것이 별로 없다. 부여인 스스로 자기 역사를 서술한 서책이 지금 남아 전하지 않기 때문이다. 부여의 역사서로서 후세에 그 이름이라도 남은 사례조차 아예 없을 정도이다. 중국 사서의 열전에 편린으로 전하는 몇몇 기사와 『삼국유사』에 실린 한두 구절이 부여에 관해 우리가 아는 전부이다. 문헌이 없으면 고고 발굴을 통해 얻은 자료로 아쉬우나마 그 역사를 짐작해볼 수도 있겠지만, 부여가 있었던 땅은 지금 중국의 영토로 변해 있어서 이마저 여의치 않은 형편이다.

그러나 부여의 중심부에서 탈출한 주몽이 졸본부여를 무대로 고구려를 건국했다 하고, 졸본부여 출신이라는 백제의 왕족은 아예 그 성씨를 '부여扶餘'라고 칭한데다 백제의 중흥을 꾀해 수도를 웅진에서 사비로 옮긴 성왕聖王(재위 523~554)은 새 국호를 남부여南扶餘라 칭했으니, 백제가 부여를 계승한 나라라는 역사의식을 가졌음이 분명하다. 이런 사실에 주목한 신채호는『독사신론讀史新論』에서 부여족을 우리 민족의 주족主族으로 규정하고, '4천 년 민족사는 부여족 성쇠소장盛衰消長의 역사'라고 요약해 말하기도 했다.

일본에서 제시된 '기마민족설', 즉 부여계의 기마민족騎馬民族이 한반도 남부를 거쳐 일본 기타큐슈北九州를 정복하고 가야[임나]와 기타큐슈를 아우르는 '왜한倭韓 연합국가'를 건설했다는 설도 따지고 보면, 동북아의 역사에서 차지하는 부여의 위치를 강조한 견해라 할 수 있다. 이 설은 기존의 '임나일본부설'을 우회적으로 정당화한 논리라는 비판을 받기도 했지만, 이를 입증하기 위한 근거로 주목한 부여 관련 기록과 자료는 우리가 우리 자신의 안목으로 다시 음미해 볼 여지가 있다.

부여의 역사는, 짙은 안개 속에 갇힌 듯 흐릿하지만, 고조선사회의 계기적 발전이라는 측면에서, 또한 이후에 펼쳐질 삼국사三國史의 서막이라는 관점에서 전면 재조명되어야 할 역사이다. 부여의 역사를 만주 벌판 어느 곳에서 우연히 일어났다가 사라져간 우발 사건쯤으로 여겨 적당히 뭉개버려선 안 된다. 어슴푸레 전하는 기록이나마 꼼꼼히 살피고 검토하여 북방에서 일어난 역사적 사건과 변화를 전면 재조명함으로써 한국고대사 전개의 전반적인 흐름 속에 놓인 그 역사의 대강을 가늠이라도 해봐야 한다.

부여의 건국 시기

부여가 건국한 시기가 정확히 언제인지는 기록에서 확인되지 않는다. 문헌을 통해 확인할 수 있는 부여의 가장 이른 시기의 용례는 기원전 11세기 상商·주周 교체기의 일에 대한 기사에서다. "무왕이 어렵사리 상을 차지하자 부여를 비롯한 여러 동이의 무리가 모두 길을 열어 통교해왔다(武王克商 海東諸夷夫餘之屬 皆通道焉)."는 복승의『상서대전』기사가 그것이다. 이에 의하면 주무왕 때 이미 부여가 있었던 것이 된다. 그러나 이 기록은 믿을 수 없다는 게 학계 일반의 통념이다.『상서대전』자체를 위서僞書로 보기 때문이다.

그래서 사람들이 주목하는 기록은 사마천의『사기』화식전貨殖傳의 기사이다. 이에 따르면 진시황秦始皇(재위 기원전 247~210) 때 연燕이 부여와 국경을 마주하고 있었다고 한다. 연이 진시황에게 멸망한 것이 기원전 222년의 일이니, 부여는 적어도 그 이전부터 존재한 셈이다. 그래서 부여가 처음 건국한 시점도 대략 기원전 3세기 무렵으로 보는 게 옳다는 생각이 널리 퍼졌다.

그러나 여러 정황과 문화의 맥락으로 볼 때, 부여가 건국한 시점은 아무래도 상·주 교체기 어간이었다고 보는 게 사실에 근접하는 생각일 것이다. 우선『삼국지』에 인용된『위략』에 부여의 시조 동명東明의 탄생 설화로 소개된 내용의 기본 골격이 단군왕검의 그것과 일치한다는 사실에 유의할 필요가 있다. 또 이와 유사한 플롯을 가진 서국徐國 언왕偃王의 탄생 설화가 기원전 10세기 무렵의 것으로 짐작되고 있다는 점도 참고할 사항이다.

그리고 무엇보다 우리 측 기록에 동명이 단군의 아들로 등장하는 등, 부여는 단군과의 계기적 연관성 위에서 성립한 나라라는 전승이 후세에 지속적으로 전해왔다는 사실에 주목하지 않으면 안 된다. 부여인 스스로 자기들은 이주해 온 사람들이라는 역사 인식을 갖고 있었다고 한다. 그런데 그런 부여의 옛 풍속에 날이 가물거나 장마 때문에 곡식 농사가 잘되지 않으면 그 탓이 결국 왕에게 돌아가 어떤 사람은 왕을 갈아 치우자 하고 또 어떤 사람은 죽이자 했다고 하여, 부여 초기의 정치가 신정적인 형태로 이루어졌음을 전한다. 곧, 부여 초기의 정치 행태가 신정정치에 입각했던 단군의 그것과 같았던 것이다. 이런 여러 정황으로 미루어 보아, 조선에서 기자조선이 출범하면서 축출된 단군계가 동쪽으로 이주하여 부여를 건설한 것이었다고 보는 게 사리로나 실제에 여러모로 부합한다고 하겠다.

'부여'라는 이름의 뜻

부여는 『산해경』에 '不與(불여)'로 표기되어 나타나며, 『사기』 이후의 중국 사서에는 '夫餘(부여)'로, 『삼국사기』 등 우리 사서에는 '扶餘(부여)'로 표기되어 있다. 'pu(l)yō'에 가까운 우리말을 한자로 표기하다 보니 생긴 차이일 것이다. 그래서 일찍부터 'pu(l)yō[부여]'가 무슨 뜻을 가진 어형인지 찾는 작업이 이루어졌다. 그러나 아직은 그 정확한 뜻을 밝히지 못한 상태이다.

　『삼국지』에 따르면, 부여의 창고에는 조상 대대로 전해오는 보물이 있는데, 그중에는 예왕濊王의 도장도 있었다고 한다. 예濊의 왕이라면 이는 곧 단군이다. 단군은 예왕으로서 이 도장을 줄곧 사용해

왔을 것이다. 그러다가 왕검단군 때에 이르러 예濊와 맥貊의 통합을 기치로 내걸고 조선을 건국함으로써 맥왕貊王도 겸하게 되자, '예왕의 도장(濊王之印)'이라고만 쓰인 이 도장을 더 이상 사용할 수 없어 창고에 넣어두게 되었고, 얼마 후 기자조선이 성립하여 축출될 때 단군계 세력이 이 도장을 챙겨 나와 동쪽으로 이동, 부여를 세운 후에도 여전히 이를 소중하게 여겨 귀중품을 보관하는 시설에 간직해 두고 대대로 전하며 보물로 여겨온 것이었겠다.

이런 맥락에서 생각하면, 예맥 통합의 단군계가 세운 '부여'를 예족의 나라로만 파악하고, 국호인 '부여' 역시 예濊의 한자 음운인 'hui'의 표기라고 생각한 견해는 받아들이기 어렵다. 종족명을 그대로 내세운 예국濊國이 따로 있었다는 사실이 부여는 예족만으로 이루어진 나라가 아니었음을 반증한다. 부여가 단군왕검의 뜻을 계승하여 예맥 통합 사회의 건설을 지향하자, 이에 반발하여 순수 예족만의 사회를 고집하던 세력이 따로 독립하여 예국을 세웠을 것이기 때문이다.

『자치통감資治通鑑』에 따르면, "처음에 부여는 녹산鹿山에 자리 잡았다."고 한다. 녹산이 지금의 어느 산인지는 잘 알 수 없으나, 그 형세가 마치 사슴처럼 생겼다고 해서 붙여진 지명임이 틀림없다. 그런데 이 사실에 주목하여, '부여'는 사슴을 가리키는 몽골어 'buga'나 만주어 'puhu'와도 유사하므로, 뿔이 당당하고 위엄 있게 생긴 사슴을 국호로 삼은 게 아닐까 생각한 견해도 제시되었다. 하지만 우리나라의 역사에서 동물을 국호로 삼은 다른 예가 없으므로 그 가능성은 매우 낮다.

그래서 많은 이들이 '부여'는 벌판을 뜻하는 '벌伐'·'불(弗·火)'·'부리夫里'의 다른 표기일 개연성이 높다고 여긴다. 하지만 막연하게 '벌판'을 국호로 삼았다고 보기는 곤란하다. 벌판을 뜻하는 말이 나라나 수도 이름으로 쓰인 경우, '서라벌徐羅伐', '음즙불[音汁火]', '고량부리古良夫里'처럼 자신들이 차지한 구체적인 지역의 이름을 내거는 게 일반이었던 까닭이다. 또 국왕의 이름에 '벌'·'불'과 어형이 같은 '부루'가 있는데, 이 역시 그냥 막연한 '벌판'을 왕명으로 사용한 경우라고 볼 수 없을 것이다. 고대사회에서 국호는, 그 주도 세력의 족적族的 계통을 분명히 드러내거나, 그 사회 혹은 국가의 성격을 잘 보여주고, 그 영역의 위치나 범위를 특정해 나타내는 용어를 골라서 쓰는 경우가 거의 대부분이었다. '부여'라는 국명의 뜻도 이런 맥락에서 찾을 필요가 있다. 왕검계王儉系가 기자조선으로의 국가 성격 전환에 수긍하지 못하고 이탈하여 건설한 나라이므로, 칸(干)들에 의해 용립된 기자의 조선과 달리 단군의 후계임을 강조하여, 천명天命을 받은 왕이 하늘의 뜻으로 영도하는 선택된 집단임을 표방하는 의미가 '부여'라는 국호에 담겼을 개연성이 크다.

부여의 위치와 영역

『삼국지』는 부여가 현도玄菟로부터 천 리쯤 떨어진 곳에 있다고 하였다. 현도군의 중심이 지금의 무순撫順에 있었으니 여기서부터 천 리라면, 조원肇源에서 장춘長春을 연결하는 선상의 동부 지역 어디쯤 부여가 있었던 셈이다. 그래서 많은 학자들이 길림성吉林省을 지나는 송화강松花江 유역을 부여의 중심지로 지목해왔다. 이곳에는 '부여'

라는 이름의 시市가 지금도 있으며, 길림시吉林市 용담구龍潭區 포자
연泡子沿과 유수현楡樹縣 대파진大坡鎭 노하심촌老河深村에서는 부여인
이 남긴 것으로 보이는 기원전 3세기~기원후 1세기의 대규모 고분
군이 발견되었다.

　그런데『삼국유사』와「동명왕편東明王篇」등 우리 측 기록에는 '북
부여北扶餘', '동부여東扶餘', '졸본부여卒本扶餘' 등 여러 이름의 부여
가 있었던 것으로 되어 있다. 이 가운데 졸본부여는 압록강의 지류
인 동가강佟佳江 유역 환인桓仁 지방에 있던 국명으로서, 길림시로부
터 꽤 멀리 떨어져 있는 지역이다. 이곳을 기반으로 주몽이 고구려
를 일으켰다고 한다. 그러고 보면 '부여'를 칭한 나라가 만주 일원 매
우 넓은 지역에 분포하고 있었던 셈인데, 이 점은 '부여'라는 국명이
단순히 일반적인 불특정의 '벌판'을 가리키는 보통명사에서 기원한
것이 아닐 개연성을 높이는 사실이다.

지도 9 부여의 중심지였던 송화강 유역 지역

　기자조선의 동쪽 경계를 벗
어나 동해안에 이르는 넓은 지
역이 부여의 영역 혹은 관할에
속했다. 부여 동북쪽으로 읍루
挹婁가 있어 그 영토가 동쪽 큰
바다에 닿는데, 한漢 대 이래로
부여에 복속해왔다는 것이『삼
국지』의 전언이다. 읍루는 옛 숙
신肅愼의 나라라고 하니, 읍루
로 바뀐 것이 한 대라서 그렇지,
그 이전부터 부여에 속하였음

180

이 분명하다. 그러다가 부여의 영역에 변동이 일어난 것은 기자조선의 중심부가 위만에게 넘어간 기원전 2세기 초엽이었다. 위만의 패권적 지배 형태에 반발한 옛 기자조선 세력이 새로 진국을 칭하면서 결집하여 동부 지역으로 모여들자, 이에 압박을 받은 부여에서도 새로운 성격의 정치 세력이 등장하여 구 지배세력을 몰아내는 변화가 일어났던 것이다.

부여의 정치조직과 운영 원리

부여에는 군왕君王이 있고, 마가馬加 · 우가牛加 · 저가豬加 · 구가狗加 등 여섯 가축의 이름으로 부르는 '가加' 계열의 통치층과 대사大使 · 대사자大使者 · 사자使者로 분화된 '사자使者' 계열의 직무층이 있었다. 고구려의 지배층도 '가'라고 불렸는데, '가'는 삼한의 '한韓'이나 신라 · 가야의 '칸(干)' 등과 같은 어원에서 파생한 용어로서, 독립성을 띤 일국의 왕을 부르던 말이었다. 부여가 여러 나라의 연맹으로 성립하였으므로 그 안에 많은 '가', 곧 왕들이 있었던 셈이다. 이들이 여섯 가축의 이름으로 불린 것은, 저마다 나름의 지배 영역과 민을 가진 '가'가 적어도 여섯 이상 모여 부여를 형성하고 국정 운영의 주체로 참여하면서, 관료제를 통해 국가체제 안에서 각기 일정한 역할을 담당하고 있었음을 의미한다. 그러므로 '가'들은 원래 지배해오던 지역 이외에, 국정 운영의 주체로서 나누어 주관한 별도의 지배 지역이 있었다. 이를 사출도四出道라고 불렀는데, 그 명칭으로 보아 부여의 왕도王都로부터 사방으로 뻗어나간 도로망을 따라 그 지배 영역을 나눴던 것으로 보인다.

한편 '사자'는 말뜻 그대로 윗사람의 명령을 받고 그것을 수행하는 사람 곧 관료를 부른 말이다. '가'가 다스리는 소국에서 복무하는 '사자'도 있었겠고, 부여의 국왕 밑에서 일하며 국정을 돌보는 '사자'도 있었을 것이다. '사자'에서 '대사자'가 파생해 따로 성립한 것은 이런 정치적 위치나 그 직무의 중요도에 따른 계층 분화의 결과였으리라 짐작된다. '가'가 소국의 왕에 계통을 두고 성립한 통치층으로서 여전히 독자성을 띤 채 주체적으로 국정에 참여한 부류인 반면, '사자'는 각 소국의 관료에 계통을 두고 성립한 종사자층으로서 독자적 기반은 없으나 각자의 능력과 공로로서 국정 운영에서 중간 지배층으로 참여한 부류였다.

'가'와 '사자'는 그 정치적, 사회적 입지 및 역할이 서로 다른 통치계층이었다. 여기서 사자층 맨 앞에 '대사大使'라는 관명이 보이는 사실이 주목되는데, '대사자大使者'보다 앞서 거명된 사실로 보아 종사자층 최고의 관위로서 국정 운영의 실무를 총괄하는 위치였음이 틀림없다. 그리고 '대사자'라는 관명에서 하급자의 의미로 쓰인 '놈 자者' 자를 탈락시켜 그 관명을 짓고 '대사자'보다 윗자리에 둔 점으로 보아 이 관직에 임명된 사람은 일반 종사자 신분층이 아니었음이 분명하다. 그러니 '대사'직은, 부여의 왕권이 강화되면서 왕의 명령을 수행하는 종사자층의 정치적 비중이 점차 높아지게 되었고, 이에 따라 종사자층이 그동안 전담해온 직무 중 주요한 것들을 '가' 신분층이 직접 담당하는 변화가 일어났음을 보여주는 관명인 셈이다.

부여 초기에는 그 정치가 왕검조선처럼 신정적 형태로 이루어지고 있었으므로 왕권이 안정적으로 유지되기 어려웠다. 신정정치에서 국왕은 하늘의 뜻을 지상에 펼치는 존재로 여겨졌기 때문에 평소에는 매우 강력했겠지만, 날씨에까지 책임을 지는 전지전능의 존재이기도 하여 민생에 영향을 주는 일기불순日氣不順 현상이 일어나면 그 허물이 왕에게 돌아가 심지어는 왕을 죽이자는 사람까지 생기는 형편이었다. 그러므로 이렇게 불안정한 왕권 아래에서는 '대사'직이 성립하기 힘들었을 터이다.

부여는 합의에 입각한 기자 중심의 새로운 정치 형태에 반발하여 조선으로부터 이탈한 단군계 세력이 건설한 나라였으므로 기자조선과 병립한 기간에는 그 신정적 정치체제를 대체로 유지하였을 것으로 짐작된다. 그러다가 위만이 기자조선의 중심부를 장악하는 국제정세의 변동이 일어나자 부여도 이에 대응하여 변화하지 않을 수 없었다. 위만은 그동안 주도적으로 국정의 운영에 참여해온 소국의 왕들을 국왕 직속의 관료층으로 편제하는 등 왕권을 크게 강화하였는데, 이에 자극받은 것이었다.

위만조선에서 일어난 정치 변동의 내막은 역계경을 조선상朝鮮相이라고 부른 사실을 통해 알 수 있다. 위만조선의 마지막 왕인 우거왕 때, 조선상 역계경이 왕에게 무언가 진언했으나 받아들여지지 않자 동쪽 진국으로 옮겨 갔는데, 이때 따라나선 민호가 2천여 호戶에 이르렀다고 한다. 2천여 호를 거느린 사실이나 '경卿'이라고 부른 사실로 보아 역계경은 소국의 왕이었음이 틀림없다. 그런데 그를 '조선상'이라는 관직으로 편제하고 있었던 것이다. '상相'은 '사자使者'의 중국식 표기이니, '조선상 역계경'이란 관명은 그동안 독자성을 띠고 일국을 다스려온 왕을 단지 국왕의 종사자라는 위치로 편제하여 대우하려고 한 사례라 하겠다. 역계경이 진국으로 간 것은, 이런 우거왕의 왕권 강화 정책에 반발한 행동이었다. 하지만 진국 역시, 그리고 그 바로 옆의 부여도 또한, 왕권 강화를 향한 변화의 전반적인 추세로부터 벗어나거나 비켜 갈 수 없었을 것이다.

부여의 사회상

부여의 '가'들은 전쟁이 나면 자발적으로 직접 군사를 거느리고 나가 전투에 임하였다. 이는 '가'가 부여를 형성하는 주체이기 때문이기도 하지만, 전투 행위 자체가 매우 중요한 생업 활동이기도 한 까닭이었다. 따라서 논공행상이 매우 엄하고 철저하였다. 공을 많이 세운 '가'는 노획한 적의 군사를 그만큼 상으로 받아 노비로 거느렸으며, 갖가지 값비싼 전리품도 전공에 비례하여 배분받았다. '가'가 죽으면 사람을 죽여 순장을 했는데, 많을 때는 백 명가량 되었다고 한다. 순장은 가의 노예주적奴隸主的 성격을 단적으로 드러낸 제도적 관행이었다.

부여의 읍락邑落(단순한 취락이 아니라 소국을 뜻하는 용어)에 사는 민인들은 부강한 호민豪民과 하호라고 부르는 하층의 영세 빈민들로 분화되어 있었는데, 하호는 마치 노복奴僕과도 같은 처지에 놓여 있었다. 신분은 노복이 아니지만 인간적 처지가 노복이나 다름없었던 것이다. 왕족과 제가諸加가 주인의 위치에서 하호를 노복처럼 혹독하게 부렸고, 일부의 호민도 이에 가담하였을 것이다. 기록에는 제가가 읍락을 통주統主 곧 거느려 주관한다고 했는데, 이는 중앙 정치에 참여하는 '가' 계급이 본디 지배해온 읍락과 중앙 관료로서 나누어 관할하는 읍락의 민들을 독자적으로 지배하면서 가혹하게 수취하고 있었음을 전하는 내용이다.

하호의 다수는 농지를 조금 가지고 있거나 없어 이것만으로는 생계를 꾸리기 힘든 소농 또는 빈농이었다. 하호 밑에는 따로 노비가 있었다. 살인자의 가족을 노비로 삼았다고 하는데, 전쟁에서 잡힌 포로도 거의 노비가 되었을 것이다. 그래서 적이 침입하여 제가가 스스로 전투에 나서면 그 예하의 하호는 양식을 져다가 음식을 만들어주었다.

부여 사람들은 흰 옷을 좋아하여, 큰 소매가 달린 도포와 바지를 흰 베로 지어 입고 가죽신을 신었다. 그렇지만 외국에 나갈 때는 비단에 수놓은 옷이나 장식된 모직 옷을 즐겨 입었으며, 지배층은 이 위에 가죽으로 된 갖옷을 입고 금은으로 장식한 모자를 썼다. 부여에서는 대추만 한 크기의 무척 큰 옥이 대량 생산되었고, 가축을 잘 길러 다양하고 좋은 가죽을 많이 만들어냈다.

부여는 형벌을 매우 엄하게 부과하여 살인자는 물론이고 음란하거나 투기한 부인을 사형에 처했다. 특히 투기한 부인에 대한 처벌이 무거워, 사형에 처하고서도 시신이 썩을 때까지 산 위에 버려두었으며, 가족이 이를 수습하려면 소나 말을 바쳐야 했다. 그리고 부여에는 정월마다 하늘에 제사를 지내는 풍습이 있어, 이를 모든 사람이 먹고 마시며 춤추고 노래하는 거국적인 축제로 삼았다. 이 기간에는 죄수에 대한 형벌의 집행을 중지하고, 아주 중죄가 아니면 풀어주기도 하였다.

부여사회의 재편과 해체

그 본거지를 북부여에게 내주고 동쪽으로 옮겨가 따로 동부여를 세운 것은 부여사회가 분열, 해체되기 시작하였음을 보여주는 일대 사건이었다. 『삼국유사』에, 해모수가 북부여를 세웠고 그의 아들이 해부루라 하였으니 북부여가 성립한 것은 한이 위만조선을 무너뜨리고 직접 통치에 들어가던 때로부터 크게 멀지 않은 시기였을 공산이 크다. 「동명왕편」에는, 해부루왕 때 정승 아란불阿蘭佛의 건의로 가섭원迦葉原이란 곳으로 도읍을 옮겨 동부여를 칭했고, 옛 도읍 터에는 천제의 아들인 해모수가 와서 자리 잡았다고 기록되어 있다. 기원전 1세기 전반의 일이다. 그렇다면 동북아 정세의 큰 맥락으로 보아 북부여의 건국은, 한이 위만조선 지역에 군현을 설치하여 직접 지배하는 한편 주변 세력에 대해 정치적 경제적 압력을 가하기 시작하자 이로부터 비롯된 사회변동의 여파가 부여에까지 미친 결과였다고 하겠다.

위만조선이 무너지자 한의 압력을 여과 없이 고스란히 받게 된 곳은 그 동쪽에 자리 잡고 있던 진국이었다. 결국, 진국의 주도 세력은 본거지를 떠나 한반도 중·남부로의 이동을 결행하였다. 그러나 이때 따라서 이동하지 않고 잔류한 세력도 적지 않았다. 그중 일부는 부여 땅으로 들어갔는데, 원래 부여의 중심 세력이 있던 지역을 차지하고 북부여를 건설한 해모수가 그 대표적인 예였다고 생각된다. 해모수는 환웅과 그 성격이 같아 예족 계열임이 명백하며, 그가 오룡거五龍車를 타고 하늘에서 내려왔다고 한 것은 그 세력이 부여 밖으로부터 유입한 세력이었음을 전하는 내용이다. 진국의 잔류 세력

중에 예족계의 집단이 부여로 들어가 북부여를 건설한 것이었다.

예족 중심의 북부여가 건국한 것은 상대적으로 맥족에게 그 족적 정체성에 대한 자각을 심화시켰다. 그동안 함께 지내며 협조해왔지만, 사회가 급격히 요동치자 예맥 사이의 갈등과 대립이 갈수록 심화되었다. 기존의 부여 지배층은 대규모의 예족 집단을 이끌고 들어와 북부여를 세운 해모수에 대해 어떻게 대응할 것인가 하는 문제를 놓고 사분오열되었다. 일부 예족 세력은 아예 해모수에게 복속하여 북부여 건설에 동참하였겠고, 일부는 이에 반발하여 독자적인 예족 사회를 따로 건설해 독립해나갔을 것이다. 예濊와 옥저沃沮가 후자의 경우이다. 이들이 독립한 데에는 북부여로부터 멀리 떨어져 있던 그 입지적 여건도 얼마간 작용하였을 것이다.

그리고 부여의 주류 세력은 동진하여 동부여를 건설했는데, 이 과정에서 정국의 주도권이 맥족 계열로 넘어갔던 것으로 보인다. 예족 지배세력의 다수가 북부여 해모수에게 복속하여 이탈했겠기 때문이다. 한편 변두리의 졸본부여와 같은 세력들은 그저 사세의 추이를 살피면서 각자의 활로를 제각기 모색하기 바빴다.

동부여는 일련의 사회 분열을 겪으면서 부여사회 전반에 대한 주도력을 적잖이 상실하여, 해부루의 손자인 대소왕帶素王 때에 이르러서는 고구려 대무신왕의 공격을 받고 왕이 전사하는 일까지 벌어졌다. 이에 대소왕의 아우가 잔여 세력을 수습하여 갈사부여曷思夫餘를 세웠지만, 이 또한 고구려 태조왕의 공격을 받고 멸망하였다고 한다. 그러나 동부여는 많은 소국이 연합하여 건설한 사회였으므로 그 주축 세력이 무너졌다고 해서 사회 전체가 해체된 것은 아니었다. 새로운 주축 세력이 나와 부여사회를 이끌며 중국과 교류하고 때로는 고구려와도 협력 관계를 형성하여 5세기 말까지 명맥을 유지하였다. 부여가 완전히 해체된 것은 고구려 문자명왕文咨明王(재위 492~519) 때의 일이다(494).

5. 고구려의 건국으로 북방사회가 재편되다

고구려의 건국

기원전 37년, 주몽이 고구려高句麗를 건국하였다. 주몽의 고구려 건국에 관해서는 여러 계통의 이야기가 전하는데 이를 종합해보면, 동부여의 왕도를 가까스로 벗어난 주몽이 졸본부여로 가서, 마침 미망인이 되어 있던 졸본의 왕비 소서노와 혼인하고 그녀와 협력하여 고구려를 건국했다는 내용으로 요약된다. 주몽은 졸본부여로 들어온 뒤 이곳을 거점으로 주변의 소국들을 차례로 통합해나갔고 그 결과 마침내 고구려를 건국한 것이었다.

그런데 '고구려'는 주몽이 나라를 세우기 아주 오래전부터 통용되어온 명호名號였다. 기원전 108년에 위만조선을 무너뜨린 한漢은 이 지역에 낙랑군, 진번군眞番郡, 임둔군臨屯郡을 설치하고 이듬해에 현도군玄菟郡을 추가로 설치하여 직접 통치에 들어갔는데, 이때 현도군의 속현으로 고구려현高句麗縣이 보이는 것이다. 따라서 '고구려'는 주몽이 세운 나라의 이름으로 쓰이기 전에 이미, 지명이나 종족명, 혹은 국명으로 일찍부터 사용되어온 명호였다고 하겠다.

'고구려'를 '고려高麗' 또는 '구려(句麗 · 駒麗)', '고례高禮' 등으로 표기하기도 한 사실로 미루어, 그 한자의 뜻과는 전혀 상관없이 이 말을 쓴 사람들이 이처럼 발음한 어떤 용어를 한자를 빌어 표기한 것이었음이 분명하다. 부여 건국 전에 있었다는 고리국槀離國의 '고리'도 같은 표기일 개연성이 높다. 기원후 12년인 유리명왕瑠璃明王 31년에 신新 왕조(8~23)의 왕망王莽이 고구려를 미워해 '하구려下句麗'로 부르게 했다고 전하는데, 이는 어디까지나 한자의 뜻을 가지고 희롱한 것일 뿐 '고구려' 본래의 의미와는 무관한 처사였던 셈이다. 고구려의 '고'를 '구려'를 꾸미는 관형사처럼 생각한 것은 왕망의 독단 혹은 무지의 소치에 불과하다. 같은 맥락에서, 고구려 말로 성城을 구루溝漊라고 했던 사실에 주목하고 고구려는 높고 큰 성을 뜻한 말이었으리라 짐작한 것도 올바른 추론이 아니라 하겠다. '고'를 그저 높다는 뜻의 관형사로 간주하면 안 된다.

'고구려'라는 용어의 뜻과 관련해서는 『삼국사기』의 「고구려본기」에 나오는 다음 기사를 눈여겨볼 필요가 있다. 유리명왕 31년에 왕망이 고구려 군사를 징발한 일이 있었는데, 마지못해 동원된 고구려군이 진영을 이탈해 도망하였다. 이에 요서대윤遼西大尹 전담田譚이 군사를 이끌고 고구려군을 추격하였으나 오히려 역공을 받아 죽고 말았다. 이 소식을 들은 왕망이 매우 화를 내어 엄우嚴尤(원래 이름은 장우莊尤)에게 군사를 내주고 고구려를 치게 하자 엄우는 아래와 같이 진언했다고 한다.

"맥인貊人이 법을 어겼지만 주군州郡에 명하시어 저들을 위로하고 안심시키심이 마땅하다 여겨집니다. 지금 큰 죄를 그들에게 씌우면, 마침내 반란을 일으킬까 걱정됩니다. (반란이 일어나면) 부여의 족속 중에 따르는 무리가 반드시 있을 것이니, 흉노를 아직 이기지 못하였는데 부여와 예맥이 다시 일어난다면 이는 큰 근심거리입니다."

그런데 여기서 고구려를 '예맥'이라고 부른 사실이 주목된다. 고구려가 예족과 맥족으로 이루어졌기 때문에 이렇게 부른 것일 수도 있고, '예맥'이라는 용어가 실제로 '고구려'의 다른 표기였기 때문에 이렇게 말한 것일 수도 있다.

몽골고원 오르혼orkhon강 기슭에 서 있는 옛 돌궐비에는 고구려가 'Bokli'로 표기되어 있다. 돌궐어에서는 B가 M의 음가를 가지므로 고구려를 '무크리'에 가까운 소리로 불렀음을 알 수 있는 자료이다. 돈황문서에는 고구려가 아예 '무구리畝久理'로 되어 있다. 그래서 많은 이들이 'Bokli'나 '무구리'는 '맥구려貊句麗'의 다른 표기이리라 짐작하고, '맥족이 세운 구려'라는 뜻으로 이렇게 부른 것이 아닐까 추정하고 있다. 그렇지만, '고구려'를 '맥구려'라 부르기도 했다면, 이는 '고'가 '맥'의 다른 표기임을 뜻하는 사례이기도 하다. 앞서 살펴보았듯이, '고高'는 높고 크다는 한자의 뜻과 전연 무관한 표기이다. 그런데 '고구려=맥구려'에서 보듯 '고'와 '맥'이 서로 통하는 글자라면, 나머지 '구려'는 '예濊'와 관련된 표기일 가능성이 있다. '구려'의 '려麗'는 당시의 한음漢音으로 '리예'로 발음되었다고 한다. 그렇다고 한다면, 돌궐비의 'Bokli'는 '뫽'과 '리 > 리예'의 합성어로서 '맥예'

의 표기라고 보아도 좋을 것이다. 맥구려에서 '맥'과 '구'는 동어 반복으로서, '맥ㅋ'+'려'의 음운 조합으로 이루어진 어형이 아닌가 짐작해볼 수 있다.

한편 『후한서後漢書』는 "구려句麗를 다른 이름으로는 맥이貊耳라고도 한다(句驪一名貊耳)."고 하였다. 그렇다면 여기서의 '맥이'도 '맥예貊濊'의 다른 표기일 수 있다. 이와 관련해 『한원翰苑』에는 그저 '맥'이라고만 되어 있으므로 '이'를 쓸데없이 들어간 군말로 봐야 옳다는 이도 있으나, 이렇게 생각하고 말 일이 아니다. '고구려'·'고려'·'구려'·'고리'는 모두 '맥'과 '예'의 합성어로서, 맥족과 예족이 함께 어울려 이룬 국가 혹은 정치체를 지칭한 용어일 가능성을 염두에 두고 생각해봐야 한다. 일본어에서는 '고려高麗'와 '맥貊'을 모두 '고마こま'라고 읽어 '고려'에 '맥'의 뜻만 있는 것처럼 간주하고 있는데, 이는 아마 예맥 연합세력이 일본열도로 이주하는 과정에서 모든 주도권이 맥족에게 넘어가 예족이 탈락한 사실과 관련이 있지 않나 여겨진다.

고구려현과 고구려

한은 기원전 75년에 현도군의 군치郡治를 옮겼다. '이맥夷貊'이 침범하였기 때문이라고 한다. 그 구체적인 사정을 정확히 파악하기 어려우나 앞뒤 사실의 맥락으로 보아, 여기서 '이맥'은 『후한서』의 '맥이'와 마찬가지로 예맥 곧 고구려를 지칭한 것으로서, '이맥'이 침범했다는 기술은 예맥이 전열을 정돈하여 한에 반기를 들기 시작한 사실을 전한 내용이라고 보아도 무리가 없을 것이다. 현도군에 속한 고구려현이 중심이 되어 독립운동을 일으킨 것이었겠다. 고구려현이 정확히 어디에 있었는지는 아직 분명하지 않다. 다만 위만조선 영역에 3개의 군을 설치한 이듬해에야 현도군을 뒤늦게 설치한 사실로 미루어, 그 속현인 고구려현은 위만조선의 통치 영역에서 일단 벗어나 있었을 것이다.

위만조선이 무너지고서 펼쳐진 기원전 1세기라는 시기는, 한漢 세력의 팽창과 예맥사회의 대항, 예맥계 여러 정치 세력의 이동 내지 부침과 그에 따른 대립·갈등, 급변하는 사회에 내재된 새롭고 무한한 가능성과 이를 추구하는 군웅群雄의 끊임없는 도전 및 모험, 그리고 엇갈리는 성패로 점철되던 시기였다. 그 속에 한에 의해 군현으로 편제된 구래舊來의 고구려사회도 있었다. 이 구舊고구려는 진국을 이루던 세력의 하나였으리라 짐작되고, 또 현도군의 고구려현으로 편제된 지역은 그 일부였으리라 짐작되지만 자료의 부족으로 확실한 사정을 알 수 없는 형편이다.

다만 분명한 것은, 구고구려가 진국에서 정국을 주도하던 중심 세력은 아니었다는 점과 중심 세력이 남하할 때 따라나서지 않고 잔류한 세력의 주축이었다는 점이다. 마한에서 고구려가 나왔다는 최치원의 파악을 잘 음미해보면, 구고구려 세력은 진국을 이룬 마한 세력의 일부였던 게 아닌가 여겨진다. 이들은 마한만이 아니라 진국 곧 삼한의 잔류 세력들을 수습하여 현도군의 한에 대항하기 시작한 것이었다. 한漢이 현도군의 군치를 옮긴 사실이 그 대항력의 급격한 성장을 말해준다. 훗날 당唐의 수도 낙양洛陽에서 발견된 고구려 유민 고자高慈(664~697)의 묘지명에, 고자를 '조선인朝鮮人'이라 지칭하고, 고구려의 영역을 '삼한三韓'이라 일컬은 사실에서 이와 같은 저간의 사정을 넉넉히 짐작할 수 있다.

그러나 한이 예맥 세력의 성장을 그저 좌시만 할 리 없었다. 한의 통제력은 갈수록 강화되고 있었고, 결국 예맥이 한의 통제력을 회피할 방도는 본거지를 떠나 다른 지역으로 이동하는 것 외에 달리 없게 되는 형국에 봉착하였다. 하지만 이미 잔류를 택한 예맥으로서는 뒤늦게 진국 주도 세력을 좇아 남하할 수는 없는 노릇이었다. 더 동쪽으로 이동해 부여 지역으로 들어가는 것 외에 다른 대안이 없었다. 부여의 중심부로 향해 북부여를 세운 해모수의 예濊 세력도 본디는 이들의 하나였다고 생각된다.

해모수의 이탈로 그 세력이 크게 위축된 예맥은 졸본부여를 향해 동진하였다. 그러나 졸본부여의 우태왕이 이들을 막아섰다. 졸본부여도 기본적으로는 예맥 통합 사회였지만, 이미 안정된 기존의 사회 질서를 무너뜨릴 새로운 세력의 대규모 유입을 반길 리 없는 노릇이었다. 구舊고구려를 중심으로 결집한 예맥 세력은 이러지도 저러지도 못하는 처지에 놓였다. 난국을 타개할 새로운 방도와 그 지도력의 대두가 불가피하고 시급하였다.

한편, 진국계 예맥 세력의 유입을 차단하며 견디고는 있지만 실제로는 크게 압박을 느낄 수밖에 없던 졸본부여의 처지도 딱하기는 마찬가지였다. 우태왕은 해부루왕의 서손庶孫임을 자칭하며 중앙과의 연대 강화를 통해 중흥을 도모하였으나, 전체 부여사회를 이끌던 중심 세력이 크게 위축되어 동쪽으로 이동해 동부여를 칭하기에 이른 마당에 이들의 지원을 기대하기는 사실상 어려운 일이었다. 졸본부여가 진국계 예맥의 진입을 끝까지 무력으로 막아낸다는 것은 난망한 일이었다. 졸본부여의 활로는 결국 유입하는 세력을 받아들여 이들을 포함한 새로운 예맥 통합 사회를 건설하는 방향에서 모색될 수밖에 없다는 현실 인식이 점차 설득력을 얻어갔다. 우태왕의 사망을 계기로 예맥 통합의 사회 분위기가 더욱 고조되었다. 이때 그 통합 사회 건설의 적임자로 부상한 이가 주몽이다.

주몽은 예족 해모수와 맥족 하백녀의 결합으로 탄생한 인물이라고 한다. 동부여의 금와왕金蛙王이 하백녀를 거두어주었으므로 주몽은 동부여의 왕실에서 다른 왕자들과 함께 성장하였다. 단군계의 부여 왕실은 예족의 혈통을 이었지만, 부여 정국의 주도권은 맥족에게 있었다. 다수의 예족이 해모수의 북부여 건설에 참여하거나 '예족만의 국가' 건설을 기치로 내걸고 동예로 빠져나갔기 때문에 부여의 정국이 자연히 맥족의 주도하에 놓이게 된 것이었다. 따라서 동부여 왕실에서 자라긴 하였지만, 정통 왕실의 혈통을 이은 것도 아닌, 북부여 예족 해모수의 아들 주몽이 온전히 용납되기는 곤란한 상황이었다. 주몽은 예씨禮氏와 혼인하였다고 하는데, 한자 표기가 달라도 예씨 역시 예족 계통의 여인이었을 것이다. 주몽은 결국, 맥족계로 경도된 정치 현실에 위기를 느끼고 동부여를 탈출하여 졸본부여 땅으로 들어갔다. 그런데 이때 남편이 죽고 홀로 지내던 우태왕의 왕비 소서노가 그와 손을 잡은 것이었다.

주몽은 천제天帝의 아들로서 태생 자체가 하늘로부터 왕으로 점지된 존재인 동시에 하백의 외손으로서 맥족의 혈통을 이은 존재이기도 했으므로, 예맥 연대와 화합을 상징하는 인물로 부상하였다. 게다가 그는 동부여의 핍박으로부터 탈출하였으므로, 구습과 낡은 질서에 대해 정면으로 대립 구도에 설 수밖에 없는 운명을 가진 존재로 인식되었다. 진국계의 예맥 세력뿐만 아니라 졸본부여의 지배층도 주몽의 등장을 크게 반겼다. 소서노가 주몽을 택한 것은 졸본부여의 활로를 열기 위한 최선의 선택이었던 셈이다.

주몽은 예맥 다섯 소국의 가加와 지배층을 포섭하여 고구려를 건국하고 왕위에 올랐다. 명실공히 새로운 고구려, 곧 예맥 통합 사회를 재건한 것이었다. 기원전 37년의 일이었다. 그리고 얼마 후 비류국沸流國의 송양왕松讓王 등 주변의 여러 세력이 주몽에게 복종해왔다.

3세기 말엽에 찬술된『삼국지』위서 동이전 고구려조에 의하면 지금은 계루부桂婁部가 고구려왕을 내고 있으나 예전에는 소노부消奴部에서 왕이 나오던 때가 있었다고 한다. 그래서 소노부의 적통대인嫡統大人이 고추가古鄒加라는 칭호를 얻었다는 것이다. 왕의 출신 부部가 소노부에서 계루부로 바뀐 시기에 대해서는 별다른 언급이 없어 정확한 사정을 알 수가 없다. 5대 모본왕이 죽고 6대 태조왕이 즉위하는 과정에서 이런 변화가 일어났다고 보는 견해도 있으나, 주몽이 고구려를 새로 세우는 과정에서 이미 계루부의 우세가 확정된 것으로 보는 게 사리에 맞지 않나 생각된다.

'태조'라는 왕호에 주목하여 이때 해씨解氏로부터 고씨高氏로의 왕성王姓 교체가 있었다고 보고 이에 입각하여 왕부王部의 교체를 상정하는 것이지만, 고구려의 왕성이 바뀌었다고 볼 근거는 분명하지 않다.『삼국사기』는 태조왕이 유리왕의 직계 손자라고 기록했다. 게다가 '해'는 혈연을 나타내는 성姓으로서가 아니라, 천신天神의 상징으로서 하늘의 뜻으로 왕위에 오른 자임을 드러내기 위해 쓰인 수식어일 개연성이 크다. 왕위에 올랐거나 왕위를 계승할 예정자만 해씨를 칭할 자격이 있었겠다고 여겨지는 것이다. 왕의 자제라도 왕위 계승

권역에서 완전히 배제된 자는 고씨를 칭한 것이 이 시대의 실상이었다. 태조왕부터는 국왕도 그냥 고씨를 칭할 뿐 더 이상 해씨를 칭하지 않게 되는데, 이는 왕의 혈통이 바뀌어서가 아니라 왕권이 안정되어 굳이 '하늘의 뜻'임을 내세워 꾸미지 않더라도 그 왕으로서의 권위가 조금도 손상되지 않는 단계에 진입했기 때문이다.

지금까지 고구려의 건국은, 압록강 혹은 동가강 유역의 토착적 혈연사회가 지역 중심의 촌락사회로 발전하고, 그런 촌락사회 몇몇이 연맹하여 소국을 형성하며, 그 소국이 주변의 소국들을 차례로 정복해가는 일련의 단계적 발전 과정을 통해 이루어졌다고 설명해왔다. 종족이 이동했다는 증거는 발견되지 않으며, 따라서 고구려의 성립은 산동반도 및 대릉하 유역의 동이사회나 문화와 무관하게 이루어진 일로 보는 게 옳다는 것이다. 그러나 이와 같은 설명은 요하 유역을 중심으로 광범하게 전개된 일련의 역사 과정을 외면한 것이라는 점에서 선뜻 동의하기 어렵다.

고구려의 개국 전설

고구려의 개국 전설은 현재 네 가지가 전한다. 첫째는 「동명왕편」의 주註로 전하는 『구삼국사』와 『삼국사기』 「고구려본기」, 『삼국유사』 고구려조의 이야기이고, 둘째는 광개토대왕릉비 및 『위서魏書』 고구려전의 이야기이며, 셋째 『삼국사기』 「백제본기」의 이야기와 넷째 『삼국유사』 북부여조의 이야기가 그것이다. 이들 전승은 기본 골격에선 다르지 않으나 구체적 내용 전개에서 약간의 차이가 보인다.

이 가운데 둘째 이야기에서는 해모수와 관련된 내용이 전혀 보이지 않고 다만 햇빛을 받아 임신하여 알 하나를 낳은 것으로만 되어 있는 점이 특징이다. 북부여와 동부여가 별개의 존재라는 인식도 보이지 않는다. 또 셋째 이야기에는 주몽이 북부여에서 도망해 졸본부여로 온 뒤 졸본 왕의 둘째 딸과 결혼하고, 얼마 후 왕이 죽자 그 왕위를 물려받은 것으로 나타난다. 한편 넷째 이야기에서는 북부여의 왕을 천제天帝인 해모수라 하고 그 아들을 부루라고 한 뒤, 해부루가 상제上帝의 명을 받아 도읍을 동부여로 옮겨 가고 동명제東明帝가 북부여를 이어 일어나 졸본주에 도읍을 정하고 졸본부여를 건설하니 그가 곧 고구려의 시조라고 하였다.

고구려의 개국 전설인 주몽 설화에서 도입부를 이루는 해모수와 하백녀의 결합은 단군 설화의 뼈대를 이루는 환웅과 웅녀의 결합과 매우 비슷한데, 이러한 결합 양식은 백제나 신라의 개국 전설에서는 발견할 수 없는 요소이다. 해모수계가 북부여 건설을 주도했던 예족이고, 하백녀계가 동부여의 정국을 이끈 맥족 집단이었다. 왕검 단군 당시와 별반 다를 것 없이, 예맥 통합 사회의 건설이 주몽시대의 역사적 과제였던 사실이 이와 같은 이야기 구성의 일치를 야기했을 것이다. 부여 시조인 왕검계 동명왕의 설화가 그대로 고구려의 건국 설화로 차용될 수 있었던 것은 바로 이런 맥락에서 가능한 일이었다.

주몽 설화는 갈등, 고난과 극복, 주술성呪術性, 문화성文化性 등 개국 전설이 갖는 극적 요소들을 고루 갖추었다. 먼저 갈등은 백제의 건국 설화에도 보이는 형제간의 갈등 형태이다. 주몽의 어머니인 유화를 금와왕이 거둠으로써 주몽과 금와왕의 태자들은 서로 형제가 되었기 때문이다. 주몽은 이 갈등을 피해 졸본부여 쪽으로 달아난 것으로 되어 있는데, 이는 비류·온조가 유리와의 갈등을 피해 남하했다는 백제의 건국 설화에도 그대로 반복되어 나타난다. 적자嫡子에 의한 왕위 계승이 원칙이고, 왕위 계승 후에는 형제가 군신君臣, 나아가서는 주종 관계로 재조정되게 되는 매우 엄격한 예맥사회의 정치적 규율성을 보여주는 내용이다.

고구려 초기의 왕위 계승에서는, 하늘의 뜻을 받아 최고의 권좌에 오른 국왕만이 '해'씨라 칭할 수 있었다. '해'는 하늘에 떠 있는 태양으로서 광명한 하늘의 유일한 주인[천제]이었다. 따라서 오직 국왕만 천제의 아들로 여겨진 것이었다. 왕의 형제라 할지라도 왕과 동렬同列에 서서 천제를 운위하는 것은 결코 용납되지 않았다. 마한 지역에서도 국읍國邑의 왕은 천군天君을 따로 두어 하늘에 제사 지냈다고 하는데, 역시 왕만이 갖는 특권이자 그 초월적인 위엄을 장식하는 의례의 한 형태였다. 이는 유이민과 토착족이 결합한 사회에서, 유이민 전체가 토착족에 대해 지배자적 위치에 서는 상황을 상정하는 것이 매우 무리한 일임을 의미한다. 천강설화天降說話가 유이민과 관련하여 성립한 것이 분명하다고 할지라도 유이민 모두가 그 설화의 수혜자일 수는 없는 구조였기 때문이다.

당시 사람들은 왕의 직자直子들 중에서도 대를 이어 왕위에 오를 자에 한하여 하늘의 권위가 발현된다고 인식하였다. 유리명왕이 동명성왕의 뒤를 잇게 된 것은 단지 아버지가 숨겨놓은 한쪽의 부러진 단검을 찾아 그의 적장자임을 증명한 데 따른 당연한 결과만은 아니었던 사실이 이를 말해준다. 동명성왕은 유리가 그의 친자식이라는 사실을 인정하고 나서도 그 위에 또다시 어떠한 신성神聖이 있는지 물었다고 전한다. 이에 유리는 공중을 날아 해를 맞추는 신성의 이적을 보였으며 그러자 비로소 그를 태자로 삼았다는 것이다. 해와 연계된 신성은 오로지 현재의 왕과 장차 왕위를 이을 태자만 표방할 수 있는 최고의 상징이었을 뿐이다. 이 점에서 '해'씨는 통상 일컫는 단순한 성씨가 아니었다.

주술의 요소는 해모수가 하백과 겨루는 대목, 주몽이 동부여에서 탈출하는 과정, 송양국을 복속시키는 과정 등에서 나타난다. 특히 위기에 처한 주몽 일행이 물고기와 자라 떼가 물 위로 떠올라 만든 다리를 이용해 엄체수淹滯水를 건너는 장면은 천지신명이 모두 그를 돕고 있음을 극적으로 드러낸 '주술적 탈주'와 '주술적 승리'의 형태를 뜻한다.

또 여기서는 변신 혹은 변형의 모티프도 확인할 수 있다. 하백이 잉어로 변하면 해모수가 수달이 되어 뒤를 쫓고, 하백이 사슴으로 변하면 해모수가 다시 늑대로 변신하였으며, 하백이 꿩으로 변하니 해모수는 또 매가 되어 추격하였다는 대목이 그것이다. 이는 『삼국유사』의 「가락국기駕洛國記」에서 수로왕이 탈해와 대결하는 장면에서도 재현되고 있다. 탈해가 변하여 매가 되니 수로왕은 독수리로 변하였고, 탈해가 다시 참새로 변화하자 수로왕은 즉시 새매가 되었다고 한다.

문화 면에서는 주몽의 어머니가 농업신의 성격을 띠고 있는 사실이 주목된다. 주몽이 남하할 적에 어머니[神母]가 오곡 종자를 가지고 가라고 싸주었으나 이별하는 슬픔에 보리 종자[麥子]를 잊고 떠나자 신모가 사자使者인 비둘기[鳩]로 하여금 주몽에게 가져다주도록 했다는 내용에서다. 여신과 비둘기가 등장하는 신화는 세계적으로 소맥小麥·대맥大麥을 경작하는 문화가 전파되는 것과 깊은 관계를 맺고 있다고 한다. 그래서 이는 인도 서북 지역 원산의 맥류麥類가 쟁기 농업[犁耕農業] 문화의 전파와 함께 확산된 사실을 반영한 설화로 해석되기도 하였다. 비둘기는 동방 사회에서 흔히 신모의 사자로 등장하는 새이다. 이와 비교되는 설화로『삼국유사』권5,「선도성모수희불사仙桃聖母隨喜佛事」에 보이는 이야기를 들 수 있는데, 여기서는 신모에게 서신을 전달하는 새가 솔개[鳶]로 되어 있다.

그러나 주몽 때에 비로소 보리농사나 쟁기 농업이 시작되었다고는 생각되지 않는다. 인류는 신석기시대 초기부터 보리를 재배하기 시작했기 때문이다. 이라크 동북 지역의 자그로스Zagros 산록 해발 800m 지점에 있는 자르모Jarmo 유적에서 탄화된 보리 이삭과 눌린 보리 흔적이 나왔는데, 야생종이 아니라 재배종이었고, 방사성탄소연대측정법으로 기원전 7천 년경의 것으로 판명되었다. 자료가 없어 입증할 수는 없으나,『주례周禮』,『예기禮記』,『관자管子』등에 오곡의 하나로 보리가 보이는 사실로 미루어 우리 조상이 보리를 재배하기 시작한 때도 기자조선 초기로 올려 보는 게 옳지 않을까 생각된다. 주몽 설화에 보이는 비둘기의 문화적 성격을 다시 생각해봐야 한다.

김부식金富軾(1075~1151)은 천제의 아들 해모수가 용 다섯 마리가 끄는 오룡거를 타고 내려와 하백의 딸인 유화柳花를 만나는 대목을 '괴력난신怪力亂神'의 일로 여겨『삼국사기』에 싣지 않았지만, 이규보는 이를 '환幻이 아닌 성聖이요, 귀鬼가 아닌 신神의 일'이라고 인식하여,「동명왕편」이라는 대서사시로 읊고『구삼국사』의 내용을 분주分註로 달아 전하였다. 이규보의 이런 인식과 자세는, 삼국의 개국 설화를 신성하고도 기이한 시조의 행적을 전하는 내용으로 파악한 『삼국유사』와 마찬가지로, 자신의 역사를 주체적 관점에서 이해하고 전통문화가 가진 잠재 능력을 신뢰하며, 이를 기반으로 현실의 과제를 타개해나가려는 의지와 자신감을 드러낸 것이었다.

6. 백제가 건국하자 마한사회가 요동치다

다양한 백제 건국 설화

기원전 18년, 한강 하류의 위례성에 도읍을 두고 백제百濟가 건국하였다. 한강 이북에 있던 마한 소국 대부분이 이남으로 이동하였으므로 한강 유역은 마한의 변방이 되어 있었다. 백제의 건국을 주도한 세력은, 고구려의 건국에 참여했다가 얼마 지나지 않아 갈라져 나온 졸본부여의 구 왕실 세력이었다고 전한다.

『삼국사기』에는 백제의 건국 과정과 관련해 서로 다른 두 가지의 설화가 소개되어 있다. 하나는 본문에 기록된 것이고 또 하나는 세주細註로 소개된 것인데, 전자는 백제의 시조를 온조로 기록한 반면, 후자는 비류가 시조라 하였다. 비류와 온조가 형제로 나타나는 것은 양자가 같다.

온조 중심의 개국 전설에서는 비류와 온조가 고구려 건국자인 아버지 주몽과 어머니 졸본 왕녀 사이에서 태어난 왕자로 되어 있다.

그런데 주몽이 북부여에서 낳은 아들이 아버지를 찾아와 태자가 되자, 태자에게 용납되지 못할 것을 우려한 두 사람이 함께 남하하여 형 비류는 미추홀에, 동생 온조는 하남 위례성에 각각 도읍하여 나라를 세웠다고 한다. 하지만 비류가 자리 잡은 미추홀은 습하고 짜서 편안히 살 수가 없었으므로 곧 자기 선택을 후회하고 죽자 온조가 그 세력을 통합하여 국호를 십제에서 백제로 고쳤다는 것이다.

한편 비류 중심 설화에서는, 비류와 온조가 북부여왕 해부루의 서손庶孫인 아버지 우태와 졸본 사람 연타발의 딸인 어머니 소서노 사이에서 태어난 것으로 되어 있다. 그런데 우태가 죽고 주몽이 졸본으로 망명해 오자 소서노는 주몽에게 개가하여 고구려의 건국을 도왔으며, 주몽이 부여에서 예씨와의 사이에서 낳은 아들인 유유孺留가 내려와 왕위를 계승하자 비류는 동생을 이끌고 남하하여 미추홀에 정착했다고 한다. 온조 중심 설화와 비교해볼 때 그 부모의 이름이 구체적이고 자세한 것은 후대의 윤색이 가해진 결과가 아닐까 생각된다.『삼국사기』가 온조 중심 설화를 본문에 서술한 것도 이렇게 생각한 결과일 것이다.

이 외에 백제 시조에 대해서는 구태설仇台說이 있다.『북사北史』와『수서隋書』에 전하는 내용인데, 동명의 후예인 구태가 대방帶方의 고지故地에 나라를 세우니 요동태수 공손탁公孫度이 딸을 보내 배필로 삼게 하였다고 한다.『주서周書』에도 백제는 부여의 별종別種으로서 구태가 세운 나라로 기록되어 있다. 이 설에 따르면 백제는 2세기로부터 3세기로의 전환기에 성립한 것이 된다. 공손탁이 후한 말기에 활동한 세력가이기 때문이다. 그는 동탁董卓(139~192)의 후원을 받아 요동태수遼東太守가 된 인물로 204년에 사망하였다. 이 시기에 해당하는 백제왕은 제5대 초고왕肖古王(재위 166~214)이며, 구태와 비슷한 이름을 가진 왕은 제8대 고이왕古爾王(재위 234~286)이다('태台'의 고음이 '이'이다). 구태설은 우리 측 기록의 내용과 서로 잘 정합整合하지 않는 셈이다. 그래서 구태설이 성립한 배경과 관련해서는 중국 측의 착오로 보는 견해가 유력하다. 120년에 사신使臣으로 후한後漢을 다녀온 일도 있고, 그 이듬해에 고구려가 현도군을 공격하자 병력 2만을 동원해 후한을 도운 부여 태자 위구태尉仇台라는 사람이 기록에 보이는데, 후대의 역사가가 그를 백제의 시조로 오인한 것 아닌가 하는 것이다.

초기 백제사를 둘러싼 견해들

그 개국 시조가 온조, 비류, 구태 등 여러 인물로 다르게 전하고, 첫 도읍이 미추홀과 위례성 등 두 계통으로 나뉘는 것은 백제사百濟史만의 특징이다. 그래서 도대체 그 실상이 어떠한 데서 이런 혼선이 초래되었는지를 둘러싸고, 중간에 왕통이 바뀐 데 그 원인이 있다거나, 백제가 국가로서의 면모를 크게 혁신하여 새로운 성격의 국가로 다시 태어났던 데서 온 특징이라는 등 여러 가지 추측이 제시되었다. 특히 한강 유역의 고고 발굴 결과, 기원 전후부터 3세기 무렵까지는 이 지역의 주 묘제가 토광목관묘土壙木棺墓로 나타나는 데 반해 3세기 중반부터는 고구려의 영향을 받은 기단식 적석묘基壇式積石墓로 바뀐다는 사실이 드러나면서, 3세기 무렵에 왕실의 교체가 있었을 개연성이 크다고 생각할 여지가 생기자 견해가 더욱 착종하는 경향을 띠었다. 무령왕릉武寧王陵의 발굴도 백제사 연구의 큰 전환점이었다. 이를 계기로『일본서기日本書紀』기사에 대한 신뢰도가 높아져 백제 관련 기사를 전면 재검토할 필요성이 제기되고, 백제와 일본의 관계가『삼국사기』기록에 나타나는 것보다 훨씬 더 밀접하고 복잡한 형태로 전개되었을 가능성이 부각되었다.

큰 맥락에서 보면 백제 초기의 역사를 이해하는 지금까지의 견해는 크게 두 가지로 나뉜다. 연속설連續說과 단절설斷絶說이 그것이다. 연속설은 북방에서 부여족이 남하하여 마한의 한 소국으로 백제를 세웠는데 이 백제가 성장과 발전을 순조롭게 지속했다고 파악하는 것이고, 단절설은 처음에 백제는 한인韓人 토착세력에 의해서 건국되었으나 뒤늦게 남쪽으로 이동해 온 부여족에 의해 왕권을 탈취당함으로써 새로운 백제로 탈바꿈하게 되었다고 보는 이해 형태이다.

백제에서 왕실이 교체되었음을 입증하는 근거로는 주 묘제가 적석총으로 바뀐 사실과, 제7대 사반왕沙伴王(재위 234~234)에서 제8대 고이왕으로의 왕위 계승이 석연치 않게 이루어진 사실을 주목한다. 시조부터 사반왕까지는 전왕前王의 왕자가 계속 왕위를 이은 것으로 되어 있는 반면, 나이가 어려 정사를 잘 돌보지 못한다는 이유로 사반왕을 폐위시키고 즉위한 고이왕은 사반왕의 종조부從祖父였던 것으로 나타나 계보상의 단층이 발견되기 때문이다.

이때 온조왕계 내부에서 왕계의 변화가 일어나 직계로부터 방계로 왕통王統이 바뀌었던 것인지, 온조계에서 비류계로 아예 왕실의 교체가 이루어졌던 것인지, 아니면 이때에야 온조계가 남하하여 기존의 토착세력이 건국한 백제의 정권을 탈취한 것인지 분명치 않으나, 백제에 무언가 중대한 변화가 일어났던 것만은 분명한 듯 보인다. 구태 시조설이 성립한 배경도 이와 무관하지 않을 것으로 짐작된다. 한편, 백제 왕실의 교체는 4세기 중반에도 일어나 제13대 근초고왕近肖古王(재위 346~375)이 즉위하면서 왕통이 다시 고이왕계로부터 온조왕계로 환원하였다고 보기도 한다.

초기 백제사 전개의 기본 방향

현재 우리 학계는, 산동 및 요서 지역에 살던 예맥족이 한반도로 이동해 들어와 삼국을 건설했다고 보는 견해를 부정적으로 여기는 경향이 매우 강하다. 삼국이 고대국가로 발전한 시기를 3세기 말 이후로 보고 사회발전단계설을 받아들였으므로 기원전 2세기 말에 붕괴된 고조선사회와의 관련을 가급적 부정하는 게 불가피했던 결과이다. 하지만 학계의 이런 경향을 따르는 데는 문제점이 적지 않으므로 편견이나 선입견 없이 관련 자료를 전면 재검토해볼 필요가 있다.

우선 기록에 나타나는 대로, 백제의 건국이 졸본부여계 세력에 의해 주도되었음은 사실이라 판단된다. 졸본부여는 앞서 살핀 대로 예맥 통합의 사회였는데, 백제 초기의 분묘나 성곽의 조성에서 두 계통의 기술이 섞여 나타나는 이유가 여기 있을 것이다. 이를테면 토광목관묘 등과 같이 흙으로 능묘를 조성하거나 풍납토성·몽촌토성 등과 같이 성분이 다른 흙을 시루떡처럼 켜켜이 쌓아 다져 올리는 판축기법版築技法으로 성을 쌓는 기술은 주로 예족에 의해 발전된 것이고, 석촌동 3·4호분처럼 돌을 기단처럼 쌓아 조성하거나 방이동

고분군에서 보는 것 같은 굴식 돌방무덤, 그리고 돌로 성을 쌓는 기술은 맥족에 의해 발전된 것으로 보인다.

기록은 비류와 온조가 유리왕의 집권을 계기로 자신의 본거지인 졸본을 떠났다고 한다. 같은 예맥 통합의 세력이었지만 토착의 졸본계 세력이 진국계 및 동부여계의 외래 유입세력에게 정치적 주도권을 빼앗긴 결과였다. 유리의 어머니가 예씨였다는 것도 동부여계 예족 세력이 계속 고구려로 유입하고 있던 사정을 전해주는 일면이라 하겠다. 고구려 건국 초기에 예족과 맥족, 토착세력과 유입세력 간에 복잡하고 팽팽한 대립 관계가 형성되었고, 졸본계의 토착세력은 그 설 자리를 점차 잃어갔던 것이다.

본거지를 떠나 한강 유역까지 내려온 비류와 온조는 미추홀과 위례로 세력이 나뉘었다. 이는 이들이 뒤늦게 남하한 유이민 세력이었음을 단적으로 확인시켜 주는 사실이다. 웬만한 지역은 이미 선주 토착세력이 점거하였으므로 뒤늦게 내려온 세력은 함께 거주할 넓은 공지를 구하기 어려웠을 터이다. 비류가 사람이 살기 어려운 땅

사진 12 판축기법으로 성을 쌓은 몽촌토성

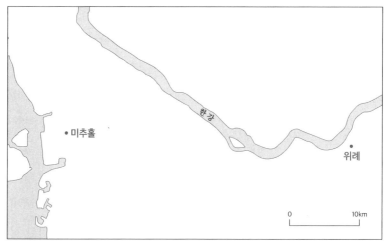

지도 10 한강 유역의 미추홀과 위례성 위치

에 들어간 것도 이 때문이겠다. 결국, 비류와 온조가 대규모의 졸본부여 세력을 이끌고 남하한 것은 요하 유역에서 시작된 고조선 유민의 파상적 이동과 그에 따른 사회변동의 여파였던 셈이다. 그러므로 백제는 물론 신라와 고구려 등 삼국의 형성 과정은 고조선사회의 계기적 발전 과정이라는 맥락에서 정리되어야 할 과제라 하겠다.

비류와 온조가 주도권 경쟁을 벌였던 것으로 보이나 국명은 둘 다 백제였다. 같은 나라 사람들이 서로 떨어져 다른 나라 사람들과 잡거하는 형세를 보인 셈이다. 비류가 자살로 생을 마감한 게 사실이라 하더라도, 그렇다고 비류 세력이 소멸한 것은 아니었다. 온조가 주도하는 백제의 중앙권력에 국인國人으로서 당당히 참여했을 것이고, 목지국의 마한왕을 둘러싼 정책 결정 구조에도 적극 참여했을 개연성이 크다.

그리고 또 유의할 점은, 백제가 설령 예족 중심으로 출발했다고 해도 그 주변의 세력은 모두 마한의 예맥 연합세력이었다는 사실이다. 한족韓族이 따로 존재한 게 아니라, 예맥사회의 수장들이 연합하여 형성한 3개의 정치체를 한韓이라 부른 것이었을 뿐이다. 진국은 이들 삼한이 이룬 상위의 국가였다. 따라서 백제가 발전하여 주변의 다른 여러 나라를 포용하게 되었을 때도 예족의 독주는 애초에 불가능한 구도였다. 3~4세기에 백제사회에서 일어난 문화변동은 굳이 왕실의 교체를 상정하지 않더라도, 국왕의 모계 혹은 비계妃系의 성격 변화만으로도 충분히 가능한 정황이었던 셈이다. 백제의 왕성王姓이 마지막까지 '부여扶餘' 씨로 그대로 유지된 사실도 간과해서는 안 될 일이다. 다만 백제가 일본과 매우 친밀한 관계를 유지한 점에 유의할 때, 그 성씨가 반드시 생물학적 혈연관계에 의해서만 계승된 것은 아닐 가능성도 검토해볼 여지가 있다. 계약契約이나 의제擬制에 의한 입양-양자제도의 존재 등 다양한 상속-계승 관계를 시야에 두고 살펴봐야 한다.

백제는 한강 유역을 무대로 그 세력을 확장해나간 끝에 궁극적으로 마한 전역을 장악하기에 이르렀다는 것이 역사의 큰 흐름이다. 그리고 이 과정은 꼭 군사력을 동반한 정복을 통해서만 이루어진 일이 아니었다. 이는 많은 세력이 그 본거지에 대한 지배력을 대체로 유지한 채 백제의 중앙권력에 참여하였음을 의미한다. 삼국 중 백제의 지배층이 가장 봉건적 성격을 띠는 이유가 여기에 있다.

백제 초기사와 관련된 자료만 특히 적은 것은 아니지만, 그 진위를 가리기 어려워 적극 활용하기 곤란한 경우나 여러 갈래의 기록이 착종하는 경우가 많아 그 실상이 잘 드러나지 않고 있다. 확실한 근거 없이 진위를 가리는 데 주력하기보다 그런 자료가 생성된 과정을 이해하고, 인접 학문의 과학적 방법론을 원용하거나 역사의 흐름과 맥락에 대한 세계사적 전망을 통해 그와 관련된 방증 자료를 더 모으고 분석하는 데 힘쓸 필요가 있다.

백제의 성장과 마한

초기 백제사를 이해하는 데 가장 장애가 된 요인은 『삼국지』한전의 서술 내용과 『삼국사기』의 그것이 큰 격차를 보이는 점이었다. 『삼국지』는 진수의 저술이므로 한전의 내용은 대략 3세기 후반의 상황을 전한 것이라 여겨지는데, 이에 따르면 백제는 마한 54개국 중 하나에 불과할 뿐이다. 그런데 이와 같은 사회상은, 백제가 기원전 18년에 건국하여 3세기 후반엔 소백산맥 언저리에서 신라와 충돌할 정도로 영토를 확장했고, 16품의 관등제官等制와 공복제公服制 등 국가체제를 정비함으로써 삼국의 하나로서 그 국가적 면모를 일신했다는 『삼국사기』 기록과 사뭇 다른 모습이었던 것이다.

　여기서 어느 쪽 기록이 맞느냐는 양자택일의 인식이 일어났고, 당대의 기록이라 할 수 있는 『삼국지』를 신뢰하는 게 옳지 않겠느냐는 견해가 지지를 얻었으며, 그에 상응하여 『삼국사기』 기술은 믿지 못할 내용으로 단정되었다. 일각에서, 『삼국지』는 진수가 한반도를 직접 돌아보고 지은 것이 아니라 앞선 저술이나 전문을 참고하여 기술한 내용이고, 또 그 전거가 된 저술이 어느 시기의 사실을 기록한 것인지도 분명치 않으므로 무조건 신뢰하는 태도는 바람직하지 않다는 지적이 있었지만 주목받지 못했다. 『삼국지』가 3세기 후반의 저술이라 해서 그 내용이 모두 당시 상황을 전한 것이라고 여겨서는 곤란하다는 지적이었지만, 그렇다고 해서 12세기 중반의 저술을 믿는 게 옳겠느냐는 반박이 나오자 논의를 더 진전시키지 못하고 주저 앉고 만 것이었다. 그러나 『삼국사기』가 그저 꾸며낸 이야기가 아니라 전대의 사서를 전거로 '술이부작述而不作(옛 기록에 입각해 서술할 뿐 없는 얘기를 지어내지 않음)'한 사서라고 본다면, 후대의 저술이라 해서 무조건 믿지 못하겠다는 태도도 문제인 것은 마찬가지라 할 것이다.

역사의 진실은 기록과 유물 등 자료를 통해 밝힐 수밖에 없다. 그렇지만 거꾸로 기록의 신뢰성 역시, 역사 사실의 전개와 맥락을 토대로 가늠될 수밖에 없다. 특히 내용이 서로 상반되는 듯 보이는 두 개의 기록이 있을 경우, 그중 어느 쪽이 진실을 전하고 있는가는 실제 역사의 전반적인 흐름 위에서 판단되어야 할 문제이다. 그리고 서술 내용이 서로 달라진 이유에 대해서도 능히 설명할 수 있는 단계에 이르러서야 비로소 그 신뢰성 여부를 자신 있게 논할 수 있을 것이다. 기원을 전후한 시점에 한강 유역에서 실제로 어떠한 일이 일어나고 있었던 것인지는 『삼국지』와 『삼국사기』 중 어느 한쪽의 서술을 택함으로써 밝혀질 문제가 아니라, 고조선사회의 해체에서 삼국의 성립에 이르는 역사 과정을 전면적으로 설명하는 과정에서 저절로 드러날 문제인 것이다. 두 사서의 신뢰성 여부도 그 결과로서 자명해질 터이다. 다시 되짚어보자.

기원전 18년에 백제가 건국하였다. 건국의 주체는 졸본부여로부터 남하한 세력이었다. 처음에 '십제'라 칭했다가 나중에 국호를 '백제'로 바꿨다는 기록이 있으나, 이는 '백百'이라는 숫자에서 유추된 자의적 설명일 뿐 사실과는 거리가 있는 내용이라고 판단된다. 시조의 이름이 '온조'인 사실에서 그 국호는 처음부터 '백제'였을 개연성이 크다고 여겨지기 때문이다. '백'은 우리말로 '온'이며, '온'은 단지 100이라는 숫자가 아니라 '전체 모두', '완전한 전부'를 뜻하는 말이기도 하다. 새 나라를 세우고 그 국호를 정할 때 시조의 이름이 온조인 사실도 일정하게 참작되었고, 당시의 예맥사회에서 '온'이라는 말을 실제로 이런 뜻으로 사용하고 있었으리라는 짐작되는 것이다. '백제'라는 국호에는 '새로 세운 이 나라가 예맥사회 전체의 구심점이 됨으로써 모든 소국이 이 안에서 가지런히 함께 발전할 것'이라는 정치적 표방과 포부가 담겨 있었던 셈이다.

졸본부여에서 내려온 세력, 그것도 둘로 나뉘어 위례와 미추홀로 갈라진 세력이 신생의 국가를 세우고 감히 '백제'라 칭할 수 있었던 데는 그만한 이유가 있었을 터이다. 어떠한 일들이 벌어지고 있었던 것인지 당시 한강 유역의 정세를 시야에 두고 이해할 필요가 있다. 마한의 외곽을 이루던 이 지역의 여러 소국은, 그 말기로 접어들어 더욱 강화되고 있던 한의 기미정책에 당면하여 난국을 타개할 방도를 찾고 있었다. 한이 기자조선 옛 땅에 설치한 요동군과 위만조선을 점령하고 설치한 낙랑군은 그 군에 포함된 지역뿐 아니라 그 주변의 여러 세력을 통제하고 견제함으로써 이들을 통합해내는 강력한 구심력이 성장하지 못하도록 막고 있었는데, 이런 기미羈縻의 움직임은 중앙의 통제력이 약해질수록 더 강화되는 경향이 있었다. 중앙의 세력 다툼에서 밀려난 유력자들이 이들 군郡의 태수太守로 부임하였는데, 이들은 중앙의 통제력이 약화된 틈을 타 주변의 세력들을 멋대로 수탈함으로써 막대한 경제력을 쌓아 이를 기반으로 중앙 정계로 복귀하고자 힘썼기 때문이다.

그런데 진한이 신라로 재편되어 독자적 발전을 꾀하면서 목지국 [月支國] 진왕의 지도력에 적잖은 타격이 가해지자, 구심력을 잃은 마한 변방의 소국들은 지역별로 각기 따로 결집하여 난국을 타개할 방도를 나름대로 모색할 수밖에 없었다. 특히 한 군현의 압력에 직면한 한강 유역의 소국들은 처지가 더욱 급박하였다. 그러나 이들 마한 소국 역시 본거지를 잃고 남하한 지 그리 오래되지 않은 세력이었던데다가 그동안 서로 세력 균형을 간신히 유지하면서 전통의 질서에 순응해왔기 때문에, 특정 세력을 중심으로 재편된 새로운 구도의 필요성을 절감하면서도 그 판을 짜기가 쉽지 않았다. 이런 상황에서 졸본부여로부터 온조와 비류를 중심으로 한 대규모 세력이 남하한 것이었다. 따라서 온조를 중심으로 한 세력이 새 나라를 세워나가는 움직임은 한강 유역의 여러 소국에게 강력한 지역 편제가 출현하였음을 시사하는 계기로 작용하기에 충분하였다. 적잖은 소국들이 백제의 건설에 동참하였고, 이에 '백제'라는 국호는 명실상부한 이름이 되었다.

백제의 국가적 발전 과정이 어떠했는지는 그 왕을 부른 호칭에서 대략 알 수 있다. 『주서』·『북사』 등에 따르면 백제 사람들은 그 왕을 '건길지'라 불렀다고 한다. 그런데 『일본서기』는 백제의 '대왕大王'을 '고니키시こにきし'라 읽고 있다. '고니키시'는 '건길지'를 당시 발음으로 읽은 것이라 여겨진다. 여기서, '키시'는 신라의 '거서居西', 고구려의 '개차皆次' 등과 함께 칸(간·가)들의 왕을 뜻하는 '기자箕子'의 다른 표기이다. 그리고 '고니'는 '대大'에 대응하는 말이니, 우리말 '큰'의 옛 음임이 분명하다. 백제의 국왕을 '큰 기자'라고 불렀던 셈이다. 이는 '(작은) 기자'들이 여럿인 상황에서 이들을 모두 제압하고

우뚝 선 '큰 기자'가 나왔던 것이고, 그가 바로 백제의 국왕이었음을 일러주는 사실이다.

목지국의 진왕을 중심으로 한 진국체제가 힘을 잃어가면서 마한 각지에서 자기들끼리 연합해 독자의 '기자'를 옹립하여 각자도생을 모색하는 소국들이 여럿 생겼다. 백제 또한 처음엔 그중 하나로서, 한강 유역 소국들이 결합하여 건국한 연맹국가였다.『삼국지』는, 마한 소국의 수장이 세력이 강대한 경우엔 신지를, 그 다음이면 읍차를 칭한다면서 그중에는 '우호優呼'를 더해서 부르는 신지도 있다 하면서 그 예를 다음과 같이 들었다.

> 신지에게는 간혹 우대하는 호칭인 신운견지보안사축지분臣雲
> 遣支報安邪踧支濆, 신이아불예구사진지렴臣離兒不例拘邪秦支廉의 칭
> 호를 더하기도 한다.

복수의 국명을 나열한 형태의 우호였던 것인데, 이 나라들이 연맹하여 세운 국가의 수장을 신지라 불렀기 때문이겠다. 이들 신지가 곧 '길지'였던 셈이다. 진수의 서체를 볼 수 있는『삼국지』원전이 오늘날 전하지 않아 단언할 수 없지만, 원문에는 본래 '길吉'로 쓰여 있었던 글자가 긴 세월을 지나며 훼손된 데다 진수의 필체가 원래 그러하기도 하여, 이를 목판에 새기는 장인이 '길吉'과 자형이 비슷한 '신臣'으로 잘못 읽고 새긴 것일 가능성도 없지 않다고 생각된다.

많은 경우엔 십 수, 적은 경우엔 두엇의 소국이 이룬 연맹국가가 여기저기 난립하게 되었고, 그 수장이 각기 '기자'를 칭하는 상황이 전개되었으며, 그중 하나였던 백제가 점차 마한 지역 전체를 석권하

는 세력으로 성장하여 '큰 기자'의 칭호를 얻게 된 것이었다. 대략 4세기 근초고왕 때의 일이었을 것이다.

백제의 왕호가 '건길지'인 사실을 토대로 유추할 수 있는 그 국가적 발전의 윤곽은 대략 이러하지만, 구체적인 과정에 대한 이해가 아직 미진한 상태이다. 지금까지 백제 왕실의 교체, 국가체제 정비 과정 등에 대해 적잖은 연구가 이루어졌으나, 가설의 수준을 벗어났다고 말하기는 아직 곤란하다. 백제와 마한·변한, 그리고 일본과의 관계가 제대로 밝혀지지 않았고, 백제와 긴밀한 관계에 있었던 것으로 나타나는 '임나일본부'의 실체도 여전히 미궁 속에 있다. 백제의 국가 성립과 발전 과정에 대해 더 많은 실증적 연구와 편견 없는 관심이 필요하다.

7. 삼한에 자극받은 토착세력이 여섯 가야를 건설하다

가야의 기원

가야의 대체적인 역사가 『삼국유사』 기이편 말미에 덧붙여진 「가락국기」로 남아 전한다. 「가락국기」는 고려 초기에 금관지주사金官知州事를 지낸 어떤 문인文人이 자기 부임지의 역사가 사라져가는 것을 안타깝게 여겨 편찬했다는 사서이다. 그러나 지금은 그 원전은 없어지고, 일연이 『삼국유사』를 지을 때 참고한 후 그것을 간추려서 거의 연표나 다름없이 만들어놓은 것이 전할 뿐이다. 내용이 워낙 소략한데다 설화적인 윤색마저 심하여 이로써 가야사의 진상을 파악하는 데는 한계가 있다. 이를 통해 기껏, 가락국이 기원후 42년에 수로首露에 의해 개창된 사실과 내막을 대략 알 수 있는, 그 정도이다.

아홉 칸(干)과 마을 사람들이 구지봉龜旨峰에 모여 노래를 부르니 하늘로부터 자주색 줄이 내려와 땅에 닿았는데 그 줄 끝을 찾아보니 붉은 단이 붙은 보자기에 금합金盒이 싸여 있었고, 이 속에서 황금색

사진 13 아홉 칸과 마을 사람들이 모여 노래를 부른 김해 구지봉 전경

알 여섯 개가 나왔다고 한다. 이것이 각각 어린이로 변했고, 이들은
십수 일 만에 키가 9척으로 자라 여섯 가야국의 왕이 되었다는 것이
다. 그중 가장 먼저 태어난 이가 수로로서 그가 곧 대가야의 임금이
라는 게 「가락국기」의 설명이다. 「가락국기」에는 수로가 등장하는
과정과 아유타국 공주를 배필로 맞는 과정, 수로왕이 도읍을 정하고
국가체제를 정비하는 과정이 비교적 자세히 서술되어 있다.

　「가락국기」를 보면, 천지가 개벽한 후로 이 지방에는 아직 나라
이름도, 왕과 신하의 칭호도 없이 아홉 칸(干)이 백성을 통솔하다가
하늘로부터 내려온 수로왕을 맞아 나라를 세우게 된 것으로 되어 있
다. 가락국은 이 지역에서 아홉 개의 촌락을 이루고 살던 토착세력
이 천강天降으로 상징된 유이민 수장 여섯을 맞아 이들을 각기 왕으
로 받들고 세운 나라라는 것이다. 여기서 칸에 대해서는 추장이라는
설명이 부가되어 있다. 9개의 추장사회가 6개의 소국으로 재편되어
6가야를 이뤘다는 이야기인 셈이다. 그러면서 6가야를 모두 '가락
국'이라는 범주로 묶음으로써, 6개국이 각각 별개의 나라이면서 동

시에 하나의 정치체이기도 했던, 말하자면 삼한과 같은 이원적 이중 용립구조의 국가체였음을 전하였다.

가야가 실제로 이랬다는 것은 『일본서기』를 통해서도 확인된다. 이에 따르면, "통틀어 말할 때는 '임나任那'라고 하지만, 따로 일컬을 때는 가라국加羅國·안라국安羅國·사이기국斯二岐國·다라국多羅國·졸마국卒麻國·고차국古嗟國·자타국子他國·산반하국散半下國·걸찬국乞湌國·임례국稔禮國으로 모두 10국이 있다."고 하였다(『일본서기』 권19, 긴메이천황[欽明天皇] 23년 춘정월 조의 주注). 나라의 수가 「가락국기」와 다르지만, 개별 국가인 동시에 이들 전체를 하나의 단위로 파악하기도 한다고 한 점에서 같은 맥락의 서술이다. 다만 여기서는 '가야'를 '임나'라고 불렀을 뿐이다.

'가라국(가야)'은 10국 중 한 나라의 이름으로 쓰이기도 하고, 아홉 칸이 각기 다스리는 나머지 9국과 달리 10국 전체를 지칭할 때 쓰인 용어이기도 하다. 이런 상황에서 가야와 임나가 서로 바꿔 쓸 수 있는 말이었다면, '임나'는 곧 '가라국'의 통치력이 미치는 영역 전체를 통틀어 일컫거나 그 통치권 자체를 지칭한 말일 개연성이 크다. '임나'는 가야 전체에 대한 통치력과 연관된 용어로서, '임나가야'는 '임나로서 구실하는 중심국

사진 14 파사탑. 수로왕비 허황후가 서역의 아유타국에서 싣고 온 탑으로, 뒤편에 수로왕릉이 보인다.

으로서의 가야' 또는 '임나에 대해 통치권을 쥐고 있는 중심 가야국' 이라는 의미였던 게 아닌가 하는 것이다. '임나'를 성립시킨 가야 소국 전체를 '임나'라 부르기도 하고, 그 '임나'를 장악하고 '임나'로서 기능하는 소국도 '임나'라고 부른 것인 셈이다.

『일본서기』의 기록을 「가락국기」의 9칸과 결부시켜 유추해보면, 가야를 구성한 나라는 처음에 9~10국이었다가 점차 6국으로 축소·정리되어 나갔던 것으로 보인다. 이런 추세 위에서 생각하면, 가야에 대한 통치권을 지닌 '임나'는 시기에 따라 변화하여 처음엔 금관국이 '임나'였다가 안라安羅가 임나가 되고, 다시 대가야가 임나로 기능하게 되는 곡절을 겪었으며, 각 시기마다 당대의 '임나'에 속한 소국의 수에도 변동이 있어 기록에 따라 이렇게 서로 다르게 나타나게 된 것이었으리라 판단하는 게 옳을 것이다.

한편, 『신증동국여지승람』 경상도 고령현高靈縣 조에 인용된 최치원崔致遠의 『석리정전釋利貞傳』에도 가야의 시조 설화가 실려 전해진다. 다만 여기서는 가야산신伽倻山神인 정견모주正見母主가 천신天神인 이비가지夷毗訶之에게 감응되어 대가야의 왕 뇌질주일惱窒朱日과 금관가야의 왕 뇌질청예惱窒靑裔를 낳은 것으로 되어 있는데, 가야산신은 토착세력, 천신은 이주해 온 유이민 세력의 은유임이 분명하다. 뇌질주일은 이진아시왕伊珍阿豉王의 별칭이고, 뇌질청예는 수로왕首露王의 별칭이라고 한다. 『삼국사기』에는 이진아시왕이 고령高靈 대가야국의 시조로, 수로왕이 김해金海 금관국의 시조로 되어 있다. 낙동강 유역을 비롯한 경남 해안 지대에서는 기원전 1세기 초부터 한반도 서북부의 세형동검 문화 및 철기문화가 그와 관련된 토기를 동반하고 나타나, 실제로 이 무렵에 적잖은 유이민이 한반도 남부로까지 유입되고 있었던 사정을 전해준다.

　가락(駕洛·伽落), 가라加羅, 가야(伽倻·加耶·伽耶)는 표기가 다를 뿐
모두 같은 말이다. 그 어원과 관련해서는, (1) 변한의 '변弁'이 고깔을
뜻하는 데 주목하여 관리가 쓰는 고깔 모양의 모자를 뜻하는 '가나駕
那'에서 왔다는 설, (2) 일본어에서 '한韓'과 '신神'이 모두 '간かん'이란
음가音價를 지녔고, 또 고대 일본인들이 가야를 '신의 나라[神國]'로
여긴 사실로 미루어 '간나라'에서 왔으리라는 설, (3) 가야가 한반
도 남단의 해변에 있었기 때문에 '갓나라[邊國]'로 불린 데서 유래했
으리라는 설, (4) 가야에 속한 여러 나라가 낙동강 지류의 여러 갈래
에 각기 자리 잡은 데서, 강을 뜻하는 'ㄱ롬' 내지 갈래[分岐]를 뜻하
는 '가르'로부터 유래한 이름일 것이라는 설, (5) '성城'을 뜻하는 맥
족의 용어인 '구루溝婁'로부터 유래했다는 설, (6) 우리 말 '겨레[姓,
一族]'의 기원으로서, 같은 뜻을 가진 알타이어 '사라Xala'에서 온 말
로, '사라'가 '가라Kala' → '가야Kaya' → '캬레Kya+re' → '겨레Kyeore'
로 변화하는 과정에서 생긴 이름이라는 설 등이 제시되었다. 그러나
모두 가설로, 좀더 궁구해야 한다.

토착사회의 가야 형성과 이주민인 변진

가야는 중국 사서의 동이전에 보이는 변진 또는 변한의 다른 이름이
거나 후신이라는 게 지금까지 일반화되어온 인식이다. 그러나 변진
과 가야 사이의 관계를 확정적으로 보여주는 자료가 딱히 있는 것은
아니다. 한백겸韓百謙(1552~1615)이 『동국지리지東國地理志』에서 마

한·진한·변한이 각각 백제·신라·가야로 발전하였다고 기술한 이후에 변한이 곧 가야라는 인식이 점차 널리 확산된 것일 뿐이다. 하지만 한백겸이 이렇게 단정하게 된 근거가 무엇인지는 분명하지 않으며, 이를 입증하거나 확신할 만한 어떤 자료도 확인된 바 없다. 오히려 한백겸 이전의 역사 인식에서 가야는 우리 역사의 본류로 인식되지 않았다.

일연이 『삼국유사』에서 가야의 역사를 삼국의 역사와 구분하고 「가락국기」를 간추려 따로 전한 것은 가야의 역사가 삼국의 역사와 직접적으로는 무관하다고 생각했기 때문이다. 그리고 이에 앞서 김부식 역시 『삼국사기』를 편찬하면서 가야사를 외면한 바 있다. 신라가 가야를 병합한 이후엔 그 역사를 신라사의 일부로 봐야겠지만, 그 이전의 역사는 삼국사와 무관하다는 게 그의 인식이었다. 혁거세거서간 19년(기원전 39)에 변한이 나라를 들어 항복해왔다고 하여 변한은 이때 이미 소멸한 것으로 알았을 정도이니, 김부식이 변한과 가야를 별개의 실체로 본 것이 분명하다. 그렇다고 변한이 가야로 발전한 것이었다는 인식을 보인 것도 아니었다. 더구나 통일신라 말기의 최치원 같은 이는, 진한에서 신라가, 마한에서 고구려가, 변한에서 백제가 나왔다고 하여 삼한과 삼국을 직결시키면서 가야를 아예 언급조차 하지 않았다. 한백겸 이전에 변한으로부터 가야로의 전환 구도를 언급한 이는 아직 찾아지지 않는다. 삼한이 삼국으로 발전한 것이 우리 역사의 본류이며, 가야의 역사는 이 본류와 직접적으론 무관하였다가, 6세기 중엽에 금관가야와 대가야가 차례로 신라에 병합되면서 비로소 우리 역사로 편입되었다는 것이 전통적 역사 인식이었던 것이다.

그럼에도 불구하고 변진이 곧 가야이거나 그 전신이며, 변진은 한반도 남해 연안에 있었다는 생각이 널리 퍼졌다. 충청·전라 지역을 마한으로, 경상도 일원을 진한으로, 섬진강 하류로부터 낙동강 하류에 걸친 남해 지역 일대를 변한으로 나누고 3색으로 칠한 중·고등학교 교과서의 지도가 이런 인식을 토대로 그려졌고, 또 이런 인식을 재생산하여 더욱 확산시키는 데 기여했다.

그러나『삼국지』위서 동이전의 한전에는 진한 12국과 변진 12국이 서로 '잡거', 곧 '섞여 산다'고 되어 있다. 지역으로 구분되던 게 아니라는 얘기다. 그러면서 '변진'에 속한 나라와 그렇지 않은 나라를 따로 구분하지 않고 뒤섞어 소개하였는데, 이는 지금의 영남 지역에 서로 섞여 혼재하던 진한 및 변진의 24국을 일정한 방향으로 차례로 열거한 결과였음이 거의 분명하다. 변진과 진한의 무질서한 '잡거'는 부인할 수 없는 역사적 사실인 것이다. 그리고 변진 여러 나라의 정확한 위치가 모두 석연히 밝혀진 것도 아니다. 삼한을 3색으

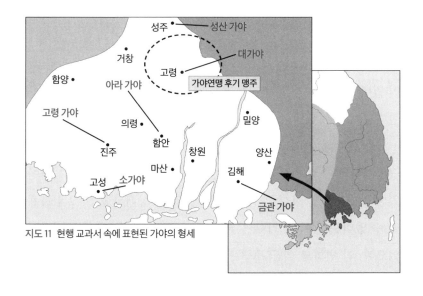

지도 11 현행 교과서 속에 표현된 가야의 형세

로 명확히 구분하고 이 중 변진을 가야와 동일시한 기존 교과서의 지도는, 기록과 전혀 달리 영역을 세 구획으로 단순화하여 그려본 상상의 도면일 뿐이라 하겠다.

낙동강 서쪽 지역에 가야가 있었다고 여기는 게 일반이지만, 경상북도 상주시 합창읍에는 가야 왕과 왕비의 능묘라고 전하는 대형 고분이 지금까지 남아 전해진다. 상주는 진한의 사벌국沙伐國(사량벌국沙梁伐國이라고도 한다)이 있었던 곳인데 바로 그 옆에 가야의 일국一國이 있었다는 것이다. 이렇게 어우러진 내막을 정확히 알 수는 없으나, 그렇다고 이 전승을 착오라고 단언할 어떤 근거도 우리는 갖고 있지 않다. 변진과 진한의 '잡거'가 사실임을 보여주는 실례實例라고 보는 게 합리적 판단일 것이다.

기록이 전하는 한, 가야는 토착세력이 중심이 되어 형성한 정치체였다. 유이민 세력이 흘러들면서 이 정치체에 대변혁의 획기적 전기가 마련되어 기존 질서가 전면 재편되기에 이르렀다는 게 기록의 요지인 것이다. 따라서 가야의 실체에 다가가기 위해서는 무엇보다, 삼한 세력이 유입하기 전에 한반도 남부 지역에 포진해 있던 토착세력의 실태부터 밝히는 게 순서이다. 이 토착세력에 대한 아무런 고려 없이 삼한의 하나인 변진을 무조건 가야로 단정하고 논의를 시작한다면 이는 비약임이 분명하다.

그런 연후에, 토착 가야사회의 재편을 이끈 유이민 세력의 실체를 규명해야 한다. 여기서 우선 분명한 것은, 설사 그것이 변진계 세력이었다고 해도 3세기 『삼국지』에 보이는, '잡거' 상태의 변진 12국 자체일 수 없다는 점이다. 가야는 늦어도 1세기 중반에 6가야로 재편되었으며, 이 변화를 이끈 세력은 육로보다 해로에 더 친연성을 가진 세력이었다는 게 기록이 전하는 내용이다. 가야는 변진 12국과 별개의 세력인 것이다. 그러므로 이를테면, 변진의 구야국(弁辰狗邪國)을 지금의 김해에 있던 가야 금관국의 다른 이름쯤으로 무조건 단정하고, 이를 당연시하면서 자꾸 논의를 확대해나가는 식의 사고를 과학적이라고 일컫기는 어렵다.

『삼국지』한전에는 가야가 보이지 않는다. 그래서 '변진구야국'의 '구야'가 '가야'와 음이 비슷한 점에 주목하고, 오로지 이 음상사音相似만을 근거로 '변진구야국'을 금관국의 다른 이름이리라 추정해왔던 것이다. 그런데 문제는 설사 이 추정에 수긍한다고 해도, 나머지 변진 소국의 이름을 통해 그들이 각각 9가야 혹은 6가야와 어떤 관계에 있는지 더이상 유추해내기 어렵다는 점이다. 가야와 변진의 국명을 어떻게든 결부시켜 이 나라가 바로 그 나라라고 유추할 어떤 실마리도 발견되지 않는 것이다. 그렇다면 '구야'를 '가야'의 다른 표기라고 여긴 것이 처음부터 무리였다고 생각하는 게 순리이다. '변한이 곧 가야'라고 단정하고 그 위에서 논의를 시작했기 때문에 생긴 혼선이었던 것이다.

한편, 변진의 독로국瀆盧國이 왜倭와 경계를 접하고 있다고 서술하여 왜가 한반도 남부에 존재한 듯 생각한『삼국지』의 인식을 무조건 배척하는 것도 올바른 자세라고 할 수 없다. 지금으로서는 이를 그대로 믿기도 어렵지만, 그렇다고 터무니없는 오류로 단정할 어떤 전거 역시 없기는 마찬가지인 까닭이다. 오히려, 왜와 경계를 접한 나라로 독로국을 특칭한 것을 보면 나름대로 근거가 확실한 전언일 개연성마저 없지 않다. 지금의 동래東萊(산동성 봉래시蓬萊市)라는 지명이 독로국에서 유래했으리라 추측하기도 하니, 이와 접한 지역 어딘가에 여기서 '왜'라고 지칭한 대상이 실제로 존재했던 셈이 된다. 또한 경남 고성 송학동고분, 거제시 농소리고분, 사천 선진리고분 등에서는 왜계 양식의 무덤과 유물이 적잖이 출토되기도 하였다.『삼국지』에 가야에 대한 언급이 전혀 없는 이유가 무엇인지도 궁금하지만, 이 경우처럼 가야 또는 그 일부를 왜로 착각한 것처럼 보이는 서술이 당대의 어떠한 실상을 전한 것인지 올바로 규명되지 않으면 안 될 것이다.『삼국지』에 보이는 '왜'의 실체가 정확히 무엇인가 하는 것이 문제일 뿐이다.

가야 관련 유물의 이해

이상과 같은 사실에 유념하면서 한반도 남부에서 출토되는 고대의 유물 현황을 살펴보면, 매우 흥미로운 몇 가지 특징이 주목된다. 첫째는 특히 묘제와 토기 등에서 삼한의 그것과 구별되는 토착적 요소가 매우 강하게 나타나는데다 지역별로도 차별적인 특색이 보이는 점이다. 가야의 것으로 여겨지는 유물을 그 형태에 따라, 김해를 중심으로 한 금관가야권, 고령 중심의 대가야권, 함안 중심의 아라가야권, 고성 중심의 소가야권으로 구분해 파악하는 것이 일반일 정도이다. 각기 다른 특징이 보이기 때문이다. 그래서 가야는 중앙집권적 고대국가로 성장하지 못한 채 멸망했다고 이해하는 게 당연시되었다.

그러나 이에 속한 모든 소국이 공히 '가야加耶'를 자칭하고 또 주변의 소국들이 이들을 그렇게 부른 점, '가야'가 실제로 한반도 중남부의 원주민이 이룬 정치체였다면 현전하는 유물은 북방에서 남하한 삼한 세력에 떠밀려 이주할 수밖에 없었던 이들이 남긴 잔해에 불과할 수도 있다는 점 등을 감안하지 않으면 안 된다. 그렇다면 이렇게 쉽게 그 후진성을 단언하기 어렵다. 어쩔 수 없이 떠밀린 세력은 자기 문화를 온전히 유지하기 어려웠을 터이고, 정치적 책임론이나 향후의 진로 등으로 갈등하며 단위 정치체 별로 갈라서는 경향을 보였을 공산도 적지 않다. 가야 문화의 '원형'에 대한 고려가 절실하다. 그리고 문제의식을 이러한 각도에서 가진다면, 영산강 유역의 문화를 선험적으로 무조건 마한의 것이라 단정하고 이를 가야 문화와 전연 별개로 간주해온 기존의 통념에도 재조정의 여지가 생기게 된다. 가야 세력의 분포 및 권역에 대한 기존의 일반적 이해는 확실한 근거 위에 성립한 것이 아니다.

두 번째로는, 가야 유물에서 삼한의 중심 세력이 가져온 것이라고 생각되는 세형동검 등 철기문화가 함께 출토되는 점이다. 이는 가락국의 건국 이야기에 보이는, 한반도의 토착사회가 유이민의 유입에 의해 격변하게 되었다는 구성이 그대로 역사적 사실일 가능성을 높여주는 일면이다. 현재로서는 자료의 한계로 그 구체적인 내막을 알기 어려우나, 대략의 사정을 짐작할 수는 있다. 본디 가야는 삼한과 상호 이질적이고 고립적인 사회일 수 없었을 터이다. 그리 멀지 않은 마한 목지국의 진왕에 복속했을 개연성이 크다. 당시의 국제 질서가 어떤 모습이었을지 생각할 때 참고되는 것이 고구려 벽화고분의 일월성신도이다. 북극오성과 북두칠성 등 여러 별이 그려져 있고, 별과 별 사이를 선으로 연결해 표시한 그림이다. 별은 피장자가 죽어서 갈 조상들의 나라 곧 옛 조선을 형성했던 여러 소국을, 그리고 선은 그들 사이의 관계를 나타낸 것으로 해석된다. 그런데 그 선이 실선, 점선, 실선 및 점선의 세 가지 형태로 그려진 점이 주목된다. 이것은 기자조선의 진국체제에서 소국과 소국 사이의 관계가 적어도 세 가지 유형으로 형성되어 있었음을 말해주는 단적인 증거이다. 스스로 진국체제를 형성하고 그 운영에 주체적으로 참여하는 소국과 이들의 번국藩國에 해당하는 소국, 그리고 진국체제의 외곽에서 진왕에 복속한 또 다른 형태의 소국이 별처럼 포열布列해 있었음을 나타낸 것이겠기 때문이다. 가야는 그 세 번째 유형에 속했던 것이 아닌가 짐작되는데, 진왕과 직간접으로 어떤 형태로든 연계되어 있었으나 진국의 중심 세력이 남하함에 따라 결국 타격을 입고 본거지에서 밀려난 주변의 토착세력이었을 것이다.

그리고 셋째로, 고성의 분구묘墳丘墓가 영산강 유역에서도 발견되며, 규슈의 요시노가리吉野ヶ里 유적과도 깊이 연관되어 있다는 점이다. 분구묘는 흙을 쌓아 하나의 언덕 모양의 커다란 묘지를 조성하고 이곳에 순차적으로 구덩이를 파 개별 무덤을 만들어나간, 이를테면 아파트형·벌집형 분묘 양식으로서 세계 어디서나 흔히 발견되는 보편적 묘제라고는 할 수 없는 양식이다. 따라서 유사한 형태의 분구묘가 복수의 지역에서 발견된다면 본디 같은 문화를 공유하던 하나의 세력이 이들 지역에 뿔뿔이 흩어져 각기 살아간 흔적이라고 보는 게 옳다. 나주羅州 다시면 영동리고분, 해남 옥천면 만의총고분에서 발견된 새발무늬토기는 일본 후쿠오카의 반즈카番塚고분에서 출토된 것과 매우 유사하여 이 지역 사이에 매우 긴밀한 교류가 있었음이 입증되었다.

삼한에 떠밀린 호서 호남의 토착세력이 영남 지역으로까지 흩어져 헤어졌고, 또 그중에는 바다를 건너 일본열도로 건너간 이들까지 있었던 셈이다. 일본의 건국 신화에 보이는 천손강림天孫降臨 이야기가 가야 시조인 수로首露 이야기와 빼닮은 것도 이와 관련된 사실일 것이다. 이를테면, 천신의 아들이 다카치호高千穗의 구시후루봉槵觸峰에 강림한 것으로 되어 있는데, 여기서 구시후루봉은 수로가 내려온 구지봉龜旨峯과 음이 매우 유사하다. 이야기 구성의 맥락이 같고 음까지 유사하다면, '구시후루'는 '구지'의 다른 표기일 공산이 크다고 하겠다. 가야의 역사는 삼한이 남하하기 전에 이미 한반도에 거주하고 있던 선주先住 세력과 그 일부의 일본열도 이주를 폭넓게 시야에 두고 다시 파악해야 할 역사이다. 영동리고분에서 나온 23구의 인골에서 DNA를 추출하여 조사해보니 현대 한국인보다는 일본인과 더 가까운 친연성親緣性을 보였다고 한다.

사진 15 고성의 분구묘와 연관성이 보이는 일본 규슈의 요시노가리 분구묘

사진 16 구지봉과 음이 유사한 구시후루봉이 위치한 다카치호

가야사회의 변동

기원전 57년, 진한의 여섯 나라가 혁거세를 거서간으로 공립하고 신라를 건국하였다. 그리고 이 일은, 진한과 함께 진국辰國을 형성하고 있던 마한 및 변한의 모든 나라 사람에게 매우 큰 충격을 주었다. 먼저, 변진이라고도 불릴 정도로 진왕에게 협조하는 노선 위에서 지내왔던 변한은, 목지국에서 진왕을 내게 된 후기진국체제後期辰國體制에서 마한의 진왕에게 복속해왔는데, 혁거세가 등장하여 진한이 주도하던 전기진국체제로의 복원을 주창하며 '거서간' 곧 새로운 진왕을 칭하자 이에 동조하여 복속의 대상을 다시 진한으로 바꾸었다. 기원전 39년에 변한이 나라를 들어 신라에 항복해왔다는 『삼국사기』의 기록이 이를 전한다. 기원전 20년, 혁거세의 사신으로 온 호공瓠公

을 접견한 마한왕이 진한과 변한은 마한의 속국으로서 해마다 공물을 바쳐왔는데 이제 와 태도를 바꾼 것은 그동안의 의리에 어긋나는 일이 아닌가 하고 질책했다는 것도 저간의 사정을 넉넉히 짐작하게 한다.

그리고 2년 후, 한강 유역에서 백제가 일어났다. 백제의 건국은 마한사회가 크게 동요하면서 내부에 분열이 일어난 결과였고, 후기진국체제의 실질적 종언을 알리는 일대 사건이었다. 이로 말미암아, 진한과 변한의 이탈에도 불구하고 간신히 유지되던 후기진국체제는 더 이상 유지되기 어려웠다. 진왕의 삼한제국에 대한 통제력은 사실상 상실되고 그 권력은 겨우 목지국 내부에 머물렀다.

백제뿐만이 아니라 마한 각지에서 몇몇 소국의 칸들을 아울러 스스로 우호優呼를 더하고 '길지'를 칭하며 차세대의 지도자를 자임하고 나서는 세력이 여럿 대두하고 있었다. 기원후 42년, 기존의 한반도 남부 토착세력이 사회편제를 조정하여 6가야로 거듭난 것은 이런 사회변동 과정에서 가능했던 일이다. 낙동강 하류의 가락국이 새로운 변화를 주도하는 세력으로 떠올랐다.

그런데 6가야의 건설에 얽힌 이야기가, 9칸으로 대표되는 토착세력이 하늘로부터 내려온 것으로 형상화된 유이민 세력을 맞아 새 국면을 맞이하는 형태로 이루어진 사실로 미루어 짐작하면, 가야사회의 재편에는 삼한에 속한 소국의 일정 세력이 직접 관여하였고, 그것은 특히 변진의 일부 세력이었을 공산이 없지 않다고 판단된다. 이와 관련하여 이미 확인된 사실들을 모아 재구성해보면 그 맥락은 대략 이렇게 정리될 수 있겠다.

삼한의 여러 나라가 북방으로부터 내려와 이곳저곳 빈 땅을 찾아

뿔뿔이 흩어져 정착하기 시작하자 한반도 중·남부의 토착사회 역시 서로 분리된 채 삼한제국과 함께 잡거할 수밖에 없는 처지에 놓였다. 함창읍에 있는 가야왕릉이 이런 사정을 간접적으로 증언해준다. 토착세력들은 삼한제국과 서로 섞이게 되었지만, 지리상의 단절에도 불구하고 긴밀히 연대하며 기존의 옛 질서를 유지하려 애썼다. 이런 맥락에서 생각해보면, 이주해 온 삼한 주민과 선주민 사이에 다양한 형태의 문화 교류와 혼합, 잡거, 혼혈이 일어난 상황임에도 3~6세기 고분이나 유물의 양식을 지역별로 나눠 그저 백제계, 신라계, 가야계 따위로만 단순 구분하고 만 종래의 연구 방법은 문제가 적지 않다고 하겠다.

진국체제가 크게 흔들리며 제국이 각자도생을 모색하기 시작하자, 이 새로운 사회변동은 그간 목지국의 진왕에게 복속하며 살아온 토착세력의 활로 모색에도 큰 변수로 작용할 수밖에 없었다. 방향은 두 가지였다. 한 방향은, 그것이 이주해 온 삼한의 소국이든 원주민의 소국이든 상관없이 주변 소국과 연합하여 새로운 독자 세력을 형성하는 데 주체적으로 참여하는 것이고, 다른 한 방향은 이미 대두한 신라나 백제에 복속하는 것이었다. 9칸이 6가야로 재편되었다는 이야기로 미루어, 토착세력의 다수가 전자의 길을, 소수가 후자의 길을 택했던 것이 아닐까 짐작된다.

『삼국사기』「신라본기」의 초기 기사를 살펴보면, 기원전 39년에 변한이 나라를 들어 항복해왔다고 한 이후로 '변한'은 다시 보이지 않으며, 그 후 신라와 관계되어 나타나는 주변국은 백제·가야·왜 등이다. 이들이 단속적斷續的으로 신라를 공격해 왔다고 한다. 그런데 이 가운데 백제와 관련해서는 기원전 18년에 시조 온조가 왕위에 올랐다고 하는 등 그 동향에 지속적인 관심과 기록이 남아 있는 반면, 가야에 관해서는 건국과 관련한 내용에 대해서조차 아무런 언급이 없는 사실이 유의된다. 기원후 77년(탈해이사금 21년)에 신라가 황산진黃山津 어귀에서 가야 군사와 충돌했다는 것이 가야에 관한 최초의 기사이다.

그러면서 이에 앞선 탈해이사금 즉위조卽位條의 해설에서, 탈해가 원래는 다파나국多婆那國에서 큰 알로 태어났는데, 왕이 이를 불길하게 여겨 버리게 하였으므로 궤 속에 넣고 배에 실어 인연이 닿는 데로 흘러가게 내버려두었더니, 그 배가 금관국金官國을 거쳐 진한의 아진포阿珍浦 어귀에 닿았는데, 이때가 혁거세거서간 39년(기원전 19)이었다고 적었다. 『삼국유사』「가락국기」가 전한 기원후 42년보다, 그리고 백제의 건국보다도 앞선 시기에 이미 금관국이 있었던 것처럼 기록한 셈이다. 그리고는 기원후 94년, 96년에 연이어 가야가 신라를 습격해 왔고, 신라는 이에 대응해 이듬해인 97년에 군대를 내어 역으로 가야를 치려고 했다고 적었다. 이 무렵, 가야와 신라는 서로 끊임없이 치고 싸울 정도로 사이가 나빴던 것이다. 그런데 그로부터 겨우 5년 후인 102년에 음즙벌국音汁伐國과 실직곡국悉直谷國이 지경을 다투는 일이 일어났고, 이를 중재하기 어려웠던 신라가 금관국 수로왕에게 그 판결을 부탁했다고 한다. 서로 적대 관계에 있었다면 일어나기 어려운 상황이 전개된 것이다. 이는 『삼국사기』초기 기록에 보이는 가야와 금관국이 그 표기부터 완전히 별개의 존재임을 말해주는 사실이다.

이에 다시 『삼국유사』「가락국기」를 검토해보면, 탈해가 금관국에 이른 것이 수로왕 때의 일로 기록된 사실이 주목된다. 수로왕이

'가락국'에 다다른 탈해와 왕위를 놓고 다퉜다는 것이다. 이는 탈해가 혁거세거서간 때 금관국을 거쳐 진한으로 들어왔다고 한 『삼국사기』의 기록과 서로 어긋나는 내용이다. 그래서 『삼국사기』 초기 기사의 편년을 그대로 믿을 수 없다고 여기는 사람들은 그 근거의 하나로 흔히 이를 꼽곤 한다. 또 「가락국기」는 수로왕이 199년에 세상을 떠났으며, 이때 그의 나이가 백쉰여덟 살이었다고 적었다. 6가야가 세워졌다는 서기西紀 42년을 수로의 탄생 연도로 계산한 셈이다. 그러므로 이는 사실일 리가 없다고 생각한 사람들은, 수로왕이 금관국을 세운 실제의 연도가 기껏해야 2세기 중엽쯤 되리라고 여기는 게 보통이다. 「가락국기」와 『삼국사기』 모두 믿지 못하겠다는 얘기다.

그러나 수로왕의 출생 연도는 믿지 않으면서 사망 연도를 믿는다는 것도 이율배반이고, 이를 근거로 1세기 말엽에 가야가 연이어 신라를 치는 일이 일어났다는 『삼국사기』 기록을 일거에 부인하는 것도 논리적인 사고라 할 수 없다. 더구나 경주 일원에 대한 고고 발굴의 성과가 쌓이면서 기원전 1세기 중엽에 신라가 성립했다는 『삼국사기』의 편년을 그대로 믿어도 좋으리라는 견해가 점점 설득력을 얻어가는 추세이다. '합리'를 근거로 기록을 부인하는 대목에 이르러서는 신중에 신중을 기하는 태도가 요구된다.

『삼국유사』 기이편紀異篇에는 가야가 '5가야'로 나온다. 그리고 지은이 일연은 이와 관련해 다음과 같이 적었다.

「가락국기」의 찬讚을 살펴보면, 자주색 끈 한 가닥이 하늘에
서 내려와 여섯 개의 둥근 알을 내려주었는데, 다섯 개는 각

읍으로 돌아가고 한 개는 이 성에 남아, 이 한 개가 수로왕이 되고 나머지 다섯은 저마다 5가야의 군주가 되었다고 했으니, 금관국이 다섯의 수에 들어가지 않은 것은 당연하다.

금관국과 5가야를 구분해 파악하는 게 옳다고 여긴 셈이다. 그리고 금관국을 '대가락大駕洛'이라 불렀으니, 같은 맥락에서 말하자면 『삼국사기』에 신라를 괴롭힌 것으로 나타나는 '가야'는 '금관국'이 아니었음이 분명하다. 금관국과 5가야를 합해 '6가야'라고 일컬은 사실로 보아, 이들은 모두 동일한 계통이고 또 하나의 정치체이기도 했으나, 이들 여섯 가야는 각기 별개의 소국이기도 하여 군사행동 또한 제각기 독자적으로 전개하고 있었다고 하겠다. 그리고 금관국을 제외한 5가야는, 특히 신라에게, 그것이 구체적으로 어느 가야인지 그다지 중요하지 않아 그냥 '가야'라고만 지칭될 뿐이었던 것이겠다. 유이민 중심의 신라에게 5가야는 그저 기존의 토착세력이라는 점에서 모두 동일한 성격의 존재였다.

탈해를 실은 배가 금관국을 거쳐 진한 아진포에 도착한 것이 기원전 19년의 일이었다는 기록과, 수로왕 때 탈해가 도전해와서 그와 겨뤘다는 기록은 서로 다른 시기를 배경으로 하고 있어 혼선을 일으키는 게 사실이긴 하다. 그러나 여기서는, 탈해가 수로왕에게 도전하기 위해 실력을 양성할 어느 정도의 시간이 필요했으리라는 점, 탈해나 수로는 유이민 세력으로서 어느 특정인의 이름이 아니라 초창기에 그 세력을 영도한 수장首長의 위호位號였을 개연성도 없지 않다는 점 등을 감안할 필요가 있다. 그렇다면 이들 세력이 처음 가야에 들어와 정착한 것은 기원전 1세기 후반의 일이었고, 이로부터 시간이 제법 지난 1세기 중엽에 이들 사이에 대대적으로 패권을 다투는 싸움이 일어났던 것으로 이해할 수 있다. 굳이 어느 한쪽 기록을 버리거나 택하지 않아도 좋은 것이다.

관련 기록이 워낙 빈약하여 고고 발굴을 해도 그 성과를 제대로 설명하기 어려운 형편에 있는 가야사를 그 원형으로 복원하기 위해서는 무엇보다 확실한 사실에 기초하여 치밀하게 논증해나가는 자세가 요구된다. 무턱대고 상정에 상정을 거듭하는 논의를 삼가고, 얼개만 남은 기록일지라도 그것들을 가능한 한 체계적으로 설명해낼 방도를 궁구해야 하는 것이다. 그러기 위해서는, 한반도로부터 일본열도에 이르는 여러 자료와 유물을 시야에 두고 다각적인 가능성을 폭넓게 사고할 필요가 있다.

'임나'의 교체와 대가야로의 전환

「가락국기」는 수로를 '대가야'의 왕으로 기록하였다. 그런데 훗날 5~6세기에는, 이진아시를 시조로 하는 고령의 가야를 지칭하는 말로 '대가야'라는 용어가 쓰였다. 우리가 아는 한 수로首露는 김해 금관국金官國의 시조임이 틀림없다. 그런데도 「가락국기」는 수로를 대가야의 왕이라고 부른 것이다. 이는 '대가야'가 고유명사가 아니라, 가야 여러 나라의 수장국首長國을 이르는 일반명사였음을 뜻한다. 토착세력들이 금관국을 중심으로 연대하여 수로왕을 맹주로 세우고 금관국을 대가야라고 부른 것이었다. 따라서 대가야가 김해에서 고령으로 옮겨 간 것은 그사이에 가야의 주도 세력이 교체되는 큰 변혁의 과정이 있었음을 말해주는 사실이다.

　가야 주도 세력의 교체가 일어난 계기와 관련하여 주목되는 것이 '광개토대왕릉비문'이다. 이에 따르면, 광개토대왕은 군대를 파견하여 왜군을 축출한 후 신라의 요청으로 '임나가라任那加羅'를 급습하였다고 한다. 전후 문맥으로 보아 이때의 '임나가라'는 김해의 금관국을 특칭한 용어임이 분명하다. '임나가라'는, 앞서도 말했지만, '영역 전체에 대한 관할 통치권(임나)을 행사하는 가라'라는 뜻으로 읽힌다. 광개토대왕이 보낸 고구려군의 이런 군사행동은 김해 지역을 중심으로 한 가야제국의 결속 관계에 큰 타격을 주었을 것이다.

　이 사건의 여파로 그동안 친신라 외교정책의 기반 위에서 유지되던 금관국 중심의 가야연맹이 무너지고, 백제와 친밀 관계에 있던 고령의 가야를 중심으로 한 새로운 연맹이 성립하였다. 4세기 말엽부터 고령의 가야를 대가야라고 부르기 시작한 것은 이런 변화의 결과였다. 고고 발굴의 성과를 살펴보면 5세기 초를 정점으로 하여 그 이후로 김해 대성동의 대형 고분이 급격히 축소되는 양상을 보이는데, 이는 금관국이 가야의 주도권을 상실하였음을 반영한 사실로 해석된다.

　가야의 주도권이 이동했다는 사실은 분명하지만 그 구체적인 사정과 경과는 아직 장막 저편에 있다. 『일본서기』가 전하는 '임나일본부'의 설치에 백제가 깊이 관여하였고, 또 그 '임나일본부'가 친신라적 움직임을 보이게 된 배경에는 가야의 주도권이 고령가야 쪽으로 넘어간 것에 대한 반발이란 변수가 놓여 있을 개연성이 크지만, 아직 구체적으로 연구된 바는 없다. '일본'은 본디 '해가 떠오르는 곳'이란 뜻을 가진 말로, 국호로 쓰이기 훨씬 전부터 써오던 용어였고, 이 용어를 만들고 쓴 사람들은 한반도에 살던 이들이었을 터이다. 응당 그럴 수밖에 없는 노릇이, 정작 일본열도에 사는 사람에게 '해 뜨는 곳'은 태평양 바다 한가운데인 까닭이다.

일본열도를 '해 뜨는 곳'이라고 부를 수 있는 사람은 그 서쪽 한반도에 사는 이들뿐이다. 한반도 쪽에서 자신을 '일본'이라 부르는데 그 뜻이 그럴듯하므로 왜국이 이를 공식의 국호로 쓰기에 이른 것인 셈이다. 따라서 '일본'이란 말을 국호로 쓰기 전에 '임나일본부'라는 이름을 가진 기구가 있었다면, 그것은 한반도에 있는 국가가 설치한 것일 수밖에 없다. '부府'란 본디 식읍食邑으로 받은 막대한 민호를 부리고, 여기서 나오는 재화를 관리 경영하기 위해 독자의 관원을 두도록 허여받은 기구이다. 그래서 흔히 '부'를 세우거나[입부立府] 연다[개부開府]고 하였다. 나중에 '임나일본부'가 독자적으로 움직이며 친신라적 성향을 보이자 왜왕이 백제왕에게 이 문제를 해결해달라고 종용했던 사실로 보아, 처음에 이를 설치한 주체는 백제였을 것이다. 그리고 '부' 앞에는 흔히, 그 부가 관할하는 식읍을 수여받은 대상을 명확히 지적해 보이기 마련이다. 즉 '일본부'의 '일본'은 부를 설치한 주체가 아니라 객체로서, 이 경우는 일본에 파견된 백제 쪽 관계자라고 봐야 옳다. 특정한 인물 개인이 아니라, 특정한 임무를 띠고 파견된 불특정의 다수가 '임나일본부'의 용익권자用益權者였던 것이다.

백제가 마한을 통합하자 그동안 마한의 진왕에게 복속해온 가야는 백제의 장악하에 놓이게 되었고, 이를 계기로 가야와 일본열도 사이에 활발하게 이루어지던 교역 관련 사무가 백제의 장악하에 놓였으며, 백제는 이를 통해 확보한 우위의 경제적 지위를 이용해 왜국의 정치에 깊숙이 관여하면서 왕족이나 고위 귀족을 왜국으로 파견하기도 하였다. '임나일본부'는 이런 국제관계 속에서, 백제가 왜국에 파견한 귀족들을 위해 임나가야 영내에 마련해준 식읍의 경영과 관련하여 설치한 기구였을 개연성이 크다. '일본부'라고 불렀으니 이를 설치한 주체는 응당 '일본' 곧 왜(倭)이리라 생각하거나, '일본'을 공식의 국호로 쓰기 전에 '일본'이란 용어가 있었을 리 없으므로 '일본부'가 허구임을 알 수 있다는 식으로 추론하는 것은 논리적 비약이다.

연구가 진행될수록 가야사회가 도달했던 사회발전의 단계를 그동안 지나치게 저평가해왔다는 사실이 점차 명확해지고, 가야와 기타큐슈 사이의 깊은 연관성이 더욱 뚜렷해지고 있어 머잖은 장래에 새로운 이해가 가능하리라 기대된다. '임나일본부'가 독자성을 강화하며 본래의 설치 목적에 반하여 움직이기에 이른 과정이 면밀히 구명될 필요가 있다. 종래의 역사 인식으로부터 과감히 벗어나 완전히 새로운 한국 고대사 이해 체계의 확립을 추구하는 방향에서 전면 다시 논의해야 할 분야가 가야사이다.

▶ 식읍

식읍食邑은 본래, 왕족이나 척신戚臣 그리고 고위 관료 가운데 큰 공훈을 세운 사람에게 봉읍封邑을 주던 중국의 제도이다. 국왕이 귀중하게 생각하고 또 국왕을 위해 공을 세운 사람에게 봉토를 나누어 민호를 지급함으로써 지극히 우대한다는 뜻과 형식을 표현한 것이다. 국왕은 작위와 식읍을 사여賜與함으로써 여러 신료들이 왕실 번병으로서 변함없는 충성을 다하도록 격려하고 권면하였다. 또한 우리나라에서도 삼국의 국가 형성기부터 식읍을 지급했던 것으로 나타난다.

식읍은, '읍'이라는 단어 때문에 흔히 어떤 행정 단위나 그곳의 토지를 지급한 것으로 생각하기 쉽다. 그렇지만 식읍은 일정 고을 내의 민호 가운데 일부를 떼어 봉호封戶로서 지급한 것이었다. 다시 말해 식읍의 구성단위는 호였다. 그래서 한 사람의 식읍은 그 규모에 따라 단지 한 개 고을의 일부에 그치는 경우도 있었고, 또 여러 고을에 여기저기 산재하는 경우도 있었다. 식읍이 이렇게 봉호의 형태로 지급되었으므로 이는 군郡·현縣 등 행정단위와는 일단 무관하였다. 식읍 수여에서 해당 고을은 실제 봉호가 배정되고 있는 지역이란 점에서만 의미가 있었던 셈이다.

봉호는 세금을 부담하는 단위 호 곧 과호課戶로서, 대개 3정丁에서 1정 사이의 자연호自然戶를 묶어 구성하는 게 보통이었다. 그리고 식읍으로 지정된 봉호는 그들이 국가에 내도록 되어 있는 모든 부세, 곧 국가가 정한 조租·용庸·조調 전액을 식읍주에게 납부하였다. 봉호에게서 부세를 거두는 일은 식읍주가 직접 행하였다. 해당 고을의 지방관은 식읍주의 징수 행위를 돕는 한편, 식읍주가 혹시 정해진 것보다 더 많이 거두지는 않는지 감시하는 역할을 담당하였다. 국가는 또 규모가 큰 식읍 소지자에게 '부府'의 개설을 허용하여 부를 설치하고 독자의 관원을 두어 식읍으로부터 들어오는 막대한 재물을 관리하도록 편의를 제공하기도 하였다.

식읍은 민전民田 가운데 국용國用이나 공상供上 등 국가의 세수입원으로 책정된 토지에 설치되었다. 그러므로 식읍의 사여는 다른 관료들의 반발을 동반하기 십상이었다. 식읍으로 지정되면 그만큼 관료들에 지급할 녹봉의 재원이 줄어들게 되기 때문이다. 식읍의 실체가 이러하였으므로, 이를 가진 사람에게는 여러 가지 제약이 따랐다. 우선 수취는 수여받은 봉호 수에만 허용되었다. 세월이 흘러 해당 호에서 새로 인구가 증가하더라도 이들에 대해서는 수취할 수 없었다.

그리고 기한은 수봉자受封者 본인 당대當代에 한하였고, 봉호를 자손에게 전수하지 못하도록 철저히 금하였다. 식읍은 국가의 행정체계 속에서 존속하고 운영되는 제도였다. 그러므로 어느 시기 어느 경우나 식읍은 사령지私領地 혹은 직령지直領地가 아니었다. 식읍을 일정 읍락에 대한 사유권을 인정한 듯 이해하면 곤란하다.

식읍의 봉호를 실제 받았을 경우, 그 수입은 대단하였다. 조·용·조를 모두 징수하는 것이었으므로 수입의 물량이 일반 수조지收租地의 그것보다 더 많은 것이 당연하였다. 식읍주가 식읍민을 장악하고 지배하는 강도도 그만큼 강력할 수밖에 없었다. 또한 식읍은 그 자체로 식읍주에게 부富를 집적할 수 있는 또 다른 조건을 제공하고 있었다. 식읍주는 봉호의 인력과 이들에게서 징수하는 물력을 바탕으로 식읍 내에서 자신의 경제 기반을 사적으로 구축하기가 매우 쉬웠다. 새로운 토지 곧 신전新田을 개척·개발하고, 식읍이나 그 주변의 토지를 사들여 소유지를 집적·확대할 수 있었으며, 노비의 다량 확보도 가능하였다. 그리하여 식읍주는 봉건 지주로서의 위치를 굳혀갔다. 식읍을 국가에 반납한 후에도 식읍주의 자손들이 해당 고을 일대에서 문벌 세력 내지 대토호로 성장하는 배경이 여기에 있었다.

▶ 녹읍

신라에서는 삼국 시기부터 녹읍祿邑제도가 시행되었던 것으로 나타난다. 관료들이 국역을 지는 대가로 생존과 품위 유지에 필요한 경제적 기반을 수조지收租地 분급分給의 형식으로 마련해준 형태였다. 고을을 단위로 설정되어 '읍邑'이라 부르긴 했지만, 녹읍의 실제 내용은 고을의 일정한 전토田土에 대한 수조권을 나누어 준 것이었다. '녹읍'의 '녹'은 국가의 공직이나 봉록을 세습적으로 계승하는 세가世家의 세록世祿을, '읍'은 관직을 가진 사람에게 보수로 나눠 준 채읍采邑을 각각 상징하고 계승하는 뜻을 담고 있었다. 단순히 직역職役에 대해 지급한 직전職田류와는 계통이 달랐다.

　녹읍제도는 삼국 시기 중반에 처음 시행되었던 것으로 판단된다. 수확량과 면적을 함께 고려하여 농지를 결부제結負制로 파악하고, 전국에 일원적 조세제도를 적용하기 시작하던 때였다. 칸 또는 가加들이 각기 소국을 지배하던 부중심체제가 국왕을 정점으로 한 중앙집권체제로 전환하던 시기이다. 따라서 이 무렵에 녹읍제도가 출현했다는 것은 읍락을 기반으로 칸·가들이 하호를 지배하고 수취할 때 조租·용庸·조調 전반을 읍락 단위로 직접 부과하고 징수하던 방식이 변화한 것과 연관이 있음을 의미한다. 국왕이 칸·가들을 왕조 국가의 귀족·관료로 편제하고 이들을 통해 전국의 토지와 민인을 제민적 형태로 지배·수취하는 단계로 전환하게 되자 이에 따라 군현 등 읍의 토지에 대한 조세징수권만 인정하는 방식으로 수취 형식과 내용이 바뀌게 되었고, 이것이 곧 녹읍이었던 것이다.

신라에서 관료제·군현제가 정비되기 시작한 6세기에 접어들면 이미 토지 자체를 지급할 수 있는 여건이 아니었다. 토지의 사적 소유권이 극도로 발달하여 토지가 사유제의 원칙 속에서 존재하고 있었기 때문이다. 그러므로 녹읍은 조·용·조의 부세 가운데서 조租를 징수하는 것으로만 성립하고 시행되었다. 식읍처럼 용庸·조調까지 수취할 수는 없었다. 고구려와 백제에도 신라의 녹읍과 유사한 제도가 있었을 것이다.

• 식읍과 녹읍에 대해서는 여러 학자의 다양한 견해가 제시되었으나, 그 중 이경식 명예교수(서울대학교 사범대학 역사교육과)의 견해를 요약하여 소개하였다.

244

제3장

삼국의 발전과 쟁패

1. 삼국이 서로 패권을 다투며 발전하다

삼국의 교통로와 영토

중고등학교 국사 교과서에 실린 지도는 선으로 된 국경을 사이에 두고 삼국이 서로 맞섰던 것처럼 그려져 있다. 그래서 이 지도를 보면, 신라와 고구려, 백제 사이에는 마치 오늘날과 같은 국경선이 있었으리라 여기기에 십상이다. 그러나 실상은 전혀 그렇지 않았다.

『삼국유사』는 선덕여왕이 웬만한 사람이라면 알기 어려웠을 신비로운 일을 세 가지나 예측하였다고 적었는데, 그중 하나로 백제군이 경주 인근까지 침입한 것을 알아챈 사실을 들었다.

> 겨울인데도 영묘사靈廟寺 옥문지玉門池에 많은 개구리가 모여 사나흘 동안 울었다. 나라 사람들이 이를 이상한 일이라고 여겨 왕에게 아뢰었더니, 왕은 서둘러 각간角干 알천閼川, 필탄弼呑 등에게 명하여 정예 병사 2천을 뽑아 "속히 서쪽 교외로 나가

여근곡女根谷을 수색하면 필시 적병이 있을 것이니 이들을 몰래 덮쳐 없애라." 하였다. 두 각간이 명을 받들어 각각 군사 1천 명씩을 거느리고 서쪽 교외에 가서 알아보니 부산富山 아래에 과연 여근곡이 있었다. 이곳에 백제의 군사 5백 명이 숨어 들어 있었으므로 이들을 모두 죽여버렸다. 백제의 장군 우소亏召란 자가 남산南山 고개 바위 위에 숨어 있었으므로 그를 포위하여 활로 쏘아 죽이고, 뒤따라오는 병사 1천2백 명도 역시 모두 쳐서 한 사람도 남기지 않았다.

한마디로, 1700이나 되는 백제군이 왕경 가까이 접근해올 때까지 신라는 전혀 그 동향을 알지 못하고 있었는데, 옥문지의 개구리가 떼 지어 운다는 소릴 듣고 선덕여왕이 이를 금세 알아채는 예지叡智를 보였다는 이야기다. 여기서 다수의 백제군이 왕경까지 접근해 오는 것을 신라가 전혀 파악하지 못하고 있었다는 사실이 눈길을 끄는데, 아무리 철저히 변복 변장하고 들어왔다고 해도, 7세기 당시의 국경과 영토 수비의 실상이 과연 어떠했기에 이런 일이 벌어질 수 있었던 것인지 의아하다. 국경은 거의 무방비 상태나 마찬가지였고, 영토 안으로 잠입한 대규모의 적군이 수백 리를 행군해 오는데도 신라 사람들이 이를 전혀 알지 못하고 있었다는 것이니, 요즘 사람으로서는 좀체 납득하기 어려운 일이 아닐 수 없다. 그렇지만 이런 일이 있었던 것은 일단 사실로 보이므로 그 구체적인 사정을 좀더 자세히 살펴볼 필요가 있겠다.

삼국의 영토가 서로 대치하던 때의 실상을 알려면 『삼국사기』지리지를 살펴봐야 한다. 삼국은 결국 신라에 의해 통합되었으므로 원래 신라 땅이 아니었던 지역에 대한 지리지의 기술은, 그곳이 고구려 또는 백제의 어떤 군 또는 현이었다가 신라로 편입되어 지명을 바꾸게 되었는지 밝히는 내용으로 되어 있다. 그런데 지금 경상북도의 적잖은 지역이 본디 고구려 땅이었던 것으로 나타나는 사실이 주목된다. 신라가 군으로 편제하여 지방 지배의 거점으로 삼은 지역을 중심으로 살펴보면 대략 다음과 같다.

곡성군	본디 고구려의 굴화군屈火郡이다. 경덕왕이 이름을 고쳤는데, 지금의 임하군臨河郡이다.
야성군	본디 고구려의 야시홀군也尸忽郡이다. 경덕왕이 이름을 고쳤는데, 지금의 영덕군이다.
유린군	본디 고구려의 우시군于尸郡이다. 경덕왕이 이름을 고쳤는데, 지금의 예주禮州이다.
울진군	본디 고구려의 우진야현于珍也縣이다. 경덕왕이 이름을 고쳐, 지금도 이를 그대로 쓴다.
내성군	본디 고구려의 내생군奈生郡이다. 경덕왕이 이름을 고쳤는데, 지금의 영월군이다.

여기서 곡성군曲城郡은 지금의 안동시 임하면, 야성군野城郡은 영덕군盈德郡, 유린군有隣郡은 영덕군 영해면, 내성군奈城郡은 강원도 영월군寧越郡이며, 울진군蔚珍郡은 지금의 울진군 그대로이다. 이들 지역을 지도에 표시하고 다시 살펴보면, 안동에서 청송–영덕을 거쳐 울진으로 연결되는 교통로상에 있는 지역들임을 확인할 수 있다. 청송에서 영덕을 거쳐 다시 울진으로 올라가는 것은 태백산맥 끝자락의 주왕산 남쪽으로 교통로가 형성되어 있었기 때문이다. 그런데 이들 지역으로부터 북쪽 고구려로 연결되는 교통로가 끊어져 있다.

울진에서 동해안을 거쳐 북쪽으로 올라가는 교통로는 삼척三陟과

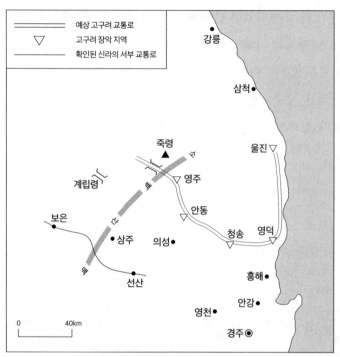

지도12 1세기 고구려의 영남 지역 군현과 교통로

강릉을 거쳐야 하는데, 이 지역은 매우 이른 시기부터 신라의 장악 하에 놓여 있었다. 삼척은 이미 파사이사금 23년(104)에 신라에 편 입되었다고 한다. 『삼국사기』에 따르면, 이 무렵에 음즙벌국音汁伐國 과 실직곡국悉直谷國이 서로 지경地境을 다투다가 결국은 모두 신라 에 투항했다고 하는데, 여기서 실직곡국이 곧 삼척이다.

이처럼 해안 쪽이 막혀 있었다면 내륙의 교통로를 통해 고구려로 연결되어야 했을 터인데, 안동에서 북쪽으로 통하는 길목의 영주榮州 가 원래는 백제 땅이었다는 게 『삼국사기』의 전언이다. 신라 때는 영주를 내령군柰靈郡이라 하였는데, 이곳은 본디 백제 내이군柰已郡 이었다가 파사왕 때 신라의 수중에 들어왔다는 것이다. 2세기 초부

250

터 영주가 신라 땅이었다면, 위에 보이는 고구려 영토는 모두 본국으로 통하는 육로 교통로가 막힌 고립 지역이 되고 만다.

여기서 『세종실록(世宗莊憲大王實錄)』 지리지의 기록이 주목된다. 영주는 '고구려 내이군高句麗柰已郡'이었다 했기 때문이다. 『삼국사기』의 기록과 상반된 전언인 셈인데, 이야기가 왜 이렇게 갈리게 되었는지는 그 내막을 잘 알 수가 없다. 그러나 남쪽에 고구려 영토가 있었고, 이 지역에서 고구려 중심부로 향하는 교통로가 반드시 있었으리라는 점을 생각하면, 『세종실록』이 어느 시기의 사실을 적은 것인지 불확실하지만 일단 수긍이 가는 기록임이 분명하다. 진흥왕眞興王(재위 540~576) 때 세워진 단양 신라 적성비丹陽新羅赤城碑를 보면 그 이전에는 충북 단양 일대가 고구려 영토였음을 알 수 있다. 그러니 적어도 5세기 무렵에는 영월-단양을 거쳐 죽령을 넘은 다음 영주, 그리고 다시 안동-청송-영덕-울진을 잇는 교통로상의 여러 지역이 고구려의 영토로 편입되어 있었음이 여실하다고 하겠다.

고구려가 청송이나 영덕 지역을 거점으로 삼아 흥해를 거쳐 안강-경주로 접근하는 것은 생각보다 어려운 일이 아니었고, 따라서 신라는 이 점에 유의하여 흥해 북방에서의 방비에 소홀함이 없도록 힘썼을 것이다. 481년에는 고구려가 미질부彌秩夫 지역을 공격했다가 백제의 원군과 합세한 신라의 역공에 막혀 이하泥河 서쪽까지 후퇴하는 일이 있었다고 한다. 이하가 지금의 어딘지는 확실치 않지만 미질부가 포항시 북구 흥해읍의 옛 지명임은 분명하다. 당시의 교통로를 고려할 때 고구려군이 흥해까지 내려왔다가 후퇴했다면, 진흙탕이 유난히 많아 진흙강이라는 뜻으로 불렸을 이하는, 지금까지도 진흙이 많은 강이고 당시엔 고구려 영역에 들어 있던 안동 근처의 낙동강을 가리킬 개연성이 높다.

그런데 고구려의 영토가 소백산맥 이남으로 청송 부근까지 내려온 상황에서, 바로 그 옆을 지나는 교통로는 신라의 장악 아래 놓여 있었던 것으로 확인된다. 당시 와산蛙山이라고 부른 지금의 보은은 백제의 영토였지만, 거기서 소백산맥을 넘은 지역은 신라의 영토로 나타나는 것이다. 2세기 말인 190년에 신라와 백제가 이 부근에서 서로 부딪힌 전쟁의 상황이『삼국사기』에 기록되어 있는데, 이에 의하면 백제가 신라의 원산향圓山鄕과 부곡성缶谷城을 치고 반격에 직면하자 와산으로 후퇴했다고 한다.

> 백제가 서쪽 경계의 원산향을 치고 더 나아가 부곡성을 에워싸았다. 구도仇道가 날랜 기병 5백을 거느리고 이를 맞아 싸웠는데, 백제병이 거짓으로 도망하자 구도가 쫓더니 와산에 이르러 백제에게 패하고 말았다.(『삼국사기』2,「신라본기」2, 벌휴이사금 7년 8월)

백제군은 원산향을 공격하더니 내처 부곡성까지 쳐들어왔고, 이에 당시 좌군주였던 신라의 구도가 기병 5백을 이끌고 대항하자 거짓으로 후퇴했으며, 이 후퇴가 기만전술임을 알아채지 못한 구도가 군이 와산까지 쫓아오자 역공하여 결국 신라군을 쳐부쉈다는 것이다. 백제군이 와산으로 후퇴한 것은 신라를 공격할 때의 거점을 이곳에 두고 있었음을 의미한다고 할 것인데, 그렇다면 와산 곧 보은에서 소백산맥을 넘어 신라로 향할 수 있는 교통로는 두 곳으로 압축된다. 하나는 보은에서 영동 쪽으로 남하한 후 추풍령을 넘어 김천 방면을 향하는 길이고, 또 하나는 보은에서 곧바로 속리산 남쪽 기슭을 통과해 상주로 향하는 길이다.

원산과 부곡이 지금의 어딘지가 분명하지 않으므로 이 두 개의 교통로를 다 살필 수밖에 없는 처지인데, 뜻밖에도 현재까지 원산, 부곡이라고 부르는 지역이 보은에서 상주로 향하는 교통로상에서 발견된다. 지금까지는 원산향을 예천군 용궁면으로, 부곡성은 군위군 의흥면으로 짐작해 일컬어 왔지만, 원산향을 공격하고 내처 부곡성을 쳤다는 기사의 맥락에 전혀 부합하지 않는 위치이다. 그래서 위의 교통로상에서 원산과 부곡을 다시 찾은 것인데, 한 가지 문제가 있다. 한자 표기가 다른 것이다. 원산圓山은 원산元山(상주시 모동면 덕곡리 원산)으로, 부곡缶谷은 부곡富谷(상주시 모동면 상판리 부곡)으로 되어 있다. 그러나 세월의 흐름 속에서 지명의 한자 표기가 바뀐 예는 얼마든지 찾을 수 있다.

그러고 보면, 원산의 '원圓'은 우리말 '두루'를 한자의 뜻을 빌어 나타낸 훈차訓借 표기로 볼 수 있다. '두루'가 성읍城邑을 가리키는 toro 계의 고대 어형이라지만, '널리 주선周旋하다'의 뜻도 지녔으므로 주변 여러 성읍의 일을 두루 주선하던 수읍首邑에 붙여졌을 법한 어형이기도 하다. 그런데 마침 원산의 뒷산 이름이 백학산白鶴山인 사실이 주목된다. '백학'은 우리말 '두루미'로서, 원래 '두루[圓]+뫼[山]'였던 것을 '두루미'로 읽고 이를 다시 백학산으로 바꿔 불렀을 가능성이 적잖기 때문이다. 그렇다면 원래 '圓山'이었던 것을 그냥 한자의 음으로만 읽고, 그러다가 언제부턴가 '元山'으로 바꿔 표기하기 시작한 셈이 되겠다. 부곡의 '缶' 또한, 눈에 익어 쓰기 편한 '富'로 바꿔 표기했을 개연성이 높다. 지금은 찻길이 따로 생기면서 원산이나 부곡 모두 행정 중심지와 거리가 먼 지역이 되었지만, 예전엔 주요 교통로가 이들 지역을 지났으므로 이들이 한때는 중심 성읍으로 기능하던 시기가 있을 수 있음을 계산에 넣고 생각할 필요가 있다.

상주에서 보은으로 향하던 교통로의 소백산맥 이남 지역은 신라의 장악하에 있었음이 분명하다. 그런데도 여기서 멀지 않은 청송-안동-영주 교통로가 고구려에 속해 있던 것이다. 이는 당시 삼국의 영토가 도로망을 따라 선형線形으로 이루어져 있었음을 보여주는 사실이다. 그렇다면 아직 밝히지 못하였지만, 백제의 교통로 중에는 신라 왕경을 향해 영천 부근까지 뻗은 것도 있었을 가능성이 없지 않다. 선덕여왕 때 1700이나 되는 다수의 백제군이 신라 모르게 그 왕경까지 접근할 수 있었던 것은 과거의 이런 백제 교통로와 무관하지 않으리라는 이야기다.

삼국의 영토는 교통로를 따라 선형으로 형성되어 있었다. 이런 사실에 유의한다면, 벽골제碧骨堤를 조성한 주체가 신라로 나타나는 기록을 불문곡직 두찬이라 단정해온 종래의 태도도 다시 점검해볼 여지가 있다. 『삼국유사』 왕력에는 신라 제16대 걸해잇금[乞解尼叱今] (『삼국사기』에는 흘해이사금訖解尼師今으로 되어 있다) 기축년(329)에 처음으로 벽골제를 쌓았다고 하였다. 지금의 전라북도 김제 부근이 신라 영토였다고 서술한 것이나 마찬가지인 셈이다. 그래서 지금까지 이는 따질 것도 없이, 본디 백제의 일로 편제되었어야 할 사실이 착오에 의해 신라 쪽으로 잘못 들어간 경우라고 단정해왔다. 관련 사실을 제대로 살펴볼 필요조차 느끼지 않았던 것은 삼국의 영토가 국사 교과서의 지도처럼 나뉘어 있었다는 생각이 강한 선입견으로 작용한 결과였다. 그런데 김제에서 서해안 쪽으로 나가는 교통로 상에 신라와 연관되어 나타나는 장소가 또 있다. 선운사禪雲寺이다. 이는 곧 이 사찰의 개창에 신라의 진흥왕이 관여했다고 전하는 것이라 할 수 있다.

정조 18년(1794)에 임우상林雨相이 기술한 『도솔산선운사창수승적기兜率山禪雲寺創修勝蹟記』에 의하면, 신라 진흥왕이 말년에 속세를 떠나 법명을 법운자法雲子라 일컬으며 도솔 왕비, 중애重愛 공주와 함께 지금의 진흥굴에 와 기도를 했는데, 어느 날 미륵삼존불이 바위를 가르고 나오는 꿈을 꾸고 감응해 진흥굴 윗산에 중애암을, 만월대 아래에 도솔암을 각각 세우고 영생을 기원했다고 한다. 『삼국사기』 등 사서에는 없는 이야기이고, 도솔과 중애도 기록에서 확인되지 않는 인명이다. 그래서인지 다른 전승傳承에서는, 부처님의 계시를 받은 진흥왕이 국사國師인 의운화상疑雲和尙을 보내 선운사를 개창한 것이라거나, 의운화상이 진흥왕의 후원으로 대참사大懺寺를 창건했는데, 이것이 곧 나중의 선운사라는 식의 이야기로 두루뭉술하게 윤색되기도 하였다. 그렇지만 의운이란 승려 역시 다른 기록에서는 보이지 않는다.

그렇다면 서해 연안의 선운사 창건과 관련하여, 누가 봐도 허구라고 생각하기 쉬운 신라의 진흥왕을 지목하면서 역사에 전하지도 않는 인명까지 만들어 꾸며댄 셈인데, 일개 사찰의 연기 설화를 군이 이렇게까지 거창하게 날조하고, 이를 후대에 전한 배경이나 이유가 무엇일까? 실제로 이 지역이 신라의 관할하에 있었고, 이는 삼국의 영토가 서로 얽히며 교통로를 따라 뻗어나간 형세로 이루어진 데서 기인하는 현상이 아닐지 신중히 검토해볼 여지가 있겠다. 고대사 관련 자료는 워낙 드물고 단편적이어서 어느 하나라도 소홀히 보아 넘기지 않고 꼼꼼히 살피며 이리저리 따져보는 자세가 필요하다.

신라가 "서쪽으로 백제와 이웃하고 남쪽으로는 가야와 접경하였다(西隣百濟 南接加耶).", (『삼국사기』 권1, 「신라본기」 1, 파사이사금 8년 7월)고 하는 등의 기사를 지금의 국경선처럼 이해하여 자칫 혼선을 일으키기 쉬우나, 삼국 사이에 오늘날과 같은 매끈한 선형線形의 국경이 형성되어 있었던 것처럼 생각하면 안 된다. 그리고 그 국경에 무언가 장애물이 설치되고 군사가 이를 지키고 있었던 듯 여겨선 곤란하다. 국경은 서로 넘나들고, 군사는 거점 지역에만 배치되어 있었을 뿐이다.

백제의 영토 확장과 신라

『삼국사기』는 기원후 63년, 백제 다루왕多婁王(28~77)이 낭자곡성娘子谷城(충북 청주)까지 와서 신라 탈해왕에게 지경을 다시 정하기 위한 회담을 요청했으나 탈해왕이 이에 응하지 않았다고 서술하였다. 이로부터 3년 뒤에 백제는 신라의 와산성蛙山城(충북 보은)을 공격해 빼앗았다고 한다. 백제와 신라는 이때부터 와산성을 빼앗고 뺏기는 치열한 싸움을 계속하였다.

그러나 많은 이들이 이런 『삼국사기』의 기록을 믿지 않는다. 63년이면 한강 유역에서 백제가 발흥한 지 얼마 지나지 않은 시기인데, 내부 체제를 제대로 정비하기도 전에 과연 소백산맥 근처까지 영토를 넓힐 수 있는 여력이 있었겠냐고 의심하기 때문이다. 하지만 이는 당시의 실정을 잘 몰라서 생긴 오해에 불과하다. 삼국이 어떻게 성립하였고, 또 그 영토의 확장이 어떤 형태로 진행되었는지에 대해 기존의 이해 체계 전반을 전면 다시 점검할 필요가 있다.

먼저 확실히 알아두어야 할 것은, 신라, 고구려, 백제 삼국의 국가 발전이 정복을 통해 이루어진 형태가 아니라는 사실이다. 사람들은 흔히, 신라는 경주慶州의 사로斯盧, 고구려는 환인桓仁의 졸본卒本, 백제는 한성漢城의 십제十濟라는 소국에서 출발했고, 이들 소국이 각각 그 주변의 다른 소국들을 차례로 정복하여 발전해나감으로써 고대국가로 성립한 것이었다고 알고 있다. 삼국이 정립하기에 앞서 삼한 시절이 있었다는데, 그 삼한 가운데 진한 12국 중 하나로 사로국, 마한 54국 중 하나로 백제국이 보이니, 이들이 각각 진한과 마한의 다른 소국들을 점차 정복해나간 결과 마침내 신라, 백제로 발전한 것이 아니고 무엇이겠냐고 생각하기 때문이다. 그러나 국가로 발전하면서 지배층을 편제해나간 과정이 그대로 반영되어 나타나는 관등제와 신분제를 면밀히 살펴보면 이와 같은 생각이 근본적으로 잘못된 것임을 알 수 있다.

정복을 통해 고대국가로 발전했으리라는 종래의 인식이 맞다면, 삼국의 신분제는 정복한 세력을 그 크기에 따라 몇 단계의 등급을 두어 차등 있게 편제한 형태로 나타나야 마땅하다. 그렇지만 그 한 예로 신라의 골품제를 분석해보면, 신라의 지배층은 '골骨'층과 '두품頭品'층이라는 두 신분층으로 양분되어 있었음이 드러난다. 이 중 두품층이 6두품, 5두품, 4두품으로 나뉘어 마치 각기 다른 신분인 것처럼 보이지만, 정작 이들은 신분이 아니었다. 두품의 등급은 개인의 능력이나 공로에 의해 취득되는 것이었기 때문이다. '두품' 그 자체만이 신분이었을 뿐이다. 반면, '골'은 소국의 왕인 '칸(干)'과 그 친족들을 일컫는 개념으로써 '두품'과 달리, 능력이 아니라 그 말 뜻 그대로 뼈, 곧 혈통으로 계승되고 유지되는 신분이었다. 그리하 여 신라는 이런 신분 편제를 토대로 지배층의 정치적 진출을 보장하 고 제한하는 관등제를 구비하였다. 신라 관등제에서 관등의 이름이 무슨 무슨 '칸'이라고 부른 급간級干 이상의 간군관등干群官等과 '간' 이라고 부르지 않은 나마奈麻 이하의 비간군관등非干群官等으로 양분 되어 나타나는 이유가 여기에 있다.

신라의 신분제와 관등제가 기본적으로 이분 구조를 이뤘다는 사 실은 신라가 국가로 성립할 때, 신라의 형성에 참여한 소국의 '칸'과 그 혈족을 그 세력의 규모와 상관없이 동등하게 '골' 신분으로 편제 하고, 소국의 관료는 그가 속했던 소국의 크기와 무관하게 단지 개 인의 능력과 공로에 따라 등급을 두어 '두품' 신분층으로 편제하였 음을 뜻한다. 신라는 진한제국辰韓諸國 중 하나가 나머지를 차례로 정 복해 이룬 국가가 아니라, 처음부터 진한 소국들이 상호 동등한 위 치에서 연합함으로써 출범한 국가였던 것이다.

『삼국사기』에 '진한6부' 사람들이 혁거세를 거서간으로 삼고 신 라를 세웠다고 기록한 것도 이런 국가 형성 구도를 전한 내용이다. 처음에는 6국이 진한을 이뤘다고 하는데, 이들 진한6국이 결합하 여 그대로 하나의 국가체로 전화轉化한 것이었다. 이후로 '신라'와 '진한'이 동의어처럼 쓰인 연유가 여기에 있다. 이런데도 '진한6부' 를, 기록에 보이지도 않는 '사로6촌'으로 재해석해 멋대로 이해하 고, '사로6촌'으로 구성된 사로국이 주변 소국을 정복해나간 결과 3~4세기에 이르러 신라로 발전한 것이었다고 주장한다면 이는 억지에 불과하다. '사로6촌'은 어느 사료에도 보이지 않는 허구의 개념일 뿐이다.

연합을 기축으로 국가를 이루고 발전하기는 백제나 고구려의 경우도 마찬가지였다. 한강 하류에서 성립한 백제가 단기간에 소백산맥 부근까지 진출한 것으로 나타나는 것은 주변의 많은 소국이 백제 연합에 대거 가담해 들어왔기 때문이다. 백제가 처음엔 십제에서 출발했다는 일설—說의 전언을 통해, 백제에 가담해온 소국이 급격히 증가하던 상황을 대략 엿볼 수 있다. 백제왕은 이 소국 연합정권의 '길지' 곧 '기자'였고, 이후 백제의 영토 확장은 주로 여러 소국이 백제의 '길지'에 복속해 들어옴으로써 이루어졌던 것이다. 정복이 아니라, 소국들이 주체적으로 백제라는 연합정권에 참여해오는 형태로 영토가 확장되었다.

백제를 구성하는 데 참여해온 소국은 단지 마한에 속한 소국들에 국한되지 않았다. 다루왕이 청주 부근까지 와서 신라 탈해왕에게 국경의 획정 문제를 논의하자고 했다는 기록과, 변진에서 백제가 나왔다는 최치원의 전언을 종합해보면, 남한강 유역에서 진한 소국과 잡거의 형세를 이루던 변진 소국의 적잖은 수가 백제에 편입되었던 것으로 추정된다. 백제가 정복을 통해 영토를 확장해나갔다고 여기면서, 그 정복 활동은 단지 마한 소국을 대상으로 해서만 이루어졌던 것처럼 생각해온 것 자체가 무리한 상정이었다.

다만 백제의 지배세력 편제는 신라의 경우와 다른 형태로 진행되었다. 이를테면 마한 자체가 백제로 전화한 것이 아니었던 데서 온 차이인 셈인데, 이러한 사정이 백제의 16관등제에 그대로 반영되어 나타난다. 신라의 관등명이 간군 관등과 비간군 관등으로 양분된 것과 달리, 백제의 경우는 최고위에 국가 정무를 분야별로 나누어 맡은 좌평佐平이 있고, 그 밑에 솔率, 덕德, 독督을 칭한 관등과 좌군佐軍·진무振武·극우剋虞로 각각 독자의 관명을 칭한 관등이 차례로 계서階序를 이루도록 구조화되어 있었다. 백제에선 관등과 관직을 따로 분리하지 않은 채 관등만으로 관직의 직무와 위계를 나타내었으므로 다소 복잡하긴 하지만, 기본적으로 그것이 백제를 구성한 각 소국의 수장층과 관료층을 편제한 형태라는 점에서는 다른 나라의 경우와 다를 바 없다. 그런데 관등을 이룬 통치층의 성격이, 명호를 달리한 데서 드러나듯 적어도 다섯 부류로 나뉘어 있었던 것이다. 관료층이 포함되어 있다고는 하지만, 이는 수장층이 서로 대등한 위치에서 백제에 참여한 것이 아니라 몇 단계의 등차를 인정할 수밖에 없는 처지에서 편제된 것이었음을 의미한다. 백제의 영토 확장이, 크기와 성격이 다른 여러 등급의 세력들을 편입하는 형태로 진행되었다는 뜻이다.

마한의 변방에서 백제가 처음 일어났을 때, 마한에는 기존의 진왕이 있었고, 다른 여러 지역에서는 각기 그곳의 소국 몇몇이 연맹하여 독자적으로 '길지'를 내세우고 신흥 세력으로 부상하고 있었다. 형세가 이러하였으므로 백제의 영토 확장은 당연히 개별 소국뿐 아니라 한 무리의 소국을 아우른 '길지'를 편입하는 형태로 이루어질 수밖에 없었다. 다수의 소국들이 한꺼번에 편입되었고 그 규모 또한 다양하였다. 따라서 백제의 영토 확장은 그만큼 급속히 진행될 수 있었고, 또 그 지배층의 편제는 규모와 성격이 다른 세력들을 등급의 차등을 두어 재조직하는 방식으로 다소 복잡하게 추진되었던 것이다. 무엇보다, 일개 소국을 이끄는 '한韓(干, 加)'급 수장과 이들 몇을 아우른 '길지'급 수장을 동등하게 대우할 수는 없는 일이었을 것이다.

백제는 처음에 한강 북안北岸에 도읍을 정하고 건국하였으므로 북방 및 동방의 말갈, 낙랑과 자주 충돌하였다. 『삼국사기』 「백제본기」에 의하면, 백제 사람들은 북방에 말갈이, 동방에 낙랑이 있다고 인식했던 것으로 나타난다. 지금의 예성강 유역까지 말갈 세력이 내려와 있고, 북한강 중·상류 지역은 낙랑에 의해 장악되어 있었던 게 당시의 형세였던 것이다. 신생의 백제가 낙랑·말갈의 침입을 효율적으로 막아내고 있었던 사실은 주변의 소국들이 백제에 가담해 들어오게 되는 결정적 배경으로 작용하였다.

백제는 기원전 5년에 한강 남안南岸으로 도읍을 옮겼다. 이에 앞서 온조왕은 '마한'으로 사신을 파견해 천도와 관련한 사실을 통보하고 강역을 그어 정했다고 한다. 천도와 관련해 사전 양해를 구할 정도였으니 이때만 해도 '마한'의 영향력이 여실하였다고 하겠으나, 백제가 주장한 영역이 북쪽으로 예성강, 동쪽으로 춘천, 남쪽으로 금강 유역에 걸칠 만큼 이미 방대하였다. 기원후 9년, 백제는 결국 '마한'을 쳐서 멸망시켰다. 마한의 국읍이 무너진 후에도 일부 세력이 굴복하지 않고 항거했으나 기원후 16년에는 모두 평정되었던 것으로 전한다. 이후 『삼국사기』에는 '마한'에 관한 기록이 전혀 보이지 않으며, 이 무렵부터 신라와 본격적으로 국경 다툼을 벌이기 시작한 것으로 나타난다.

그런데 중국의 사서인 『삼국지』 한전에는 3세기 후반까지도 마한이 존재했고 목지국에 진왕이 있다고 기록했다. 많은 이들이 『삼국사기』 「백제본기」의 초기 기사를 믿을 수 없다고 여기게 된 연유와 근거가 여기 있다. 게다가 나주시 반남면 및 다시면 일대에서 이 지

사진 17 독특한 양식의 대형 옹관묘(영암 월송 출토)

역에서만 볼 수 있는 독특한 양식의 대형 옹관묘가 6세기 초까지 남아 있었던 사실이 확인되면서, 마한 세력이 백제에 완전히 병합된 것은 아무리 일러도 4세기 이후의 일이었으리라고 추정하는 것이 합리적이라는 생각이 더욱 그럴듯하게 받아들여졌다. 기원후 9년에 마한이 멸망했다는 『삼국사기』의 전언은 당치않은 얘기라는 것이다.

그러나 나주의 향토색 짙은 고분이 마한 사람들에 의해 축조된 것

사진 18 일본 요시노가리 옹관묘

이라고 단정한 것부터 근거가 희박한 발상이다. 『삼국지』한전 마한조馬韓條에 보이는 불미국不彌國이 지금의 나주 일원에 있었다고 짐작해 정하고 반남 고분군과 다시면多侍面 복암리 고분군을 마한 불미국의 소산으로 추정한 것인데, 추측을 거듭하여 확실치 않을뿐더러 개

연성을 인정하기도 어렵다. 이보다는 오히려, 마한의 중심 세력이 자리 잡았던 곳부터 진한 지역에 이르기까지 널리 분포한 분묘들과 그 양식 및 계통이 다르다는 점에 주목하고, 이는 이들 분묘가 마한, 나아가서 삼한 사람들이 조성한 것이 아니라는 뜻이라고 이해하는 게 더 합리적이다. 삼한이 북방에서 내려오기 전부터 한반도 서남부에 거주하던 토착세력, 곧 가야를 형성한 세력의 일부가 백제에 의해 병합된 이후에도 뒤늦게까지 자신의 장묘葬墓 문화를 유지한 흔적일 뿐일 가능성이 큰 것이다. 그리고 『삼국지』 한전 기사에 근거하여 『삼국사기』 초기 기록을 무조건 부인하려는 태도도 바람직하지 않다. 그보다는 『삼국지』 기사의 신뢰성을 의심해보는 것이 논리적 사고의 순서이겠다. 한반도에 다녀간 적이 없어 실제 사정을 제대로 알 길이 없었을 진수가, 집필 시기도 분명하지 않은 앞 시대의 서적을 내용의 고증도 없이 그대로 편찬한 것이 『삼국지』 한전이기 때문이다. 전면적으로 다시 생각해볼 필요가 있다.

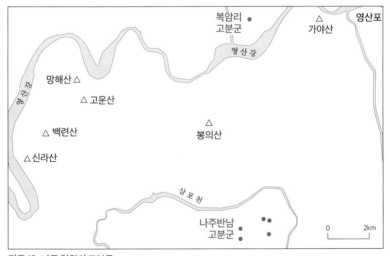

지도 13 나주 일원의 고분군

기원후 63년, 백제의 다루왕이 신라 탈해왕에게 국경 문제에 대한 논의를 제안했다가 거절당한 후 백제와 신라의 영토 다툼은 소백산맥을 사이에 두고 매우 치열하게 전개되었다. 그러나 4세기에 이르기까지 전선은 크게 움직이지 않았으며, 낙랑이나 말갈, 고구려와의 충돌 등 북방 정세의 변화에 대응하여 양국 간에 간헐적으로 화친이 이루어지기도 하였다.

신라의 소백산 이남 고구려 영토 장악

1978년 초에 충청북도 단양에서 발견된 신라 적성비는 진흥왕 때 건립된 것으로, 고구려가 다스리던 이 지역을 이사부異斯夫를 비롯한 신라 장군들이 출정해 차지한 후, 자신들을 도운 현지 통치층을 왕명으로 포상한 내용을 담고 있다. 그리고 1985년 초에는 경상북도 영주시 순흥면 읍내리에서 벽화가 그려진 고구려 양식의 굴식 돌방무덤이 발견되었는데, 그 남벽에 '기미己未'로 시작되는 먹으로 쓴 명문이 있었다. 이 기미년이 정확히 언제인지는 잘 알 수가 없는 형편이어서, 419년부터 479년, 539년까지 여러 가능성이 제안되었다.『삼국사기』지리지를 살펴보면, 순흥은 본디 고구려 급벌산군及伐山郡이었다가 신라로 편입된 땅이라고 전해진다.

그러니까 신라는 6세기 중엽에 죽령竹嶺을 넘어 단양 지역에까지 진출했고, 이에 앞서 그것이 언제인지 분명하지 않지만, 그동안 고구려의 지배 아래 있던 영주-안동-청송-영덕-울진을 잇는 교통로와 그 주변 지역을 차지했는데, 이 지역에선 신라로 편입된 뒤에도 한동안 고구려의 장례 문화가 그대로 남아 행해지고 있었던 셈이다. 그렇지만 신라의 영토가 소백산맥에 이른 것이 5세기 말의 일이었던 것은 아니었다. 앞서 살폈듯, 고구려와 백제의 교통로가 영남 지역에까지 뻗어 있었으나 이들 교통로를 벗어나면 그곳은 신라의 영토였다. 신라 관할의 영역은 건국 당초부터 소백산맥 부근에 이르고 있었던 것이다.

『위략』에 의하면 기원후 20~23년 사이에 진한의 우거수右渠帥(소국의 왕이 맡고 있던 진한의 직책)인 염사치廉斯鑡란 사람이 낙랑에 투항했는데, 벌목하러 나왔다가 붙잡혀 사역을 당하고 있던 호래戶來라는 한인漢人을 도중에 만나 함께 낙랑에 이르렀다고 한다. 이 이야기가 상세하질 않아 구체적인 정황을 잘 알 수 없으나, 벌목 나온 한漢나라 사람들을 붙잡아다 강제로 일을 시킨 주체가 진한으로 나타나는 사실은, 1세기 초의 신라 영역이 소백산맥을 넘어 낙랑 근처에까지 뻗어

사진 19 1978년 초 충청북도 단양에서 발견된 단양 신라 적성비(국보 198호)

있었을 가능성마저 다분함을 시사하는 하나의 사례라 하겠다. 이와
관련해서는 좀더 후기의 일이지만, 413년에 신라가 평양주平壤州의
큰 다리를 새로 완성했다고 한 『삼국사기』 기록도 주목할 필요가 있
다. 지금까지는 이를 터무니없는 내용이라 여겨 무시해왔지만, 무턱
대고 부인해도 좋은 기록이 아니다.

 이 시기의 실상이 이러하였으므로 예컨대 안동 지역 같은 경우는,
고구려의 지배와 보호를 직접 받으면서도 한편으론 인근에 있는 신
라 군사력의 위협에 직면해 늘 불안을 느끼며 살 수밖에 없는 처지
에 있었다. 이들에게는 신라와의 친선 관계 유지가 무엇보다 중요한
일이고 과제였을 것이다. 실제로 신라 파사이사금 5년(84) 여름 5월
에 고타군주古陁郡主가 청색의 소를 바쳤다고 기록되어 있는데, 이 기
사는 이런 맥락에서 이해되어야 할 내용이다. 5~6세기 무렵까지 영
주 일대가 고구려의 영향을 벗어나지 못하고 있었던 사실로 미루어,
고구려 교통로상에 있던 안동의 고타군이 1세기 후반에 이미 신라
의 군郡으로 편제되어 있었다고는 말할 수 없을 것이다.

 『삼국사기』는 영주가 본디 백제 땅이었다가 파사이사금 때 신라
로 편입되었다고 기록한 반면에, 『세종실록』은 고구려 땅이었다가
신라로 넘어온 곳이라고 하여 전언이 서로 엇갈린다. 이런 혼선은
삼국이 이 지역에서 서로 복잡하게 얽혀 치열하게 각축하였음을 웅
변해주는 일면이겠다. 늦은 시기에까지 고구려의 장례 문화가 유지
된 사실로 보아, 신라가 이곳을 파사이사금 때부터 장악한 것이 사
실이라 하더라도 그것은 영주 일대의 모든 지역을 완전히 통제한 것
이 아니었거나 그 지배가 대단히 느슨한 형태로 이루어지고 있었다
고 봐야 할 것이다.

신라 사람들은 자기가 낙랑에서 내려온 사람의 후예라는 역사 인식을 지니고 있었다. 낙랑 사람들을 '우리 남은 사람'이란 뜻으로 '아잔阿殘'이라 불렀다고 하니, 고조선 유민으로서의 역사 인식이 매우 강하였음을 넉넉히 짐작할 수 있다. 따라서 낙랑을 장악한 고구려를 신라가 친근하게 여길 것은 인지상정이었다고 하겠다. 집권하였지만 왕권이 아직 안정되지 않아 군사의 주력을 석昔씨 및 박朴씨계의 옛 왕족을 견제하는 데 활용하고 있었으므로 왜倭의 침입을 받고서도 즉각 반격에 나서기 곤란했던 김씨 나물이사금奈勿尼師今(재위 356~402)이 고구려에 구원을 요청한 것은 뜻밖의 일이 아닌 셈인 것이다.

이때 신라의 구원 요청을 받은 고구려의 왕이 광개토대왕廣開土大王(재위 391~413)이었다. 광개토대왕으로서는, 신라의 중심부까지 고구려 군사력을 진출시키려면 적잖은 인명 피해를 감수해야 할 상황인데 신라가 국경을 열고 무장을 풀어 고구려 군대를 초빙하였으니, 나물이사금의 청병請兵은 불감청고소원不敢請固所願('감히 청하지 못하였으나 진정으로 바라던 바'라는 뜻으로, 『맹자』 공손추 편에 나오는 말)의 일이었겠다. 그러나 파병은 국내외의 복잡한 정세 변화를 동반하는 일이었으므로 광개토대왕은 이에 따른 득실을 나름 충분히 따져보지 않을 수 없었을 것이다. 그리고 파견되는 병력의 안전을 무엇보다 최우선으로 고려했겠다. 왜군의 주무기가 도검刀劍인 반면 고구려군의 주무기는 기병과 궁노弓弩이므로 왜군을 격파하는 것은 그다지 어렵지 않은 일로 판단했을 공산이 크다. 또 왜를 물리친 뒤에도 고구려가 금성金城(경북 경주) 인근에 병력을 주둔시킬 수 있다면 이를 근거로 고구려가 신라의 내정에까지 간섭할 여지마저 생길 터였다.

광개토대왕은, 스스로를 낮춰 고구려왕의 지시를 받는 존재라는 뜻의 '노객奴客'이라 일컬으며 사신을 보내 구원을 요청해온 나물이사금의 뜻을 받아들여 보기步騎(보병과 기병) 5만을 파병하였다. 고구려군은 단지 왜군을 격퇴하는 데 그치지 않고, 내친 김에 가야와 백제까지 쳐서 신라의 골칫거리를 모두 해결해주었다. 그리고 왜가 또 쳐들어오면 물리쳐주기 위해서라는 구실을 내세워 자위적 군사행동이 가능한 최소한의 군대를 경주에 잔류시켰다.『일본서기』웅략기雄略紀에, 고구려왕이 군사 백 명을 신라로 파견해 지켜주었다고 되어 있는데, 이때 잔류한 군대의 규모를 말해주는 내용이 아닌가 여겨진다. 고구려는 이들 군대의 안전을 보장하기 위해 신라에 인질을 요구했고, 나물이사금은 동서同壻인 실성實聖을 볼모로 보냈다.

경주 시내 한복판의 돌무지덧널무덤에서 "을묘년국강상광개토지호태왕호우십乙卯年國岡上廣開土地好太王壺杅十"이라는 명문이 새겨진 항아리가 나왔는데, 을묘년이라면 장수왕長壽王(재위 412~491) 3년(415)이다. 아들인 장수왕이 아버지 광개토대왕을 제사하기 위해 특별히 제작한 항아리가 신라의 수도 한복판에 조성된 왕릉급 분묘에서 발견된 것이다. 이 특별한 항아리가 이곳에 묻히게 된 경위를 자세히는 알 수 없으나, 적어도 이것이 당시 신라와 고구려의 밀월 관계를 간접으로 말해주는 증거임은 분명하다.

하지만 이 밀월 관계의 실상은 고구려의 신라 내정에 대한 깊은 간섭이었다. 나물이사금이 죽자 고구려가 적극 나서서 그간 볼모로 와 있던 실성을 본국으로 돌려보내 왕위에 오르게 했다든가, 집권한 실

사진 20 호우(왼쪽)와 그 바닥의 명문(오른쪽)

성이사금實聖尼師今(재위 402~417)이 고구려의 요구를 무시하고 인질로서의 가치가 거의 없는 선왕의 아들 눌지訥祗를 볼모로 보내자 눌지를 부추겨 실성을 제거하게 한 것 등이 그 단적인 예이다. 신라의 왕위 계승 문제에까지 고구려가 관여한 것이었다. 금성에 주둔한 고구려군이 왜의 재침을 억제하는 기능을 수행했던 것은 사실이라 하겠지만, 동시에 신라의 내정에 관한 정보를 수집하고 지배세력을 배후에서 조정하기도 했음을 알 수 있다. 이런 상황에서 신라의 발전 여부는 고구려의 통제로부터 여하히 벗어나 독립국가로서의 면모를 회복할 것인가 하는 문제에 달리게 되었다.

눌지는 6부 칸들의 심의와 추대를 거쳐 공립共立된 이전의 '이사금'들과 달리 정변을 일으켜 스스로의 힘으로 실성을 제거하고 왕위에 오른 후 '마립간麻立干'을 칭하였다. '마립간'은 '마리 > 머리'에서 기원한 용어로서, 일반 칸들과 뚜렷이 구별되는 거룩한 자리에 있는 칸이라는 뜻을 지닌 위호이다. 눌지는 '마립간'을 칭함으로써 자력으로 왕위에 오른 존재라는 점에서 이전의 왕들과 성격이 다르다는 점을 강조했던 셈이다. 그리고 아버지 나물이사금에게도 이 위호位號를 헌정하였다. 신라 최초의 마립간이 『삼국사기』에는 나물로 나오는 반면, 『삼국유사』에는 눌지로 되어 있는 이유가 여기 있다.

광개토대왕에 이어 왕위에 오른 장수왕은 수도를 평양으로 옮기고(427) 백제를 압박하기 시작하였다. 평양 천도의 배경에는, 이에 앞서 약 반세기 전에 증조부 고국원왕이 평양으로 쳐들어온 백제 근초고왕을 맞아 싸우다가 전사한(371) 일에 대한 보복의 심리도 놓여 있었다고 여겨진다. 장수왕은 고구려가 장악한 남한강 중류의 충주 지역을 거점으로 하류의 한성을 공략할 기회를 호시탐탐 엿보았다.

고구려의 이러한 동향은 신라에게도 큰 위협이 되었다. 눌지마립간訥祗麻立干(재위 417~458)은 비록 고구려의 도움으로 집권하였지만, 그 영향으로부터 벗어나 독자적으로 살아나갈 방책을 적극 모색하였다. 그럴 때 마침 백제의 비유왕毗有王(재위 427~455)이 서로 동맹을 맺고 고구려의 침입에 공동으로 대응하자는 제안을 해왔으므로

사진 21 충주 고구려비. 비문이 많이 마멸되어 읽기 어려워 내용을 둘러싸고 여러 견해가 엇갈리고 있다. 최근 이 비에서 '영락 7년'(397)이란 명문을 읽어 이 비를 세운 이가 광개토대왕이었을 가능성이 제기되었다.

이에 화답해 나제동맹을 체결하였다.(433) 그리고 소백산맥 이남에 있는 고구려 교통로를 공격해 완전히 손아귀에 넣었다. 450년에 고구려의 한 장수가 실직悉直(강원도 삼척) 근처에서 사냥하자 하슬라何瑟羅(강원 강릉)의 성주城主 삼직三直이 그를 살해하는 일이 일어났는데, 이는 당시 고구려와 신라 사이에 그동안 일어난 영토의 변화에 대해 서로 생각이 달랐음을 시사하는 사건이다. 5세기 중엽에 이르러서는 동해안에서 강릉 이남의 땅이, 내륙에서 소백산맥 이남의 땅이 거의 대부분 신라의 영토로 편입되었다.

2. 고구려 소수림왕에 이어
광개토대왕이 위업을 이루다

광개토대왕릉비의 발견

고구려 국내성이 있던 현재 중국의 길림성 집안시 통구通溝에는 높이가 6.39m에 달하는 거대한 4면비四面碑가 세워져 있다. 비신碑身의 네 면에는, 제1면 11행, 제2면 10행, 제3면 14행, 제4면 9행에 각 행 41자(제1면 6행만 39자)씩 총 1,802자의 문자를 음각하였는데, 글씨의 간격을 고르게 만들기 위해 모눈종이처럼 칸을 나누어놓았다. 이것이 저 유명한 광개토대왕릉비이다. 광개토대왕의 이름은 담덕談德이며, 묘호는 국강상광개토경평안호태왕國岡上廣開土境平安好太王이고, 생존 시의 칭호는 영락대왕永樂大王이었다.

이 비는 광개토대왕이 죽고 2년 뒤인(광개토대왕의 사망 연도가 비문에는 412년으로, 『삼국사기』에는 413년으로 다르게 나타난다) 414년(장수왕 2년)에 세운 것으로, 고구려가 망한 후 이끼로 뒤덮여 역사의 그늘 속에 숨어 있다가 1880년경에 다시 세상에 그 모습을 드러

사진 22 광개토대왕릉비(1913년 촬영). 37톤의 비신이 받침돌 없이 흙 위에 서 있다. 원래 아무렇게
나 쓰러져 있던 비석을 마을 사람들이 세운 것으로 보이며, 장소도 약간 이동했을 것으로 보인다.

냈다. 청淸의 강희제康熙帝(1661~1722) 때인 1677년부터 만주봉금정책滿洲封禁政策(만주족의 발상지에는 만주족 이외의 타종족은 출입할 수 없도록 금지한 조처)이 시행되었으므로 그 영내에 들어 있는 이 비를 체계적으로 조사하기가 어려웠던 까닭에, 그동안에도 이곳에 큰 비석이 있다는 사실은 알고 있었지만 그것이 정작 광개토대왕릉비인 줄은 까맣게 모른 채 여진족이 세운 비석쯤으로 여기고 지내다가, 이때 비로소 그 정체를 알게 된 것이었다.

지도 14 광개토대왕 때의 고구려 판도

이 비는 광개토대왕의 위대한 업적을 기리기 위해 세운 것이었으므로 비문에는 그 위업의 구체적인 내용이 자세히 적혀 있다. 주된 업적은, 시호의 뜻 그대로, 나라의 영토를 널리 개척한 일이다. 고구려는 광개토대왕 때 역사상 최대의 판도를 이룩했다. 뒤이어 즉위한 장수왕이 남진하여 백제와 신라 땅을 빼앗아 남쪽 국경을 더 넓혔지만, 북방 영토를 확장한 것은 광개토대왕 때의 일이었다. 비문에 따르면, 광개토대왕의 재위 기간에 64곳의 성城과 1,400곳의 촌村을 공격해 차지했다고 한다. 그리하여 서로는 요하遼河에, 북으로는 개원開原-장춘長春-영안寧安을 잇는 선까지, 동으로는 두만강 하류의 북간도 혼춘琿春에, 남으로는 임진강 유역에 이르는 넓은 영토를 개척하였다. 고구려가 후연後燕을 격파하여 요동을 차지하고 숙신肅慎을 복속시킴으로써 만주 땅의 주인공이 된 것이다. 그래서 우리는 고구려의 가장 위대한 왕으로 서슴없이 광개토대왕을 꼽는다. 그러나 광개토대왕의 위업은 갑자기 이루어진 것이 아니다. 앞 시기의 왕들이 국가의 기반을 착실히 다져놓았기 때문에 비로소 가능했던 웅비雄飛였다.

소수림왕의 집권과 광개토대왕의 활약

고구려는 이미 3세기부터 대외적인 팽창 사업에 주력해오고 있었다. 중원이 위·촉·오 삼국으로 나뉘어 패권을 다투는 틈을 타서 영토를 확장하려 한 것이었다. 3세기 초 위나라와 고구려 사이 요동 지역에는 공손씨 세력이 일어나 독자적인 행보를 보이고 있었는데, 동천왕東川王(재위 227~248)은 위의 골칫거리이기도 했던 공손씨 세력을 제거하고 요동을 손아귀에 넣고자 하였다. 고구려는 공손씨 세력을 사이에 두고 위와 화친하는 한편, 위 또한 견제하기 위해 오와도 친하게 지내는 이중 외교정책을 썼다.

그러나 고구려를 찾아온 오의 사신이, 자기 나라의 적국인 위와 고구려가 친교하는 데 항의하여, 영접 나온 고구려의 관리 30명을 무례하게 인질로 억류하는 뜻밖의 사건이 일어났고, 이에 국제관계가 급변하였다. 얼마 후 오가 다시 화친의 뜻으로 사신을 보냈으나 고구려의 동천왕은 이들의 목을 베어 위나라에 보내고 오와 단교하였다. 위와 협력함으로써 공손씨에게 압력을 가하려는 조처였다. 그러나 막상 238년에 공손씨가 멸망하고 위와 국경을 직접 접하게 되자 양국의 관계가 급속히 악화되었다. 242년, 촉이 위를 공격한 틈을 타 고구려는 위가 장악하고 있던 서안평을 공격하였다. 그렇지만 위의 유주자사幽州刺史 관구검冊丘儉이 낙랑·대방·현도의 병력을 동원하여 침입해오자 고구려는 이를 제대로 막아내지 못하고 도읍인 환도성이 함락당하는 역경에 처하고 말았다. 동천왕은 247년에, 환도성을 복구할 동안 평양성으로 임시 천도하였다.

고구려가 서안평을 손에 넣은 것은 미천왕美川王(재위 300~331) 때 일이었다. 서안평을 장악한 고구려는 313년부터 낙랑과 대방, 현도를 차례로 정복하여 중국 세력이 한반도의 일에 간섭할 근거를 없앴다. 하지만 미천왕에 이어 즉위한 고국원왕故國原王(재위 331~371) 은 342년에 연태조 모용황慕容皝(재위 337~348)의 침입을 받아 곤욕을 치렀다. 모용황은 자신이 차지한 영역이 춘추전국시대 연燕나라와 겹친다고 해서 제멋대로 국호를 연이라고 정하고 337년에 왕위에 오른 선비족의 수장이었다(모용황이 세운 연은 이 시대에 같은 이름을 가진 나라가 다섯이나 되므로 '전연前燕'이라 불러 구분한다).

고국원왕은 적의 침입에 대응하여 정예병 5만을 북쪽에 배치하고 자신은 약한 군사를 이끌고 남쪽 길을 방어하였는데, 모용황의 주력 부대가 이런 작전의 허를 찔러 남쪽 길로 쳐들어오자 이를 제대로 막아내지 못하고서 패해 환도성을 다시 잃고 말았다. 군사를 잃은 고국원왕은 홀로 쫓기다가 단웅곡斷熊谷에 숨어 간신히 목숨을 건졌으나, 환도성을 점령한 모용황은 고국원왕의 어머니와 왕비를 포함해 남녀 5만을 사로잡고, 곧 미천왕의 능을 파헤쳐 시신을 가져 갔다.

이는 고구려로서 대단한 치욕이 아닐 수 없었다. 그동안 고구려가 피 흘려 개척한 영토를 잘 유지하고 새롭게 도전해오는 세력에 효율적으로 맞서기 위해서는, 무엇보다 내부적으로 국가체제를 가다듬어 새로 정비할 필요가 있었다. 하지만 고국원왕은 이런 치욕을 겪고 나서도 국가적 과제를 해결하고 위기를 타개하는 데 소극적이어서 이듬해에 평양 동황성東黃城으로 거처를 옮겼을 뿐 별다른 대책을 강구하지 않았다. 그러다가 그는 결국 371년에, 때마침 임진강 유역을 확보하고 북진하는 백제 근초고왕의 공격을 받아 평양성에서 맞서다 전사하고 말았다. 그리하여 고구려는 더욱 위기에 몰렸다.

이와 같은 절체절명의 시점에 즉위한 이가 바로 소수림왕小獸林王 (재위 371~384)이었다. 소수림왕이 집권하였을 때 그의 주위에 있는 유력한 신하들은 지금까지의 대외 팽창 위주 정책에서 성장해온, 교육받지 못한 무장들뿐이었다. 소수림왕은 아버지 고국원왕이 전사하기까지에 이른 원인이, 외적으로는 외교정책을 제대로 추진하지 못했고, 내적으로는 5부의 귀족 세력이 새로 확보한 영토에 대한 지배권에만 집착하여 이를 둘러싸고 분열한 나머지 서로 갈등을 빚어온 데 있다고 진단하였다. 중국과 정면에서 대결하자면 먼저 백제·신라와 친교를 맺어 남쪽 국경을 안정시키는 외교적 노력을 기울였어야 마땅했고, 또 내부 지배층이 화합하여 총력으로 국가적 위기에 대처해야 했는데 그러지 못했다고 인식한 것이다.

문제점이 많은 종래의 정치 질서와 문화 체계를 그대로 방치한 채 당면한 난제難題를 타개해나갈 수는 없는 노릇이었다. 새로운 정치 질서의 확립이 절실하였다. 하지만 그동안 전투에만 몰두해온 무장들이 이 새로운 질서를 만들어내리라고는 기대하기 어려웠다. 이에 각 분야의 인재를 적극 양성할 필요를 느낀 소수림왕은 서둘러 태학太學을 설립하여 능력 있는 젊은이들을 뽑아 교육하기 시작했다. 그리고 불교를 받아들여 5부의 대가大加들이 저마다 따로 받들고 믿어온 제사와 잡다한 신화, 전설들을 포용·통합함으로써 분열된 귀족 세력의 규합을 꾀하였다. 착한 일을 많이 행해야만 내세에 훌륭한 인간으로 다시 태어날 수 있다는 불교의 윤회사상은 현실의 이익에 집착하는 지배세력의 발호跋扈를 억제하는 데 큰 도움이 되었다.

　그리고 이듬해에 소수림왕이 율령을 반포하여 국가 조직을 정비하고, 뒤이어 백제를 다시 압박할 수 있었던 것은 이러한 일련의 문화정책이 뒷받침됐기 때문이다. 소수림왕은, 먼저 해결해야 할 긴요한 과제가 무엇인지 정확하게 진단하고 정책을 세워 강력히 추진한 현명한 군주였다. 그리고 소수림왕을 이어 즉위한 고국양왕은 백제를 견제하기 위해 신라와 우호 관계를 맺었다. 뒤이어 광개토대왕이 역사에 남는 위대한 업적을 이룰 수 있었던 것은, 앞서 소수림왕 때 기른 인재들이 국가의 주요 기관에 포진하여 나라의 기틀을 제대로 다잡아나갔기 때문에 가능했던 일이다.

3. 광개토대왕릉비문
'신묘년조'를 둘러싸고 논란이 일다

광개토대왕릉비문의 신묘년조와 임나일본부설

광개토대왕의 업적은 그의 능비에 잘 정리되어 나타난다. 이 능비의 비문은 먼저 고구려 건국의 내력을 적고 광개토대왕의 대외 정복 업적을 자세히 소개한 다음, 묘를 관리하기 위해 지정한 수묘인守墓人 연호烟戶를 기록하는 순서로 되어 있다. 대외 정복에 대한 기록 중에는 중국을 쳐서 영토를 넓히고 왜를 격파하여 물리쳤다는 등 다른 데서는 잘 볼 수 없는 내용도 있다. 그래서 중국과 일본이 이 비문을 탁본하고 거기서 자기와 관련된 부분을 찾아 나름대로 역사적 의미를 부여하고 평가해왔다.

일본에서는 사코우 가게노부(酒勾景信, 사코우 가게아키라고도 부름)가 1883년에 가지고 들어온 쌍구가묵본雙鉤加墨本을 토대로 연구가 시작되었다. 제국주의 일본은 청나라에 대한 첩보 수집을 위해 만주로 밀정을 파견했었는데, 사코우는 그중 한 명으로서 일본 참모본부 소속 포병 중위였다. 광개토대왕릉비의 탁본을 처음 접한 참모본부는 비문에서 왜와 관련된 내용에 주목했고, 그중에서도 특히 '신묘년조辛卯年條'로 알려진 부분에 관심을 가졌다. 참모본부는 요코이 다다나오横井忠直를 비롯한 다수의 연구자를 동원해 극비리에 이 탁본을 해독, 해석하기 시작했다. 궁극적인 내용이야 광개토대왕이 왜를 물리쳤다는 이야기지만, 왜가 고구려의 공격을 받게 된 배경과 관련해, 당시 왜가 한반도 남부를 실질적으로 지배하고 있었다는 것을 이 '신묘년조'가 입증해준다고 생각했기 때문이다.

일본인들은 『일본서기』에 보이는 진구황후神功皇后의 한반도 남부 지역 정벌 기사가 실제의 역사 사실이고, 나아가 일본이 이 지역을 실질적으로 장악하고 직접 통치하기 위해 '임나일본부'라는 기구를 설치해 운영했다고 믿고 있었다. 이른바 '임나일본부설'이다. 그런데 이를 사실이라 강변할 근거가 될 것처럼 보이는 구절이 광개토대왕릉비문에서 발견되었으니 일본인들이 반색할 것은 빤한 일이었다.

그러나 왜와 관련된 사실을 적은 문장의 일부가 마멸되어 문맥을 제대로 파악할 수가 없었다. 일제日帝 참모본부가 궁리 끝에 판독한 비문은 다음과 같았다.

> 百殘新羅舊是屬民由來朝貢而倭以辛卯年來渡海破百殘□□□羅以爲
> 臣民

여기서 '백잔'은 백제를 원수처럼 여겨 낮춰 부른 말로 '백제놈' 정도로 해석될 용어일 터이다. 그러니 이 문장은 '백제놈들과 신라는 예부터 우리(고구려) 속민이어서 내내 조공해왔었는데, 신묘년에 왜가……' 같은 내용이 되는 셈이다. 그리고 "라羅" 앞의 글자는 "신新" 임이 거의 확실하고 "백잔百殘"과 "신라新羅" 사이의 두 글자를 잘 읽을 수 없긴 하지만 대략적으로나마 어떤 국명이나 지명으로 보이므로 이를 통해 문맥의 대강을 이해하는 데는 문제가 없을 듯 보였다.

그런데 문제는 사코우가 가져온 탁본이 쌍구가묵본이라는 점이었다. 쌍구가묵본이란, 묵수곽전본墨水廓塡本이라고도 하는데, 비문 위에 종이를 대고 음각된 글자를 눌러, 이때 생긴 자국을 따라 자획字劃의 가장자리를 선으로 그린 다음, 그 이외의 여백을 먹으로 칠해 마치 탁본처럼 만든 모사본을 이르는 말이다. 즉 사코우의 탁본은 이것을 만든 사람이 비문을 뜨면서 얼마든지 자의적으로 고치거나 가필할 가능성이 있는 탁본이었던 것이다. 비문의 내용에 미심쩍은 부분이 있다고 판단한 일제 참모본부는 다른 탁본을 더 확보해 연구에 활용하였다. 그리하여 이들은 해당 부분을 "왜가 신묘년(391)에 바다를 건너와서 백제·□□·신라를 깨뜨려 신민으로 삼았다."는 내용으로 해석하고, 이에 근거하여, 일본은 4세기 한반도 남부에 식민지를 건설했으며 『일본서기』에 나오는 '임나일본부'가 바로 그것이라고 확신했다.

신묘년조를 둘러싼 논의의 추이

일제 참모본부가 광개토대왕릉비문의 판독문과 이런 해석을 공개하자 우리 사학계는, 공개된 판독문判讀文(釋文)이 과연 비문을 제대로 읽은 것인지 확인할 여건이 아니었으므로 이를 그대로 인정할 수밖에 없는 처지에서, 해석 자체에 문제가 있다는 견해를 제시하였다. 광개토대왕릉비는 광개토대왕이 이룬 공훈과 업적을 기리기 위해 세운 것으로서 모든 문장이 광개토대왕이나 고구려를 주어로 삼고 서술되었으므로, '신묘년조' 또한 그렇게 해석해야 마땅하다는 것이었다. 곧 "이왜이신묘년내而倭以辛卯年來"는 삽입 문구로서 동사 "내來"의 주어는 "왜倭"이지만, 뒤에 이어진 "도해파渡海破"의 주어는 전체 문장의 주어인 고구려라고 봐야 옳다. 따라서 이 부분은, "왜가 신묘년에 침범해 와서 고구려가 바다를 건너가 쳐부쉈다."로 해석해야 한다는 것이다.(정인보) 그러나 일제의 관학자들이 주류를 형성한 당시의 학문 풍토에서 이 견해는 잘 받아들여지지 않고 우리 측 학자들에 의해서만 지지될 뿐이었다.

그러다가 점차 쌍구가묵본에 토대한 판독 자체에 오류가 있을 가능성이 제기되었다. 쌍구가묵본은 근본적으로 잘못 읽을 위험성이 있으므로 이런 오독誤讀의 위험성을 배제하고 비문을 정확히 읽어내기 위해서는 정탁본精拓本을 확보해 검토할 필요가 있다. 정탁본이란 비신碑身에 물을 뿌리고 직접 화선지를 붙인 후 정성을 들여 솔로 두드리고 나서 솜방망이에 먹을 묻혀 찍어낸 원래의 정교한 탁본을 말한다. 그런데 광개토대왕릉비의 정탁본을 보면 "이而"자 이후로는 제대로 읽을 수 있는 글자가 거의 없다시피 한 상태인 게 사실이다. 그런대로 읽는다고 하면, 겨우 '而□以辛卯年□□□破百殘□□□羅以爲臣民' 정도가 고작이라는 것이다. 따라서 일제 관학자의 판독과 해석은 자의성이 있는 결과로서 받아들일 수 없다는 얘기였다. 하지만 관학자들은 여러 장의 탁본을 입수하여 다시 검토해봐도 자신들의 판독에 전혀 문제가 없더라는 주장만 반복할 뿐이었다.

그러던 중 1980년대에 들어서면서 비문변조설이 제기되었다. 문제의 '신묘년조'를 임나일본부설 입증의 영구적 증거로 삼기 위해서, 일제 참모본부가 1899년 무렵 비문에 석회를 바르고 원하는 문구를 써넣은 후 탁본을 만들었다는 '석회조작설'이었다. 참모본부가 몇 개의 탁본을 더 확보해 검토했으나 여러 부분에서 사코우의 것과 일치하지 않았으므로, 자기들이 제시한 판독문을 남이 믿게 하려면 글자를 더 그럴듯하게 꾸밀 필요가 있었기 때문에 비문을 조작하게 되었다는 것이다. 그러므로 신묘년조에서 "내도해來渡海"는 애초에 사코우가 변조해 넣은 문구인 만큼 '임나일본부설'의 근거가 될 수 없다고 하였다. 일제 참모본부가 계획적으로 몇 차례 석회를 발라 비문을 훼손하고 원래의 내용을 변조·은폐하였음이 명백한 만큼, 위조된 비문을 놓고 더 이상 왈가왈부할 이유가 없다는 게 이 주장의 요지이다.(이진희李進熙) 참모본부가 비문의 변조에 개입했다는 견해는 일본인 학자인 사에키 아리키요佐伯有淸에 의해서도 표명되었다.

이러한 비문변조설은 매우 설득력 있게 받아들여졌으나, 현지에서 광개토대왕릉비문을 검토한 중국의 학자에 의해 얼마 후 현실성이 없는 이야기라고 부정되었다. 마을 사람들의 증언을 들어보니, 당시에 광개토대왕릉비문 탁본의 수요가 많다는 것을 알고 탁본을 업으로 삼아온 인근의 주민 초천부初天富·초균덕初均德 부자父子가, 더 선명한 탁본을 원하는 수요자의 구미에 맞춰 비면碑面에 석회를 발랐던 것은 사실이나, 일부러 자구字句를 조작할 목적으로 의도적으로 행한 일은 아니었다는 것이다.(왕지엔췬王健群)

초천부는, 이 비가 발견된 후 찾아오는 학자들을 안내하며 탁본하는 방법을 어깨너머로 배운 후, 탁본의 공정을 줄이고 문자도 더 뚜렷이 보이게 만들어 값을 높이자는 심산에서 비면 일부에 석회를 발랐다고 한다. 표면이 고르지 않은 비석에 종이를 붙였다 떼어내면 쉽게 찢어지곤 했으므로 비면을 매끄럽게 만들 필요가 있어 저지른 일일 뿐이라는 얘기다. 또 이들은 더 많은 매상을 올리기 위해, 화선지를 붙일 때 여러 장의 종이를 겹겹이 붙여 한 장씩 차례로 떼어내며 탁본하였으므로 두꺼운 상태에서 이루어진 맨 처음 탁본은 글자가 좀 흐리고 어릿한 반면, 나중 것은 더 진하고 뚜렷한 현상이 생겼고, 이 때문에 탁본의 진위 논란이 일어났다고 하였다.

비문변조설은 이로 인해 근거가 흔들리게 된 셈인데, 그러자 처음 제시된 참모본부의 판독문이 다시 주목되었고, 왜가 바다를 건너와 백제와 신라를 쳐서 신민으로 삼았다는 해석 자체도 틀린 것은 아니라는 견해가 확산되게 되었다. 다만, 그렇다고 해서 이것으로 '임나일본부설'이 입증되었다고 보긴 곤란하다는 게 이전의 견해와 다른 점이었다. 이 비는 광개토대왕의 업적을 어떻게든 크게 부풀려 과시할 정치적 목적에서 세워진 것이므로 여기에 쓰여 있는 모든 내용을 액면 그대로 믿을 수는 없는 노릇이라고 한다. 백제가 고구려를 공격해 그 왕까지 죽이기에 이른 마당임에도 불구하고, 백제를 고구려에 내내 조공해온 '속민'이라 기술하였으니, 이것이 정치적 선전에 불과한 과장된 내용임을 쉽게 알 수 있으며, 같은 맥락에서, 왜가 백제와 신라를 신민으로 삼았다는 얘기도 그대로 신용하기 어렵다는 것이다.(이성시李成市)

비문에 대한 참모본부의 판독과 해석을 그대로 인정하더라도 광개토대왕릉비문이 '임나일본부설'을 입증하는 자료가 될 수 없다는 것은 임나일본부의 성격을 다시 이해하려는 측면에서도 검토되었다. 기록에 보이는 '임나일본부'의 실체는, 왜倭가 한반도 남부 지역을 지배하기 위해 설치한 기관이 아니라, 백제가 왜와의 교역을 원활히 추진하기 위해 설치한 교역 중개 기관이라는 것이다. '임나일본부'는 가야와 왜가 교류를 통해 오랫동안 맺어온 우호 관계에 기초하여, 가야 마지막 시기에 백제와 신라의 압력을 받던 가야연맹 제국이 대가야와 안라安羅로 분열하여 이원 체제를 형성한 상황에서 일시적으로 존재한 기구에 지나지 않았다고 한다.(김태식) 그리고 이에 앞서 북한에서는, 광개토대왕릉비문에 나오는 왜를 백제가 기타큐슈에 세운 분국으로 보고, 신묘년에 왜가 백제를 도와 고구려를 공격한 것은 종주국인 백제에 의해 왜병이 동원되었기 때문이었다고 파악한 견해가 제출되었다.(김석형)

한편, 비문의 판독이 과연 정확한 것인지 다시 살피고 새로운 판독문을 제시하는 연구가 지속적으로 진행되었다. 먼저, "파破"를 잘못 판독한 글자로 보아 "고故"로 고쳐 읽고, '而倭以辛卯年來, 渡海, 故百殘, □□新羅以爲臣民'으로 끊어 읽은 후, 글자가 없어진 부분을 문맥상 "장침將侵" 또는 "욕취欲取"라고 추정하여, "왜가 신묘년 이래로 바다를 건너 백제로 온 까닭에 (왜와 연계한) 백제가 신라를 공격하여 신민으로 삼으려고 하였다."고 해석한 견해이다.(천관우) 그리고 이어서, 비문의 서법書法상 구조를 분석하여 "왜倭"는 "후後"를, "내도해파來渡海破"는 "불공인파不貢因破"를 각각 위작僞作 또는 오독誤讀한 것이라고 지적하고, "백제와 신라는 예로부터 고구려의 속민으로 조공을 바쳐왔는데, 그 뒤 신묘년부터 조공을 바치지 않으므로 (광개토대왕은) 백제·□□·신라를 쳐서 신민으로 삼았다."고 해석한 견해도 제

출되었다. 또한 이 견해는 잘 보이지 않는 '□□' 부분은 '왜구'일 것으로 추정하였다.(이형구)

최근에는, 참모본부의 판독을 그대로 인정한 위에서 한문의 정통 문법구조를 바탕으로 비문을 전면 재해석하는 견해도 제출되었다. 광개토대왕릉비문은 한문 문장의 전형인 사륙변려체四六騈儷體(4자로 된 구문과 6자로 된 구문을 반복해서 배열한 서체)로 쓰여졌으므로 '신묘년조'를 이에 따라 읽어보면, '而倭以辛卯年 來渡□破 百殘□□新羅 以爲臣民'이 된다는 것이다. 이렇게 끊어 읽고 보면, '來渡□破' 부분은 '□破로 건너왔다'는 뜻의 문장이 되어 '□破'가 지명임을 알 수 있고, 또 '□破'처럼 '파'로 끝난 지명으로서 당시 유일한 곳은 '반파(伴跛·叛波)'뿐이므로 왜가 반파로 건너왔던 사실을 기술한 내용으로 봐야 옳다고 한다. '신묘년조'는, '왜가 신묘년에 반파로 건너오자 백제가 그들과 함께 신라를 침략해 신민으로 삼았다'고 해석해야 한다는 얘기다.(최연식)

이상 살핀 것처럼 많은 논의가 있었으나, 누구나 수긍할 수 있는 판독문과 해석이 나온 것은 아직 아니다. 그리고 '임나일본부'의 실체가 무엇인지에 대한 이해도 전면 다시 추구되어야 할 과제로 남아 있다. 백제가 일본으로 파견한 관리들의 경제적 기반을 마련해주기 위해 임나任那 지역에 식읍食邑을 설치하고 이를 관리할 관부官府를 두었는데 이것이 곧 '임나일본부'이며, 백제의 국세國勢가 약해지자 '임나일본부'가 독자적인 활로를 모색하면서 본국인 백제의 통제로부터 벗어나기 위해 신라를 이용하는 움직임을 보이기도 한 것이 아닌지 검토해볼 여지가 있다.

286

4. 신라 나물계 왕족이 진정한 골족임을 내세우다

나물계 왕권의 시작

나물이사금奈勿尼師今 때, 침입해온 왜倭를 자력으로 막아내지 못하고 고구려의 힘을 빌려서야 겨우 물리쳤다고 하니, 이때까지만 해도 신라가 아직 국가체제를 제대로 갖추지 못했던 게 아닌가 여기기 쉽다. 나물이사금은 선왕先王인 흘해이사금訖解尼師今(재위 310~356)이 죽고 뒤를 이을 아들이 없었기 때문에 전왕前王 미추이사금味鄒尼師今(재위 261~284)의 사위 자격으로 물망에 올라 우여곡절 끝에 왕위에 오른 인물이었다. '국인國人'이라 부른 6부 지배층 다수의 지지를 얻어 즉위하긴 했어도 반발하는 세력이 적잖았던 것으로 추정된다. 그가 왕위에 오른 후 지배층 모두의 관등을 한 등급씩 올려주는 이례적 조치를 단행한 것도 이런 사정에 그 이유가 있을 것이다. 지배층의 환심을 얻는 한편 지지와 후원을 앞으로도 계속 유지해주기 바란다는 기대를 담아 취한 조처임이 분명하기 때문이다. 김씨계의 나물이

나물이사금계 왕위 계승도

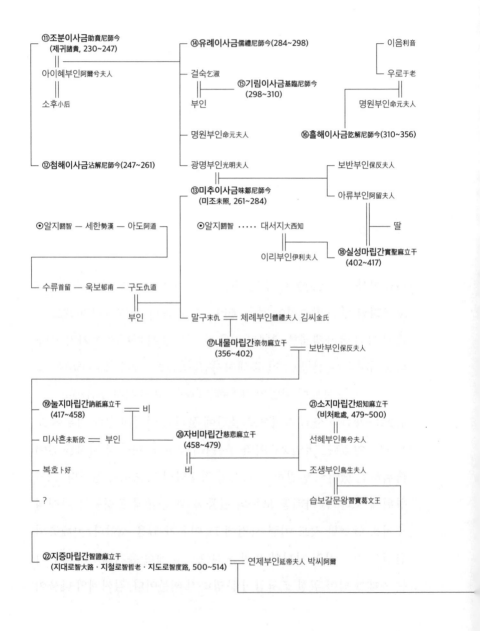

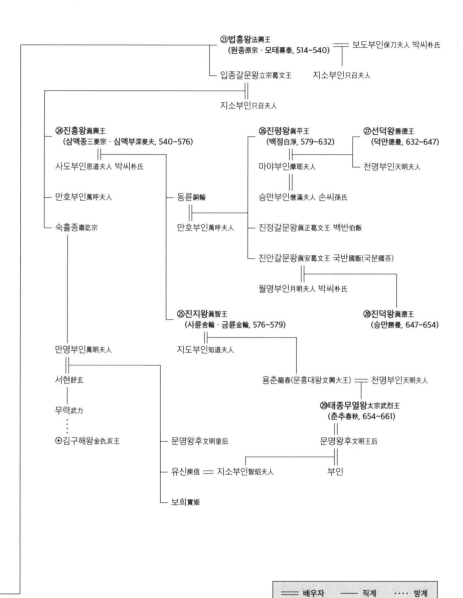

즉위한 데 대해 반감을 가진 석씨, 박씨계 왕족이 여전히 존재하는 상황에서 왜倭가 침입해 왔으니, 국력을 기울여 전투에 매진할 수가 없었을 것은 빤한 이치이다.

나물이사금은 내부의 반발 세력을 억제하는 한편 백성들을 잘 보살펴 정치적 지지를 얻음으로써 왕위 계승의 정통성을 확립해야 했다. 『삼국사기』에, 나물이사금이 시조묘始祖廟에 제사했더니 자주색 빛 구름이 묘 위를 둥근 모양으로 맴돌고 묘 뜰에는 신령한 새들이 몰려들었다던가, 시조묘 뜰에 있는 나뭇가지가 서로 이어져 하나로 되었다는 등의 내용이 즉위 7년까지 단속적으로 보이는 사실이, 즉위 후에도 꽤 오랫동안 그 왕위 계승의 정통성을 둘러싼 논의가 분분하게 계속되고 있었음을 역설적으로 말해준다. 이런 형편이니, 왜적이 쳐들어왔다고 해서 왕실을 호위하는 군대를 함부로 움직이기 어려웠을 것이다. 고구려에의 청병請兵은 신라의 국가체제 정비 수준과 일단 별개의 문제였던 셈이다. 왕권이 안정되지 못한 내부 사정이 청병을 불가피하게 만든 배경이다. 국가체제가 잘 정비되어 있어도 왕권은 약할 수 있다.

나물계의 김씨 왕권이 안정되기 시작한 것은 눌지가 '실성이사금을 시해하고 스스로 왕위에 오른(弑王自立)' 뒤의 일이었다.

눌지의 자립과 '마립간' 왕호의 시작

『삼국유사』는 나물부터 마립간을 칭했다고 기록한 반면, 『삼국사기』는 눌지부터라고 기록했다. 관찬官撰 사서인 『삼국사기』의 서술이 공식 기록에 입각하여 이루어진 것이리라 여겨지므로, 처음 마립간을 칭한 왕이 눌지였다는 것은 그대로 사실일 개연성이 높다. 그렇지만 『삼국유사』도 나름대로 믿을 만한 전거에 입각해 기술한 역사서이므로 확실한 근거 없이 그 기록을 오류라고 속단해선 안 된다. 양쪽 다 사실일 수 있는 것이다. 그렇다면 가능성은 하나이다. 눌지가 '자립'하여 왕위에 오르면서, 국인國人의 '공립共立'이란 형식과 절차를 거쳐 왕이 되던 종래의 이사금과 달리, 자신은 자력으로 왕위에 오른, 자립한 존재이므로 이 사실을 강조하여 처음 '마립간'이라 칭했고, 그러면서 동시에 이 왕호를 선친先親에게도 추증하였기 때문에 이런 혼선이 빚어졌을 경우이다. 그렇다면 두 기록 모두 이해가 된다.

앞에서도 살펴보았지만, '이사금'은 우리말 '잇금[尼叱今]'의 한자 표기로서 '계승왕'이란 뜻이고, 그 계승의 대상은 '모든 칸(干)이 함께 한뜻으로 세운 칸들의 왕'이란 의미를 지닌 '거서간居西干' 칭호였다. '거서간'은 '기자' 또는 '기자칸箕子干'의 다른 표기이다. '이사금'은 여러 칸의 승인으로 '거서간' 위를 계승한 왕이라는 뜻을 나타낸 왕호인 셈이다. 그런데 눌지는 굳이 '마립간'이란 새 왕호를 썼던 것이다. 자신이 그런 '이사금'이 아니라 생각했기 때문이다. '마립간'의 어원과 관련해서는, 관위官位에 따라 설치하던 말뚝과 결부시켜 설명한 김대문金大問 이후 지금까지 여러 견해가 제시되었지만, 그 뜻이 등급과 품격이 다른 한 단계 높은 존재임을 나타낸 용어라는 점에선 대체로 의견이 일치한다. '마립간'은 이전과 성격이 다른 초월적 존재라는 점을 나타낸 왕호인 셈이다. 그렇다면 이는 눌지가 '공립'된 왕이 아니라 스스로 '자립'한 왕임을 강조하여 사용한 왕호였던 게 분명하다.

눌지는 즉위한 후 고구려와 왜에 인질로 가 있는 아우들을 복귀시키기 위해 노력했다. 복호卜好가 고구려에, 미사흔未斯欣이 왜에 볼모로 잡혀 있었다. 『삼국사기』는 이들을 인질로 보낸 이가 실성이사금이었다고 기록했으나, 『삼국유사』는 나물이사금이 셋째 아들인 미해美海(미사흔)를, 눌지마립간이 아우 보해寶海(복호)를 각각 인질로 보냈다고 적었는데, 어느 쪽이 사실인지 지금으로서는 잘 알 수 없는 형편이다. 이들을 복귀시키기 위해 파견된 이도 『삼국사기』는 박제상朴堤上, 『삼국유사』는 김제상金堤上이었다고 서로 다르게 적었다. 『삼국사기』에 따르면, 박제상은 시조 혁거세의 후손으로서 파사이사금의 5세손이며, 할아버지가 아도阿道 갈문왕, 아버지가 파진찬 물품勿品이라고 한다. 박제상의 직책에 대해서도 『삼국사기』와 『삼국유사』의 전언이 다르다. 전자는 삽량주간歃良州干, 후자는 삽라군태수歃羅郡太守였다고 하였다. 아마 두 사서가 전거로 삼은 기록이 전연 별개의 것이었기 때문에 생긴 차이겠다. 『삼국사기』를 읽어보았음이 분명한 일연이 굳이 다른 내용의 전거를 인용하여 이런 기록을 따로 남긴 사실로 미루어 짐작하건대, 그는 『삼국사기』의 전거가 된 기록을 신뢰하지 않았던 게 아닌가 여겨진다. 일연이 그 이유를 말하지 않았지만, 대선사大禪師, 국사國師를 거쳐 국존國尊이란 존호尊號까지 받은 당대 최고 지성으로서의 그의 안목을 믿는다면, 그가 선택한 전거에 토대를 두고 관련 사실을 전면 재검토해볼 필요도 있다고 하겠다.

눌지마립간 즉위 2년(418), 박제상의 활약으로 복호와 미사흔이 차례로 귀국하였다. 『삼국유사』에는, 이해 정월에 박제상이 복호와 함께 고구려에서 돌아왔으나 미사흔도 구하라는 왕명을 받고 집조차 들르지 못한 채 곧바로 왜국으로 향했으며, 뒤늦게 이 소식을 듣고 바닷가로 쫓아간 그의 아내가 남편을 애타게 불렀고, 훗날 결국 사모하는 심정을 견디지 못하고 죽어 치술신모鵄述神母가 되었다는 이야기가 자세히 기록되어 있다. 신라 사람들이 박제상의 충정과 그 부인의 애절한 사연을 매우 안타깝게 여겨 이야기로 전하며 오래도록 기렸음을 보여주는 대목이다. 박제상은 미사흔을 몰래 탈출시키고 홀로 남았다가 왜왕에 의해 처참하게 죽었다.

아우들의 귀국은 눌지마립간이 왕권을 안정시키는 데 큰 보탬이 되었다. 눌지마립간은 자신이 시해한 실성이사금의 딸을 왕비로 맞아들였는데, 이는 김씨계 왕족의 대동단결을 통해 왕권의 안정을 도모한 정치적 노력의 일환이었다. 눌지에 이어 마립간 위位에 오른 장남 자비慈悲의 어머니가 바로 이 왕비이다. 그리고 눌지마립간은 즉위 17년(433)에 백제와 동맹을 맺고 고구려의 남하에 대비하는 등 국방에도 힘썼다. 고구려 장수왕이 도읍을 평양으로 옮겼는데(427), 신라와 백제로서는 이것이 큰 압박으로 다가왔기 때문이다.

특권적 지위를 주장하며 '진골'로 분화한 신라 왕족

김씨 왕족의 대동단결과 협력 체계를 구축하기 위한 노력은 눌지에 이어 그 아들 자비마립간慈悲麻立干(재위 458~479) 대에도 계속 이어졌다. 자비마립간이 미사흔의 딸을 왕비로 맞은 것은 그 한 예이다. 그리고 뒤이어 소지마립간炤知麻立干(재위 479~500)은, 김씨 왕권의 안정에 힘입어, 박·석씨계 전前 왕족과의 연대 강화에도 적극 나섰다. 시조 혁거세거서간이 태어난 나을奈乙에 신궁을 세워(487) 모든 신라왕이 그로부터 비롯하였음을 기린 것은 그 직계 혈통 모두의 정치적 입지가 한 단계 높은 위치에 있어야 함을 선언하는 의미가 있었다.

자기 조상이 신라의 왕이었던 박·석·김 3성계의 왕족은 서로 강력히 연대하면서 자신을 6부의 일반 칸들과 구분하여 인식하기 시작했다. 원래 신라가 성립할 때 참여한 소국 왕의 후손들은 상호 동등한 처지에서 신라 최고의 지배 신분층으로 군림하며 여전히 '왕(칸)'이라 부르며 혈통을 중시해 스스로 '골'족으로 행세해왔는데, 그중 신라왕의 후손들이 정치·경제·사회·문화 모든 면에서 국가의 중추적 지위를 독점하고 점차 소국계의 일반 '골'족과 자신들을 구분함으로써 자기들이야말로 '진짜 골'족임을 내세우기 시작한 것이었다. 곧 '진골眞骨'이 독자의 신분으로 성립할 토대가 마련되고 있었던 것이다.

이런 추세 속에서 6부 역시, 신라 국왕을 정점으로 한 왕족 중심 체제로 재편될 수밖에 없었다. 소지마립간 10년(488)에 "동양東陽에서 여섯 개의 눈을 가진 거북이를 바쳤는데, 배 아래에 글자가 있었다."고 한 것은 이때 6부가 기존과는 다른 새로운 서약을 통해 국왕에 대해 충성을 맹세했음을 전하는 기사이다. 이에 신라 왕권은 크게 안정, 강화되었다. 그러나 6부 일각에서 왕권 강화에 반발하여 왕의 도덕성을 문제 삼는 이들이 있었다. 소지마립간이 날이군捺已郡(경북 영주)에 행차했을 때 만난 벽화라는 여인을 사랑하여 별실에 들이고 아들까지 낳은 일이 빌미로 작용하였다. 사태가 소지마립간의 폐위로 이어지자, 왕권의 강화에 상응하여 그간 바뀌어온 정치 질서를 법제화하는 일은 그다음 대의 과제로 미뤄졌다.

신라의 국가질서를 재편한 지증마립간

서기 500년, 지증갈문왕智證葛文王이 64세의 나이로 왕위에 올랐다. 소지마립간에게 아들이 없었으므로 6부의 칸들이 모여 논의를 거듭한 끝에 고령高齡의 갈문왕 지증을 다음 왕으로 공립한 것이었다. 『삼국사기』에 의하면 지증은 나물이사금의 증손으로서 소지마립간의 재종동생이었다고 한다. 그런데 그 공립의 절차나 형식이 이사금 때의 선례를 따른 것이었다는 점에서, 지증을 공식적으로 '마립간'이라 칭하는 데는 난점이 없지 않았다. '마립간'은 자립왕自立王의 뜻을 내포한 왕호였기 때문이다. 1989년에 발견된 포항 냉수리 신라비를 보면 이 비가 세워진 503년, 곧 지증이 왕위에 오른 지 이미 3년이 지난 시점에서도 그를 여전히 '갈문왕'이라 부르고 있었던 것으로 나타나는데, 이는 이런 사정 때문에 빚어진 현상일 것이다. 그렇지만 지증이 엄연히 '마립간'임은 움직일 수 없는 사실이었다.

지증마립간은 국가의 추요직樞要職을 독점하다시피 하고 세력을 키워온 왕족들의 후원에 힘입어 기존 일반 '칸'층의 특권을 빼앗거나 제한하는 개혁에 착수하였다. 가장 먼저 시행한 조처가 순장의 금지였다(502). 이때까지 신라에서 국왕이 사망하면 남녀 각 다섯 명을 순장해왔는데 이를 전격 금한 것이었다. 순장은 산 사람을 강제로 매장하는 행위로서 순장의 대상이 되는 사람에 대해 그 생명까지 완전히 소유하는 지배자임을 과시하는 제도였다. 순장은 이를 행하는 사람이 노예 소유자로서의 성격을 강하게 지녔음을 보여주는 풍습이었던 셈이다. 마립간이 남녀 각 다섯을 순장해왔다고 하니, 같은 성격을 지닌 일반 '칸'도 이보다 적은 숫자이긴 해도 널리 순장을 행하고 있었을 공산이 크다. 따라서 이를 폐지한 것은 국왕이 더이상 노예 소유자적 존재가 아님을 만천하에 알리는 상징적 조처인동시에, 더 나아가 국왕은 일반 칸들과 달리 민인의 주인이 아니라어버이임을 선포하는 의미를 띠었다. 국왕에 대해 행하던 순장을 스스로 폐지한 조처는 일반 칸들에게 그 노예 소유자적 존재로서의 성격을 더 이상 허용하지 않겠다는 뜻으로 전해졌을 것이다. 칸들은이제 독자적 지배 기반을 지닌 예전의 칸일 수 없었고, 지증은 일반칸들을 대표하는 마립간이 아니었다. 순장을 금한 지증은 몸소 신궁에 제사하여 시조 이래 역대 국왕의 모든 후손이 이 나라를 이끌어가는 주체임을 확인함으로써 신라 왕족 전체의 단합을 꾀하였다.

눌지마립간 이후 신라의 왕족이 국정을 주도하면서 특권 의식을가진 독자의 세력으로 대두해나간 과정은, 옛 소국의 왕손인 일반칸들에게는 그에 반비례하여 중앙 관부의 장관직을 신라 왕족에게내주고 이들을 보좌하는 관료로서 일반 귀족으로 그 성격이 바뀌어간 과정이기도 하였다. 이 과정에서 칸들의 토착성은 점차 희석되어갔고, 독립적 경제 단위로 기능하던 옛 소국의 경계가 허물어져 물류의 유통이 점차 광역화하고 자유로워졌다. 소지마립간 12년(490)에 이르러서는 전국의 재화가 유통되는 시장을 수도에 개설할 정도였다. 이러한 변화는 신라의 정치 운영 방식에도 큰 변화를 초래하였다.

신라 형성에 참여한 소국 지배층은 6부를 형성해 국정에 참여하면서도, 바다에 접한 소국은 어업 중심의, 큰 산림을 가진 소국은 임업과 목축업 중심의, 강을 낀 평야 지대의 소국은 농업 중심의 경제를 각각 영위하고 있었으므로 서로 발전을 돕고 격려하기보다 상호 견제함으로써 기존의 세력 균형을 유지하는 데 역점을 두는 쪽으로 국사國事를 결정하는 경향이 강하였다. 6부 체제가 안정적으로 지속되려면 무엇보다 이에 주체적으로 참여하는 소국 지배세력의 등질성等質性이 유지되어야 했기 때문이다. 따라서 6부의 공론은 언제나, 특정 소국에만 일방적으로 유리한 변화를 허용하지 않으려는 방향으로 쏠렸다. 경제적 생산방식의 변화에 대해서도 마찬가지였다. 이를테면 우경牛耕은 농업 중심의 소국에만 유리한 생산방식이므로 어업이나 임업에 의존하는 소국들과의 형평성을 위해 그 실시를 공적으로 반대하는 식이었다.

그러나 지증은 즉위 3년(502) 3월에 우경을 공식 허용하였다. 소국 사이의 경계가 의미를 상실하면서 물류의 유통이 활성화되어 경제 단위가 전국 규모로 확대된 현실을 반영한 조처였다. 물류의 유통이 부의 재분배에 기여하여 경제발전의 쏠림 현상을 해소할 수 있게 된 결과였다고 하겠다. 하지만 우경을 공식적으로 도입하였다는 것은, 중앙의 정치력이 그동안 크게 성장하여 마침내 칸 중심 소국 단위의 기존 경제구조를 허물고 전국 단위로 경제적 불균형을 조정할 능력을 갖게 되었음을 의미하는 일이기도 하였다. 지증은 이로써 단순한 마립간이 아니라, 신라 전체를 다스리는 국왕으로서의 면모를 더 선명하게 드러내었다.

상황이 이처럼 급속히 변화하자 6부의 칸들은 이듬해(503) 10월에 지증마립간에게 공식으로 '신라국왕'이란 왕호를 쓰도록 건의하였다. 『삼국사기』에 이 일이 다음과 같이 기록되어 있다.

> 4년 겨울 10월에 여러 신하가 아뢰기를, "시조께서 나라를 세우신 이래 국호를 하나로 통일해 쓰지 않고 어떤 때는 사라斯羅라고도 하며 또 어떤 때는 사로斯盧, 또는 신라新羅라고 칭해왔습니다. 저희들의 생각으로는 '신新'이 덕업德業이 날로 새로워진다는 뜻을 가졌고, '라羅'는 사방四方을 망라한다는 뜻을 내포하고 있으므로 이를 국호로 삼는 것이 옳다고 여겨집니다. 또 살펴건대, 예부터 국가를 가진 이는 모두 '제帝'나 '왕王'이라는 칭호를 써왔는데, 우리 시조께서 나라를 세운 지 지금 22대에 이르렀지만 그저 우리말[方言]로만 칭할 뿐 높이는 호칭을 쓰지 않았으니, 이제 모든 신하가 한마음으로 '신라국왕新羅國王'이라는 칭호를 삼가 올리나이다."라고 하였다. 왕이 이에 따랐다.

사라, 사로, 신라 등으로 다양하게 표기해왔던 국호를 '신라'로 통일하는 한편, 마립간을 '신라국왕'이라 부르자고 건의했다는 것이다. 여기서 신라라는 국호에 대해 날로 새로워진다는 뜻과 사방을 망라했다는 뜻을 새로 부여하고, 왕이 그런 나라를 지배하는 '국왕'임을 여러 신하가 공식 인정했다는 내용이 주목된다. 지금까지의 왕이 단지 '칸들의 왕'일 뿐이었다면, 지증왕은 이제 신라의 영역에 포함된 모든 토지와 민인을 다 지배하는 명실공히 '국왕'임을 모든 신하가 한뜻으로 인정한다는 의미이기 때문이다.

자칫하면 그게 그 말 아닌가 여기기 쉬운데, 이것이 얼마나 엄청 난 변화였는지 제대로 이해할 필요가 있다. 이때까지 신라는 외면 상, 독자성을 띤 여러 소국으로 구성된 국가연합체나 다름없었다. 또한 각 소국은 칸이 일벌一伐, 일척一尺, 피일彼日, 아척阿尺이라 부른 독자의 관료들을 거느리고 하호를 다스렸다. 따라서 이런 체제에서 각국의 하호는 칸의 지배를 받을 뿐 신라왕의 지배하에 놓인 존재가 아니었다.

각국의 칸은 자신이 몸소 왕경王京으로 옮겨 가 신라의 국정에 참 여하거나 그 자제들과 일부의 관료를 왕경에 파견해 국가 주요사의 논의와 결정에 대신 참여하도록 하였다. 왕경에 모인 각국의 지배층 이 6부에 속해 '부체제'를 형성하고 이를 통해 국정에 참여한 것이 었다. 말하자면, 일차적으로 칸을 용립시킨 소국체제 위에, 각국의 칸들이 모여 다시 이차적으로 '칸들의 왕'을 용립시킨 '이중용립구 조'를 이루고 이를 유지해오고 있었던 것이다. 그런데 그때까지 굳 건히 유지해온 이 체제를 부정하고 각국은 더 이상 독립적이지 않으 며 그 영토와 하호가 모두 '신라국왕'의 통치 아래에 있음을 천명한 것이었으니, 이는 그야말로 '획기적' 변화가 아닐 수 없었다.

국호의 표기를 단일화하고 사방을 망라하여 장악한 '신라국왕' 으로 거듭난 지증왕은 1년 남짓의 준비를 거쳐 즉위 6년(505) 2월에 친히 전국의 주州·군郡·현縣을 정해 공포하였는데, 이때 지금의 삼 척을 주州로 지정하고 이름을 실직悉直이라 하며 실직주悉直州 군주 軍主에 이사부異斯夫를 임명하였다. 이사부는 나물이사금의 4세손이 었다. 실직은 파사이사금 때 신라에 복속한 실직곡국悉直谷國 땅으로 서, 신라에 편입된 후에도 실질적으로는 실직곡국 왕의 후손이 지배해오던 곳이었다. 그런데 이곳을 신라국왕이 임의로 주라는 행정단위로 지정하고, 그의 친족을 군주로 파견하여 직접 다스리게 된 것이었다. 국왕이 친히 전국의 주·군·현을 정했다는 기사의 의미를 단적으로 보여주는 사례라고 하겠다. 이사부는 울릉도를 정벌하여 육지를 '망라'한 신라가 바다까지 장악하였음을 과시함으로써 그 '망라'의 의의에 마침표를 찍는 성과를 올렸다.

그런데 여기서 유의할 점은, 신라가 주·군·현을 이때 처음 설치한 것이 아니라는 사실이다. 이미 탈해이사금 11년(67)에 박씨 귀척貴戚들로 하여금 국내의 주·군을 나누어 다스리게 하고 주주州主·군주郡主라 불렀으며, 아달라이사금 4년(157)에는 감물현甘勿縣과 마산현馬山縣을 처음 설치한 바 있었다. 그러나 이때의 주·군·현은 '부체제'하에서 설치 운영된 행정단위로서, 신라가 건국한 후 뒤늦게 정복을 통해 편입했거나 모반이 일어나 토벌해서 평정한 소국의 영토와 민인을 6부에 나누어 속하게 하지 않고서 왕의 직할령으로 편제한 경우였다. 전국을 대상으로 한 지증왕 때의 주·군·현 편제와 성격이 다르다.

지증왕이 직접 주·군·현을 정하는 데에는 그 지역이 지닌 정치적 위치와 군사적, 경제적 여건 등을 두루 감안하였을 것이다. 그런데 여기서 한 가지 알아둘 사실이 있다. 그것은 이 시기의 주-군-현을 현재의 시·도-군-면과 같은 형태로 생각해서는 곤란하다는 점이다. 몇몇의 현으로 군을 이루게 하고, 다시 그 군 몇 개를 묶어 주라는 행정단위로 편성한 것이 아니다. 당시의 주·군·현은 각기 별개의 지역 단위로 병립하는 체제였다. 영역이 서로 내포와 외연 관계에 있던 것이 아니라, 별개로 각기 존재하면서 어디는 주이고, 어디는 군이며, 어디는 현이었던 것이다. 물론 주-군-현 사이에는 위계位階가 있고 영속領屬 관계도 설정되었으나, 각기 독자적 행정단위였고 또 실제로 그렇게 움직였다.

여기서 지증왕 대의 정치·사회상을 좀더 구체적으로 알 필요가 있다. 6부의 칸들이 소국의 해체를 결의하고 국왕의 신료로서 충성을 다할 것을 맹세했다고는 하지만, 6부는 여전히 존속하고 있었고, 종래의 지역에 대한 칸들의 실질적인 지배력은 의연히 강고하였다. 6부의 칸에 의해 독립적으로 운영되어온 소국의 행정 및 군사조직이 해체되고 그 지배권이 국왕에게 봉납된 것은 사실이었지만, 그렇다고 칸들이 자기 관할 지역에 대해 행사해온 종래의 지배권을 모두 일시에, 전면적으로 부정할 수는 없는 노릇이었다. 국왕이 어느 지역을 주로 삼고, 어느 지역을 군으로 삼으며, 또 어느 지역을 현으로 삼을지 직접 정한 것은 이런 상황에서 이루어진 일이었다. 전국에 어느 현들을 설치하고, 그 현 몇 개를 묶어 어떤 군으로 삼으며, 다시 어느 어느 군을 묶어 주로 삼을지 생각한 게 아닌 것이다.

그러므로 왕이 어느 지역을 주·군·현으로 삼을지 정한 것은 6부의 여러 칸 중 어느 곳에 기반을 둔 누구를 어느 정도로 신임하고 중용할지 가늠하고 결정하는 정치 행위이기도 하였다. 이후 진흥왕 때에는, 어느 주를 폐지하고 어느 주를 새로 설치했다는 기사가 여럿 보이는데, 이는 해당 주의 청사廳舍를 다른 지역으로 옮기고 이에 따라 주의 장관을 비롯한 관리들을 이주시켰다는 이야기가 아니다. 그 지역의 군사적·경제적 가치 혹은 그 지역에 연고권을 가진 특정 칸의 정치적 위상을 국왕이 자신의 권력과 정치력으로 조정하여 변경했다는 뜻이다. 해당 주를 폐지함으로써 그곳을 관할해온 칸을 내치고, 그 대신 다른 지역을 주로 삼아 그 지역에 기반을 둔 칸을 중용한 것인 셈이다.

이런 맥락에서 생각하면, 이사부를 실직주 군주로 삼은 것은 그가 실제로 삼척에서 강릉에 이르는 동해안 일대에 일정한 기반을 둔 유력자였기 때문일 개연성도 없지 않다. 이사부가 국왕의 가까운 친족이라고는 하지만, 이미 대규모의 식읍 등 지배 기반을 이 지역에 가진 사람이 아니었을까 하는 것이다. 그는 군주가 된 지 7년 만에 나무 사자를 만들어 위협하는 위계(僞計)를 써서 사납기로 유명했던 우산국(울릉도와 독도)을 쉽게 복속시켰는데, 이 또한 그가 이 지역의 구체적 실정을 그만큼 소상하게 잘 알고 있었음을 보여주는 한 단면일 수 있다.

실질적인 지배 기반을 가진 사람이든 아니든, 국왕은 가능한 한 가까운 근친을 주 장관인 군주에 임명하려 하였을 것이다. 믿을만한 사람을 전국의 요충지에 보내 확실히 장악하기 위해서다. 그리고 군주에게 될수록 많은 권한을 위임하여 힘을 실어줄 필요가 있었다. 지증왕의 아들인 법흥왕이 그 25년(538)에, 지방으로 나가는 관원으로 하여금 그 가족과 가신家臣, 사병私兵 등을 거느리고 부임하도록 한 것도 이런 맥락에서 이루어진 조치이다. 그 지역의 토착세력을 통제하기 위해 필요한 인적 기반의 소지를 공식적으로 허용해준 조처였기 때문이다. 『삼국사기』 직관지職官志 외위外位 조條에 의하면, 지방 장관은 자신의 지배에 협조하는 그 지역 유력자와 자신이 직접 데려간 가신들에게 중앙과 다른 별도의 관위 곧 '외위'를 부여하여 독자적으로 운용할 수 있었다고 한다. 외위는 주의 군주軍主나 소경小京의 사신仕臣이 강력한 지배력으로 관할지를 장악하는 근거로 작용하다가 문무왕 14년(674)에 경위京位로 대체되었다. 지방 장관이 외위를 독자적으로 운용하면서 토착화하여 분립적 성격을 강화해 나갈 우려가 있었으므로 삼국통일을 완수한 시점에 이르러 이를 폐지한 것이었다.

5. 신라 법흥왕이 관제를 개편하고
진흥왕이 영토를 넓히다

법흥왕의 율령 반포와 신라 국정의 변화

신라의 국정은, 6부의 대표가 모여 공론하고 정책을 결정하면 왕부王部 및 왕비부王妃部의 칸들이 중심이 되어 그 정책 실행의 실무에 참여하는 구조, 곧 '부체제'로 이루어져 왔다. 이 속에서 실무를 담당한 자들만 관위官位를 지녀 그 정치적 위치를 나타냈으므로 특정 분야에 정통해 실무 담당자로 차출된 경우가 아니면 왕부나 왕비부가 아닌 나머지 4부의 칸들은 대개 관위를 지니지 않고 그냥 '칸지(干支, 칸을 높여 부르는 존칭어)'라고만 불렸다. 포항 냉수리 신라비와 울진 봉평리 신라비 등 6세기 초기의 비문에서 관위를 지닌 사람은 거개가 탁부喙部 및 사탁부沙喙部에 속한 것으로 나타나는 이유가 여기 있다. 신라 국왕의 권력이 다른 4부에 아직 제대로 미치지 못해서 그랬다고 생각하면 오산이다.

이러한 '부체제'에서 신라의 군사력은 6부의 공론에 의해 움직였다. 그러나 법흥왕은, 이미 6부의 칸들이 신라국왕의 신하임을 자처한 상황이면 육부병六部兵에 대한 통수권 역시 국왕에게 있어야 마땅하다고 생각했다. 그리하여 즉위 3년(516)에 서둘러 병부兵部를 설치하고 병권兵權을 장악하였다. 그리고 6부의 칸 모두를 국왕에게 복무하는 신료臣僚로 편제하는 작업을 대대적으로 단행하였다. 그동안 12등급으로 운영해온 관위를 17등급으로 재편하고 위계에 따라 입을 복식服飾을 달리 정하여 이를 율령律令으로 반포(520)한 것은 그 결과였다. 6부의 지배세력을 단일 체제로 묶어 편제한 것이었다.

물론 17관등제를 확립하고 율령을 반포하였다고 해서 6부의 칸 모두를 일시에 관위체제 안에 흡수할 수 있었던 것은 아니다. 그러나 추세와 방향은 분명하였다. 법흥왕 11년(524)에 세워진 울진 봉평리 신라비 이후로는 어느 비문에서고 아무 관위 없이 그냥 '칸지'라고만 부른 사람을 찾아볼 수 없는 사실이 형세가 돌아가는 맥락을 말해준다. 6부의 칸과 사인使人층 모두가 관위를 지님으로써 그 신료臣僚로서의 성격과 정무상의 위치를 분명히 나타내는 방향으로 변화한 것이다. 앞서 지증왕 4년(503)에 건립된 포항 냉수리 신라비에서 관위를 지닌 칸과 그렇지 않은 칸들을 아울러 '왕들[王等]'이라고까지 일컬었던 것과 비교하면 매우 큰 변화가 아닐 수 없었다. 이러한 중위제重位制의 변화를 통해, 신라의 관위가 17등으로 정비되기 전에 12등 체제로 구성되었던 대략적인 사정과 당시 골품제의 구조가 변화하고 이에 따라 그 운영의 원리가 바뀌던 신라의 실상을 알 수 있다.

중위제에 반영된 신라 관제 정비 과정

『삼국사기』는 직관지職官志에서 신라의 17등 관위를 차례로 소개하는 가운데, 6등 아찬, 10등 대나마, 11등 나마에 각각 중위가 운영되고 있었던 사실을 다음과 같이 전하였다.

> 첫째는 이벌찬이고, 둘째는 이찬이며, 셋째는 잡찬, 넷째는 파진찬, 다섯째는 대아찬인데, 이것부터 이벌찬까지는 오직 진골만 받을 수 있는 관위이며 다른 종은 받을 수 없다. 여섯째는 아찬이다. 중아찬부터 사중아찬까지 있다. 일곱째는 일길찬, 여덟째는 사찬, 아홉째는 급벌찬이며 열째가 대나마인데 중나마부터 9중나마까지 있다. 열한 번째는 나마로서 중나마부터 7중나마까지 있다. 열두 번째는 대사, 열세 번째가 사지, 열네 번째 길사, 열다섯 번째 대오, 열여섯 번째 소오, 열일곱 번째가 조위이다.

중위는, 그것이 설치된 관위보다 높은 관위로 오르지 못하는 신분의 관료가 곁가지로 승진할 수 있도록 고안된 장치였다. 이를테면 아찬에서 대아찬으로 승진하지 못하는 사람이 곁가지로 4중아찬까지 오르도록 한 것이다. 대아찬에, "이 관위부터 이벌찬까지는 오직 진골만 받을 수 있으며 다른 종은 받을 수 없다."고 한 단서 규정을 통해 아찬중위를 설치한 이유를 분명히 알 수 있다. 곧 진골이 아닌 사람이 아찬중위의 적용을 받아 곁가지로 승진한 것이었다.

그런데 대나마와 나마에 나란히 중위 규정이 있고, 게다가 그 관위명까지 같은 사실이 주목된다. 대나마의 중위가 중나마부터 9중나마까지 있음에도 불구하고 나마에도 중나마부터 7중나마까지의 중위가 있다고 했기 때문이다. 그러므로 중나마부터 7중나마에 이르는 중위 소지자는, 그가 대나마중위 소지자인지 나마중위 소지자인지 다시 물어 확인해보아야 그의 정확한 위계를 알 수 있는 상황이었다.

이는 납득하기 어려운 불합리한 일임이 분명하다. 따라서 이런 일이 일어날 까닭이 없다고 생각한 많은 이들은 나마에 부가된 중위 관련 기사가 응당 대사에 있어야 할 내용을 착각하여 잘못 기록한 것이리라 생각했다. 아찬중위는 6두품에게, 대나마중위는 5두품에게, 대사중위大舍重位는 4두품에게 각각 적용된 것이었으며, 이는 신라가 골품에 따라 오를 수 있는 관위의 상한을 각각 다르게 정하고 있었음을 보여준다는 확신이 여기서 비롯하였다. 중·고등학교 한국사 교과서에서 그동안 우리가 흔히 보아온 다음 도표는 이런 추론에 입각해서 작성된 것이다.

그러나 이는 『삼국사기』 기록을 오류로 예단하고서, 있지도 않는 대사중위를 멋대로 만들어 끼워 넣은 일련의 억측과

등급	관등명	진골	6두품	5두품	4두품
1	이벌찬				
2	이찬				
3	잡찬				
4	파진찬				
5	대아찬				
6	아찬				
7	일길찬				
8	사찬				
9	급벌찬				
10	대나마				
11	나마				
12	대사				
13	사지				
14	길사				
15	대오				
16	소오				
17	조위				

골품과 관등 사이의 관계에 대한 기존의 이해를 나타낸 표

가정에 근거하여 임의로 그려낸 허구를 보여주는 도표일 뿐이다. 역사 사실과 거리가 먼 도표인 것이다. 기록이 전하는 사실의 진상은, 대나마와 나마의 중위 이름이 그대로 겹치고, 대나마의 중위가 9중 나마에 이른 반면 나마중위는 7중나마에 그친 사실에 고스란히 담겨 있다. 즉, 대나마와 나마의 중위 이름이 같은 것은 이것이 동일한 시기에 함께 존재한 중위가 아니었다는 뜻이다. 그리고 대나마중위가 9중인 데 반해 나마중위가 7중인 것은 나마에 7중까지의 중나마가 운용되다가 나마에서 분화한 대나마가 새로 생기면서 중위의 적용 관등이 나마로부터 대나마로 옮겨갔고, 이때 대나마 위의 관위에 2개의 관위가 더 생겼기 때문에 7중에서 9중으로 나마중위를 증설하게 되었음을 전해주는 사실이다. 7중까지의 나마중위가 운영되던 시기에는 대나마는 물론 그 상위의 관위 중 2개의 관위가 아직 존재하지 않았던 것이다. 서로 다른 시기의 중위 규정을 하나의 기사에 통합하여 적다 보니 이와 같은 혼선이 일어났을 뿐이다.

그러고 보면, 17등의 관위에서 '대' 자가 붙은 관위 네 개가 존재하는 사실이 주목된다. 이들 관위는 처음부터 있었던 것이 아니라 나중에 생긴 것일 터이다. 어느 시점엔가 나마에서 대나마가, 아찬으로부터 대아찬이, 사지로부터 대사(지)가, 오에서 대오가 각각 분화해 함께 성립한 것이겠다. 여러 관위 중 하필 아찬, 나마, 사지, 오의 네 관등만 대소大小로 나뉜 이유가 무엇인지는 분명하지 않다. 나마를 나말奈末로도 표기한 사실로 미루어 나(奈 > 羅)의 (우두)머리라는 뜻을, 사지라 쓰고 '말엄'으로 읽은 사실로 보아 한 마을의 최고책임자라는 뜻을, 오烏 또한 '검'의 표기로서 일정 지역의 거수渠帥란 뜻을 각각 지녔으므로 아찬 또한 그러했을 것으로, 크고 작은 행정 구역이 좀더 세분화하면서 그 수령이 지니던 관위가 분화한 것이 아니었을까 짐작할 뿐이다. 그런데 '대大'자가 붙은 4개의 관위와 함께 제3위 잡찬迊湌도 뒤늦게 설치된 관위였다. 외위의 칸(干) 이하 관명이 일벌一伐, 일척一尺, 파일波日, 아척阿尺으로서 경위京位의 일벌간一伐干, 일척간一尺干, 파진간波珍干, 아척간阿尺干과 서로 대응하는데, 여기서 잡간迊干(잡찬)에 견줄 수 있는 외위 관명이 보이지 않는 사실을 통해 잡찬이 처음부터 존재한 관위가 아니었음을 유추해낼 수 있다.

17등의 관위체제에서 '대'자가 붙은 4개 관위와 잡찬, 이렇게 5개 관위를 제외하면 12등 관위체제가 된다. 17관등제 이전에는 12관등제로 운영되었던 것이다. 12관등제가 17관등제로 확대 재편된 시기는, 울진 봉평리 신라비와 포항 냉수리 신라비 등 금석문 자료로 미루어 볼 때, 법흥왕 시기였다고 생각된다. 법흥왕이 율령을 반포하고 모든 관리의 공복公服 위계位階를 정했다는 520년의 일이었을 것이다. 12관등제가 신라 건국 당초부터 있었던 관제官制인지는 잘 알 수가 없다.

12관등 체제에서 운용된 7중까지의 나마중위는 나마에서 급찬(급척간及尺干)으로 승진하지 못하는 신분층에게 적용된 것이겠다. 신라 관위명에 쓰인 '찬湌'은 '척간尺干'이 변화한 용어로서, '척(실무 담당자)으로 기능하는 칸'이란 뜻이다. 즉 급찬 이상은 칸 신분, 바꾸어 말하면 '골骨' 신분층만 가질 수 있는 관위였다. '골'층이 아닌 신분이라면, 그것은 곧 '두품'층이다. 두품 신분은 나마·사지·길사·오·조위의 5개 관위만 가질 수 있었다. 따라서 나마중위가 12관등 체제에서 운용되었다는 것은, 당시에 두품 신분이 5두품까지만 존재했다는 의미이다. 나마를 5두품, 사지를 4두품, 길사를 3두품, 오를 2두품, 조위를 1두품이라 불렀던 셈이다. 바꾸어 말하면, 몇 두품인가는 그가 지닌 관위가 무엇인가를 신분 개념으로 표현하기 위해 쓴 것에 불과할 뿐 각기 다른 신분의 표시가 아니었던 것이다. 두품층 그 자체가 골층에 대비되는 신분이었고, 몇 두품인가는 단지 그가 오른 관위의 다른 표현에 지나지 않았던 것이다. 나마중위는 두품층에게 적용되던 중위였고, 당시엔 5두품까지만 있었다.

　나마에 중위가 설치되었다는 것은 당시의 신분이 골층과 두품층으로만 양분되어 있었음을 보여주는 사실이다. 이때엔 아찬중위가 존재하지 않았으며, 진골도 아직 독자 신분으로 성립하지 않고 있었다. 대아찬이 아직 분화되기 전이기도 했지만, 진골이 독자 신분으로 굳어지기 전이기도 했던 것이다. 따라서 대아찬부터 이벌찬까지는 진골만 가질 수 있다는 단서 조항 또한 필요하지 않던 때였다. 12관등제 아래에서는 오직 나마에만 중위가 설정되어 있었고, 이것은 칸군干群 관등을 지닐 수 없는 두품층에게 적용하는 제도적 장치였고, 이를 적용하여 두품층을 견제한 주체는 일반 칸층이었다. 아찬·대나마·사지에 각각 중위가 설치되어 있었다든가, 두품마다 오를 수 있는 관위의 상한이 정해져 있었다고 생각한 것은 사실과 거리가 먼 해석이고 이해이다.

　그러다가 관위가 17관등 체제로 확대되면서 대나마가 신설되자 두품층이 오를 수 있는 최고 관위가 대나마로 바뀌었고, 이에 따라 나마중위의 적용을 받는 관위 또한 나마에서 대나마로 옮겨졌으며, 대나마 역시 나마에서 분화한 관등이므로 그 중위명重位名을 그대로 나마중위로 유지한 채, 7중나마까지에서 9중나마까지로 2관위만

증설 개편하였다. 대나마 위로 대아찬과 잡찬, 두 개 관위가 신설된 데 따른 변화였다. 그러므로 대나마에 중위가 적용되는 한, 두품 신분으로서 칸군 관등을 소지한 사람은 있을 수 없었다. 즉, 이때는 아직 6두품이 생겨나지 않았던 것이다.

두품 신분인데도 나마중위의 적용을 받지 않고 곧바로 급찬으로 승급하는 사람이 생기기 시작한 것은 삼국 간에 통일전쟁이 격화되던 7세기에 들어와서의 일이었다. 예컨대 다음과 같은 경우이다.

무왕 원년(661) 당나라 황제가 소정방을 보내 고구려를 토벌하여 평양성을 포위하였다. 함자도 총관 유덕민이 (신라) 국왕에게 소식을 전하며, 평양에 군량을 보내도록 하였다. 문무왕이 대각간大角干 김유신金庾信에게 명령하여 쌀 4천 섬과 조 2만 2250섬을 운반해주도록 하였다. 장새에 이르렀는데 눈바람이 불어 몹시 추워 사람과 말이 많이 얼어 죽었다. 고구려 사람들이 (신라) 군사들이 피곤한 것을 알고 도중에서 기다리고 있다가 치려고 하였다. 당나라 군영과는 3만여 보 떨어져 있었지만 앞으로 갈 수 없었고 편지를 보내고자 하였으나 마땅한 사람을 찾기가 어려웠다. 그때 열기는 보기감으로 따라갔는데, 앞으로 나아가 말하기를, "저는 비록 우둔하고 느리지만, 가는 사람의 수를 채우고 싶습니다."라고 하였다. 마침내 군사軍師 구근 등 15인과 함께 활과 큰 칼을 가지고 말을 달렸다. 고구려 사람들은 그것을 바라만 보고 막지는 못하였다. 대략 이틀을 달려 소 장군에게 명령을 전달하니, 당나라 사람들이 그 소식을 듣고서 기뻐하며 위로하였다. 답서를 보내기에 열기가 또 이틀을 걸려 되돌아왔다. 유신이 그 용기를 아름답게 여겨, 급찬 관등을 주었다.

군사가 임무를 마치고 귀환하여 유신이 왕에게 보고하면 서, "열기와 구근은 천하의 용사입니다. 신이 편의종사권便宜 從事權을 행사하여 급찬의 위계를 주었으나, 공로에는 적합하 지 않습니다. 바라건대, 사찬의 위계를 더하여 주십시오!"라 고 하였다. (문무)왕이 "사찬의 지위는 지나친 것이 아닌가?" 라고 하였으나 김유신이 두 번 절을 하고, "벼슬은 공적인 장 치로서 그 공로에 보답하여 주는 것이니, 어찌 지나치다고 할 수 있겠습니까!"라고 하니, 왕이 허락하였다.

『삼국사기』 열전의 기록인데, 큰 전공을 세운 열기와 구근에게 사 찬의 관위를 내려주었다는 이야기이다. 김유신이 출정하면서 부여 받은 편의종사권을 행사하여 두 사람을 일단 급찬으로 승진시켰지 만, 이를 부족하게 여겨 다시 사찬으로 올려주길 국왕에게 청했으 며, 국왕이 처음엔 난색을 표하다가 관위란 결국 공로에 상응하여 내리는 공적 장치가 아니냐는 김유신의 진언에 수긍했다는 것이다. 그런데 구근은 나중에 김유신의 아들인 원정공元貞公 밑에서 일했다 고 한다. 열기와 구근은 김유신 가문에서 대대로 복무한 가신家臣과 도 같은 사람이었다. 그러므로 두품 신분이었을 개연성이 매우 크 다. 김유신의 청에 국왕이 일단 거부감을 보인 사실이나, 이에 김유 신이 재배를 하고 다시 간청해야 했던 정황으로 미루어 보면, 두 사 람을 급찬으로 임명한 것도 이미 과도한 처사였다는 게 일반적 인식 이었던 것 같다. 본디 나마중위제를 적용했어야 마땅한 신분에게 지나치게 파격적인 대우를 한 것 아니냐는 인식이 행간에 놓여 있다고 읽히기 때문이다.

　그러나 열기와 구근이 그 첫 사례였던 것은 아닌 것 같다. 아마 7세기로 접어들면서 삼국통일 전쟁이 격화되던 시점에 아주 특출한 전공을 세우는 두품층 인물이 적잖았으며, 이들의 공로에 보답하고 다른 이들을 더욱 독려하기 위해 나마중위제를 적용하지 않고 바로 급찬으로 승진시켜 주는 사례가 빈번하게 생기고 있었으리라 짐작된다. 이처럼 새로 칸군 관등을 소지하게 된 두품층을 6두품이라 불렀고, 6두품이 생겨나자 나마중위제는 이미 그 의미와 기능을 잃고 있었다.

　아찬중위는, 나마중위제를 유명무실하게 만들며 급찬으로 승진하여 6두품이 된 뒤에도 계속 공적을 쌓고 능력을 인정받아 사찬, 일길찬, 아찬으로 승진을 거듭하는 두품층 인사를 견제하기 위해 새로 설치한 중위였다. 그리고 대아찬 이상의 관위는 오직 진골만 받을 수 있다는 규정을 부가한 사실에서 알 수 있듯이, 그 사이에 진골이 신라 최고의 지배 신분층으로 성립하였다. 요컨대 중위제는 한 시기에 하나의 관등에만 적용되었고, 적용 대상은 언제나 두품 신분층이었다.

　두품층 내에서 그가 몇 두품인지 구분하고 대우를 달리하였지만, 이 구분은 각기 성취한 관위에 따라 편의적으로 구분한 것에 지나지 않는다. 몇 두품인가는 출생에 따라 정해지던 신분이 아니라 공로와 능력으로 성취한 관위의 수준을 숫자로 나타내던 표시일 뿐이었다. 따라서 두품층 내부에서 관위 승급의 제한은 존재하지 않았다. 국학國學의 수학修學 규정에도 이런 사정이 잘 반영되어 나타난다.

무릇 국학의 학생은 관위 대사大舍 이하부터 관위가 없는 자까지, 15세에서 30세까지인 사람으로 입학하게 하였다. 9년 동안 재학할 수 있으나, 둔하고 어리석어 인재가 될 가능성이 없는 사람이면 그만두게 하였다. 만약 재주와 도량은 이룰 만한데 아직 미숙한 자는 비록 9년을 넘더라도 국학에 남아 있는 것을 허락하였다. 관위가 대나마나 나마에 이른 이후에 국학에서 내보낸다.(『삼국사기』 38, 잡지 7, 직관 상, 국학)

무위인 사람도 국학에 입학하여 9년 동안 재학하며 성적에 따라 승급을 거듭한 끝에 나마 또는 대나마가 되면 졸업하였다는 것이다. 이 규정을 통해 나마가 될 수 있는 5두품 이상만 국학에 입학할 수 있었음을 알 수 있다고 생각한다면, 이는 기록을 잘못 읽은 것이다. 국학의 입학 자격은, 15세부터 30세까지의 관위 대사大舍 이하인 재능 있는 사람 모두였다.

나중에 외위 간干에게 경위京位 사지舍知를 준 사실로 미루어, 그 이하의 길사吉士, 오烏, 조위造位는 처음에 1~3두품으로 부르다가 그 정치적 위치가 점차 미미해짐에 따라 그냥 평인으로 분류하게 되었고, 사지부터 4두품이라 불러 그 지위에 걸맞는 사회적·정치적 대우를 하였음을 알 수 있다. 공을 세우거나 능력을 인정받아 다시 나마로 승진하면 5두품이라 부르고 더 높은 대우를 한 것이었다. 아찬중위가 작동할 때, 두품 신분은 신라를 움직이는 실무 담당자로서 중간 지배층을 이뤘고, 능력에 따라 승급하여 4중아찬이 될 수 있었다. 4중아찬이면 각 기관의 차관급 지위에 오를 수 있는 위치였다.

신라의 관위가 17등급으로 확대 개편된 법흥왕 대까지만 해도 대나마에 중위제를 적용하고 있었으므로 두품 신분으로서 칸군 관위를 지닌 사람은 나올 수 없었다. 6두품은 아직 존재하지 않은 것이다. 그러다가 통일전쟁이 격화된 7세기에 접어들면서, 그가 세운 전공이 워낙 특출하여 나마중위로는 그 공로를 치하하기에 부족한 사람들이 등장했고, 이에 관위란 결국 그 능력이나 공로에 따라 수여하는 제도적 장치가 아니냐는 인식이 확대되었으며, 그 결과 나마중위제의 제약을 뚫고 급찬으로 승급하는 경우가 생겨났다. 칸군 관위를 지닌 두품 신분층, 곧 6두품이 발생한 것이었다. 일단 급찬이라는 칸군 관위로 승급하자, 두품층이 그 이상의 관위를 받는 것도 불가능한 일이 아니었다. 상황이 이에 이르자 유명무실해진 나마중위제 대신에 아찬중위제를 시행하여 새로 대두한 6두품의 무제한 승급을 막음으로써 대나마 이상의 관위는 진골이 독점하는 정치체제를 확립하게 된 것이었다.

이러한 중위제의 변화를 면밀히 살펴보면, 이는 신라의 최고 지배세력이 일반 '골'층에서 '진골'로 교체된 사실과 궤를 같이한 변화이기도 했음을 알 수 있다. 나마중위를 시행하여 두품층의 칸군 관등 소지를 금지했던 때, 이 제도의 수혜자는 '골' 신분이었던 반면, 아찬중위를 시행하여 두품층을 견제한 주체는 '진골'이었기 때문이다. 신라의 최고 지배세력이 골층 일반으로부터 새로 독자의 신분으로 대두한 진골로 바뀌는 변화가 진행된 것이었다. '진골'과 '6두품'은 국초부터 있었던 신분도 용어도 아니다. 골 신분과 두품 신분을 나누고 나마중위제를 운용하여 두품층의 정치적 진출을 규제하던 골품제의 기본 구조는 7세기 무렵부터 진골과 두품의 이원구조와 아찬중위를 통한 규제 형태로 재편되었다.

부체제에서 중앙집권적 지배체제로의 변화

6부 칸들이 합의하여 지증왕에게 '신라국왕'이란 왕호를 올리고 스스로 국왕의 신하가 될 것을 맹세했지만, 그렇다고 6부 중심의 '부체제'에 입각한 기존의 국정 운영 방식이 정지된 것은 아니었다. 부체제에 대신할 국왕 중심의 중앙집권적 국정 운영 체제를 새로 마련해야 한다는 것은 아직 막연한 과제였을 뿐 어떤 과정과 절차를 거쳐 구체적으로 어떠한 형태의 체제를 구축해나갈 것인지 전망하기조차 어려운 상황이었다. 부체제는 여전히 작동하고 있었다.

이런 상황에서, 지증왕의 뒤를 이어 즉위한 법흥왕은 무엇보다 먼저 병권兵權 장악에 나섰다. 지배체제의 개편을 성공적으로 마무리하기 위해서는 그에 수반하여 생길 수 있는 칸 세력의 반발을 억제할 힘을 갖추는 것이 시급하였기 때문이다. 6부 병력에 대한 지휘권을 확실히 장악하지 않으면 어떠한 개혁도 가능할 리 없었다. 법흥왕은 즉위 3년(516)에 병부를 설치하고 근친을 병부령兵部令에 임명하였다.

『삼국사기』 본기本紀에는 직관지職官志에서와 달리 병부의 설치가 법흥왕 즉위 4년의 일로 되어 있다. 병부를 설치하여 육부병六部兵의 군적軍籍을 관리하고, 국왕이 신임하는 병부령으로 하여금 군 통수권을 장악하게 하는 조치가 6부 칸들에게 쉽게 받아들여지지 않았으므로 갈등을 해소하고 이를 실제로 시행하는 데 약 1년의 시간이 소요되었다. 곧 이러한 사실이 이런 기록의 편차로 나타난 것이겠다. 법흥왕이 즉위 7년(520)에 율령을 제정하여 반포하고 공복의 위계를 일률적으로 정할 수 있었던 것은 병권의 장악이 어느 정도 완수된 결과였다.

　그리고 법흥왕은 불교를 받아들여 왕권의 안정과 강화를 사상적
으로 정당화하고자 하였다. 그 중 불교의 윤회사상輪廻思想은, 전생의
거듭된 윤회 과정에서 수많은 선업을 쌓아 거의 부처가 될 경지에
오른 사람이 왕이 되는 것이라는 논리로 이어져 국왕에 대한 존경심
을 촉발하고 그 권력에 대한 자발적 복종심을 유인하는 좋은 수단이
될 수 있었다. 또 불국토佛國土를 염원하도록 만드는 불교의 연기적
緣起的 세계관은 칸들의 현실 이익 추구 경향을 억제하는 사상적 기
반이 될 터였다.

　그러므로 불교를 공인하려는 법흥왕의 시도는 6부 칸들의 대대
적인 반발을 불러일으켰다. 칸들은 국왕에게 정치적 신속臣屬을 이
미 맹세한 처지였으므로 대놓고 반발하지 못하다가, 불교 도입 문제
에 대해서는 강력한 반대 의사를 드러냈다. 왕권이 강화되어 전통의
풍속과 세속의 문화까지 좌우하기에 이른다면 자기들이 유지해온
기득권을 모두 상실할 우려가 있다고 여긴 것이었다. 법흥왕의 불교
공인 시도에 대한 반발은 신앙 문제를 둘러싸고 전개된 단순한 종교
적 갈등이 아니라 국왕에 의한 중앙집권체제 구축에 6부 칸들이 반
발함으로써 일어난 정치적 충돌이었던 셈이다. 그리고 불교의 승려
를 믿기 어렵다는 불신의 마음도 적잖이 작용하였다.

　불교가 신라에 처음 전해진 것은 늦어도 눌지마립간 때의 일이었
다.『삼국유사』에 따르면, 묵호자墨胡子라는 승려가 눌지마립간 때
고구려로부터 신라의 일선군一善郡(경북 선산)으로 들어와 모례毛禮
의 집에 있는 토굴에 기거하였다고 한다. 때마침 신라의 왕녀가 큰
병을 앓았는데, 묵호자가 향을 피우고 기도하여 낫게 해주었으므로

왕이 크게 기뻐하며 후하게 사례하는 일까지 있었다는 것이다. 그런데도 신라에서 불교를 받아들이지 않았던 이유는 불교의 승려가 침략의 앞잡이 노릇을 하는 일이 빈발하여 경계심을 갖게 하였기 때문이다.

백제가 고구려의 공격을 막아내지 못하고 수도 한성을 잃게 된 것은 개로왕(재위 455~475)이 도림道琳이란 고구려 첩자에 속아 소모적인 토목사업을 벌임으로써 국가 재정을 낭비하여 국력이 크게 위축되었기 때문인데, 첩자 도림이 바로 불교 승려였다. 개로왕이 바둑을 좋아하였으므로 바둑을 잘 두는 사람으로서 보편 가치를 추구하는 불교 승려를 뽑아 거짓 망명하게 꾸미면 개로왕이 불신을 거두고 가까이에 둘 것이라 생각한 장수왕이 바둑의 고수인 불승佛僧 도림을 선발해 첩자로 파견한 것이었다. 도림은 바둑으로 개로왕의 환심과 총애를 얻은 다음, 웅장하고 화려한 궁실과 누각을 축조하고 한강을 정비하도록 꾀어 대규모의 인력과 재정을 쏟아붓게 만들었다. 이로써 개로왕은 민심을 잃고 국력을 허비하게 되었으며, 임무를 완수한 도림이 탈출하여 이런 실정을 알리자 장수왕이 기뻐하며 백제 침공에 나선 것이었다.

신라는 바로 옆 나라로서 이런 일을 지켜보았던 데다가, 궁궐에 들어와 분향 수도하던 승려가 왕을 해치려는 음모를 꾸미다 발각되는 일이 내부에서 벌어졌으니 불교에 대해 경계심을 갖지 않을 수 없었다. 『삼국유사』에 의하면, 소지마립간 10년(488)에 왕이 천천정天泉亭에 나들이하였는데 까마귀와 쥐가 와서 울더니 쥐가 사람 말로 이르기를 "이 까마귀가 가는 곳을 찾아가 보시오." 하더란다. 그래서 왕이 기사에게 명하여 까마귀를 따라가게 하였는데, 남쪽의 피촌避村에 이르러 돼지 두 마리가 싸우는 걸 보다가 그만 까마귀가 간 곳을 모르게 되었다는 것이다. 그때 한 늙은이가 연못 가운데서 나와 글을 바치기에 봉투 겉면을 보니, "열어보면 두 사람이 죽을 것이요, 열어보지 않으면 한 사람이 죽을 것이다."라고 쓰여 있었다고 한다. 옆에 있던 일관日官이 "두 사람은 서민이요, 한 사람은 왕입니다." 하기에 결국 열어보니, 편지 가운데 "거문고 갑을 쏘라."고 적혀 있기에, 왕이 궁에 돌아와 거문고 갑을 쏘았다. 그랬더니 내전에서 수도하던 승려가 궁주宮主와 은밀히 간통하고 있더라는 것이다. 이들 둘이 죽지 않으면 왕이 죽을 것이라고 했으니, 승려와 궁주가 가깝게 지내면서 왕을 시해할 계획을 꾸미고 있었다는 얘기다.

그러나 불교의 승려가 국왕의 안전을 위협하는 수단으로 이용되는 구도는 불교를 공인함으로써 왕실이 불교계를 공식적으로 지원하게 되면 저절로 해소될 일이었다. 그리고 불교의 왕즉불王卽佛 사상은 왕권 강화를 사상적으로 뒷받침할 매우 유용한 교재로 여겨졌다. 불교의 수용을 둘러싸고 국왕과 6부의 칸들 사이에 대립과 갈등의 양상이 장기간 전개되었다. 법흥왕이 불교를 공인하기에 이른 것은 즉위 15년에 이르러서의 일이었는데, 이차돈이 순교하며 이적異蹟을 보인 일이 계기였다고 전한다. 왕이 죽고 나서 그에게 '법흥'이라는 시호諡號를 올렸다는 것은, 당대인들이 그의 많은 업적 중에서 무엇보다 불교를 공인한 사실을 가장 높게 평가했음을 말해주는 사실이다.

불교를 공인한 법흥왕은 그 3년 뒤에 6부의 칸들이 구성하는 대등大等 회의의 의장직에서 물러나고 그 대신 상대등上大等을 신설하여 근친을 이에 임명하였다. 국정 운영의 잘잘못에 대한 직접적인 책임을 상대등에게 떠맡김으로써, 그동안 정치적으로 칸들을 대표하는 위치에 있던 국왕이 실정失政에 따른 책임 추궁으로부터 벗어나, 칸들과는 다른 초월적 존재로 격상된 것이었다. 부체제로부터 초월하게 된 셈이다. 그리고 즉위 25년에 외관外官으로 하여금 가솔을 모두 거느리고 부임하도록 허용하는 한편, 주나 소경小京의 장관이 부임할 때 거느리고 간 가신과 협조적인 지방 세력 등에게 마음대로 관위를 부여하여 계서화階序化함으로써 지배력을 강화할 수 있도록 조처하였다. 외위가 본격적으로 운용되기 시작한 것이다.

법흥왕의 뒤를 이어 즉위한 진흥왕은 그 5년(544)에 병부령을 한 명 더 증원하여 병권 장악을 공고히 하고 정복 사업을 적극 추진하였다. 병부령은 태종무열왕太宗武烈王 6년(659)에도 1명 더 증원되었는데, 이는 군사력이 증강된 데다 상호 견제할 필요도 생겼기 때문이다. 그리고 6년(545)에 거칠부 등에게 명하여 『국사國史』를 편찬하게 하였다. 이때 『국사』를 편찬한 것은, 그때까지 박·석·김 진골 왕족이 제각기 나름대로 파악해온 자기 가계 및 왕위 전승의 근거에 관한 기록을 정리하여 역대 왕들의 계보를 일계적一系的인 형태로 만들어 공식화하는 데 목적이 있었다. 『삼국사기』와 『삼국유사』의 왕족 계보가 서로 상충하기도 하고, 같은 기록 중에도 다른 이설이 있음을 소개한 경우가 적지 않은데, 이는 『국사』 편찬 이후에도 일부의 가문이 혈연관계에 관한 자기 가계의 전승을 여전히 고집하여 남긴 데서 생긴 혼선이다.

신라 국왕의 계보가 박혁거세거서간 이후로 단절 없이 계승되어 온 일계적 형태로 정리되자, 진골 중에서도 특히 왕위를 이은 사람은 하늘이 선택한 성스러운 사람이었다는 인식이 생겼다. 울주 천전리 각석蔚州川前里刻石에 법흥왕을 '성법흥대왕聖法興大王'으로 표기한 명문이 보이는데, '법흥'이 시호이므로 진흥왕 때 새긴 것임이 분명하다. 이는 왕명 앞에 '성聖' 자를 붙여 높인 것의 첫 예였다. 국왕을 '성골'이라 여기는 관념도 『국사』가 편찬되던 무렵 생겼을 것이다.

『삼국사기』를 검토해보면, 신라 '상대上代(혁거세거서간부터 지증마립간까지의 시기)'의 왕위가 현왕現王의 직자直子를 우선함을 전제로 역대 왕의 직자나 손자로만 계승되어왔던 것으로 나타난다. 거칠부가 『국사』를 편찬하면서 역대왕의 계보를 일계적으로 정리할 때, 왕의 초월적인 권위가 하늘이 왕으로 택한 사람을 매개로 하여 그 직자에게 계승된다는 인식을 기반으로 정리하였음을 말해주는 사실이다. '성골'은 이런 인식에 근거하여 성립한 용어이고 개념이었다. 즉 왕을 매개로 하여 그 직자에게 재현되는 신성성神聖性과 왕위 계승 자격자로서의 정치적 현재성이 동시에 충족될 경우에 한하여 그를 '성골'이라고 부른 것이다. 그러므로 '성골'은 특정한 혈연집단이나 신분이 아니다. 신라의 '성골'은 왕위 계승의 자격과 관련하여 성립한, 왕과 왕위 계승 자격자에 대한 현재의 정치적 정체성 개념이었다. 왕의 직자라 할지라도, 다른 형제가 왕위를 계승하고 그 아들이 태자로 책봉되는 시점에 이르면 성골에서 벗어나는 게 기본 원리였다. 이 시점에서는 하늘이 그를 왕위 계승자로 택하지 않았음이 명백해지는 것이기 때문이다. 그렇다 하더라도 현왕이, 성골로부터 벗어나게 된 형제 등 근친에게 '성골' 지위를 유지하도록 허용할 필요가 생기는 경우가 있었는데, 그럴 때면 그 대상자를 '갈문왕葛文王'에 봉하였다. '갈문왕'은 '성골' 지위의 유지와 관련하여 운용한 왕위명으로서, 갈문왕으로 봉해진 본인과 그 직자가 왕위 계승 자격을 지녔다.

진흥왕의 영토 확장 사업과 통일전쟁의 시작

법흥왕 19년(532)에 금관국의 왕인 김구해가 왕비와 세 명의 아들을 데리고 항복해왔다. 법흥왕은 이들에게 높은 등급의 관위를 주는 등 예를 갖추어 대우하고 본국을 식읍으로 삼게 하였다. 이는 신라가 금관국의 기존 지배 질서를 크게 흔들지 않고 민인에 대한 조·용·조 수취 등 지배권의 기본 골격을 용인해준 것으로서, 가야의 잔여 세력도 신라에 복속해오도록 유도하기 위한 조처였다. 금관국을 장악한 신라는, 중국 대륙에서의 정세 변화와 이에 대응하는 고구려의 전략을 예의주시하면서 북방으로 그 영토를 넓힐 기회를 노렸다. 거칠부居柒夫가 젊었을 때 승려로 위장하여 고구려에 잠입했었다는 이야기가 고구려 공략을 암중모색하고 있던 신라 지배층의 분위기를 상징적으로 보여준다.

법흥왕이 죽고 그의 아우 갈문왕 입종立宗의 아들 삼맥종彡麥宗이 7세의 나이로 왕위에 올랐다(540). 그가 바로 진흥왕이다. 진흥왕의 어머니는 법흥왕의 딸이었는데, 왕이 어렸으므로 태후太后의 자격으로 섭정하였다고 한다. 태후는 대대적인 사면을 단행하고 문무관의 관위를 모두 한 등급씩 올려주어 민심의 안정과 정국의 원만을 도모하였다. 그러나 『삼국사기』가 그해 겨울에 지진이 일어나고, 복숭아꽃과 오얏꽃이 피며, 눈이 한 자나 내리는 이변이 잇따랐다고 기록한 사실로 미루어, 어린 왕을 두고 이루어진 태후의 섭정 행로가 결코 만만치 않았음을 짐작할 수 있다.

이때 정국을 안정시키는 데 크게 기여한 이가 이사부였다. 태후는 섭정을 시작하고 이듬해(541)에, 지증왕 때 실직주 군주로서 우산국을 정벌하여 큰 공을 세웠던 원로 이사부를 병부령에 임명하였다. 이사부는 나물이사금의 4대손으로, 법흥왕 입종 형제와 같은 항렬의 근친이다. 이사부가 『국사』의 편찬을 건의하여, 거칠부 등으로 하여금 편찬에 착수하도록 했다고 하는데(545), 왕실의 계보를 정리하고 조상의 업적을 기록하는 일은 왕족의 단합을 이끌어 왕권을 안정시키는 데 매우 주효한 사업이었다.

이사부는 또 대규모의 군사를 움직여 고구려 공략에 나섰다. 그동안 구축되어온 국왕 중심 집권 체제의 기반 위에서 병부령으로서의 권한을 힘껏 활용한 것이었다. 고구려에 대한 군사행동은 태후의 섭정 과정에서 불거진 6부 칸들의 불만과 정치적 갈등을 외부로 돌려 해소하는 계기가 되었다. 단양 신라 적성비에 이사부 거칠부 등 10명의 이름이 보이는데, 이들이 왕의 지시를 받아 단양 일대를 점령하고 이때 신라를 도운 이 지역 사람을 표창한 내용이 담겨 있다. 545년부터 550년 사이에 세워진 비로 추정된다.

진흥왕 12년(551), 연호가 '개국開國'으로 바뀌었다. 연호를 변경했다는 것은 태후의 섭정이 끝나고 진흥왕이 직접 친정親政에 나섰다는 뜻이다. 왕의 나이가 18세가 되던 해였다. 진흥왕은 친정에 착수하자마자 고구려를 쳐서 죽령竹嶺 이북 고현高峴(황해도 곡산 추정) 이남의 10개 군을 빼앗았다. 진흥왕의 영토 확장 사업이 본격화하였음을 알리는 첫 신호탄이었다.

당시 고구려는, 안장왕安臧王(재위 519~531)이 시해된 데서 표출되었듯 내부의 정치적 갈등이 고조된 상태였으며, 안원왕安原王(재위 531~545)이 즉위하고서도 그 갈등을 제대로 수습하지 못하고 있던 상황이었다. 게다가 화북 지방에서 세력을 떨친 선비의 일파인 탁발

선비拓跋鮮卑의 위魏(흔히 '북위北魏'라고 부름)가 534년에 분열하여 동위東魏와 서위西魏로 나뉘자 국경을 맞댄 동위에 조공하면서도 만일의 침입에 상시 대비하지 않을 수 없는 처지에 놓였다. 551년에는 돌궐이 쳐들어와 신성과 백암성을 공격하였다. 이 무렵 고구려는 남쪽 국경에서 신라나 백제가 침입해 오더라도 대규모의 군사를 움직여 진력으로 이에 대항할 처지가 아니었던 셈이다. 진흥왕이 고구려를 쳐서 성공한 것은 이런 정세의 틈을 간파한 결과였다. 이때 백제도 신라와 보조를 맞춰 한강 유역을 공격했다고 하니 두 나라 사이에 군사행동을 둘러싼 전략의 교감이 있었음을 알 수 있다. 백제로서도 개로왕 때 상실한 옛 수도를 회복한다는 것은 오랜 숙원이었다.

그런데 신라의 진흥왕은 즉위 14년(553), 돌연 한강 유역을 공격하여 백제가 회복한 땅을 빼앗아 이곳에 신주新州를 설치하였다. 이때 초대 신주 군주로 임명된 사람이 가야 구해왕의 아들인 대아찬 김무력金武力이니, 곧 김유신의 조부이다. 진흥왕은 북한산에 올라 새로 차지한 영토를 산정山頂에서 조망하고, 기념비를 남겼다. 바로 '북한산 신라 진흥왕 순수비北漢山新羅眞興王巡狩碑'이다.

우리 기록만 보면 신라가 백제의 땅을 차지한 것은 일찍이 눌지마립간과 비유왕毗有王이 맺었던 나제羅濟 간의 공수동맹共守同盟을 깬 행위로서 그 위약 당사자는 신라였다고 판단되는데, 『일본서기』를 보면 신라 측이 맹약 위반의 책임을 백제의 성왕에게 물었던 것으로 나타난다. 신라의 한강 유역 진출에 분노한 백제의 성왕이 왕자 창昌(훗날의 위덕왕威德王)에게 명하여 신라를 공격하게 하고, 격려차 전장을 방문하러 가다가 신주 군주 김무력이 보낸 병사들에게 사로잡히게 되었는데, 당시의 상황을 『일본서기』가 다음과 같이 기록하였다.

신라는 명왕明王(성왕聖王)이 직접 온다는 것을 알고 나라 안의 모든 군사를 내어 길을 끊고 격파하였다. 이때 신라에서 좌지촌의 사마노 고도에게 "고도는 천한 노奴이고 명왕은 뛰어난 군주이다. 이제 천한 노로 하여금 뛰어난 군주를 죽이게 하여 후세에 전해져 사람들의 입에서 잊히지 않기를 바란다."고 하였다. 얼마 후 고도가 명왕을 사로잡아 두 번 절하고 "왕의 머리를 베기를 청합니다."라고 하였다. 명왕이 "왕의 머리를 천한 자의 손에 내줄 수 없다."고 하니 고도가 "우리나라의 법에는 맹약을 어겼으면 비록 국왕이라 하더라도 천한 사람의 손에 죽습니다."라 하였다.(『일본서기』 19, 긴메이천황 15년 12월)

사진 23 북한산 신라 진흥왕 순수비와 탁본(국보 3호)

고도苦都(『삼국사기』는 도도都刀라고 기록했다. 삼년산군三年山郡의 고
간高干이었다고 한다)가 성왕을 사로잡아 그 목을 치면서, 왕은 지체
가 높아 천한 사람이 목을 거둘 수 없지만, 신라의 국법에 따르면 설
사 왕이라 할지라도 맹약을 어긴 경우엔 신분이 낮은 사람에게 죽임
을 당하게 된다고 말했다는 것이다. 고구려 장수왕의 남하에 공동 대
응하기 위해 433년에 신라의 눌지마립간과 백제의 비유왕이 맺었던
'나제동맹' 말고는 두 나라 사이에 맺은 맹약이 더 없다. 그렇다면 백
제를 공격해 한강 유역을 차지한 신라가 먼저 이를 위반했다고 할 것
인데, 오히려 신라 쪽에서는 맹약을 어긴 책임이 성왕에게 있다고 인
식하고 있었다는 이야기다.

신라 쪽에선 자기들이 백제의 고토를 차지한 것은 맹약을 어긴 행
위가 아니라고 생각하면서, 이 행위에 분노한 성왕이 군사를 움직여
공격해 온 사실만 맹약 위반이라고 인식했던 셈이다. 『일본서기』의
위 기록에 의하면, 신라 측은 처음부터 이참에 성왕을 욕보여 세인
들의 입에 회자되도록 만들겠다는 의도를 가졌고, 그래서 신분이 낮
은 고도로 하여금 성왕의 목을 치도록 유도했던 것으로 되어 있다.
이것이 그대로 사실인지는 확실치 않으나 적어도 백제 쪽에선 그렇
게 알고 있었음이 분명하다.

신라가 한강 유역을 차지하여 신주를 설치한 행위가 맹약을 어긴
것인가를 둘러싸고 나제 간의 인식 차이가 현격했던 셈이다. 그런데
신라가 백제와 고구려가 공방을 거듭하고 있었던 지역을 급습해 차
지한 예는 이미 550년에도 있었다. 고구려가 백제의 금현성金峴城(충
북 진천)을 공격해 점령했는데, 신라의 이사부가 두 나라의 군사가
지친 틈을 노려 금현성과 그 옆의 도살성道薩城을 한꺼번에 차지한

적이 있었던 것이다. 그런데도 당시 백제 측은 이를 맹약 위반으로 문제 삼지 않았다. 제3국과 서로 뺏고 빼앗기는 전투가 벌어지고 있는 지역은, 특히 이곳이 현재 제3국에 의해 점령되어 있을 경우엔 더욱이, 고구려가 이를 공격해 차지해도 맹약 위반으로 간주되지 않았던 셈이다.

한성은 본디 백제의 수도로서 백제 영토였지만 개로왕이 고구려에 빼앗긴 지역이었고, 무령왕이 한때 이곳을 수복했으나 성왕이 그 7년(529)에 다시 고구려에 빼앗기고 만 지역이었다. 따라서 신라는 이 지역을 분쟁 지역으로 간주했을 개연성이 크다. 아직 수복하지 못했지만 자신의 영토라고 생각한 백제와 인식이 다를 수 있었겠다고 여겨지는 것이다. 더구나 성왕이 이곳을 공격해 차지했다가 고구려의 반격으로 재차 물러나 있었다고 한다면, 신라로서는 이곳을 차지해도 백제와의 맹약을 깨는 행위가 아니라고 생각했을 법하다. 진흥왕이 한강 유역을 공격했을 때를 전후해서 실제 이 지역에서의 전황이 과연 어떻게 전개되고 있었는지를 좀더 면밀히 살펴볼 필요가 있다.

여기서는, 진흥왕이 그 29년(568)에 직접 함경도 개마고원 일대를 둘러보고 민심을 위로하며, 적에 맞서 용감히 싸운 유공자에 대한 포상을 약속했던 사실에 유의해야 한다. 마운령, 황초령의 진흥왕 순수비가 이 사실을 증언하고 있다. 그런데 신라가 고구려를 쳐서 이곳까지 진출했다는 기록은 딱히 보이지 않는다. 실직悉直이 이른 시기부터 신라의 영역으로 나타나고, 또 비문에 적과 싸운 유공자를 운운하였으므로, 동해안을 따라 북쪽 함경도 지역까지 신라가 장악하고 있었을 개연성은 충분하다고 여겨진다. 하지만 그렇다고 해도 진흥왕이 가늘게 뻗은 영토를 따라 마운령과 황초령까지 순행한 것은 매우 위험한 일이었다. 고구려가 그 퇴로를 차단하고 공격했다면, 고구려가 아무리 쇠약해진 상태였다고 해도, 성공 가능성이 높았을 터이기 때문이다. 그럼에도 불구하고 고구려가 그러지 않았다는 것은 고구려와 신라 사이에 모종의 밀약이 성립해 있었음을 반증해주는 일이 아닐까 짐작된다. 고구려로서는, 한강 유역에서 원수나 다름없는 관계로 발전한 백제와 접경하기보다 이곳을 신라에게 내주고 신라하고만 접경하면서 관계를 돈독히 유지하는 편이 남쪽 국경을 안정시키고 북방 세력의 내침來侵에 전력으로 대비하는 방책일 수 있었을 것이다. 『일본서기』에 따르면, 552년 5월에 백제가 일본에 사신을 보내 신라와 고구려와 화친하여 백제와 임나를 위협하고 있으니 원병을 보내 달라고 요청했다고 한다. 신라가 실제로 고구려와 밀약을 맺었을 가능성이 크다.

진흥왕이 마운령과 황초령을 돌아보며 살핀 해는 연호를 새로 바꿔 태창太昌이라고 칭한 원년이었다. 순수비를 보면 진흥왕이 자신을 '짐朕'이라 일컫고 있다. 독자적인 연호를 사용하고 '짐'이라 칭했다는 것은 신라가 스스로를 황제의 나라로 여기고 있었음을 뜻한다. 진흥왕은 아들들에게 금륜金輪, 은륜銀輪, 동륜銅輪, 쇠륜舍輪이란 이름을 붙여주었다. 인도의 신화에 따르면 수레바퀴처럼 생긴 신통한 보배를 돌리면서 세상을 교화하는 이상적인 왕, 곧 전륜성왕轉輪聖王이 나타나리라 하며, 전륜성왕에도 급이 있어 금·은·동·철륜왕이 있는데, 금륜왕이 덕으로 세계를 정복하여 다스린다고 한다.

그리고 진흥왕은 569년에 황룡사를 완성하였다. 이 절을 조성한 터는 신라인들이 과거불(지난 세상에 나타난 부처)인 가섭불迦葉佛 시대부터 있었던 가람터라고 믿은 곳으로서 이곳에 세워진 황룡사는 신라가 곧 불국토佛國土라는 신라인 모두의 염원을 담아 조성한 사찰이었다. 진흥왕은 그 아들 때에 신라가 삼한을 통일하여 이상적인 국가로 거듭나길 바랐던 것이다. 그러나 금륜, 은륜, 동륜이 차례로 죽고 쇠륜이 마침내 왕위에 오르니 그가 곧 진지왕이다.

한편 이에 앞서 진흥왕 18년(557)에는 고구려로부터 빼앗은 충주 지역을 소경小京으로 편제하고 '나라의 기원'이란 뜻으로 국원國原이라 불렀다. 충주 일대를 국원이라 부른 것은 삼한 세력이 남하할 당시에 김씨 세력이 이곳에 정착하여 힘을 키웠기 때문이었으리라 짐작된다.

6. 백제 무령왕과 성왕이
나라의 부흥을 꾀했으나 이루지 못하다

문주왕의 도읍 천도와 부흥 시도

거짓으로 탈출해 온 고구려의 첩자인 승려 도림의 꾐에 넘어간 개로왕이 부질없이 대규모 토목·건축 공사를 벌이는 바람에 백제의 국고가 탕진되고 민심은 크게 이반離反하였다. 일이 계획대로 돌아가자, 기회를 엿보던 장수왕이 한성을 쳤으며, 개로왕은 이를 막아내지 못한 채 전사하고 말았다. 아들 문주文周를 신라에 보내 도움을 청했으나, 1만의 구원병이 도착했을 때는 이미 성이 함락되고 왕이 세상을 떠난 뒤였다.

왕위를 계승한 문주는 잔여 세력을 수습해 도읍을 웅진熊津(충남 공주)으로 옮기고 민심을 수습하는 한편 무너진 국가체제 정비에 나섰다. 백제가 새 도읍을 정하고 웅진이라 부른 연유는 분명하지 않으나 백제사람 다수가 모여 살던 곳의 지명에서 웅熊 계통의 단어가 많이 보인다. 문주의 노력에도 불구하고 병관좌평兵官佐平 해구解仇가 내

신좌평內臣佐平 곤지昆支를 살해하고 정권을 장악하였다. 곤지는『삼국사기』에 문주왕의 동생으로 되어 있고,『일본서기』에는 개로왕의 동생으로 나온다. 해구는 결국 문주왕까지 시해하였다.

문주왕의 뒤를 이어 태자 삼근이 왕위에 올랐으나 겨우 13세였다. 국사를 마음대로 하던 해구는 결국 스스로 왕이 되기 위해 군사를 움직이다가 그를 경계하던 세력에 의해 제거되었다. 반란을 일으킨 해구가 토벌된 뒤에도 백제의 정국은 여전히 불안했고, 삼근왕은 즉위 3년 만에 그예 성인이 되지 못한 채 죽고 말았다. 그 뒤를 이어 곤지의 아들인 모대牟大가 왕위에 오르니 곧 동성왕이다. 동성왕은 외교에 힘써 남제와 통교하고 신라와의 우호를 강화하였다.

『삼국사기』에 따르면, 동성왕은 그 15년(493)에 신라 왕실의 여자와 혼인했다고 한다. 나제동맹이 혼인동맹으로 발전한 것이었다. 신라의 공주를 배필로 삼았다는 백제왕은 동성왕이 유일하다. 그런데『삼국유사』에는 어린 시절에 서동薯童이라 불린 백제 무왕武王(재위 600~641)이 신라 진평왕眞平王(재위 579~632)의 셋째 딸인 선화공주를 아내로 삼았다고 되어 있다.『삼국사기』와『삼국유사』의 전언이 서로 엇갈리는 셈이다.

이와 관련해서 주목을 받은 것이 익산 미륵사지 서탑 속에 있던 금제사리봉영기金製舍利奉迎記 명문銘文이다. 미륵사는 무왕 때 창건되었는데, 서탑을 해체 복원하는 과정에서 발견된 이 명문에 "우리 백제 왕후께서는 좌평 사택적덕沙宅積德의 따님으로서, 지극히 오랜 세월에 걸쳐 좋은 인연을 쌓은 끝에 이번 생애에 뛰어난 과보를 받아 만민을 어루만져 기르시고 불교의 동량이 되시어 재물을 희사하여 가람을 세우시고 기해년(639)년 정월 29일에 사리를 받들어 모

사진 24 익산 미륵사지 서탑(보물 제1991호) 출토 사리장엄구에서 발견된 금제사리봉영기

셨노라."라고 적혀 있었기 때문이다. 무왕의 비는 신라의 공주가 아
니라 백제 귀족인 사택 가문의 여인이었던 것이다. 『삼국사기』에 입
각할 때 무왕이 그 재임 기간 동안 신라와 자주 전쟁을 벌였던 것으
로 나타나는 점도 그 왕비가 신라의 공주였다는 전언을 믿기 어렵게
만드는 요소이다. 그렇지만 이것만으로는 『삼국유사』의 관련 기록
이 오류라고 단언하기는 어렵다는 게 학계의 일반적인 생각이다. 백
제의 왕비가 복수였을 가능성도 없지 않고, 국가 간의 관계가 왕실
사이의 혼인에 의해 꼭 좌우된다고도 말하기 어려우므로 아직은 숙
제로 남아 있는 문제라 하겠다.

　동성왕은 23년간 재위하면서 국가를 방위하고 국정을 안정시키
기 위해 힘썼으나 왕실을 보위하는 임무를 띤 위사좌평衛士佐平 백가
苩加에 의해 시해되고 말았다. 그리고 동성왕의 둘째 아들 사마斯摩가
40세의 나이로 왕위에 올랐다. 무령왕武寧王(재위 501~523)이다. 무
령왕은 반란을 일으킨 백가를 쳐서 목을 베고, 고구려를 공격해 빼

앗긴 영토를 회복하기 위해 노력하였다. 그리하여 마침내 한성을 수복하였다고 한다. 『삼국사기』는 무령왕이 23년(523) 2월에 한강 이북에 있는 주·군의 15세 이상 백성을 징발하여 쌍현성雙峴城(위치 미상)을 쌓고, 3월에 한성漢城으로부터 돌아와, 5월에 사망했다고 적었다. 우리에게 무령왕은 『삼국사기』에 남은 기록보다 그의 무덤이 도굴당하지 않은 상태로 발견됨으로써 더 크게 알려져 있다.

유물과 지석이 출토된 무령왕릉

1971년 7월 6일, 공주시 송산리 고분군 배수로를 공사하다가 우연히 벽돌무덤 하나를 발견하였다. 무덤 입구는 벽돌과 백회로 빈틈

사진 25 백제 고분 중 처음으로 도굴되지 않은 채 발견된 무령왕릉

없이 밀봉되어 있었다. 무덤 입구를 열자, 지석誌石 한 쌍이 가지런히 놓여 있었다. 지석이란 죽은 사람의 신원을 적어 무덤 앞에 묻는 돌을 말한다. 지석에는 백제 무령왕과 왕비를 대묘에 안장했다는 내용이 해서체로 새겨져 있었다. 무령왕릉이 발견된 것이다.

『삼국사기』에 의하면 무령왕은 키가 여덟 자에 눈매가 그림과 같았으며, 인자하고 너그러워 민심이 따랐다고 한다. 무령왕은 501년에 아버지 동성왕의 뒤를 이어 왕위에 오른 뒤, 국방을 튼튼히 하고 국력을 회복하려고 힘썼으며, 중국에 사신을 보내어 중국 문화를 받아들이는 데도 적극적이었다. 513년과 516년에는 오경박사 단양이段楊爾와 고안무高安茂를 일본에 보내 문화의 발전을 돕도록 하였다. 또 민생 안정에도 노력하여, 506년에는 굶주리는 백성들을 위해 창고를 풀어 도와주었고, 먹을 것 없이 떠도는 이들은 고향으로 돌아가 농사를 짓게 하였다.

우리가 무령왕릉 발굴에 주목하는 이유는 출토 유물 때문이다. 이 능은 도굴 피해가 전혀 없었는데, 백제 고분 중에서 도굴되지 않은 고분은 무령왕릉이 처음이었다. 백제의 도읍이 있었던 서울(한성), 공주(웅진)와 부여(사비)에서 많은 고분을 발굴했지만 거의 모두 도굴되었거나 파괴된 상태였다. 그래서 심지어는 무령왕릉이 발견되기 전까지 백제왕과 왕비가 금으로 만든 관을 쓰지 않았던 모양이라고 여길 정도였다. 신라의 도읍이 있던 경주 일대에서는 많은 금관과 금동관이 출토되었는데, 백제 도읍지에서는 하나도 나오지 않았기 때문이다. 그런데 무령왕릉에서 왕과 왕비가 모자에 둘렀던 금판 및 금제 관장식이 출토되어 우리가 잘못 생각하고 있었음을 알게 하였다.

무령왕릉은 지석 때문에 가치가 높다. 신라 지역에서는 금관이 나와 왕릉급의 고분이라고 생각하면서도 고분의 이름을 금관총이니 서봉총이니 천마총이니 하여 무슨 총塚이라고만 부를 뿐 능陵이라고는 하지 않는다. 능은 왕이나 왕후의 무덤만을 가리키는 용어인데 거기에 묻힌 사람이 정말 왕인지 단언할 수 없기 때문이다. 그런데 무령왕릉에는 지석이 있어서 무덤의 주인공이 왕임을 분명히 알 수 있었다.

지석에 의하면, 무령왕은 62세가 되는 계묘년(523) 5월에 사망하여 을사년(525) 8월에 왕릉에 안치되었고, 왕비는 병오년(526) 11월에 사망하여 기유년(529) 2월에 안치되었다. 죽고 나서 2년 3개월 만에 능에 묻힌 것이다. 백제에서는 왕이나 왕비가 돌아가면 시신을 곧바로 묻지 않고 임시로 지은 별도의 궁전에 빈소를 마련하여 2년 3개월 동안 모셔 두었다가 대묘大墓라고 부른 능에 장사를 지냈다.

지석에는 이 능의 주인을 백제 사마왕百濟斯麻王이라고 하였다. 반면에『삼국사기』에는 무령왕의 이름이 사마斯摩로 되어 있다. 사마의 한자 표기가 조금 다른 것이다. 그렇지만 백제 말을 한자로 옮긴 것이므로 흔히 생길 수 있는 이표기異表記라 하겠다. 또『삼국사기』는 무령왕이 재위 23년(523) 5월에 사망하였다고 하여 지석과 일치하는 기록을 남겼다. 이는『삼국사기』가 매우 정확한 역사책임을 말해주는 단

사진 26 왕에 대한 묘지문(앞면)과 방위(뒷면)가 새겨져 있는 무령왕릉 지석

적인 증거이다.

하지만『삼국사기』에는 무령왕이 세상을 떠났을 때의 나이나 그 출생에 관한 기록이 전혀 없다. 따라서 우리는 무령왕이 언제 태어났는지 전혀 알지 못하고 있었다. 다만『일본서기日本書紀』유랴쿠천황雄略天皇 5년(461) 4월조 및 6월조에, 백제 개로왕蓋鹵王이 아우인 곤지昆支로 하여금 일본에 가서 천황을 섬기도록 했는데, 곤지가 일본으로 부임하면서 당시 만삭의 몸이던 왕비(원문에는 임금의 부인, '군부君婦'로 표기되어 있다)와 동행하게 해줄 것을 요구했다는 기록이 있을 뿐이었다. 결국 왕의 허락을 얻어낸 곤지가 왕비와 함께 일본으로 향하던 중 왕비가 쓰쿠시筑紫의 가카라시마各羅嶋라는 섬에서 왕자를 낳았으므로, 섬을 뜻하는 일본어인 '시마'를 이름으로 써서 그를 시마왕[嶋君]이라 부르니 그가 곧 훗날의 무령왕이라는 것이다. '시마'는 '사마'와 음이 대단히 비슷하여, 이런 이름으로 부르게 된 배경 설명이 꽤 그럴듯하게 여겨지기도 한다.

그러나『일본서기』의 이 기사는 백제가 마치 일본 천황을 섬기던 나라인 듯 서술하여 우리 측 기록이 전하는 역사상과 너무 동떨어진 내용인 데다가,『삼국사기』에는 곤지가 개로왕의 둘째 아들로 나오는 등 사실에 착오가 보이므로 도무지 믿을 수 없는 두찬이라고 생각하고 있었다. 그러던 차에 무령왕릉의 지석이 발견됨으로써 비로소, 그가 실제로 461년에 태어났음을 확인하게 된 것이었다.『일본서기』기록을 그냥 무시하기가 어렵게 된 셈이다.『일본서기』의 초기 기록을『삼국사기』나 중국의 사서와 비교해보면 약 120년이 소급되어 나타나기 때문에 이를 감안하여 그 기년을 조정하는 게 일반이었는데, 무령왕을 전후한 시기의 기사는 기년의 정확성이 어느 정도 판명되었으므로 그 내용에 대해서도 무조건 불신하는 태도를 보이기 곤란하게 되었다. 좀더 정밀한 검토가 요구된다.

우선, 곤지가 동행했다는 '군부君婦'가 개로왕의 비를 지칭한 말인지 아니면 곤지의 부인을 지칭한 말인지도 다시 살펴봐야 할 문제이다. 문맥상으로는 개로왕비를 가리킨 용어라고 보는 게 순리라고 여겨지지만, 개로왕이 임신한 부인을 곤지에게 시집보냈다(嫁)고도 하여 구체적인 사실 관계를 종잡기 어렵다. 무령왕의 어머니인 데다 곤지도 왕이었으므로(『일본서기』에 곤지의 지위를 군군軍君이라 적고 고니키시라 읽었는데 이는 왕을 뜻하는 말이다) 그녀를 '군부'라 기록했을 개연성도 없지 않다. 그리고 곤지는 일본에 있다가 귀국했는데, 그의 후손들이 일본 오사카부大阪府 하비키노시羽曳野市 일대에 흩어져 번성하며 아스카베신사飛鳥戶神社를 세워 조상인 곤지를 오래도록 제사해왔다. 『일본서기』는 그가 백제의 인질로 온 것이었다고 하였으나, 이 대목은 그대로 믿기 어렵다. 『일본서기』에는 백제의 사서들을 인용한 백제 관련 기록이 적잖이 남아 있는데, 이 사서의 편찬 목적 자체가 천황 중심의 정치체제를 합리화하거나 강화하려는 데 있었으므로 백제와의 국제관계를 이런 목적에 부합하도록 왜곡해 서술했을 가능성이 매우 크다고 여겨지기 때문이다.

일본 각지에 남아 있는 백제 관련 지명들의 유래도 더 규명해봐야 할 과제이다. 이런 지명들을 토대로, 백제가 왕족을 보내 지배하던 영역이 일본열도 여러 곳에 있었으므로 이곳을 다스리기 위해 백제왕이 곤지를 파견했던 게 아닌가 추측한 견해도 제출된 바 있다. 백제와 일본이 당시 어떤 관계에 있었는지 아직 제대로 알지 못하는 상황에서 무슨 이야기를 해도 추정에 불과한 게 사실이지만, 여러 가능성을 논의 선상에 올려 적극적이고 전향적으로 검토해볼 필요가 있다고 하겠다.

한편, 무령왕비의 지석 뒷면에는 흥미로운 내용이 적혀 있다. 무령왕이 토지신에게 돈 1만 매를 주고 땅을 사서 이 능을 만들었다는 내용이다. 무덤터를 사기 위해 작성한 토지 매매 문서인 매지권買地券을 지석 뒷면에 새겨놓은 것이다. 그리고 지석 위에 오수五銖라는 글씨가 쓰여진 쇠돈 한 꾸러미(90여 개)를 얹어놓았다. 이 오수전은 중국 양梁에서 만든 것으로 당시에 실제 유통하던 돈이다. 무령왕이 묻힌 곳은 땅속이므로 그 주인이 토지신이라고 생각하여 이런 문서를 작성하고 대금을 지불한 것이다.

매지권은 금액과 날짜, 토지를 팔고 사는 당사자, 거래가 원만하게 이루어졌음을 증명하는 내용을 담았다. 매우 공식화된 양식의 문서이다. 이런 문서를 작성한 사실로 보아, 백제에서는 토지의 매매가 매우 빈번하게 이루어지고 있었음을 넉넉히 알 수 있다. 곧 백제에는 매매가 가능한 사유지가 있었다. 그리고 그 사유의 권한은 비록 왕이라 할지라도 필요한 경우엔 대가를 지불하고 토지를 구입해야 했을 정도로 강력하였다. 심지어 백제 사람은 땅속까지 주인이 따로 있다고 여겨, 죽은 사람이 땅속의 주인인 토지신의 허락 없이 그냥 땅속에 누워 있어서는 안 된다고 여길 정도였으니, 사유의 관념과 사유권의 강도가 얼마나 강했는지 능히 짐작할 수 있다.

백제에 사유지가 있었다는 것은 중요한 사실이다. 흔히, 전근대 사회에는 나라 안의 모든 토지가 왕의 것이라는 왕토사상王土思想이 있어서 사유지가 있을 수 없었다고 여기기 쉽다. 그러나 왕토사상은 나라 안의 모든 토지가 왕의 소유라는 경제적 의미보다는, 나라 안에 왕의 지배력이 미치지 않는 곳이 없다는 정치적 의미를 담은 사상이다. 우리나라는 토지에 대한 사적 소유 개념이 일찍부터 발달하여, 이미 삼국 시기부터 개인에 의한 토지 사유가 보편화되어 있었다. 고구려나 신라에서도 마찬가지다.

무령왕과 왕비는 9~10개의 쇠못이 박힌 금동신발을 신고 있었다. 쇠못이 박힌 이런 신발은 다른 고분에서도 여럿 나왔는데, 그 용도와 관련하여 처음엔, 말을 타고 전투에 참여한 장수가 호신용으로 신던 신발이 아닐까 여겨지기도 하였다. 도보로 달려드는 적의 얼굴이나 어깨를 이 신발에 달린 쇠못으로 공격했으리라는 것이다. 그러나 말에서 떨어졌을 경우 그 쇠못이 땅에 박혀 마음대로 움직일 수 없었을 테니 전투용 신발로 보기는 어렵다. 죽은 사람에게만 신기던 신발임이 분명하다. 이와 똑같이 생긴 신발이 전북 익산 입점리 고분益山笠店里古墳 등 여러 곳에서 발견되었을 뿐 아니라 일본 규슈의 구마모토현熊本縣 다마나시玉名市에 있는 에다후나야마고분江田船山古墳에서도 출토되었다. 구마모토는 웅진에 도읍을 둔 백제인들이 집중적으로 거주한 데서 유래한 지명이고, 다마나도 '담로 > 다마로 > 다마나'로 변형된 지명으로서 백제의 담로擔魯가 여기에 있었기 때문에 생긴 지명이라는 견해가 제시된 바 있는 곳이다.

요컨대 죽은 사람에게 튼튼한 신발을 신긴 것으로 보아 백제 사람들은, 사람이 죽어 저세상으로 가기 위해서는 먼 길을 걸어가야 한다고 여긴 것 같다. 그리고 신발 바닥에 박힌 긴 쇠못으로 미루어 보아, 그 길은 독사나 독충들이 우글거리는 거칠고 험한 길이라 생각한 듯하다. 그래서 쇠못이 박힌 신발을 신겨 독충들을 밟고 쉽게 지나갈 수 있도록 했던 것이겠다. 오늘날 사람들도 죽어서 가는 길을

'황천길'이라고 하여 거칠고 질퍽하며 안개가 자욱한 길을 연상하는데, 이런 생각은 삼국 시기부터 있었던 것이다. 쇠못이 박힌 신발은 신라, 가야 지역의 고분에서도 발견되었다. 죽음의 세계와 삶의 세계를 이렇게 구분하는 생각이 있었다면, 이 두 세계를 연결해주는 무당도 있었을 것이다. 한마디로 샤머니즘의 세계관이다.

무령왕 출생의 진실

무령왕과 왕비의 시신을 안치한 관은 나무로 만들었는데, 이 나무 재질을 살펴본 결과 흥미로운 사실이 밝혀졌다. 우리나라에서 생산되지 않는 '금송'이라는 나무로 만들어졌다는 것이다. '금송'은 세계적으로 일본 남부 지방에서만 자생하는 나무이다. 단순한 교역을 통해 사들인 것인지 아니면 어떤 정치적 외교적 관계에 입각해서 보내온 것인지 알 수 없지만, 무령왕 때 백제와 일본의 관계가 매우 긴밀했다는 것을 암시한다.

앞서도 잠시 언급했지만, 무령왕의 출생과 관련한 기록도 실마리를 잡아 가늠하기가 어렵다. 『삼국사기』에는 무령왕이 문주왕 동생인 곤지昆支의 손자로 되어 있다. 곤지의 아들이 동성왕이고, 무령왕은 동성왕의 둘째 아들이다. 반면 『일본서기』는 『백제신찬百濟新撰』이란 백제 쪽 기록을 인용하여, 개로왕의 동생인 곤지琨支가 임신한 왕비와 함께 일본으로 가다가 섬에서 무령왕을 낳았다고 기술했다. 이렇듯 기록이 갈리므로 무령왕의 혈연 계보와 관련하여 많은 연구가 이루어졌으나, 지금으로서는 다른 근거 자료가 없어 딱히 어느 견해가 맞다고 단정하기 어려운 형편이다.

개로왕이 고구려의 침입을 막지 못하고 전사하자 태자 문주가 왕위에 올라 도읍을 웅진으로 옮기고 중흥을 꾀하였으나 재위 3~4년 만에 암살되었고, 뒤를 이은 삼근왕도 3년 만에 죽고 말았었다. 패전과 천도의 책임을 둘러싸고, 아니면 국가 재건의 방향과 관련하여, 지배세력 사이에 갈등과 알력이 매우 심했던 것이다. 삼근왕이 죽고, 곤지의 아들인 동성왕이 즉위하였다. 그런데 『일본서기』에 의하면, 이들 문주왕·삼근왕·동성왕이 모두 개로왕의 직계가 아니다. 무령왕이 즉위함으로써 비로소 개로왕의 혈통이 왕위를 잇게 된 것으로 나타나는 것이다. 그렇다면, 동성왕도 시해되었다고 하니, 무령왕의 즉위가 직계와 방계, 아니면 왕족과 귀족 사이에 벌어진 어떤 무력적인 왕위 계승 쟁탈전의 산물일 가능성도 부인하기 어렵겠다. 그래서 문주왕과 동성왕이 기존의 왕성王姓인 부여扶餘씨가 아니라는 견해도 있다.

한편 무령왕의 이름이 사마斯麻라는 사실과 관련하여, 일본 와카야마현和歌山縣 하시모토시橋本市 스미다隅田에 있는 하치만신사八幡神社에 소장된 '인물화상경人物畫像鏡'이 주목된다. 여기에 사마라는 인명이 나오기 때문이다. 이 고경古鏡에 대해서 여러 견해가 제시되었지만, 무령왕이 게이타이천황繼體天皇에

사진 27 무령왕의 이름 '사마'가 등장하는 고대 거울인 인물화상경(일본 하치만신사 소재)

게 보낸 것이라는 데는 대체로 의견이 모아지고 있다. 이 화상경의 명문銘文을 보면, 동성왕 때에 일본이 백제에게 상등 품질의 동銅 200관을 요청했다고 한다. 두 나라 사이에 물자 교류가 빈번했고 관계도 그만큼 밀접했다는 얘기다. 무령왕과 그 왕비의 관棺 재료로 쓰인 나무가 일본에서만 나는 '금송'인 것도 두 나라가 실제로 매우 긴밀한 관계에 있었음을 말해주는 증거이다.

고대 한일 관계에 대하여 지금까지 많은 연구가 이루어지고 숱한 의견이 제출되었는데도 불구하고 아직 그 실상이 제대로 드러나지 않고 있다는 것은 기존 이해의 틀이 근본부터 잘못된 것일 가능성이 없지 않다는 의미이기도 하다. 자료의 부족만 탓할 일이 아니다. 5세기부터 6세기 전반에 이르는 시기, 한반도와 일본열도 사이에 어떠한 관계가 형성되어 있었고 또 변화했는지 그 실상을 제대로 알기 위해서는 무엇보다 먼저 현재 한일 간의 민족 감정이나 정치적 관점을 버리지 않으면 안 된다. 한반도 남부에 대한 왜의 영향력을 가급적 강조하려는 의도 위에서 기록이 전하는 바를 과대평가한다든가, 이를 부인하기 위해 관련 자료의 신뢰성을 무조건 깎아내리려는 연구 자세로는 실상에 다가갈 수 없다.

사료 비판은 해당 사료가 가진 문제점과 한계를 지적하는 데 초점이 놓일 수밖에 없는 과정이지만, 궁극적으로는 그 사료를 역사 이해의 자료로 쓰기 위해 행하는 과정이라는 사실에 유념하지 않으면 안 된다. 기록이 이와 같은 형태로 남게 된 배경을 이해하면서, 이로써 전하려 한 사실의 본질에 거침없이 다가서는 명석한 자세와 안목이 필요하다.

그러려면, 삼한 세력이 침략자나 다름없이 남하하여 한반도 남부 토착세력의 터전을 차지하고 삼국으로 발전하자, 기존의 활동 무대를 잃거나 위협받은 토착세력의 일부가 나름의 활로를 찾아 일본열도로 건너간 것을 주목해야 한다. 또한 마한을 장악한 백제에 복속할 수밖에 없는 처지에 놓인 토착 가야사회가 고구려의 남진 등 국제정세의 변화에 대응하면서 일본열도로 건너간 이들과 연결되어 삼국과 왜 사이의 교역을 매개하여 이익을 남김으로써 활로를 찾았고, 백제·신라가 가야를 양편에서 각각 장악해 들어가 직접 이 교역망을 운용하려 했던 역사 과정 전체를 시야에 두어야 할 것이다. 이시기 백제와 왜[일본], 가야[임나], 신라의 상호 관계를 실제의 역사상 그대로 파악하기 위해서는 기존의 이해조차 편견으로 간주하는 냉철한 역사과학적 태도가 필요하다.

성왕의 노력과 좌절

무령왕에 이어 그 아들 명농明穠이 즉위하니 백성들이 성왕이라고 불렀다. 성왕은 전륜성왕轉輪聖王의 줄임말로서, 새 왕이 불교계와의 깊은 유대 속에서 백제를 이상 국가로 만들겠다는 강한 의지와 능력을 지닌 왕이길 바라는 마음에서 이렇게 부른 것이었다. 그는 외적으로 신라 및 남조의 양梁과 우호를 돈독히 다지면서 고구려를 견제하는 정책을 펼치는 한편, 내적으로 도읍을 사비(충남 부여)로 옮기고 국호를 남부여라 칭하며 국가의 중흥을 모색하였다. 백제 왕족이부여에서 나왔음을 천명하는 뜻을 지닌 국호를 내걸어 왕족 중심의 지배체제를 구축하려 한 것이었다.

성왕은 특히 일본에 불교를 전해준 왕으로 기록되어 있다. 달솔達率 노리사치계怒唎斯致契 등을 파견하여 불상과 번개幡蓋(불교 행사 때 쓰는 깃발과 가림막), 경전 등을 전했으며, 의박사와 역박사 등 전문가 및 기술자를 번갈아 보내 발달한 백제의 문물을 전하였다.『일본서기』에 따르면 당시 긴메이천황欽明天皇은 불교를 받아들일 것인지 여부를 여러 신하들에게 물었고, 이에 도래인 계통의 소가蘇我씨가 적극적인 수용을 주장한 반면 모노노베物部씨 토착 씨족들이 전통 신앙의 고수를 주장하여 정치적으로 갈등하였다고 한다.(『일본서기』긴메이천황 13년 10월조) 일본의 고대문명은 이들 두 세력의 갈등 속에서 성장하였다.

성왕은 551년에 고구려를 쳐서 옛 수도가 있던 한성 지역을 수복하였다. 백제로서는 오랜 숙원을 이룬 셈이었다. 그러나 이듬해에 신라의 진흥왕은 고구려와 화친하고 백제를 압박하기 시작했다. 백제가 이에 위협을 느낀 나머지 일본에 사신을 보내 청병할 정도였다. 당시 일본은 임나와 함께 힘을 합쳐 대비하면 하늘이 지켜줄 것이라며 원병을 보내지 않았다고 한다. 그리고 백제가 예상했던 대로 신라군이 쳐들어와 한성을 장악하였다.『일본서기』가 백제는 552년에 한성을 포기했다고 기록한 사실로 미루어 신라군이 거의 무혈입성했던 게 아닌가 여겨진다. 신라는 한성 지역에 대한 지배가 어느 정도 안정되자, 553년 7월에 이곳을 신주로 편제한 후 김유신의 조부인 아찬 김무력을 군주軍主로 삼았다.

성왕은 이 땅을 되돌려줄 것을 청하는 뜻으로 그의 딸을 신라 진흥왕과 혼인시키는 등 외교적 노력을 기울였으나 결국 뜻을 이루지 못하였다. 울화가 쌓인 성왕은 그 이듬해인 554년에 왕자 창昌을 보내 신라의 관산성管山城(충북 옥천)을 공격하게 하였다. 이 전투에서 승리했다는 소식을 접한 성왕은 크게 고무되어 소수의 병력을 이끌고 격려차 직접 전장을 방문하기 위해 나섰다가 매복하던 신라군에 사로잡혀 죽음을 맞이하고 말았다.

성왕이 죽고 왕자 창이 왕위를 이으니 그가 위덕왕威德王(재위 554~598)이다. 위덕왕은 아버지의 뜻을 계승하여 백제의 중흥을 위해 애썼다. 그러나 백제의 정국은 좀체 안정되지 않았다. 위덕왕의 뒤를 이어 즉위한 그의 동생 혜왕惠王(재위 598~599)과 혜왕의 아들 법왕法王(재위 599~600)이 모두 왕위에 오른 지 채 1년이 되지 않아 죽었다. 혜왕과 법왕 부자의 재위 기간은 둘을 합쳐서 고작 1년 6개월에 불과했다. 백제의 정국이 다시 안정을 찾은 것은 법왕의 아들 무왕 때였다.

7. 고구려 장수왕의 장기 집권으로
나라의 기반이 흔들리다

장수왕의 장기 집권과 기록의 부실

광개토대왕이 죽고 태자 거련巨連이 왕위를 이었다. 장수왕長壽王이 즉위한 것이다. 그는 79년간 왕위에 있었고, 98세의 수를 누렸다. 그의 아들 조다助多가 그냥 태자로 늙어 죽을 정도로 오래 장수한 왕이었다. 그의 재위 기간에 신라에서는 실성이사금, 눌지마립간, 자비마립간, 소지마립간 등 5왕이, 백제에서는 전지왕(재위 405~420), 구이신왕(재위 420~427), 비유왕, 개로왕, 문주왕(재위 475~477), 삼근왕(재위 477~479), 동성왕(재위 479~501) 등 일곱 명의 왕이 차례로 왕위를 이었다.

　장수왕은 오래 재위한 만큼 그가 이룬 업적은 크고도 많았다. 특히 도읍을 평양으로 옮기고, 백제를 압박하여 한성을 차지하며, 동해안을 따라 삼척 부근까지 신라의 영토를 잠식한 것은 매우 주목할 업적이었다. 충주고구려비가 그의 업적을 증언하고 있다. 그러나 『삼국사기』는 그 업적을 제대로 기록하지 않았다. 이를테면, 평양 천도를 전후해서 도읍을 옮기는 일과 관련하여 많은 사건들이 있었을 터인데 『삼국사기』는 거두절미하고 그저 "이도평양移都平壤(평양으로 도읍을 옮김)"이라는 네 글자만 적었다. 장수왕 대 『삼국사기』 기록의 대부분은 북위와 남송, 남제에 사신을 보내 조공했다는 내용이다. 중국 측 사서에 의존한 기사로서, 우리 측 기록을 제대로 전하지 않은 것이다.

이것이 『삼국사기』의 편찬 목적에 입각한 기사 취사선택의 결과인지, 아니면 『삼국사기』 찬술 당시에 남아 있던 기록 자체가 장수왕 시기의 구체적인 사정을 외면한 것이었는지 지금으로서는 알 수 없다. 그러나 장수왕 사후에 고구려 국정의 혼란이 지속되었던 사실에 유의할 때, 이 혼란이 장수왕의 장기 집권에 따른 후유증이었을 개연성이 없지 않으므로, 이 과정에서 장수왕 대의 국내정치 관련 기록이 의도적으로 인멸된 게 아닌가 여겨지지도 한다.

평양 천도 후 전선에 내몰린 지배층

고구려가 평양으로 도읍을 옮긴 것은 장수왕이 처음이 아니었다. 동천왕 21년(247)에 평양성平壤城을 쌓고 백성과 종묘·사직을 옮긴 적이 있다. 오吳, 촉蜀과 더불어 중국의 삼국을 이뤘던 위魏(조위曹魏라고도 한다)의 유주자사幽州刺史 관구검毌丘儉이 고구려를 침략하여 도읍인 환도성丸都城을 유린하였으므로, 황폐해진 도성에서 국정을 운영하기 힘들다고 판단한 동천왕이 평양성으로의 천도를 결심하였다는 것이다. 『삼국사기』의 지은이는 이 사실과 관련해, "평양은 본래 선인仙人 왕검王儉의 땅이다."라고 해설했다. 그리고 다른 기록에는 왕험王險을 도읍으로 삼았다고 한다는 말도 덧붙였다.

그러나 동천왕이 종묘와 사직을 옮겼다는 평양성이 어디인가를 둘러싸고는, 집안현 통구설, 현재 평양설, 독로강변 강계설 등 여러 의견이 제시되어 논의가 분분하다. 동천왕 당시 평양엔 낙랑군이 자리 잡고 있었기 때문에 이곳으로 천도했다는 것은 납득하기 어려운 일이라고 여겨 다른 장소를 물색한 데서 빚어진 혼선이었다. 한편에서는 당시 낙랑군이 거의 유명무실한 상태였으므로 지금의 평양으로 천도했다고 해서 그렇게 이상할 게 없다는 견해가 피력되기도 하였다. 게다가 이 무렵 낙랑군이 있었던 곳이 지금의 평양이 아니라는 견해까지 제기되어 논의는 자못 복잡하게 전개되었다. 낙랑군이 요동 지역에 있었다는 것은 박지원 등 일부 실학자들에 의해 일찍부터 주장되어온 견해이다.

고구려는 고국원왕 12년(342)에 환도성을 새로 고치고 이곳으로 종묘와 사직을 옮겼다. 그러나 그 직후에 선비족 모용황慕容皝이 세운 전연前燕의 군대가 환도성까지 쳐들어와 도성을 재차 파괴하였다. 이에 고국원왕은 그 이듬해(343)에 평양성으로 다시 거처를 옮겼다. 1530년에 간행된 『신증동국여지승람新增東國輿地勝覽』의 평양부平壤府 산천조山川條에 따르면 평양 목멱산木覓山 가운데에 고국원왕이 천도했던 곳으로 전해지는 황성黃城 옛터가 남아 있다고 한다. 목멱산은 읍치邑治로부터 동남쪽으로 10리 거리에 있는 대동강 남쪽의 산 이름이다. 고국원왕은 황성으로 도읍을 옮긴 지 얼마 지나지 않아 원래의 수도인 국내성으로 환도하였다.

목멱산의 성터가 고국원왕 때의 도읍터라는 인식이 그대로 사실의 전승인지 아니면 후대 어느 시기에 만들어진 이야기인지 지금으로서는 명확히 알 수 없다. 그러나 평양 목멱산 가운데에 고구려 성터로 추정되는 유적이 남아 있다는 것과, 이는 고국원왕의 도읍터라는 인식이 16세기까지 전해지고 있었다는 것은 분명한 사실이다. 그런데 일제강점기에 작성된 성터 실측도를 보면 성의 규모가 워낙 작고 입지상으로도 도읍으로 삼기엔 적당치 않은 곳이어서 왕성으로 인정하기 어렵다는 견해도 있다. 하지만 이는 중앙집권체제를 전제한 견해로서, 5부 체제가 작동하던 당시의 수도라면 그리 넓은 장소가 꼭 필요했던 것은 아니다. 또 목멱산 성지城址는 3면으로 휘돌아 나가는 대동강을 북쪽으로 면한 지역이어서 북방에서 내려오는 적을 방어하기에 용이한 지점이라는 것도 염두에 둘 필요가 있다. 동천왕 때든 고국원왕 때든, 평양성으로의 천도는 북방 세력의 침입을 받아 불가피하게 이루어진 일이었으므로 새 도읍지는 아무래도 북쪽에서 내려오는 적을 막기 쉬운 곳으로 정했을 것이다.

그러나 이곳은 남쪽으로 열린 입지라서 남쪽에서 쳐들어오는 적을 방어하는 데는 한계가 있었다. 백제 근초고왕이 날쎈 군사 3만을 이끌고 평양성으로 쳐들어왔을 때, 구원을 위해 내려왔던 고국원왕이 이를 제대로 막아내지 못하고 전사하고 만 것은 그 때문이다. 이런 경험도 있었던 데다가, 백제에 승려 도림을 첩자로 파견하는 등 남쪽으로 영토 확장을 꾀하던 장수왕은 대동강 북쪽 대성산(大城山·大聖山) 일대에 평양성을 새로 조성하고 천도하였다(427). 남쪽 세력과의 전투를 대비한 입지 선택이었다. 북위와의 관계가 우호적으로 유지되면서 북쪽 국경이 안정된 것이 크게 작용하였다. 한편, 고구려가 멸망할 때의 수도였던 평양성은 평원왕 28년(586)에 새로 조성된 도읍지로서, 장안성長安城이라고도 부른 별개의 평양성이다.

장수왕의 평양 천도는 하루아침에 이루어진 즉흥적인 조처가 아니었다. 그의 아버지인 광개토대왕 때부터 이미 평양 지역에 대한 다각적인 정지整地 작업이 추진되고 있었다. 평양은 본디 마한의 중심 세력이 있던 곳으로서, 이들이 남쪽으로 이동해 간 후에도 잔류한 토착 호족 세력이 포진하고 있던 지역이었다. 1세기 초에 있었다는 최리崔理의 낙랑국이 그 한 예이다. 5세기에 이르러도 그 토착성이 여전하였으리라 짐작된다. 따라서 고구려가 평양 지역을 완전히 장악하기 위해선 이들 토착 호족을 주변으로 분산시키고, 이들에 의해 지배되던 민호를 달래어 고구려왕에게 마음으로 복속하도록 만들 필요가 있었다. 광개토대왕이 그 2년(392)에 9개의 사찰을 평양에 세워 민심 수습에 나서며, 18년(408)에 나라 동쪽 변경에 독산성禿山城 등 6개의 성을 쌓고 평양의 민호를 옮겨 토착 호족 세력을 분산시킨 것은 이러한 맥락에서 이루어진 정치적 조처였다. 장수왕의 천도는 광개토대왕이 추진한 평양 지역에 대한 정지 작업의 결실이었던 것이다.

평양으로의 천도는 그때까지의 도읍인 국내성 일원에서 지배 기반을 키워온 5부의 지배세력에게 적잖은 타격을 안겨주었다. 기록이 제대로 남지 않아 자세한 사정을 잘 알 수 없으나, 『위서』를 통해 그 대강을 짐작할 수 있다. 『위서』 백제전에 따르면, 472년에 백제의 개로왕이 사신을 통해 보낸 표문에, 고구려 장수왕이 대신과 유력한 호족들을 끊임없이 살육하여 서민이 흩어지고 몰락하는 실정이니 부디 고구려를 토벌해달라고 했다는 것이다. 고구려를 비방함으로써 북위로 하여금 고구려를 정벌하도록 유도하기 위한 표문이므로 어느 정도 과장된 표현이 없지 않았으리라 짐작되지만, 장수왕이 유력한 지배세력을 적잖이 숙청하고 있었다는 것은 그대로 사실로 받아들여도 좋을 것이다. 이에 고구려를 벗어나 북위에 투항하는 지배세력도 생겨났다.

고구려 지배 계층 내부에서 불만이 고조되고 있었으며 장수왕은 이를 대외 정복 사업으로 해소하려 하였다. 넓은 평야를 가진 백제를 목표 삼아, 증조부 고국원왕의 원수를 갚는 한편 영토 확장을 통해 새로운 지배 기반을 마련해주겠다는 것이 명분이었다. 장수왕은 동해 해변을 공략해 신라의 실직주悉直州를 빼앗고(468), 서쪽으로 백제의 한성을 함락시켰다(475). 이때의 한성 전투에서 고구려군이 백제 개로왕의 목숨을 앗았으니 결국 숙원을 푼 셈이었다. 고구려는 남한강 유역의 충주까지 영토를 넓혔다.

장수왕의 장기 집권이 낳은 부작용

이전의 평양 천도는 적의 침입으로 국내성이 파괴되어 이를 복구하는 동안 잠시 옮겼다가 복구 작업이 어느 정도 마무리되면 환도하는 양식으로 이루어지곤 하였다. 그러나 장수왕 대의 평양 천도는, 천도를 단행한 장수왕의 재위 기간이 워낙 길었던 데다 지배세력을 억압하고 통제하는 장악력이 막강하였으므로 국내성으로의 환도는 더 이상 기대하기 어려운 일이 되고 있었다. 새로 확보한 남방의 영토를 기반으로 평양 중심의 지배 질서가 새로 짜이고 안정되어 갔다.

그러나 장기간의 집권으로 권력의 세대교체가 이루어지지 않음으로써 고구려 지배층은 새로운 정세 변화에 둔감해지고 고식적인 관행과 관습에 점차 부패해갔다. 장수왕이 죽고 그의 손자인 문자명왕文咨明王이 즉위하였으나 고구려사회는 변화가 없었다. 여전히 북위에 사신을 보내 조공하고 백제와 신라를 공격하는 게 일상이었다. 백제는 웅진으로 천도한 뒤 혼란을 수습하고 공수동맹을 맺은 신라와 함께 유기적으로 대응하였으므로 남방으로의 영토 확장 사업은 큰 성과 없이 정체되었다. 지배층 내부에서 불만이 더욱 고조되었음은 물론이다.

문자명왕이 죽고 그 아들 안장왕이 왕위를 계승하여 13년간 재위하였으나 결국 시해당하고 만 사실에서 고구려 지배층의 불만이 얼마나 심각한 수준에 이르렀는지 짐작할 수 있다. 안장왕의 뒤를 이은 안원왕은 그의 동생이었다. 안원왕 4년(534)에 북위가 분열하여 동위東魏와 서위西魏로 나뉘었으므로 고구려는 국경을 접한 동위에 사신을 보내 조공하였다. 동위는 회삭진懷朔鎭(중국 산서성 삭주) 출신의 군벌軍閥인 고환高歡이 북위 황실의 원선견元善見을 효정제孝靜帝로 옹립하고 건립한 국가였으므로 그 실권이 고환에게 있다가 16년 만에 멸망하였다(550). 고구려는 군벌 세력이 실권을 쥔 동위를 견제하기 위해 남조南朝의 양梁에 자주 사신을 파견하였다.

그런데 『일본서기』에 따르면, 안원왕 말년에 후계 문제를 둘러싸고 외척 사이에 싸움이 일어나 죽은 자가 2천 명에 이를 정도로 정국이 매우 어수선하였다고 한다. 국왕은 그 권위가 크게 약화되어 정변이 일어나도 왕성의 성문을 걸어 잠근 채 그저 싸움의 추이만 지켜볼 뿐이었다. 장수왕이 죽은 후 수십 년에 걸쳐 고구려 정국의 불안이 지속된 것은 거의 전적으로 장수왕의 장기 집권이 초래한 부작용이고 후유증이었다고 할 수 있다.

평원왕의 즉위와 고구려 정국의 안정

외척들이 서로 극심하게 대립하는 정국에서 안원왕이 죽고 그의 아들 양원왕陽原王(재위 545~559)이 즉위하였다. 그러나 백제의 성왕과 신라의 진흥왕이 손을 잡고 고구려를 공격해 왔으므로 남쪽의 영토를 적잖이 상실하고 국력이 위축되었다. 게다가 외척을 중심으로 한 중앙 귀족들의 갈등이 완전히 진화되지 않고 지방으로 확산되어 옛 도읍인 환도성에서 반란이 일어나(557) 정국이 어수선하였다. 양원왕은 반기를 든 간주리干朱理 등 주모자를 토벌하는 데는 성공하였으나, 강력한 지도력을 발휘할 처지가 아니었다.

고구려의 왕권을 강화하고 정국을 안정시킨 이는 양원왕의 뒤를 이은 평원왕平原王(재위 559~590)이었다. 평원왕이 왕권을 강화하기 위해 노력하였다는 것은 공주를 온달溫達과 혼인시킨 이야기로 남아 전한다. 흔히 그녀의 이름을 평강으로 잘못 알고 있으나, 평강은 공주의 이름이 아니라 아버지인 평원왕의 다른 이름이다. 곧 평강공주는 평강왕平崗王의 딸이라는 뜻인 것이다. 또 평강공주와 온달을 실제 역사 속의 인물이 아니라 그저 설화상의 인물로 착각하는 이들이 있다. 어렸을 적에 읽은 전래동화집에서 온달 이야기를 처음 접했기 때문이다. 하지만 온달 이야기는 『삼국사기』의 열전을 토대로 한 것이다. 온달 열전의 내용이 워낙 흥미롭고 교훈적이어서 사람들의 입에 널리 회자되는 과정에서 다소간 윤색된 부분이 없지 않다고 여겨지지만, 온달과 평강공주는 명백히 실존한 인물들이었고, 바보로 불리던 온달이 공주와 혼인한 이야기부터 전장에서 안타깝게 전사하고 만 이야기까지 그 대략의 일대기는 실제 있었던 역사 사실인 것이다.

이 이야기에서 우리가 무엇보다 먼저 눈여겨봐야 할 부분은 공주가 바보 온달과 결혼할 수밖에 없었던 사정이다. 어린 딸이 잘 울자 이마저 귀여웠던 왕이 딸을 놀리며 한 말이 하필, 어른이 되면 바보 온달과 혼인시키겠다는 얘기였다. 그 후 딸이 16세가 되어 상부上部 고씨와 혼인시키려 하였으나, 예전에 왕이 무심코 내뱉은 이 말로 인하여 정말로 온달과 결혼해야만 하는 사태가 벌어지고 말았다. 그것이 비록 농담이었을지라도 엄연히 왕의 말이므로 그대로 엄중한 명령으로 집행될 수밖에 없었던 것이다. '왕은 절대 희롱하는 말을 하지 않는 존재', 다시 말하면 국왕의 말은 그대로 국법이어서 반드시 준수되어야 했기 때문에 사랑하는 딸마저 예외일 수 없었다는 것이다. 왕이 무심코 농담처럼 내뱉은 말조차 그대로 법령이 되어 집행된 이 사건은 당시의 귀족과 관료들에게 국왕의 명령이 얼마나 무서운 것인지 실감하도록 만들었다. 평원왕은 이로써 그 위엄을 회복하고 국내 정세를 안정시킬 수 있었다.

평원왕이 왕권을 강화하고 국정을 안정시켜 나갔지만 국제정세가 급변하며 고구려는 또 다른 위기를 맞고 있었다. 581년에 북주가 멸망하고 들어선 수隋가 건국한 지 10년도 채 안 되어 중원을 통일하였기 때문이다(589). 이로써 중국은 2세기 말부터 시작된 기나긴 분열의 시대가 종식되고 평화의 통일시대를 맞이하였으나, 이는 고구려로서 큰 위협이 아닐 수 없었다. 수는 고구려를 쳐들어온 적이 있는 북주를 계승한 나라인 데다 북방의 돌궐과 고구려에 대해 원정의 뜻을 감추지 않고 있었기 때문이다. 수가 중원을 통일한 이듬해 평원왕이 숨지고 영양왕嬰陽王(재위 590~618)이 즉위했다.

▶ 평강공주의 선택과 장수 온달의 활약

평강왕의 딸이 그저 보통의 공주였다면 무슨 수를 써서라도 바보라 불리던 온달과 결혼하는 일이 없었을 테지만 그녀는 그런 웬만한 여성이 아니었다. 그녀는 자신의 처지를 비관하지 않고 흔쾌히 대궐을 나서 온달의 집으로 향했다. 공주는 어떤 역경에서든 그에 굴하지 않고 능동적으로 활로를 찾아나서는 굳건한 여성이었던 것이다.

공주가 처음 온달의 집으로 찾아갔을 때 온달은 없고 늙은 어머니만 있었다. 더구나 온달의 노모는 시각장애인이었다. 공주가 찾아온 이유를 말하고 온달이 있는 곳을 물었더니, 의아해진 노모는 방으로 들어와 보라 하였다. 공주는 방 안으로 들어갔다. 그러자 노모가 흠칫 놀라며 손을 좀 만져보자고 하였다. 당시 노모의 말을 『삼국사기』는 다음과 같이 자세히 기록했다.

"내 아들은 가난하고 누추하여 귀한 분께서 가까이할 만한 사람이 아니외다. 지금 그대의 냄새를 맡아보니 향기로움이 예사롭지 않고, 손을 만져보니 부드럽고 매끄럽기가 마치 솜과 같아 천하의 귀인임이 분명하오. 도대체 누구의 속임에 빠져 여기까지 오신 게요? 아마도 내 자식은 굶주림을 참다못해 산속 숲으로 느릅나무 껍질이라도 벗기러 간 모양인데, 오래도록 돌아오지 않고 있구려.”

호박이 넝쿨째 굴러 들어왔다고나 할까, 뜻하지 않게 복덩이가 찾아온 상황에서, 온달의 어머니는 공주가 잘못 찾아왔다며 굳이 거부한 것이었다. 여기서 세상 사람들이 온달을 바보라고 부르게 된 내막을 대략 짐작할 수 있다. 훗날 뛰어난 장수가 된 사실로 보아 온달은 머리가 나쁜 사람이 아니었음이 분명하다. 또 가난하여 교육을 받지 못한 사람이 온달만은 아니었을 터인데, 그는 당시 사람들에게 아주 유명한 ‘바보’로 알려져 국왕까지 그의 이름을 알 정도였으니 그를 ‘바보’로 여긴 실제 이유가 무엇인지 궁금하지 않을 수 없다. 그런데 온달 어머니의 태도에서 그 이유가 드러나는 것이다. 찾아온 귀인을 억지로 내몬 그녀의 태도야말로 ‘바보’ 같은 행위였기 때문이다. 온달의 노모는 분에 넘치거나 공것은 탐나도 바라지 말고, 아무리 굶주려도 도리에 어긋나는 일은 결코 행하지 않는, 그런 사람이었다. 자식도 그렇게 살도록 가르쳤을 것이다. 과연 온달은 공주가 처음 그를 만나 당신과 결혼하려고 온 사람이라 밝혔을 때, “이는 어린 여자가 할 수 있는 행동이 아니니 분명 사람이 아니라 여우로구나. 나에게 다가오지 마라.” 하며 뒤도 돌아보지 않고 가버렸다고 한다. 횡재나 다름없는 복을 찬 셈이다. 사람은 보통 뜻밖의 재물을 마다하지 않고, 더구나 생계가 막연할 정도로 가난하다면 누가 금품을 대가로 무리한 일을 시켰을 때 그 일의 선악을 따지지 않고 행해버리는 것이 통상의 세상사이다. 그런데 온달은, 공주를 밀어낸 그의 태도로 미루어, 당장 먹을 것조차 없는 처지에서 굳이 그 일의 시비를 가려 도리에 어긋나면 일을 거절할 뿐만 아니라, 일을 시킨 사람에게 오히려 훈계까지 했던 게 분명하다. 사람들이 그를 어리석다고 한 이유가 여기 있었다. 그는 지나치게 올곧아 이 세상 사람이 아닌 것처럼 여겨질 정도로 우직한 사람이었던 것이다.

온달의 노모는, "제 자식은 매우 누추하여 귀하신 분의 배우자가 되기에 부족하고, 저희 집은 지극히 가난하여 진정 귀하신 분이 계실 곳이 못 됩니다."라며 극구 공주를 거부하였다. 자신보다 상대방을 생각하며 공주가 불행해질 것을 걱정한 것이다. 이에 공주는, "진실로 마음을 같이할 수 있다면, 어찌 꼭 부귀해진 다음에야 함께할 수 있겠습니까?" 하고 설득했다.

공주는 온달과 혼인한 후 궁궐에서 나올 때 가져온 패물을 팔아 집과 논밭 등을 사들여 살림의 기틀을 마련하였다. 고구려는 돈이 있으면 논밭을 사고파는, 곧 토지에 대한 사적 소유가 가능한 사회였다. 토지에 대한 사유권의 행사는 매매, 상속, 증여의 행위로 표현된다. 그리고 공주는 책과 군마를 마련하여 남편이 문무를 겸비한 인재로 성장하도록 도왔다. 가난하기 이를 데 없는데다 남들이 바보라고 부르기까지 하는 남편을 못난 사람이라고 여기지 않고 여러 면에서 뒷받침하여 마침내 국가의 인재로 키워낸 이가 평강왕의 공주였던 것이다. 그런데도 그녀의 이름이 역사에 전하지 않는 것은 실로 유감이 아닐 수 없다.

온달은, 후주後周 무제武帝(재위 561~568)의 군대가 고구려를 침입했을 때 선봉으로 나서서 큰 공을 세운 뒤 평원왕으로부터 사위로 인정받고 대형大兄의 지위에 올랐다. 그에 대한 왕의 총애가 남달라 온달의 위엄과 권세가 하루 다르게 높아졌다고 한다. 온달이 대형이 되었다는 것은 그가 본디 '가加' 계급에 속한 인물이었음을 말해주는 사실이다. 어렵게 살아가는 온달의 처지와 그에 대한 세인의 비웃음을 국왕까지 알고 있었던 것은 그가, 비록 몰락하긴 했지만 한때 꽤 유명하고 지체 높았던 '가'의 자손이기 때문이었던 셈이다.

평원왕이 죽고 맏아들 영양왕이 왕위를 계승하자, 온달은 신라에게 빼앗긴 죽령 서쪽 땅을 되찾아 오겠다며 군사를 내어달라고 청했다. 왕이 이를 허락하고 그를 전장으로 내보냈는데, 아단성阿旦城(충북 단양군 영춘면) 아래에서 벌어진 전투에서 온달은 그만 날아오는 화살에 맞아 죽고 말았다. 바보라고 놀림받던 한 남자가 한 나라의 부마가 되어 부귀를 누리고, 장수로서 나라를 위해 큰 공을 세우며 헌신하다가 뜻밖의 죽음을 맞이한 것이었다.

온달을 장사 지내려 하였지만 관이 움직이지 않았다고 한다. 그의 인생 역정을 잘 알고 있는 부하 장병들이 그의 죽음을 안타까워한 나머지 장사를 치르지 못하고 공주를 기다린 것이었다. 그런데 비보를 듣고 달려온 공주는 관을 어루만지며 아주 냉정하게 말했다. "이미 삶과 죽음이 결정되었소. 이제 (모든 미련을 다 내려놓고) 돌아가시구려."

불행에 처했던 공주가 온 힘을 다해 노력한 결과 겨우 이룬 성공과 보람이 그만 물거품이 되어 스러진 순간에, 그녀는 아주 의연하였다. 최선을 다해 그 인생을 산 자만이 할 수 있는 말이고 자세였다. 이런 여성들이 고구려, 나아가 한국을 지금까지 이끌어온 것이었다. 우리가 온달의 어머니와 평강공주를 반드시 기억해야 하는 이유이다. 특히 오늘날과 같이 온달처럼 올곧고 우직한 사람이 절실히 그리워지는 시대를 사는 우리로서는 더욱 그러하다.

제4장

신라의 삼국통일과 '삼한'시대의 종언

1. 백제가 변혁에 실패하여 결국 멸망하다

무왕의 중앙집권체제 확립 계획

백제의 무왕은 그 혈연 계보가 불분명하다. 『삼국사기』에는 법왕의 아들로 되어 있지만, 『삼국유사』는 서울 남쪽의 못가에 살던 여인이 못에 사는 용과 정을 통해 낳은 자식이라 하였다. 그리고 보면, 그의 아버지라는 법왕의 계보도 기록이 엇갈린다. 『삼국사기』에는 그가 혜왕의 아들이라 하였지만, 『수서』엔 위덕왕의 아들로 나타나는 것이다. 그래서 위덕왕 말년에 정변이 일어났고, 여기에 법왕이 관여하여 70세가 넘은 아버지(혜왕)를 잠시 왕위에 올렸다가 자기가 직접 즉위했던 게 아닌가 추측한 견해까지 제시된 형편이다. 그런 법왕마저 1년을 넘기지 못한 채 죽고 무왕이 왕위를 이었던 것인데 그가 용의 자식이라니, 그의 집권 과정 또한 예사롭지 않았으리라 짐작하는 것은 자연스러운 일이다.

　분명한 것은, 사비로의 천도를 단행한 성왕이 신라에 의해 피살된 후 백제의 정국이 장기간 요동쳤고, 정변이 일어나 국왕이 바뀌는 일까지 벌어지고 있었다는 사실이다. 그러한 격변의 소용돌이 속에서 즉위한 무왕은 무엇보다 왕권의 강화와 안정을 위해 진력하였다. 그가 신라에 대한 보복 공격을 멈추지 않고 지속한 것도, 이로써 지배세력에 대한 지휘 체제를 강화하고 통제력을 키워나가기 위한 방편이었다.

『삼국유사』는 무왕이 신라 진평왕의 셋째 딸인 선화공주善花公主를 부인으로 맞았다고 하고, 둘이 함께 용화산龍華山 사자사師子寺를 찾아가던 길에 미륵삼존彌勒三尊을 얻어 미륵사彌勒寺를 창건하게 되었다고 기술했다. 무왕이 진평왕에게 많은 황금을 보내 환심을 샀으므로 신라와 친선을 형성한 일로 백제에서 인심을 얻어 왕이 되었으며, 미륵사를 건설할 때에는 진평왕이 여러 공인工人을 보내 도왔다고도 하였다. 그런데 『삼국사기』에는 무왕이 즉위한 이후 내내 신라에 대한 공격을 멈추지 않았던 것으로 나타난다. 두 사서가 전하는 무왕 때 나제 관계의 분위기가 서로 상반하는 셈이다.

이 중 어느 기록을 믿어야 할지 종잡기 어려운 상황에서 2009년에 미륵사지석탑에 대한 해체 복원 공사가 시작되었는데, 석탑 안에서 발견된 금제金製 사리봉안기舍利奉安記에 시주자인 황후가 좌평 사택적덕沙宅積德의 딸로 기록되어 있었다. 무왕의 비는 선화공주가 아니었던 것이다. 지금으로서는 『삼국유사』 기록의 사실성을 의심할 수밖에 없는 처지이다. 그러나 무왕의 비가 꼭 한 사람뿐이었다고 볼 근거가 없는데다, 바뀌었을 가능성도 없지 않고, 또 그 내용이 매우 구체적이어서 나름 확실한 전거에 입각해 서술한 것일 가능성 또한 높으므로, 일단 『삼국유사』에 대해서는, 이와 관련한 모든 의문을 봉인하고 또 다른 자료가 나오길 기다릴 수밖에 없다고 하겠다.

무왕이 왕위에 오른 서기 600년은 신라의 원광법사圓光法師가 수隋에서 돌아와 세속오계를 제창하고 가르치기 시작한 해였다. 따라서 신라에서는 젊은이들 사이에 화랑도를 중심으로 충성의 결의와 결사항전의 사기가 드높아지고 있었던 까닭에 무왕의 신라 공격은 이렇다 할 성과를 거두지 못하고 일진일퇴를 거듭하였다. 무왕 3년(602)에는 아막산성阿莫山城(전북 남원시 운봉읍)에서 신라군과 충돌하였는데, 이때의 전투에서 원광법사로부터 처음 세속오계를 배운 귀산貴山과 추항箒項이 전사하였다. 이들이 임전무퇴臨戰無退의 가르침을 그대로 지켜 물러나지 않고 용감히 싸우다 죽자 이를 지켜본 신라군이 크게 분발하여 선전하였고, 백제는 결국 이 전투에서 패배하고 말았다.

신라뿐 아니라 고구려에 대해서도 국왕을 잃은 원한이 있었던 백제의 무왕은 새로 일어난 수隋와 적극 친교함으로써 고구려를 견제하면서 보복할 기회를 노렸다. 무왕 8년(607) 수에 사절로 갔던 좌평 왕효린王孝隣은 양제煬帝에게 양국이 함께 고구려를 치자고 제안하였고, 12년(611)에 사절로 간 국지모國智牟는 수의 고구려 침공이 언제 어떻게 이루어지는지 물었다고 하니 그 외교의 적극성을 엿볼 수 있다. 수양제隋煬帝는 국지모의 관심 표명에 반색하며 상서기부랑尙書起部郎 석률席律을 백제로 파견해 고구려 침공 일정을 무왕과 상의하도록 하였다.

그러나 정작 무왕은, 수의 대군이 요하를 건너 고구려 공략을 개시하자 양단책을 써서 말로는 적극 협조를 표명하면서 실제로는 아무런 행동도 취하지 않았다. 『수서』에 의하면, 백제는 이미 607년에 고구려와 화친하였다고 한다. 백제가 수에 자기 나라를 침공하라고 부추긴 사실을 알게 된 고구려가 보복으로 백제를 쳤고, 이에 백제는 사신을 보내 화친을 청한 것이었다. 백제는 내심 신라에 대한 보복전을 준비하고 있어서, 이에 대비해 백제는 고구려를 향한 직접적인 군사행동을 자제하고 수가 고구려를 제어해주기만 바라고 있던 것이다.

한편, 당시 일본에서는 쇼토쿠태자聖德太子가 섭정으로서 권력을 쥐고 관위제를 정비하며 헌법 17조를 공포하는 등 천황 중심의 국가 체제를 확립하기 위해 노력하고 있었다. 쇼토쿠태자는 특히 수와의 교섭에 주력하여 견수사遣隋使를 파견함으로써 수의 회답사回答使를 유도하여 국제적 위상을 높이고자 하였다. 607년에 파견한 제2차 견수사가 수에 전한 국서에는 "해 뜨는 곳의 천자가 해지는 곳의 천자에게 보내니 별일 없는가." 등을 운운하는 문구가 있었다. 이를 두고 일본에서는 당시 일본이 수와 대등한 위치에 있었음을 알 수 있는 표현이라는 주장이 제시되어 주목을 받았다.

그러나 이 문구는 「대지도론大智度論」이란 불교 경전의 문구를 그대로 인용한 것으로서, '해 뜨는 곳[日出處]'이나 '해 지는 곳[日沒處]'이란 표현은 단지 동쪽과 서쪽이란 방위의 뜻을 나타낸 표현에 불과하며, 천황에게 경전을 강론하고 주석서를 집필하는 등 불교에 조예가 깊었던 쇼토쿠태자가 역시 불교를 숭상하여 '보살천자菩薩天子'라고 불린 수양제의 성향에 맞춰 불전의 한 구절을 인용함으로써 성의를 표시한 것일 뿐이라는 해석이 유력하다. 수양제는 이런 국서를 받고 격분하였으나, 일본 사신이 국가 간의 교섭이나 응대의 원리를 알지 못함을 보고 국서의 표현 역시 무지의 소치로 치부하는 한편 고구려에 대한 침공을 준비하고 있던 때였으므로 여타의 분쟁을 피하기 위해, 608년에 문림랑文林郎 배청裵淸(『일본서기』에는 배세청裵世淸으로 되어 있다) 등을 사신으로 파견해 일본을 달랬다. 이때 수의 사신단이 백제의 남쪽 길을 통과했는데,『일본서기』에 의하면 백제가 수의 사신을 수색해 왜국에 보내는 국서를 탈취하는 일이 벌어졌다고 한다. 숨 가쁘게 돌아가는 국제정세의 변화에 능동적으로 대응하기 위해 나름대로 애쓴 무왕의 모습이 그려지는 대목이다.

고구려를 공격하였다가 큰 피해를 입은 수가 619년에 멸망하고 당唐이 중원을 차지하여 국제정세가 다소간 안정되자, 무왕은 당에 사신을 보내 친선을 도모하였다. 당시 신라의 왕은 진평왕이었는데, 국제관계에서 신라가 우위를 점하기 위해 고위층을 당으로 파견하여 백제와 우열을 다퉜다. 백제와 신라 양국에서 당으로 보낸 국서의 내용이 서로에 대한 비방으로 일관하였으므로, 627년에 무왕의 조카인 복신福信이 당에 사절로 갔을 때는 당태종이 양국의 화해와 친선을 촉구하기도 하였다. 그러나 양국의 관계가 전혀 개선되지 않은 채 전쟁은 계속되었다.

무왕은 그 31(630)에 사비성의 궁전을 중수하여 국왕의 권위를 높이고자 하였다. 이 사업은 결국 여름 가뭄으로 중지되었으나, 35(634) 봄에는 왕흥사王興寺를 착공 30년 만에 준공하고, 궁남지宮南池를 조성하여 국왕의 위엄을 드러냈다. 왕흥사는 절 이름 그대로 국왕의 권위가 흥하여 크게 번성하길 염원하는 뜻을 담은 호국사찰이었다고 여겨지는데,『삼국유사』는 익산의 미륵사가 곧『삼국사기』가 말한 왕흥사라 하였다.『삼국사기』에 따르면, 왕흥사가 강가에 있어 왕이 매번 배를 타고 절에 들어가 향을 피웠다고 한다. 하지만 이것은 익산 미륵사의 위치와 거리가 있는 서술이다. 미륵사 역시 국왕의 권위가 크게 일어나기를 바라는 뜻에서 창건된 사찰이므로 일연이 이렇게 생각한 데도 나름 근거가 있었으리라 여겨지지만, 지금의 자료만으로는 그 사정을 정확히 알 수가 없다.

무왕은 익산 지역에 따로 도읍을 건설하여 장차 천도할 계획을 세우고 있었다. 국왕 중심의 중앙집권적 지배체제를 확립하려는 시도였다. 그러나 이 천도 계획은 끝내 좌절되고 말았다. '왕흥王興'을 꿈꾸며 중앙집권체제의 확립을 위해 애썼던 무왕의 꿈이 다음 대의 과업으로 넘겨진 것이었다. 무왕은 재위 42년(641)에 사망하였는데, 이 소식을 들은 당태종이 현무문에서 추도 의식을 거행했다고 하니 고구려 공략을 준비하던 태종이 백제와의 관계를 매우 중히 여겼음을 알 수 있다.

의자왕의 실정과 백제의 몰락

무왕이 죽고 그의 맏아들이 왕위에 오르니 그가 곧 백제 마지막 왕인 의자왕義慈王(재위 641~660)이다. 의자왕은 부모에게 효도하고 형제 간에 우애가 있어 당시 사람들이 그를 '해동증자海東曾子'라 불렀다고 한다. 그는 즉위 초년에 지방의 주군州郡을 순행하면서 백성들을 위무하고 죄수를 재심하여 사면하는 등 선정을 베풂으로써 민심을 크게 얻었다.

그리고 의자왕은 즉위 2년(642)에 신라의 서변을 공략하여 미후성獼猴城 등 40여 개의 성을 함락하고, 신라에 내줬던 당항성黨項城(경기 화성시 서신면 상안리의 구봉산 정상부에 위치해 있다)을 되찾기 위해 공격에 나섰다. 당으로 통하는 길을 끊어 신라를 고립시키려 한 것이었는데, 이 작전의 배후에 고구려가 있었다. 고구려가 수의 침략을 막아내는 데 힘이 쏠린 틈을 타서 신라가 쳐들어와 남쪽 땅을 빼앗아 차지한 일이 있었으므로, 또다시 당과의 결전을 준비할 수밖에 없게 된 고구려로서는 무엇보다 시급하게 신라를 제어할 장치를 마련할 필요가 있었다. 그런데 마침 의자왕이 즉위해 신라에 대한 공격에 적극 나서자, 백제와 손잡고 의자왕의 신라 공격을 부추기고 지원한다면 신라가 고구려를 칠 겨를이 없도록 만들 수 있으리라 생각한 것이었다. 당항성이 위협받자 신라는 당으로 사신을 급파해 위급함을 알렸고, 이 소식을 들은 의자왕은 바로 공격을 중단하고 군대를 돌렸다.

의자왕은 내처 대야성大耶城(경남 합천)을 공격해 점령하였다. 당시 대야성의 성주는 김품석金品釋이었는데, 그가 처자를 데리고 나와 항복하자 백제 장군 윤충允忠이 이들 가족을 모두 죽이고 김품석의 목을 베어 사비성으로 보냈다. 김품석의 처는 김춘추金春秋의 딸 고타소랑古陀炤娘이었다. 이때 의자왕이 윤충을 크게 포상하였다고 하는데, 이는 신라 왕족의 일원을 살해함으로써 성왕이 당한 일을 얼마간 설욕했다고 여긴 때문이겠다.

그러나 투항해온 김품석 일가를 모두 죽인 윤충의 처사는 백제를 멸망으로 이끈 단초로 작용하였다. 신라 사람들로 하여금 백제에 대해 아주 큰 적개심을 품도록 만들었을 뿐만 아니라, 김춘추를 격동시켜 백제를 멸망시킬 계책을 적극 궁리하도록 만드는 계기가 되었던 까닭이다. 딸이 백제군에게 무참히 살해되었다는 소식을 접한 김춘추는 기둥에 기대어 서서 종일토록 눈도 깜짝이지 않았고, 사람이나 물건이 앞을 지나가도 전혀 무감각했다고 하니 그가 받은 충격과 분노가 얼마나 컸는지 잘 알 수 있다.

백제가 대야성을 빼앗고 성주 일족을 살해하는 일이 벌어진 지 얼마 후 고구려에서는 연개소문淵蓋蘇文이 영류왕榮留王을 시해하고 보장寶臧을 새로운 왕으로 옹립하는 정변이 일어났다. 그렇지만 연개소문이 집권한 후에도 고구려가 백제와 손잡고 신라를 제어하는 정세의 기본 구도는 그대로 유지되었다. 백제와 고구려의 신라 공격이 그치지 않고 지속되었다. 신라가 당에 도움을 청해 당태종이 중신인 사농승司農丞 상리현장相里玄奬을 고구려에 사신으로 보내 신라에 대한 공격의 중단을 촉구하기까지 하였으나 연개소문이 이를 묵살하였다. 요동은 일찍이 중국의 땅이었다는 역사의식을 가지고 있었던 당태종은 이런 연개소문의 태도를 빌미삼아 요동 땅의 회복을 노리고 고구려 침공에 나섰다(645). 이때 당이 고구려를 침략하면서 신라군을 징발하자 백제는 그 틈을 노려 신라를 공격하였다. 그러나 신라는 김유신을 앞세워 백제의 공격을 잘 막아내었다.

백제의 신라 공격은 별다른 성과 없이 지지부진 계속되는 가운데 그저 일상이 되어가고 있었다. 당이 고구려를 다시 침략할 계획을 세우고(646) 신라의 김춘추가 당에 들어가 고구려와 백제를 차례로 칠 계획을 세우는(648) 등 국제정세가 심상치 않게 돌아가고 있었지만, 의자왕은 고구려 및 왜국과 우호 관계를 맺어 이에 대항하는 것으로 별다른 일은 일어나지 않으리라 낙관하였다. 더구나 국경이 교착 상태에 빠지자, 긴장의 끈을 풀어놓은 의자왕은 국제정세의 변화를 걱정하면서 동요하는 여러 신하의 목소리와 움직임을 외면하였다. 왕권을 강화하기만 하면 모든 일이 순조롭게 풀릴 것으로 오산한 것이었다. 게다가 더 심각한 문제는, 그 왕권의 강화가 궁성을 치장하여 왕실의 위엄을 높이고 왕자를 중심으로 한 근친들에게 고위 관직을 맡긴다면 저절로 이루어지리라 여긴 점이었다.

의자왕 15년(655), 태자의 궁을 사치스럽고 화려하게 꾸미고 망해정望海亭 등 유흥과 위락을 위한 건물 및 시설들을 새로 세우거나 증축하였는데, 이런 치장과 가식으로 국왕의 위엄이 높아지는 것은 아니었다. 오히려 이를 계기로 여러 귀족과 백성들의 마음이 왕실을 등지기 시작했다. 이로부터 5년 후 백제가 멸망할 때까지『삼국사기』의 기록이 천재지변 내지 괴변 관련 내용으로 일관하다시피 하는데, 이는 당시 경외京外의 귀족과 관료들의 마음, 나아가서는 민심이 이미 왕을 떠났음을 대변한 기술이다. 한편『일본서기』에 따르면, 의자왕은 이 해(655)에 근친 세력에 대한 대대적인 숙청을 단행하였다고 한다. 아우인 부여교기扶餘翹岐를 위시하여 여동생 4명과 내신좌평 기미岐味 등 40여 명을 섬으로 축출한 것이었다. 방계의 혈족을 쳐내면 왕권이 더욱 군건해져 안정되리라 오판한 처사였다. 교기는 그 후 일본으로 건너가 677년에 사망하였다.

이듬해(656)에는 의자왕이 궁녀들을 데리고 음란과 향락에 빠져서 술 마시기를 그치지 않으매 좌평 성충成忠이 적극 말렸더니 왕이 진노하여 그를 옥에 가두고 굶겨 죽이는 일이 일어났다. 성충은 죽기 전에 전쟁이 곧 일어나리라 전망하면서, 육로에서는 침현沈峴(탄현이라고도 한다), 수로에서는 기벌포伎伐浦(전북 군산 금강 하구)를 군게 지키라고 당부하였다고 한다. 왕은 그의 충언을 무시하였다. 그러더니 그 이듬해(657)에는 급기야, 41명이나 되는 여러 왕자를 모두 좌평佐平으로 임명하고 이들에게 각각 식읍食邑을 주었다. 국왕 직계 일족의 전횡에 민심은 더욱 멀어질 수밖에 없었다.

의자왕 20년(660), 신라의 김유신과 당의 소정방蘇定方(592~667)이 이끄는 나당연합군이 들이닥쳤으나, 백제는 이를 막아내어 국가를 보전할 능력이 없었다. 다급해진 왕이 대책을 강구했으나 회의에서 의견이 엇갈리자 귀양살이 중이던 흥수興首에게 계책을 물었더니 성충과 같은 의견을 냈다고 하는데, 이마저 채택되지 않았을 뿐더러 설령 그대로 따랐다고 해도 이미 늦은 상황이었다. 계백階伯이 5천의 결사대로 황산벌黃山伐(충남 논산시 연산면)에서 신라군에 항전하였으나 기껏 사흘간 그 진군을 늦췄을 뿐이었다. 백제는 나라가 망한 후 기반이 붕괴된 처지에서 일어난 국지적인 부흥 운동을 2년이나 지속할 정도로 여력이 있었지만, 정작 사비성이 함락 위기에 처했을 때는 그 어떤 세력도 왕을 적극 구원하려 들지 않았다. 신라군이 당군과 합류한 후 의자왕의 항복을 받아내기까지 겨우 일주일밖에 걸리지 않았다. 항복한 의자왕은 왕자 및 대신 88명, 백성 1만 2천 명 등과 함께 당의 수도 낙양으로 압송되었다.

▶ 김춘추와 김유신

처남 김유신과 사위 김품석의 군사력을 좌우에 두고 이를 기반으로 신라 왕위를 노리던 김춘추는 김품석의 죽음으로 그 한쪽 날개가 꺾이는 듯한 아픔을 느꼈다. 딸의 원수를 갚고 잃어버린 세력 기반의 반쪽을 벌충할 정치적 대안을 어떻게든 시급히 모색하지 않으면 안 되었다. 김춘추가 찾은 묘책은 고구려에 대한 청병請兵이었다. 청병이 성사된다면 고구려 군사력을 자신의 군사적 기반으로 삼게 되는 셈이었으므로, 이로써 사적으로 원한을 갚고, 공적으로 신라 정계에 자신의 정치적 역량을 과시하는 이중의 성과를 거둘 수 있을 것이었다. 난관이 예상되었지만 청병이 성사될 가능성도 없지 않아 보였다.

김춘추는 나물이사금 때 왜병의 침입을 받은 신라를 고구려가 기병을 보내 구원했던 일과 진흥왕이 백제가 차지한 한강 하류 지역으로 군사를 움직일 때 고구려의 양허를 받았던 일 등을 떠올리고, 또 신라인들이 한때 '아잔我殘'이라고 불렀던 동족의 후예가 평양 지역의 유력 세력으로 남아 있는 사실에 주목했을 것이다. 그리고 주변의 국제정세가 고구려로 하여금 신라와 제휴할 필요성을 느끼게 만들고 있다고 판단했을 법하다. 당나라는 이태 전 고창국高昌國(동 투르키스탄의 투루판 분지에 있던 나라)을 정벌하여 서역 평정에 성공한 후 방향을 돌려 노골적으로 고구려를 압박하고 있었기 때문이다. 당나라의 위협에 당면한 고구려로서는 무엇보다 남쪽 국경의 안정이 필요할 테고, 실질적으로 국경을 맞대고 있는 데다 한때 긴밀한 동맹관계를 가졌던 신라가 고구려 남경南境의 안정을 보장하고 나선다면 고구려로서는 신라의 제안을 굳이 마다할 이유가 없다고 판단했을 것이다. 그러나 이는 오판이었다.

642년, 고구려에서는 정변이 일어나 연개소문이 집권했다. 그는 막리지莫離支로서 병권뿐 아니라 국가의 기밀 사무를 총괄했기 때문에 신라 지배세력의 동향을 환히 알고 있었다. 김춘추의 청병이 신라 지배세력 전체의 여망이기보다 개인의 정치적 필요에 따른 것이라는 사실을 모를 리 없었던 것이다. 더구나 고구려는 일찍부터 김유신에 주목하고 있었으므로 그와 결탁한 김춘추를 위험인물로 지목하던 차였다. 그리고 이미 고구려는 백제로 하여금 신라의 측면을 지속적으로 공격하게 하여 신라가 준동하지 못하도록 만들어 남쪽 국경을 안정시키고 있었다. 대야성 공격도 그 일환으로 추진된 일이었다. 이런 상황에서 신라를 새 동반자로 택해 백제에 대한 지원을 거두는 것은 국제적 신의를 저버리는 행위였고, 영류왕을 시해하고 집권한 까닭에 당나라에게 그 부도덕성을 징계하겠다는 압력을 받고 있던 연개소문으로서는 정치적으로 굳이 위험을 자초할 이유가 없는 일이었다.

연개소문은 보장왕寶臧王을 내세워 신라에 대한 병력 지원의 대가로, 신라가 고구려에서 빼앗아간 죽령竹嶺 서북의 땅을 반환할 것을 요구했다. 이는 첫째, 청병이 신라 지배세력 전체의 요구인가를 확인할 수 있고, 둘째, 들어줄 때는 실익을 취할 수 있으며 듣지 않을 때는 고구려에 대한 기만을 구실로 김춘추를 억류할 수 있는 일석이조의 방안이었다. 김춘추가 이 요구에 난색을 표한다면 이번 청병은 그의 사적인 행동임이 명백하므로, 설사 그를 제거한다고 해도 신라가 고구려에 문책할 까닭이 없는 일이었다.

역시 고구려의 예상대로 김춘추는 그것이 무리한 요구임을 강변하였고 결국 억류되고 말았다. 이에 김춘추는 고구려 왕의 총신寵臣 선도해先道解에게 청포靑布 300보(1보=6척)를 건네고 목숨을 구해달라고 청했다. 이는 김춘추가 혼자 몸으로 고구려에 들어가면서 그 사회가 뇌물이 통하는 사회라는 사실에 유념하고 미리 준비해둔 자금이었다. 일반포 1필(1필 =5보=30척)에 조租가 30~50석이던 때라고 하니 청포 300보는 요즘 시세로 십수억을 헤아리는 큰 액수이다. 그러나 이를 받은 선도해는 김춘추에게 한 이야기를 들려주었을 뿐이었다. 저 유명한 「별주부전鱉主簿傳」의 근원설화인 '귀토지설龜兔之說'이었다. 이는 최고 수준의 외교관이 되려고 생각하는 사람은 지금도 몇 번이고 곱씹어 음미하는 설화이다. 우리는 여기서 세 치의 혀를 놀려 사지死地에서 탈출하는 비책을 기본 상식처럼 알고 있는 고구려의 외교 수준에 주목할 필요가 있다.

사실 김춘추는 고구려의 속셈을 안 이상 그들과 더 이상 시비를 가릴 이유가 없었다. 고구려가 요구한 땅을 돌려주마고 약속하고 귀국해버리면 그만인 일이었다. 목숨을 위협받는 상황에서 생존을 위해 필사적으로 강구한 자구책을 속임수라 매도하고 부도덕하다 비난할 수는 없는 노릇이다. 그런데도 김춘추가 억류되고 말았다는 것은 그가 단지 정직함만을 지녔을 뿐 자주적 책략이나 국제적인 안목을 지니지 못했음을 의미한다. 당시 고구려와 신라 사이에 외교 수준과 문화 능력의 차이가 적잖았음을 단적으로 보여주는 일화라 하겠다. 구명救命의 대가로 거액의 뇌물을 받은 선도해는 자기 힘으로 탈출할 수 있는데도 제대로 대응하지 못하고 억류되어 거액을 쓰는 김춘추가 가소로워 보였을 것이다. 이 정도의 능력밖에 지니지 못한 인물이라면 풀어주어도 고구려에 크게 해될 것이 없다고 자의적으로 판단했는지도 모른다.

김춘추는 이 일을 계기로, 천편일률의 선악 이분법적 가치관에서 벗어나 주체적인 관점에서 국제관계의 판도를 조망하며 이를 근거로 신라의 활로를 모색할 수 있는 능력을 가질 수 있었다. 동북아시아 전반의 정세 속에서 신라의 위치를 파악하고 신라 문화의 성격에 대한 나름대로의 안목을 지니게 된 것이었다. 또한 그는 외교의 본질이 이해관계로 상대방을 설득하는 것이 아니라, 상대방이 원하는 것을 정확히 간파하여 그것을 이용함으로써 자신이 원하는 것을 얻는 것이라는 사실도 깨달았다. 개인 차원의 도덕률과 국제 외교에서의 가치는 별개의 문제였고 또 그래야 마땅했던 것이다.

김춘추는 결국 죽령 서북의 땅을 반환하겠다고 거짓 약속했고 고구려는 그를 석방했다. 물론 고구려가 김춘추의 약속을 믿은 것은 아니었고 다시 다른 구실을 내세워 김춘추를 계속 억류할 수도 있었으나 그러지 않았다. 김유신이 1만의 군사를 이끌고 한강을 넘어 북상하고 있다는 첩보가 들어왔기 때문이었다. 고구려는 당과의 결전에 대비하지 않을 수 없는 처지에서 신라와의 관계를 굳이 악화시킬 이유가 없었던 것이다. 김춘추를 놓아 보내지 않는다면, 그를 잃는 것이 곧 미래를 잃는 것이었던 김유신이 필시 결사적으로 공격해 올 터였다. 이는 그다지 두려운 일이 아니라고 해도, 적어도 성가신 일인 것은 분명했다.

김유신은 642년에 압량주押梁州(경북 경산) 군주가 되었고, 644년에는 50세의 나이로 소판에 올랐다. 아버지 김서현이 올랐던 최고 관등이었다. 김유신이 백제와의 여러 차례 싸움에서 많은 전공을 세운 것은 사실이지만, 김춘추와 김유신에 대한 선덕여왕의 신뢰와 지원은 이미 정도를 넘어서고 있었다. 당연히 나물이사금계의 진골 귀족들 사이에 불만이 고조되었다. 647년 정월에 일어난 '비담毗曇과 염종廉宗의 난'은 이

것이 표출된 결과였다.

비담은 난을 일으키기 일여 년 전부터 상대등上大等으로서 국정을 총괄해오던 이였다. 을제乙祭와 수품水品에 이어 선덕여왕 대 세 번째 상대등이었다. 비담에 대해 다른 기록이 전하지 않아 확실하게는 알 수 없으나, 이 시기 상대등이 진골 귀족을 대표하는 최고위직이었고 '비담'이 불교식 이름인 것으로 미루어, 그는 많은 지지 세력을 거느린 유력한 왕족의 한 사람으로서 차기 왕위를 염두에 두고 있던 인물임이 분명하다. 그러한 비담으로서는 김춘추의 외교 능력과 김유신의 군사적 기반이 어우러져 영향력 있는 정치 세력으로 급성장하고, 여왕마저 이들을 특별하게 대하자 위기감을 느끼지 않을 수 없었을 것이다. 김춘추와 김유신이 진덕眞德을 다음 왕으로 밀었기 때문이다. 진덕이 왕위에 오르고 그녀를 후원한 김춘추 등이 세력을 더욱더 확대해나간다면, 왕위에 대한 비담의 희망은 완전히 물거품이 되고 말 형세였다. 이에 비담이 염종 등 지지 세력을 규합하여, "여왕은 나라를 제대로 다스리지 못한다."는 기치를 내걸고 명활성明活城을 근거로 반란을 일으켰다.

김유신은 월성月城에서 선덕여왕을 호위하여 반군에 맞섰고, 10여 일의 공방 끝에 난을 진압했다. 그러나 선덕여왕이 이 난리의 소용돌이 속에서 재위 16년 만에 죽고 말았다. 사인은 분명하지 않으나, 남아 있는 사료만으로는 시해를 당한 것으로는 확인되지 않는다. 그리고 진덕이 왕위를 이었다. 진덕여왕은 즉위 직후 이찬伊飡 김알천金閼川을 상대등으로 임명해 국정을 맡겼으나 이찬 김춘추와 대장군 김유신에 대한 신망이 더 깊었다. 진덕왕 2년(648), 김춘추가 청병을 위해 당에 사신으로 들어갔을 때 당태종이 김유신의 명성을 들었다며 그 사람 됨됨이를 물을 정도였다. 당에서도 두 사람을 주목하고 있었던 것이다. 김춘추는 나당羅唐 군사동맹을 성사시키고 귀국했다.

김춘추의 사행使行 기간에 김유신은 백제를 쳐서 김품석 부부의 시신을 수습하고 악성嶽城 등 12개 성을 빼앗은 공으로 이찬에 올랐으며, 상주행군 대총관上州行軍大摠管이 되었다. 신라는 국경에서 백제와 자주 충돌했고, 그때마다 김유신이 신라군을 지휘했다. 진덕왕 3년(649) 8월에 백제의 좌장左將인 좌평(佐平, 백제의 16품 관위 가운데 가장 높은 1품관) 은상殷相이 석토성石吐城을 공격해 왔을 때에는 열흘이 지나도록 승패가 결정되지 않은 가운데 군사들의 시신이 들판에 가득 차고 흐르는 피로 방패가 떠내려갈 지경이었다고 하니, 이때의 전투가 나제 양국의 국운을 건 치열한 전투였음을 가히 짐작할 수 있다. 김유신은 결국 이 싸움을 승리로 이끌었다. 은상 등 여러 장수를 잃은 백제는 매우 심각한 타격을 입어 이후로는 독자적으로 신라에 대한 공격을 감행하지 못했다.

654년 3월에 진덕여왕이 재위 8년 만에 세상을 떠나고 김춘추가 왕위에 올랐으니 이가 태종무열왕이다. 처음엔 여러 신하들이 이찬 김알천을 왕으로 추대했으나 그가 사양하며 대신 김춘추를 추천했다고 한다. 김알천이 그에게 돌아온 왕위를 사양할 수밖에 없었던 데에는 무엇보다 김유신의 역할이 컸으리라 추측된다. 석토성 전투를 승리로 이끌어 백제에 결정적인 타격을 가함으로써 정치적으로도 막대한 영향력을 갖게 된 김유신이 동의하지 않는다면 설령 즉위하더라도 제대로 왕권을 행사하기가 어려운 형세였다.

김춘추는 왕위에 오르자 이방부의 법[理方府格] 60여 조를 고쳐 정하여 인사권을 완전히 장악하고, 백제를 병합하기 위한 계획을 본격적으로 추진하기 시작했다. 이듬해(655) 정월에 고구려가 백제·말갈과 연합하여 신라의 33개 성을 빼앗은 일이 직접적인 계기가 되었다. 9월에는 김유신이 백제를 쳐들어가 도비천성刀比川城을 빼앗았다. 이때 김유신은 백제왕과 신하들이 무도無道하여 사치와 방탕을 일삼는 것을 보고 태종무열왕에게 백제를 토벌할 시기가 임박했음을 진언했다고 한다.

신라가 당과 연합하여 백제 정복에 나선 후, 『삼국사기』는 김유신과 관련한 몇 가지 사실을 특히 주목해서 서술하였다. 첫째는, 김유신이 이끄는 신라군이 황산벌에서 계백의 결사항전에 막혀 진군이 늦어지면서 당군과 합류하기로 기약했던 날짜를 지키지 못했는데 이때의 정황을 매우 자세히 기록한 점이다. 당시 소정방이 이끈 당군은 기약에 맞춰 기벌포伎伐浦에 도착하였고, 배에서 내리자마자 곧바로 백제군의 공격을 받아 크게 고전하였다. 소정방은 신라군이 제때에 도착하지 않았기 때문에 이런 일이 생겼다고 인식한 데다, 이 기회에 연합군의 지휘권이 누구에게 있는지 확실히 해두려는 속셈으로, 뒤늦게 도착한 신라군에게 군약軍約을 어긴 책임을 물어 독군督軍(오늘날의 작전참모) 김문영金文穎의 목을 베려 하였다.

이에 김유신은 여러 장병 앞에서, "대장군(소정방)이 황산벌에서의 전황을 고려하지 않고 기일에 늦은 사실만 따져 죄를 묻는다면, 죄도 없이 능욕을 당할 이유가 없으므로, 먼저 당군과 결전한 뒤에 백제를 치겠다."고 말하며 왕으로부터 받은 큰 도끼를 들고 군문軍門으로 나섰는데, 노기가 충천하여 머리카락이 죄다 일어서 투구가 벗어질 지경이었으며, 허리에 찬 보검이 저절로 칼집에서 빠져나오려 했다고 한다. 이 소식을 접한 좌우 참모들이 그를 말렸으므로 소정방은 김문영을 풀어주었다. 김유신의 주체적이고 자존적自尊的인 태도를 엿볼 수 있는 사건이었다고 하겠다.

둘째는, 백제를 멸망시킨 후 소정방이 김유신, 김인문, 김양도 등 3인에게 백제 땅을 나눠 식읍으로 주겠다며 회유했을 때의 일이다. 당은 백제를 멸한 후 내처 신라를 도모할 생각이었으므로 신라군의 중추에 해당하는 세 장군을 미리 자기편으로 만들어두겠다는 전략에서 이런 제안을 한 것이었다. 이들 세 장군으로서는 그야말로 귀가 솔깃할 만한 제안이 아닐 수 없었다. 그러나 김유신은, "대장군이 귀국의 군대를 이끌고 와 우리 임금의 소망에 부응하여 나라의 원수를 갚게

해주었으므로 지금 우리 임금과 온 백성이 기뻐서 어찌할 바를 모르고 있는데 우리가 유독 식읍을 받아 자신의 이익을 취한다면 이것이 어찌 옳은 일이겠소?"라 말하며 단호하게 거절하였다. 경우를 따져 무엇보다 의리를 중시한 김유신의 처신이 특히 돋보이는 대목이다.

셋째는, 당군이 백제를 멸한 후 사비에 진영을 치고 원래의 계획대로 신라를 공략할 궁리를 했을 때의 일이다. 신라의 무열왕이 이를 알고 여러 신라들과 대책을 강구하였는데, 이때 다미공多美公이 나서며 말하길, "우리나라 사람을 백제인으로 가장시켜 백제의 의복을 입힌 후 당군을 자극하면 당군이 반드시 적극 공격에 나설 것입니다. 이때 당군을 치면 가히 이길 수 있으리라 여겨집니다." 하였다. 이에 김유신이 "가히 취할 만한 전략이니 시행하시기 바랍니다." 하며 거들었으나 무열왕이 망설이자 김유신이 이렇게 말했다고 한다. "개가 주인을 두려워하지만 주인이 제 다리를 밟으면 무는 법입니다. 나라가 위난에 처한 마당에 어찌 자구책을 강구하지 않겠습니까? 대왕께서는 부디 이를 허락하소서." 김유신의 자주적 정신과 태도를 잘 말해주는 일화라 하겠다.

신라의 이런 동향을 염탐해서 알게 된 소정방은 더 이상 신라를 도모하지 못하고 귀국할 수밖에 없었다. 이때 당태종이 그에게 신라를 치지 않은 이유를 묻자 소정방은 "신라는 그 임금이 어질고 백성을 사랑하며, 그 신하는 충성으로 나라를 받들고 아랫사람들은 그 상급자를 부형과 같이 섬기니, 나라는 비록 작지만 어떻게 해볼 도리가 없었습니다."라 대답하였다. 화랑도 정신으로 잘 무장된 신라의 문화적 역량을 엿볼 수 있는 대목이다.

2. 수를 물리친 고구려가 당의 공작으로 자멸하다

고구려를 공격한 수의 멸망

영양왕이 즉위했을 때 중국 대륙의 수隋는 문제文帝(재위 581~604)
의 이른바 '개황성세開皇盛世'를 맞이하여 각종 제도와 문물을 개편·
정비하고 급속히 번영하고 있었다. 영양왕은 수에 매년 사신을 파견
하여 정세의 변화를 정탐하면서 내침來侵에 대비하였다. 약 3백 년간
지속된 남북조시대의 분열과 혼란을 끝낸 수문제가 통일로 응축된
힘을 밖으로 발산할 필요가 있다고 판단한다면 그 대상은 필시 동북
지역의 패자霸者인 고구려일 터였다.

　영양왕 8년(597)에 수에 다녀온 사신이 수의 침공이 임박하였음
을 알렸다. 적의 침입 시기를 최대한 늦추기 위해서는 그 전진기지
를 파괴하는 게 효율적이라고 판단한 영양왕은 그 이듬해 날이 풀리
자마자 직접 말갈의 무리 1만여 명을 거느리고 요서를 쳤으나, 영주
총관 위충韋冲이 저항하여 물러나고 말았다. 남아 있는 기록으로는

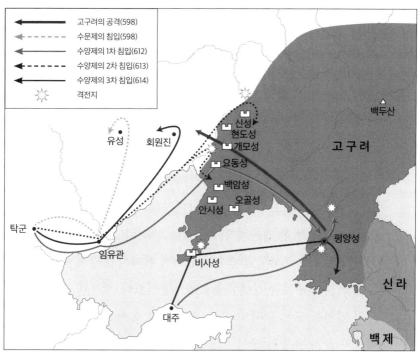

지도 15 수의 고구려 침입 경로

이때 고구려가, 군량과 무기를 비축해둔 수의 군수창고만큼은 원래의 의도대로 제대로 파괴했는지 잘 확인되지 않으나, 뒤이어 전개된 전쟁의 양상을 보면 어느 정도 그 목적을 이룬 듯 보인다.

수문제는 고구려의 선제공격을 빌미 삼아 그 몇 달 후 수군과 육군 30만을 동원하여 고구려를 침공해 왔다. 하지만 이 침공은 참담한 실패로 끝을 맺었다. 임유관臨楡關(만리장성 동쪽 끝자락에 있는 산해관의 수·당 때 이름)을 출발한 육군은 장마를 만나 군량의 부족에 시달리며 굶주린 데다 마침 전염병까지 창궐하여 십중팔구가 사망하였고, 동래東萊에서 출발한 수군은 뱃길로 평양성으로 향하다가 태풍을 만나 거의 난파되었다고 한다. 그러나 이런 『수서』의 기록은 수의 치욕적인 패배를 감추기 위해 사실을 왜곡한 것이라는 견해가 유력하다. 평양성으로 향하는 척하며 요동반도 쪽으로 움직이던 수의 수군을 고구려의 강이식姜以式이 요격하여 격파하자, 작전에 차질이 생긴 수의 육군이 임유관을 출발하지 못하고 주춤거리는 사이에 장마가 지면서 보급이 끊어지고 역병까지 번졌던 게 사실의 진상이라 여겨지는 것이다.

604년, 수문제의 둘째 아들 양광楊廣이 아버지를 살해하고 즉위하였다. 양제煬帝가 그이다. 양제는 아버지뿐 아니라 형을 죽였고, 부황父皇의 비妃를 범한 패륜적 인물이었다. 그러나 그는 지략이 많아, 아버지가 일으킨 무모한 전쟁으로 인하여 피폐해진 경제를 화북과 화중을 잇는 대운하를 건설함으로써 부흥시켰다. 대운하의 건설은 다수의 민인을 고된 역역力役의 고통 속으로 몰아넣는 사업이었지만, 남북의 물자 유통과 군사 이동을 원활하게 하여 침체에 빠졌던 수隋의 경제를 되살리고 군세를 확장하는 데 기여했다. 유통이 원활해지자 고구려가 쥐고 있는 돌궐과 거란, 말갈 등에 대한 상권을 빼앗아 올 필요성이 더욱 절실해졌다. 이에 수양제는 먼저 돌궐을 정복한 다음 고구려를 침공하였다(612). 이때 동원된 수의 군대는 육군만 113만 3,800명이었고, 뒤에서 군수물자의 수송을 담당한 병력은 그 두 배에 달했다고 한다. 병력과 물자를 차례로 출발시키는 데만도 무려 40일이 걸렸다고 하니, 그 규모가 엄청났음을 넉넉히 짐작할 수 있다.

수의 대군은 요하를 건너 요동성을 포위하였으나 5개월이 지나도록 함락시키지 못하였다. 한편 수의 수군 4만은 배를 타고 대동강을 거슬러 올라와 수도 평양성 외곽까지 진격하였으나, 영양왕의 아우 고건무高建武에게 패하여 대동강 하구 쪽으로 철수하였다. 살아서 돌아간 숫자가 수천 명에 지나지 않았다고 한다.

초조해진 수양제는 우문술宇文述과 우중문宇仲文에게 30만 5천의 별동대를 주어 평양을 직접 공격하도록 하였다. 우문술과 우중문이 이끄는 육군은 정예부대로서 사기가 하늘을 찌를 듯하였다. 그러나 결전을 서둘러 급속히 진군했기 때문에 압록강을 건너기 전에 이미 군량 부족이 예상되는 형편이었다. 하지만 워낙 대규모의 병력인데다 사기도 높아서 행군을 일부러 늦추기가 어려웠고, 고구려를 쳐서 이기면 그 지역의 식량을 이용할 수 있으리라는 심산에 우문술과 우중문은 진군을 더욱 재촉하였다. 고구려로서는 이런 군대를 정면에서 맞아 싸운다는 것이 무모한 일일 수밖에 없었다.

이때 고구려의 총사령관으로 수의 대군을 맞이한 이가 을지문덕乙支文德 장군이다. 을지문덕은 우선 적군이 지쳐 스스로 무너지도록 만들었다. 수의 군사가 야영하기 위해 진칠 때를 기다렸다가 수시로 공격해 눈 붙이고 누워 제대로 쉴 틈을 주지 않았고, 격분한 적군이 쫓아오면 후퇴하기만 할 뿐 정면 대결을 피하였다. 그리고 초토전술焦土戰術(청야전술淸野戰術이라고도 한다)을 써서 후퇴하는 지역의 식량을 적이 이용하지 못하도록 주요 시설이나 농작물 등 온갖 물자를 불살라 버렸다. 잠을 제대로 자지 못한 수의 별동대는 지쳐갔고, 빠른 진격으로 보급이 끊기자 굶주림에 시달렸다. 후퇴만 하는 고구려 군사를 쫓아 수의 대군이 평양성 밖 30리 근처에 이르렀을 때는 이미 전투 능력을 거의 상실한 상태였다.

이러한 적의 실상을 간파한 을지문덕은 적장 우중문을 희롱하는 내용으로 오언시五言詩를 지어 보내고 거짓 항복하였다. 이는 위계에 빠졌다는 심리적 불안감을 고조시켜 적군의 통수 체계를 무너뜨리려는 을지문덕의 계산된 전술이었다. 거짓 항복이라도 항복 문서를 손에 넣어, 철수 후 수양제에게 보고할 구실을 얻은 우중문은 회군을 명령하였다. 더 이상 공격이 불가능하지만 그렇다고 헛되이 돌아갈 수도 없는 처지에 있는 적장에게 철수할 구실을 주지 않으면, 궁지에 몰린 대군이 오래 머물며 민간에 피해를 줄 수 있었으므로 을지문덕이 거짓 항복한 것은 시의적절한 작전이었다.

그러나 을지문덕은 물러나는 수의 병력을 그대로 두지 않았다. 후퇴할 길을 열어주면서 기회를 엿보던 고구려군은 수군이 살수薩水(청천강)를 건널 즈음에 집중 공격하여 대승을 거두었다. 30만을 웃돌던 수의 별동대 중에서 압록강을 건너 살아간 자는 2,700명에 불과했다 한다. 이것이 저 유명한 '살수대첩'이다. 수양제는 싸울 의욕을 완전히 잃고 지친 군대를 이끌고 퇴각하였다. 수양제는 이후에도 두 차례 더 고구려를 침입했으나 번번이 실패하고 나라를 궁핍과 혼란의 구렁텅이로 몰아넣었다. 수는 패전의 후유증에 시달리다가 617년 수양제가 살해되자 이듬해에 왕조의 문을 닫았다. 건국한 지 38년 만의 일이었다.

연개소문의 집권

수양제가 암살당한 뒤 중국은 잠시 군소 국가로 분열되었다. 이 분열 과정에서, 태원太原 지방에 근거를 둔 북주北周의 군벌 이연李淵이 통일 세력 집단으로 성장하였다. 그는 둘째 아들인 이세민李世民(훗

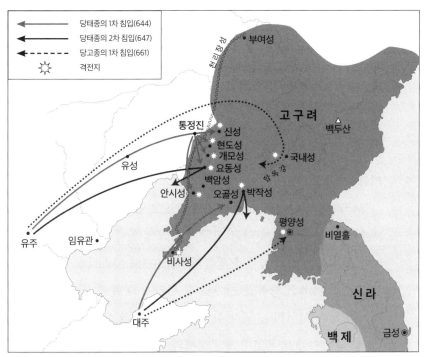

지도 16 당의 고구려 침입 경로

날의 당태종)의 도움으로 정적政敵을 제거하고 당 왕조를 개창하였다 (618). 이 사람이 당고조唐高祖이다.

당 왕조는 민심을 수습하고 지방 할거割據 세력을 진압하여 통합 해가는 한편, 이민족 세력을 통제하면서 수에 이은 중국의 통일 왕 조로 성장하였다. 당은 역대의 제도와 율령을 참작하여 법제를 획기 적으로 정비하였다. 그리하여 정치적으로는 3성6부와 군현제郡縣制, 경제적으로는 균전제均田制, 군사적으로는 부병제府兵制 등 거의 모 든 분야에서 제도를 완비하였다. 태종이 통치했던 23년 동안은 '정 관의 치(貞觀之治)'라 하여 중국 전제 군주 정치의 본보기로 꼽힌다.

당이 들어섰지만 국제정세의 큰 흐름에는 변화가 없었다. 수의 역할을 당이 대신하였을 뿐, 중원의 통일 세력이 고구려와 대립하는 상황은 여전히 지속되었다. 북방의 상권商權이 문제의 초점이었다. 그리하여 고구려는 당이 쳐들어올 것을 예상하고 국경 1천 리에 장성을 쌓아 국방을 튼튼히 하였다. 당시 이 공사를 감독한 사람이 연개소문이다. 그리고 당과 온 힘을 다해 싸우려면 남쪽 국경이 안정되어야 하므로 백제를 지원하여 신라를 지속적으로 공격하게 하는 외교술을 펼쳤다.

고구려와 당 사이에 전운이 짙게 감돌고 있었으나, 서역의 돌궐이 배후에 있는 상황에서 당은 고구려 공략에 전력을 다할 수 없었다. 이에 당태종은 먼저 돌궐을 정복하여 629년에 복속시키고, 640년에는 고창국高昌國의 항복을 받아냈다. 서역에 대한 평정이 대강 마무리되자 당은 서서히 고구려 침공에 주력하였다. 당태종은 진대덕陳大德을 사신으로 보내 고구려의 정세와 지리, 풍속 등 내부 사정을 몰래 알아보도록 하였는데, 진대덕은 돌아가서 「봉사고려기奉使高麗記」라는 보고서를 지어 바쳤다.

시시각각으로 다가오는 당의 위협에 부딪힌 고구려는 대당정책을 둘러싸고 강경파와 온건파로 나뉘고, 급기야는 642년 강경파 연개소문이 정변을 일으켜 집권하였다. 연개소문은 영류왕과 대신 100여 명을 무참히 죽이고 보장왕을 세운 다음 스스로 대막리지大莫離支가 되어 무단적武斷的 독재정치를 시작하였다.

연개소문은 강경한 대외정책을 펼쳐 당에 정면으로 대항하는 한편, 백제와 힘을 합쳐 신라를 몰아붙이는 기존의 전술을 유지·강화하였다. 연개소문이 집권하기 직전에 마침 백제의 의자왕은 신라 서쪽 40여 성을 빼앗은 다음 대야성을 공격하여 차지하였다. 백제가 이처럼 지속적으로 신라를 공격하는 상황에서는 신라가 고구려 국경을 침범하기 어려울 터이므로, 고구려는 신라와 마주하는 국경의 안정을 백제를 통해 꾀하는 게 상책이라 여겼다.

안시성싸움의 역사적 의미

당은 644년(고구려 보장왕 3년, 당태종 18년) 11월 고구려에 전면 공격을 가해왔다. 당의 군사는 물과 물으로 나뉘어 두 길로 고구려에 쳐들어왔다. 육군은 이듬해 4월 요하遼河를 건너 고구려의 현도성玄菟城과 신성新城(중국 요녕성 무순)으로 진군하였으며, 수군은 요동반도에 상륙하여 5월에 비사성卑沙城을 차지한 뒤 압록강 북쪽의 오골성烏骨城으로 향하였다. 한편 고구려는 적을 맞아 싸우며 잘 막아내었으나, 개모성蓋牟城을 함락당하여 남녀 2만 명과 양곡 10만 섬을 적의 수중에 넘겨주고 말았다. 육군 주력 부대와 합치기 위하여 2월에 낙양을 출발한 당태종은 개모성을 함락한 뒤 5월에 전선에 도착하였다.

성을 공격하는 데 필요한 온갖 장비를 갖춘 당군은 태종의 직접 지휘 하에 요동성을 공격하였다. 요동성은 적을 맞아 용감히 싸웠으나 1만여 명이 전사하고 5만여 명이 포로로 잡힌 끝에 결국 함락되었다. 빼앗긴 양곡만 50만 섬이었을 만큼 고구려의 손실이 매우 컸다. 기세가 오른 당군은 이어서 백암성白巖城마저 빼앗고, 안시성安市城을 공격하기 위해 이동하였다.

연개소문은 안시성을 돕기 위해 병력 15만을 보냈으나, 구원병을 이끈 고연수高延壽·고혜진高惠眞 등 젊은 장군들이 빨리 승패를 가리기 위해 정면에서 적과 싸우려다 계략에 말려 포위된 끝에 투항하고 말았다. 고립되어 구원받을 길이 없게 된 안시성은 성주를 포함하여 모든 사람이 마음을 합하여 적군에 완강하게 저항하였다. 안시성은 조그만 산성에 불과했으나, 이보다 앞서 연개소문이 그 성주가 복종하지 않는다고 하여 쳤을 때도 함락시키지 못하여 성주城主를 유임시키고 만 곳이었다.

안시성은 하루에도 대여섯 차례나 쳐들어오는 적군을 맞아 힘든 전투를 계속하였다. 그러나 성주의 통솔력도 훌륭하였고 모든 사람의 용기와 투지가 대단하여 그때마다 적의 침공을 잘 물리쳤다. 당 태종이 성 근처에 나타날 때마다 안시성 사람들이 크게 소리를 질러 야유하자 태종은 매우 성을 내 이성을 잃을 정도였다고 한다. 적군은 두 달 동안 연인원 50만 명을 동원하여 안시성 옆에 더 높은 토성을 쌓아 이를 발판으로 안시성 안으로 들어가려 하였으나 성공하지 못했다. 안시성 별동대가 이 토성을 점령해버렸기 때문이었다. 크게 노한 태종은 토성의 수비를 담당하였던 대장 부복애傅伏愛를 죽이고, 더 격렬하게 싸움을 재촉하였다. 그러나 사기가 드높아진 안시성 사람들은 용감무쌍하게 싸워 적을 물리쳤다. 마침내 9월이 되자 요동 지방은 추워졌고, 당군의 양식도 다하였다. 당군은 마지막 사흘 동안 온 힘을 기울여 안시성 공격에 나섰으나, 곧 실패하고 물러났다.

당의 30만 대군을 맞아 용감하게 싸운 안시성에는 당시 10만 명 정도가 살았다고 한다. 이때 안시성 성주는 양만춘楊萬春(梁萬春이라 하기도 한다)이었다. 그러나 그의 이름은 애석하게도 『삼국사기』 등

정사正史에 전하지 않는다.『열하일기』등 야사野史에 전할 뿐이다. 임진왜란 때 구원병으로 들어온 명나라 장군이 우연한 기회에 양만 춘의 이름을 입에 올려 처음 알려지게 되었다고 전한다.

고구려가 수·당의 연이은 침입을 물리친 사실은 우리 민족사에 서 의미가 각별하다. 그때 고구려가 패했다면 신라와 백제도 무사하 지 못했을 것이다. 우리 민족이 독자성을 잃지 않고 살아남을 수 있 었던 데는 방파제 구실을 한 고구려의 역할이 매우 컸다.

연개소문 일가의 불화와 고구려의 몰락

그동안 정복 전쟁에서 한 번도 패한 적이 없던 당태종은 안시성 싸 움에서의 패배로 크게 충격을 받았다. 당의 중신重臣 방현령房玄齡은 표문을 올려 고구려 공략이 무모했음을 주장하였고, 여러 중신의 의 견도 대체로 이에 동조하는 분위기였다. 이에 당은 고구려에 대한 새로운 전략을 모색하였다. 그것은 소규모의 공격을 빈번히 행하여 국력을 피폐하게 만드는 지구 전략이었다. 당은 영주營州(중국 요녕 성 조양朝陽)를 거점으로 삼고 자주 요하를 건너와 고구려의 촌락을 불태우는 등 주로 민간을 괴롭히고 민심을 흔들었다.

당이 고구려를 다시 공략하기 위한 묘안을 찾고 있던 바로 그즈음 648년, 고구려와 백제의 공격에 시달리던 신라가 김춘추를 사신으 로 보내왔다. 혼자 힘으로 고구려를 정복하기 어렵다는 것을 절실히 깨달은 당은 고구려의 배후에 있는 신라와 꼭 손을 잡을 필요가 있 다고 판단했다. 김춘추가 다음 왕위를 노리는 유력자임을 익히 알고 있었던 당태종은 그를 최고 국빈으로 환대하고, 그의 요청대로 나당 羅唐 군사동맹을 기꺼이 맺었다.

그러나 나당 군사동맹을 맺은 뒤에도 당은 여러 차례 혼자 고구려를 정벌하려고 하였다. 이는 장차 신라를 빼고 한반도에서 주도권을 장악하려는 의도였다. 하지만 별다른 성과가 없자, 신라의 요구대로 신라와 함께 백제를 먼저 공격하는 것으로 전략을 바꾸었다. 그리하여 660년 6월 소정방이 이끄는 당군 13만과 김유신이 이끄는 신라군 5만이 백제 사비성을 기습 공격하여 백제를 무너뜨렸다. 이어 당은 661년 소정방 등으로 하여금 수군과 육군 35만을 이끌고 고구려를 공격하게 하고, 신라에게는 군량 보급을 요청하였다. 그러나 마침 철륵鐵勒(돌궐 이외의 투르크계 여러 부족)이 들고일어났으므로 당군은 이를 진압하기 위해 회군할 수밖에 없었다. 그리고 이듬해 다시 감행된 당의 고구려 정벌은 대동강 상류 사수蛇水에서 벌어진 전투에서 크게 져 또다시 좌절되었다. 다만 사수 전투는 관련 기록이 매우 부실하여 고구려 승전 과정을 자세히 알 수 없는 형편이다.

고구려는 당의 공격을 근근이 막아내었으나, 싸움의 형세는 점점 불리해졌다. 당은 이미 고구려의 주요한 성들을 여럿 장악한 상황이었고, 신라에서 군량까지 보급받아 안정된 군세를 유지하였다. 그러던 중 666년에 고구려의 집권자 연개소문이 사망하였다. 연개소문의 죽음은 고구려 정국에 파란을 불러일으켰다. 연개소문의 위세에 눌려 적잖은 병력을 중앙군으로 파견하고 분담금을 부담해온 지방의 많은 욕살褥薩(지방 큰 성의 성주)들이 병력을 거두어들이고 부세 납부에 소극적인 태도로 돌아섰기 때문이다.

연개소문의 장남인 남생男生이 아버지의 지위를 이어받아 태막리지太莫離支가 되었으나 욕살들의 태도는 전과 같지 않았다. 남생으로서는 그 무엇보다 욕살들의 지지와 협조를 다시 끌어내기 위해 지방의 여러 성들을 순회하면서 설득에 나서지 않을 수 없었다. 그리고 지방 순회를 마치고 돌아올 때까지 동생 남건男建과 남산男産에게 중앙의 국정 운영을 맡겼다.

이 소식은 세작細作(간첩)들을 통해 당에 전해졌고, 당은 이를 절호의 기회로 여겨 연개소문의 아들들을 서로 이간시키기 위한 공작에 착수하였다. 작업은 두 계통에서 두 단계로 이루어졌다. 한쪽으로는 남생, 다른 한쪽으로는 남건·남산 진영에 친당親唐 인사를 접근시켜, 대가를 바라는 게 아니라며 거액의 자금을 지원하여 우선 신임을 얻었다. 그리고 남생 측에게는 "두 동생이 지금 중앙에서 실권을 쥐고 있는데, 형이 지방을 순회하며 욕살 다수의 지지를 얻고 돌아오면 혹시 아버지처럼 권력을 독차지할까 의심하여 형을 막고 들이지 않을지도 모르지 않습니까?"라고 말하고, 남건·남산 측에게는 "형이 큰 세력을 이루고 돌아온 후에도 전처럼 아우들을 가까이할까요? 혹시 두 아우가 권력의 행사에 장애가 될까 봐 제거하려 들면 어쩝니까?"라고 하며 위하여 걱정하는 척으로 의심을 부추기기 시작했다. 처음에 이들 형제는 서로 그럴 리 없다며 의심을 일축했으나, 집 떠난 지도 꽤 시간이 흐른데다 식구들의 안부가 걱정되기도 하여 남생이 측근을 시켜 잠깐 집에 들러 소식이나 전하고 오라고 시킨 것이 사단이었다.

이 정보를 입수한 당은 이를 교묘하게 이용해 남건·남산을 충동질하길, "만일 형 측에서 동생들을 의심한다면 반드시 동태를 살피기 위해 측근을 보낼 것입니다. 만사 불여튼튼이라 하니 평양성의 경계를 강화하십시오. 그러다가 혹여 형이 보낸 사람이 들어오면 일이 돌아가는 맥락이 분명해지지 않겠습니까? 그를 잡아서 문초해 보면 진상을 파악할 수 있을 것입니다." 하였다. 그럴 리가 없다고 여겨졌지만 평양성의 경계를 강화하는 일이야 나쁠 것이 없다고 여긴 남건·남산은 그리하도록 지시하였다. 그리고 내막을 알 길이 없는 남생의 측근이 아무런 대비 없이 평양성으로 들어오다가 검문에 걸려 남산·남건 앞으로 끌려가게 되었다. 이 소식을 접한 남생이 대노하며 동생들이 다른 마음을 품은 것이 확실하다고 여기게 되었음은 물론이다. 남산·남건 역시 형이 자기들을 의심하며 다른 계획을 꾸미고 있다고 확신했다. 당의 첩보전과 이간 공작에 휘말린 결과였다.

남건·남산이 왕명을 빌어 남생을 불렀으나 남생은 이에 응할 수 없었다. 남생이 돌아오지 않자 스스로 막리지에 오른 남건이 병력을 동원하여 형에 대한 토벌에 나섰다. 남생은 옛 왕도인 국내성에 웅거하면서 그 아들 헌성獻誠으로 하여금 당에 가서 구원을 청하게 하였다. 당의 공작이 그대로 성공한 것이었다. 정치 행위에서 대가성 없는 자금은 없다. 그런 것처럼 보이는 자금일수록 기실 더 위험한 법이다. 나를 위한 조언인 듯 말하는 내용이 확인되지 않은 사실에 근거한 것일 때엔 다른 의도가 놓여 있는 게 아닌지 응당 의심해봐야 하거니와, 하물며 돈이나 선물을 들고 온 자의 말이 그러한 경우는 말할 필요도 없을 것이었다.

연개소문의 아들들이 서로 싸우게 된 것은 그 일가만의 문제가 아니었다. 고구려의 국력이 분열되었고, 중앙과 지방의 각 성이 서로 이반함으로써 평양성이 고립되었다. 고구려의 멸망은 자멸이나 다름없었던 것이다. 남생은 결국 국내성 등 성 6개를 거느리고 당에 투항하였다. 이어 연개소문의 동생 연정토淵淨土도 휘하의 12개 성을 이끌고 신라에 항복하였다. 이런 최악의 상황에서 668년 이적李勣이 이끄는 당군과 김인문金仁問이 이끄는 신라군이 평양성을 총공격하였고, 평양성은 고립무원의 상태에서 1개월여 저항하였으나 결국 함락되었다. 고구려가 역사 속에 스러진 것이었다.

3. 일본에서 한민족의 자취와 문화유산을 만나다

일본열도로 건너간 한민족

일본열도가 대륙으로부터 분리되어 섬이 된 것은 1만 5천 년 전 무렵의 일이었다. 플라이스토세(258만 8천 년 전부터 1만 1700년 전까지의 지질시대로서 흔히 '빙하기'라고 부른다)의 말기에 해당하는 이즈음에 대륙의 형태는 지금과 거의 다르지 않았지만 빙기와 간빙기가 반복되면서 해안선의 위치가 크게 변동하였다. 빙하가 녹으면서 해수면의 높이가 100m 이상 상승한 까닭이었다. 이때 서해가 생기고 일본열도가 분리되어 나가면서 한반도 또한 지금의 모습을 드러냈다.

한반도와 일본열도는 바다를 사이에 두고 떨어졌지만 육안으로 보이는 거리에 쓰시마對馬섬과 이키壱岐섬이 징검다리처럼 놓여 있어 신석기시대부터 많은 사람들이 두 지역을 빈번하게 오갔다. 한반도의 빗살무늬토기와 일본열도의 조몬토기의 형태가 매우 유사한 것은 사람들이 오가면서 문화적으로도 영향을 미쳤기 때문이다. 한반도 남해안 지역에서 일본산 흑요석이 발견되기도 하였고, 일본에서 백두산 흑요석이 출토되기도 하였다. 조몬시대繩文時代(기원전 1만 4천 년경부터 기원전 1천 년경까지의 시기) 말기에는 한반도로부터 규슈九州로 쌀농사 문화가 전해졌다.

그러나 일본에서는 한반도로부터 인적·문화적 유입이 있었다는 사실을 가급적 외면하거나 부인하려는 경향이 강하다. 자기들이 받은 것은 한반도를 통해 전달된 중국 문화이지 한국 문화가 아니었다는 식이다. 그러면서 한반도는 아시아대륙과 일본열도 사이에서 '문화 교류의 교량 역할'을 했다고 말한다. 교량 위에는 사람이 살지 않는다는 점에서, 이런 언급의 내면에는 한국인의 존재와 그 역사를 무시하거나 얕보는 정서가 깔려 있다고 할 수 있다. 잘못된 역사 인식을 조장할 우려가 있는 위험한 발언이고 정서인 셈이다. 한반도에서 일본열도로 전해진 문화는 분명히 한민족의 문화였다. 설령 거기에 중국 문화의 요소가 있었다고 해도 한민족이 받아들여 소화하고

사진 28 빗살무늬토기

사진 29 일본 조몬토기(요코하마시橫浜市 쓰즈키구都筑區 하나미야마花見山遺跡 출토)

자기에게 맞도록 발전시킨 것이었다.

한반도로부터 전해진 쌀농사와 청동기, 철기 등 금속기문화에 힘입어 일본열도에 농업공동체가 형성되었고, 야요이시대弥生時代(기원전 10세기부터 기원후 3세기 중엽까지의 시기) 중기 무렵부터 이들 농업공동체가 통합을 거듭하면서 규슈 북부를 중심으로 여기저기서 소규모의 국가로 발전하였다. 이런 변화에는 일본열도로 건너간 일부 고조선 유민과 한반도 선주민들의 기여가 적지 않았다고 여겨진다. 기원전 150년 무렵부터 중국의 사서史書에 보이는 '왜倭'가 바로 이런 소국들이었다. 그러다가 기원후 3세기에 들어선 시점에 이들 소국을 석권한 야마토大和정권이 들어섰고, 3세기 중엽부터 이른바 '고분시대古墳時代(3세기 중엽부터 7세기 무렵까지의 시기)'가 열렸다. 그리고 한반도와 일본열도 사이의 인적·문화적 교류가 더욱 활발해졌다.

일본에서는 한반도로부터 일본열도로 이주한 사람들을, '바다를 건너 이주해 온 사람'이라는 뜻으로 '도라이진渡來人'이라 부르기도 하고, 어디서 왔든 따질 것 없이 결국 일본으로 귀화하여 일본인이 된 사람이라는 뜻을 강조하여 '기카진歸化人'이라 부르기도 한다. 기자조선이 무너질 때, 위만조선이 붕괴될 때, 적잖은 조선 유민들이 한반도로 남하했고 개중에는 바다를 건너 일본열도로 향한 이들이 있었다. 이들 조선 유민에 밀린 한반도 선주민도 대규모로 일본열도로 넘어갔다. 일본에서는 '한韓'을 '가라から'라고 읽는데, 규슈에 '가라쓰唐津' '가라쿠니다케韓国岳' 등 '한' 또는 '한국' 관련 지명이 많은 데는 이런 역사적 배경이 깔려 있다.

신라가 가야를 차지하면서 가야인뿐만 아니라 이 지역에 들어와 살던 백제인들 다수가 일본열도로 건너갔고, 삼국의 항쟁이 격화된 5세기를 전후해서도 많은 사람들이 일본열도로 향했으며, 신라가 삼국을 통일한 7세기 중엽 이후에도 바다를 건넌 이들이 잇달았다. 전쟁으로 말미암은 위험과 고난을 피해서, 또는 나라가 망한 후 망국인으로서의 한을 품고 바다를 건너 일본으로 간 도항渡航 이주민들이었다.

일본으로 향한 도항 이주가 특히 집단으로 나타난 것은 대략 세 시기이다. 첫째 파동은 5세기 전반에 일어났다. 이때는 백제, 신라, 가야 등 한반도 남부 지방의 백성들이 일본으로 건너갔는데, 고구려가 남진정책을 적극 추진함에 따라 군사적 압박을 심하게 받은 지역 사람들이 일본으로 이주한 것이었다. 이어서 전개된 둘째 파동은 5세기 후반에서 6세기 전반에 걸쳐 진행되었다. 고구려의 집요하고 거센 군사 행동을 견디지 못한 백제의 귀족, 신라의 군사 공격과 분열 책동에 무너진 가야의 지배층, 국왕 중심체제로 재편되는 내부 지배구조의 변화에 반발한 신라의 칸들이 각기 하호를 이끌고 일본으로 향했다. 그리고 셋째 파동은 7세기 후반에 일어났다. 나·당 연합군의 공격으로 백제와 고구려가 차례로 멸망한 뒤, 그 유민들이 옛 왕족과 귀족의 인솔 아래 일본으로 대거 도항 이주하였다. 삼국통일 이후엔 신라의 정세가 안정되면서 한반도에서 일본으로 향하는 이주자의 발길이 끊어졌다.

도항 이주 후 일본 고대사회 발전에 크게 기여한 가장 유력한 이주민 집단은 하타우지秦氏와 아야우지漢氏였다. 새로운 토목 기술을 지니고 있었던 하타우지는 교토京都 분지를 개발하면서 지방 토호로서 세력을 구축하여 활동하였고, 아야우지는 나라奈良 분지에 거주하면서 기술과 문필 기능을 살려 야마토 정권에 봉사하면서 중앙 관료로 활동하였다. 이 두 씨족은 야마토 정권의 정치적 변동에 깊이 간여할 수 있을 정도로 큰 세력을 이뤘던 이주민 집단이다. 6세기를 전후해서는 이마기노 데히토今來才伎라고 불리게 되는 새로운 기술 집단을 포함한 도항 이주민이 대거 일본으로 건너갔다. 야마토 정권은 나라 지방 각지에 기술별로 집단 거주지를 정해 이들을 유치하고 도모베品部에 편속시켜 오비토首의 관할하에 수공업 생산에 종사하도록 하였다. 이마기노 데히토의 일본 정착과 활동에 따라 철기 생산이 활발해져 새로운 농구, 공구가 제작되고 무기, 마구들이 생산되어 널리 실용되었다.

일본으로 전해진 삼국의 문화

일본 고대사회에서 한자가 학습되고 유학을 가까이하게 된 것은 5세기 초 백제에서 건너간 아직기阿直伎의 추천으로 백제의 왕인王仁이 천자문과 논어를 일본에 전하고 가르치기 시작한 후의 일이었다. 아직기 후손인 야마토노 아야우지東漢氏나, 왕인의 자손이라는 가와치노 후미우지西文氏는 대대로 기록과 출납을 주관하며 야마토를 도왔다.

6세기 초에 접어들어 백제는 단양이段楊爾, 고안무高安茂 등 오경박사五經博士를 교대로 일본으로 파견하여 유학 학습을 도왔다. 663년에는 오경박사만이 아니라, 역박사曆博士·의박사醫博士 등 다방면에 걸친 기술학의 전문가를 파견하여 고대 일본의 개화에 기여하였다.

동북아시아에서 불교는 4세기 후반에 중국에서 먼저 고구려로 전승되고, 뒤이어 백제에 전승되었다. 이후 고구려의 불교는 신라로

전해졌고, 백제 성왕이 불상과 불경을 일본으로 보냄으로써 일본에 불교가 전승되었다.(552)

새로운 신앙, 새로운 삶을 가르치는 불교의 수용 문제로 야마토 귀족들이 갈라져 다투었으나, 도항 이주민 세력을 배경으로 한 숭불파인 소가씨蘇我氏가 정권을 장악하자 그 후원에 힘입어 불교 신앙이 일본사회에 굳건한 자리를 차지하게 되었다. 일본사회가 불교를 받아들인 이후, 한반도로부터 혜자惠慈, 관륵觀勒, 담징曇徵, 혜관慧灌 등 여러 고승이 잇따라 일본에 건너가 일본 고대 불교의 발전을 도왔으며, 사찰과 탑, 불상과 불구, 불화 제작에 관계되는 불교 미술의 전문 기술자들이 일본에 건너가 각지에 사찰을 건립하여 신앙생활을 도왔다.

한편, 삼국 초기에 일본열도로 건너간 사람들의 구체적 사례를 문헌에서 찾아보면, 먼저 우리 측 기록에서는 연오랑延烏郎과 세오녀細烏女가 주목된다. 이들은 일본열도로 건너가 왕과 왕비가 되었다고 한다. 그리고 일본 측 기록에서는 가야의 왕자 쓰누가아라사토都怒我阿羅斯等와 신라의 왕자 아메노히보코天日槍의 기사를 들 수 있다. 이중 쓰누가아라사토에 관한 이야기에는 황소 및 농기구와 신물神物인 흰 돌에 관한 이야기가 들어 있어, 소를 이용해 농사짓는 우경牛耕 기술과 신물 신앙이 가야에서 일본열도로 전해졌음을 시사해주고 있다. 또한 아메노히보코의 경우는 여러 가지의 옥 종류를 비롯하여 칼과 창·동경, 그리고 신이 강림한 장소를 꾸밀 신롱神籠을 가지고 갔다고 하는데, 이들은 신라 신물神物 신앙의 총집합체를 연상케 한다. 아메노히보코가 가지고 간 신물들은 고대 일본 왕실의 보물로 각별히 존숭尊崇되고 신앙되었다.

도항 이주와 문화 전수의 큰 흐름은 이후의 기록에도 계속 나타난다. 5세기 초에 백제가 보낸 아직기와 왕인의 사례, 6세기 중엽에 백제 성왕이 파견한 노리사치계怒唎斯致契 등이 대표적 사례이다. 노리사치계는 일본에 불경을 전하고 그 신앙의 심오함을 가르쳐서 불교를 신앙할 것을 권장하기도 하였다. 이후 일본열도로 건너가는 삼국의 승려들이 줄을 이었으니, 그들은 불교문화와 함께 삼국의 선진 문화를 일본열도에 전수해주는 역할을 수행하였다. 따라서 그들은 으레 일본 왕실의 융숭한 대우를 받았다.

일본에서 활동했던 승려 중에서 가장 저명한 인물로는 7세기 초에 건너간 고구려의 담징曇徵을 들 수 있다. 그는 일본에 불교뿐 아니라, 유교 경전과 그림을 그리는 물감 종류, 그리고 종이와 먹 등 다양한 선진 문화를 전수해주었다. 또 그가 그렸다는 호류사法隆寺 금당 벽화는, 1949년에 소실되어 버렸지만, 일본이 세계적 보물로 자랑하는 매우 유명한 그림이다.

일본에 남아 있는 삼국민의 흔적들

오늘날의 일본에서 고대 일본이 한반도의 삼한이나 삼국과 인적人的·문화적으로 교류했던 흔적을 만나는 것은 그리 힘든 일이 아니다. 무엇보다 일본 여러 곳의 지명에 '고구려', '백제', '신라'라는 국명이 그대로 남아 있어 그 교류의 긴밀함을 느끼게 한다. 도쿄의 이케부쿠로역池袋駅에서 세이부 이케부쿠로선西武池袋線을 타고 전철로 한 시간 남짓 달리면 고마역高麗駅에 이르게 되는데, 이곳이 바로 고

마향高麗鄕 곧 고구려 마을이다. 666년에 고구려 사신단의 일원으로 일본에 온 약광若光이 668년에 본국이 멸망하자 귀국하지 못하고 눌러앉게 되었는데, 716년 무사시국武蔵国에 고마군高麗郡이 신설됨에 따라 그 수장으로 부임하여, 인근에 흩어져 살던 고구려 출신 주민 1800명가량을 끌어 모아 당시 황무지로 남아 있던 이 지역을 개척하여 논밭을 일구고 사람들이 평안히 살 수 있도록 마을을 조성한 곳이라고 한다. 굽이진 고마천高麗川을 따라 하류로 내려가면 고려신사高麗神社가 있고 그 옆에 '고려왕 약광'의 묘도 남아 있다. 일본에서는 고구려를 '고려高麗' 또는 '맥狛'으로 표기하고 '고마こま'라고 읽는다.

가나가와현神奈川県 오이소大磯에도 고려신사가 있다. 지금은 '고려'를 '고래高来'로 표기하고 다카쿠신사라고 불러 고구려와의 연관성을 애써 부인하고 있지만, 원래는 고려사高麗寺였다. 그 뒷산은 여전히 고려산高麗山이라 부른다. 고구려 유민들이 이곳에 와 살면서 세운 사찰이 에도시대까지만 해도 남아 있었는데, 절을 신사로 바꾸

사진 30 고려왕 약광을 모신 고려왕 묘

사진 31 가나가와현 오이소 지역의 고려신사 　　　사진 32 사이타마현埼玉県 고마가와 지역의 고려신사

더니 그 이름마저 바꿈으로써 한국과 연관된 역사의 흔적을 애써 지
우려 하고 있는 셈이다.

　또 오사카의 난바難波에 가면 백제역百濟驛이 있어 실제로 백제에
온 듯한 착각이 든다. 일본에서는 백제를 '구다라くだら'라고 발음한
다. 오사카는 4세기 말까지만 해도 요도천淀川과 야마토천大和川의
범람으로 사람이 살기 어려운 지역이었는데, 백제에서 건너온 사람
들이 이곳에 정착하여 제방을 쌓아 물길을 잡고 농지를 개척함으로
써 살기 좋게 만든 지역이다. 오사카에서 요도천을 거슬러 교토京都
로 가는 길 중간에는 히라카타枚方라는 지역이 있는데, 이곳에는 백
제왕신사百濟王神社와 백제사百濟寺 터 그리고 왕인박사의 묘라고 전
하는 분묘가 있다.

　백제사는 나라가 망하자 일본으로 망명한 백제 왕족의 후손인 경
복敬福이 8세기 중엽에 세운 사찰로서, 신라의 감은사感恩寺와 같이
동서양탑식東西兩塔式으로 조성된 가람伽藍이다. 경복은 쇼무천황聖武
天皇이 도다이지東大寺를 건립하면서 거대한 불상을 도금할 황금을

구하지 못해 곤란을 겪을 때 일본 동북 지방의 무쓰국陸奥国 수령으로 있으면서 황금 광산을 찾아 문제를 해결해준 인물이다. 이외에도 백제라는 이름을 가진 큰 사찰이 지금 시가현滋賀県 히가시오미시東近江市에도 있는데, 아스카시대飛鳥時代에는 이 일대에 백제에서 건너온 사람들이 큰 마을을 형성하고 막강한 자위력自衛力도 지녀 위기에 처한 중앙 정치인들이 이곳으로 피신하면 안전을 보장받을 정도였다고 한다. 절 이름도 일본식으로 '구다라지'라고 하지 않고 한국식 발음 그대로 '햐쿠사이지'라고 부른다. 나라현奈良県 기타가츠라기군北葛城郡 고료쵸広陵町에도 백제사百濟寺가 있으며, 이 지역 일대의 지명이 구다라 곧 백제이다.

한편 지금 일본에는 신라라는 이름을 가진 지역이 없으나 『속일본기續日本記』에 의하면, 신라에서 건너온 승려와 남녀 여럿을 무사시국으로 이주시키고 시라기군新羅郡을 두었다고 한다. 일본에서는 신라를 시라기라고 읽는다. 효고현兵庫県 아마가사키시尼崎市 근교에는 시라이신사白井神社가 있는데, '시라이'도 신라를 지칭한 말이다. 시가현滋賀県 오츠시大津市에 있는 미이데라三井寺(온죠지園城寺)에는 신라명신新羅明神을 안치한 신라선신당新羅善神堂이 있다.

사진 33 오사카 인근 히라카타 지역에 있는 왕인박사 묘

사진 34 오사카 인근 히라카타 지역에 있는 백제왕신사

사진 35 시가현 오쓰시의 미이데라에 안치된 신라명신이 있는 신라선신당

전설과 축제로 전하는 한일 간의 교류

일본열도에 전하는 전설과 해마다 행해지는 지역 축제에는 고대 한반도에서 건너간 인물과 관련된 것들이 적지 않다.

먼저 규슈 미야자키현宮崎縣의 난고손南鄕村이라는 산간 마을에 '백제왕족도래전설'이 전하고 있다. 이에 의하면, 백제가 멸망한 후 백제 왕족인 정가왕禎嘉王과 왕비, 장남 복지왕福智王, 차남 화지왕華智王 등 일가가 일본 규슈 북부의 치쿠시筑紫를 목표로 항해를 하던 중 심한 풍랑을 만나 뿔뿔이 흩어지게 되어 휴가日向 부근의 해변가에 따로따로 표착하였다. 정가왕은 난고손南鄕村의 미카도神門란 곳에 정착하고, 복지왕은 기죠초木城町의 히키比木란 곳에 정착하게 되었는데, 우여곡절 끝에 결국 부자가 상봉하게 되었다는 것이다. 그리하여 난고손 사람들은 이 마을에 백제 왕족의 혈통과 문화가 대대로 이어져 왔다고 믿고 있으며, 지금까지 미카도신사神門神社와 히키신사比木神社에는 처음 도래했다는 백제의 왕족들을 나누어 제사하고, 매년 12월에 정가왕과 복지왕의 부자 상봉을 의례화한 시와스마쓰리師走祭り를 거행하여 기념하고 있다. 특히 미카도신사의 본전을 해체하여 보수하던 중에 왕족의 유품으로 보이는 동경·마탁·마령 등의 고대 유물 20여 건이 발견되어 전설의 사실성을 뒷받침해주는 자료로 제시되기도 하였다.

한편 왕인묘가 있는 히라카타 사람들은 해마다 11월에 와니마쓰리王仁祭를 거행하여 일본에 학문을 전래해준 옛 성인을 봉축하는 행사를 벌인다. 또한 이와 때를 같이 하여 오사카 시내에서는 한반도에서 건너가서 일본열도에 선진 문화를 전해준 저명한 역사적 인물들을 기리는 왓소마쓰리가 열린다. 시텐노우지四天王寺에서 시작되는 도래인들의 시가 행렬은 오사카의 간선도로를 관통하여 다시 시텐노우지로 돌아오는 것으로 마무리된다. 그 과정에서 한국의 전통 사물놀이와 무용 등이 흥겹게 곁들여지며, 그 행렬에 참가한 사람들은 도래인들을 환영하는 '왓소! 왓소!'란 구호를 반복적으로 열창하는데, 이 '왓소!'란 구호는 우리말 '왔소'에서 기원했다는 설이 유력하다. 이처럼 삼한·삼국 유민이 일본열도에 건너가 남긴 흔적들은 지명과, 유적·유물, 그리고 전설과 민속 등에 살아 숨 쉬고 있다. 삼국민들의 도항으로 일본열도에는 문화의 깊이가 더욱 깊어졌으니, 6세기 후반에 꽃피운 이른바 아스카 문화는 그 결과물이었다고 할 수 있다. 그리고 7세기에 건너간 고구려·백제계 유민들에 힘입어 일본은 하쿠후白鳳 문화를 꽃피울 수 있었다.

▶ 일본의 고대사 왜곡

지금은 없어졌지만, 교토의 고류지廣隆寺 앞뜰에 다음과 같이 내용의 일부가 지워진 안내석이 있었다.

　해당 부분을 옮겨보면, "廣隆寺は推古天皇十一年(603)聖徳太子が□秦河勝に尊像を授けて創建せられた山城國最古の寺で太子建立七大寺の一つである"로서, 삭제된 곳은 진하승秦河勝(하타노가와카쓰)이라는 사람이 누구인가를 설명한 부분이다. 진하승

사진 36　교토의 고류지 앞뜰에 있는 안내석

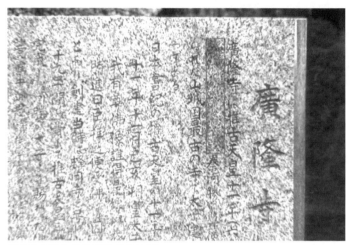
사진 37 고류지 안내석에서 삭제된 부분

은 6세기 후반부터 7세기 중엽에 걸쳐 일본의 야마토 정권에서 활동한 인물로서, 일본에서는 한반도로부터 건너온 신라계의 도래인渡來人이라는 설이 유력하다. 따라서 삭제된 부분은 대략 '朝鮮からの渡来人の(한국으로부터 바다를 건너온 사람인)' 정도의 문장이었으리라고 짐작되는데, 이를 삭제하더니 결국은 아예 없애버린 것이다.

진씨秦氏(하타우지)에 대해서는 진시황제의 후손이라는 설도 있으나, 정말 그렇다면 성씨를 영嬴이라 칭했어야 옳았을 것이다. 주지하는 바와 같이, 진시황제는 영자초嬴子楚의 아들로서 이름이 영정嬴政이며, 그 아들은 영호해嬴胡亥, 손자는 영자영嬴子嬰이다. 진시황제의 후손이므로 진씨를 칭했다는 것은 터무니없는 견강부회이다. 고류지 경내에 있다가 분리된 대주신사大酒神社(오오사케신사)가 모시는 신을 진시황제라고

412

표시한 안내판과 결부시켜 생각할 때, 한국과의 관련을 가능한 한 부정하고 중국과 결부시키려는 의도에는, 한국을 단지 중국 문화를 일본열도에 전한 교량쯤으로만 간주하는 무시의 태도가 작용한 것 같다. 그리고 한일 간의 관계를 가급적 악화시켜야 집권 세력에 유리하다고 생각하는 그릇된 정치적 계산법도 한몫 거들었으리라 짐작된다. 한일의 이해 증진을 위해서는, 역사의 진실을 무시하고 외면하거나 더 나아가 부정하고 왜곡하기까지 하는 이와 같은 태도를 버리지 않으면 안 된다. 우리 역시, 역사 사실과 민족 감정을 구분할 줄 아는 혜안이 필요하다.

4. 신라의 '삼한일통'에서 민족 생존의 길을 읽다

신라가 보여준 문화의 힘

고구려·백제·신라로 나뉘어 각기 발전하던 우리 민족을 통일한 나라는 신라였다. 신라는 660년에 백제를, 668년에 고구려를 차례로 이겨 신라로 합쳤다. 그런데 우리는 신라의 삼국통일에 대해 큰 의미를 두지 않으려는 견해와 자주 맞닥뜨린다. 이런 견해를 가진 사람들은 흔히, 삼국 가운데 신라가 가장 약소국이었다고 여기며, 신라가 통일을 주역이 되는 바람에 고구려의 영토와 민인 대부분을 잃고 마는 결과로 이어졌다고 아쉬워한다. 그리고 신라가 자기 힘으로 통일을 이룩하였다기보다는 당이라는 외세의 힘을 빌려 이룬 통일이어서 그 의의를 크게 평가할 수 없을뿐더러, 외세를 불러들여 같은 민족을 멸한 것은 자주성을 잃은 어리석은 처사였다고 비난하기까지 한다. 신라가 주도한 삼국통일의 한계를 지적한 점에서 일면 수긍되는 바도 없지 않은 견해이다.

그러나 사실을 잘못 안 측면이 있고, 그 한계를 지적하는 데 몰두한 나머지 우리 역사에서 아무것도 배우지 못하는 어리석음을 범하고 말았다는 점에서 이 견해엔 문제가 있다. 우선, 신라는 약소국도 후진국도 아니었다. 국가의 위상을 군사력이나 경제력만으로 평가하면 곤란하다. 우리가 신라에 대해 명확히 알아야 할 것은, 신라인들이 삼한 진국(기자조선)의 정국을 주도했던 진한의 후예라는 사실이다. 북방의 터전을 잃고 남하하여 마한 땅으로 들어온 후 마한의 목지국왕에게 진왕의 지위를 넘겨줄 수밖에 없었지만, 무너진 사회질서를 다시 정비한 진한 사람들은 사로국을 중심으로 결집하여 독자의 거서간(기자왕=진왕)을 옹립하고 신라로 거듭났었다. 따라서 신라인들은 삼한을 다시 합쳐 예전의 지위를 되찾겠다는 의지가 강하였다. 김유신이 소년 시절에 화랑이 되어 '일통삼한一統三韓'의 의지를 불태웠다는 기록을 후대의 단순한 윤색으로만 볼 수 없는 이유이다. '삼국'을 통일하고서도 늘 '삼한'을 통일했다고 말한 것 역시 이런 역사적 맥락에서 이해되어야 한다. 신라인들에게 삼국통일은 진한이 삼한 전체를 아울러 그 정국을 주도하는 진국체제를 재건하겠다는 염원을 드디어 실현한 일이었던 것이다.

중국이 고대 문화의 중심이었고, 따라서 중국으로부터 가까울수록 선진이고 멀수록 후진이었다고 여기며, 당연한 듯 고구려를 선진, 신라를 후진으로 파악하는 인식이야말로 사대적인 인식이다. 우리 독자의 문화를 무시하고, 고조선으로부터 삼국으로 이어진 우리의 역사를 외면하는 인식을 바르다 할 수는 없는 일이다.

신라는 우리나라 동남부의 산악지대에 자리를 잡고 발전하였지만, 그렇다고 해서 국제 문화에서 동떨어진 후진국이었던 것은 아니었다. 4~5세기쯤에 조성된 신라 고분에서 유리 제품이 적잖이 출토된 바 있는데, 이들은 모두 로마제국이 원산지인 로만 글라스Roman glass로 밝혀졌다. 이는 신라가 일반 통념과 달리 국제적인 교역로상에 있었고, 이를 통해 서양과 그 문물에 대한 지식을 상당한 수준으로 가졌을 것으로 유추하게 하는 사실이다. 신라는 분명히 국제사회의 당당한 일원이었다.

신라인들은 자주성이 매우 강하였지만 주체적인 안목에서 국제수준의 문화 능력을 갖기 위해 힘썼다. 황룡사탑을 세운 사실을 통해 그 면모를 엿볼 수 있다. 황룡사는 6세기 초 진흥왕 때 건립한 사찰인데, 선덕여왕은 여기에 9층 목탑을 세웠다. 이 목탑은 상륜부까지 높이가 80m가 넘는 세계 최고의 목탑이었다. 아파트 30층 높이에 해당하는 탑을 나무로만 세운 건축 기술도 훌륭하지만, 이 탑을 세운 목적이 더 놀랍다. 황룡사에 9층 목탑을 세워 주변의 아홉 나라가 모두 신라에 복속해 조공을 바치는 날이 오길 바랐다고 하기 때문이다. 신라인들은 '일통삼한'에서 더 나아가, 중국을 중심으로 형성된 기존의 국제 질서를 신라 중심의 질서로 재편하려는 웅지를 지녔던 것이다. 게다가 신라는 세계 최고의 목탑을 기어코 건설해냄으로써 이런 야심을 실제로 구현할 문화 능력이 있음을 과시한 셈이었다. 그런데 신라는 백제의 장인 '아비'를 초빙하여 '황룡사 9층 목탑'을 건립하였다. 당시 백제의 건축 기술은 세계 최고 수준이었다. 오늘날 일본에서 가장 오래되고 높은 사찰인 호류사法隆寺가 백제의 기술로 건립되었음은 널리 알려진 사실이다. 국가적인 사업을 추진함에 있어서, 자국 내의 역량에만 의지하지 않고 국제적 수준에 달한 다른 나라의 역량까지 동원한 셈이다. 이는 신라가 세계 문화의 조류를 기탄없이 받아들이고 수준 높은 문화 능력을 배우고 수용한 열린 문화의 강국이었음을 보여준다고 하겠다.

우리의 길, 문화강국

삼국 가운데 가장 약소국이었던 것처럼 보이는 신라가 어떻게 통일의 주체가 될 수 있었을까? 이를 제대로 이해하는 것은 오늘날 각박한 국제사회의 현실에서 조그마한 영토밖에 없는 우리가 앞으로 어떻게 해야 살아남을 수 있는지 그 방략을 모색하는 일이기도 하다.

  돌이켜 보면, 우리 민족은 요서 지방의 난하와 대릉하 유역을 본거지로 일어나 나라를 세우고 중국의 한민족과 대결하며 발전하였다. 그런데 우리는 한족漢族과의 대결에서 패하여 점차 동쪽으로 밀려났다. 주周에 밀린 예맥이 동진東進을 시작한 이래, 한漢의 영토 확장으로 말미암아 기자조선·위만조선이 차례로 무너지면서 대규모의 민족 이동이 파상적으로 진행되었다. 그리하여 요동과 한반도에 흩어져 살게 된 우리 민족은 각기 전열을 가다듬어 새로운 나라를 세우고 다시 중국과 대결할 준비를 하였다. 넓은 땅을 차지하고서도 더 팽창하기 위해 애쓰는 중국과 국경을 맞대고 사는 처지에서, 우리 민족이 독자성을 유지한 채 생존하기 위해서는 어쩔 수 없이 이에 대항할 힘을 기르지 않으면 안 되었다.

  우리 민족은 고조선이 멸망한 뒤 작은 나라들로 분열되었다가, 그런 나라들이 다시 결합하여 큰 세력을 형성하는 방향으로 발전해왔다. 부여·고구려·마한·진한·변한 등이 이렇게 이루어진 큰 세력들이다. 자기들이 모두 단군의 후예라는 인식이 이런 역사 과정에 토대를 두고 형성되었다. 남쪽의 마한은 그 가운데 한 나라였던 백제가 통합해나갔으며, 진한은 신라로 발전하여 변진의 일부와 토착 사회를 흡수해나갔다. 북쪽에서는 고구려가 부여를 병합하고 주변의 동예와 옥저 등 작은 나라들을 정복하여 합쳤다. 일찍부터 한반도에 살던 사람들은 북쪽에서 내려온 삼한 사람들에 흡수, 동화되거나 일본으로 건너갔고, 남아서 독자적으로 살아남을 방도를 모색한 사람들도 있었는데, 가야가 곧 이들이 이룬 국가체였다.

고구려·백제·신라 삼국의 형성과 발전은 이와 같은 거대한 역사의 흐름 속에서 진행되었다. 따라서 삼국 문화는 두 가지 과제를 해결하는 방향으로 전개되어야 했다. 하나는 우리 민족과 영토를 하나로 통일하여 중국에 맞설 굳건한 외형적 기반을 마련하는 것이고, 또 하나는 우리 민족이 외세와의 싸움에서 다시는 패배하지 않기 위해서 내면의 문화 능력을 쌓는 것이었다.

김유신이 소년 시절부터 삼국을 통일하겠다는 의지를 가졌던 사실로 보아, 고구려나 백제의 많은 젊은이도 삼국통일에 대한 의지를 불태웠으리라 짐작된다. 삼국통일은 이때 이미 민족사적인 과제였으므로 언젠가는 누군가가 반드시 이룩해야 했고, 결국 이루어내고야 말았던 것인 셈이다. 우연히 이루어진 통일이 아니었다.

한편, 중국이라는 강대국에 맞설 수 있는 문화가 어떤 형태여야 하는가에 대해서는 삼국의 생각이 서로 달랐다. 고구려는 막강한 군사력에 기초한 문화를 꽃피웠다. 고구려 벽화에서 느낄 수 있는 힘과 패기는 이러한 문화의 결과이다. 곧 고구려는 중국과 국경을 맞대고 힘을 겨루면서 강력한 군사적 기반을 마련하는 길이야말로 강대국과의 대결에서 살아남는 유력한 방안이라고 생각한 것이었다.

백제는 탄탄한 경제력에 토대를 둔 문화를 꽃피웠다. 넓은 평야를 차지한 백제는 대외 무역을 통해 부강한 나라가 되는 것이 중국에 대항할 수 있는 길이라 여겼다. 이에 반해 협소한 산간 지역에 자리 잡은 신라는 군사력이나 경제력보다도 문화의 건강성을 중시하였다. 화랑도를 통해서 국왕에 대한 충성, 부모에 대한 효도, 친구 사이의 믿음과 의리를 강조하고, 전쟁터에 나가서는 용감무쌍하여 물러서지 말 것과 함부로 죽이지 말 것을 가르쳤다. 이는 신라 사람들이 해야 할 일과 해서는 안 될 일을 구분하고, 꼭 해야 할 일 중에서는 무엇을 먼저 해야 하는지 알았다는 것을 의미한다. 옳고 그름과 앞뒤를 구분할 수 있는 능력이야말로 건강한 문화의 토대이다.

삼국통일이 주는 교훈

삼국을 통일한 주체가 신라였다는 역사 사실은, 약소한 우리 민족이 강대국의 틈바구니에서 정체성을 지키며 살아남기 위해서는 핵무기로 무장하거나 외화를 벌어들이려 노력하기에 앞서 우리 문화의 건강성을 유지하여 부정부패가 없는 사회를 건설하는 데 힘써야 함을 일러준 일대 사건이었다는 점에서 큰 의미가 있다. 지금 세계는 시대구분을 가능케 할 거대한 변혁의 소용돌이 속에 빠져들고 있으며, 그 변혁의 역량은 나라의 경제 기반이 자립적이냐, 자립적이지 않느냐 여부에 달렸다는 것이 점차 명확해지는 시점에 놓여 있다. 우리는 급변하는 국제정세 속에서 건국 이래 가장 큰 위기와 함께 가장 절호의 기회를 동시에 맞고 있는 것이다.

　여러 면에서 갈등이 야기되는 이 시기에, 우리에게 절실히 필요한 것은 문화적 건강성이다. 해야 할 일과 하면 안 되는 일을 구분하고, 해야 할 일 중에서도 먼저 해야 할 것과 나중에 해도 좋은 것을 가릴 줄 모르는 민족이나 국가에게는 핵무기조차 무용지물일 뿐이라는 사실을 소련의 패망이 말해주었으며, 이를 무시한 채 획득한 경제적 부란 한갓 사상누각에 불과하다는 사실을 우리는 이미 20여 년 전에 IMF 관리를 수용할 수밖에 없었던 쓰라린 경험을 통해 절실히 깨달았다.

　김흠순과 김인문이 김유신에게 생존의 방책을 묻자 위로는 하늘의 이치(명분)를 얻고, 아래로는 땅의 이치(실리)를 얻으며, 중간으로는 인심을 얻은 뒤에야 성공할 수 있다면서, "지금 우리나라는 충성과 신뢰로 존재하고, 백제는 오만으로 망하였으며, 고구려는 교만으로 위태롭게 되었다."고 분석한 내용을 찬찬히 음미해보아야 한다. 고구려의 대신 선도해는 뇌물을 받고 김춘추에게 도망할 방책을 가르쳐주어 결국 자기 나라의 멸망을 재촉하였다. 이와 같이 아무리 힘센 나라라도 그 사회에 부정부패가 만연하다면 결국 망하고 마는 법이다.

　또 세계적·보편적인 가치와 수준을 추구한다고 해서 정체성을 잃어서는 안 된다. 우리의 정체성을 돌보지 않고서 무턱대고 세계화만 부르짖는 것은 개성을 무시하고 편향된 미의 기준만을 고집하는 것과 같다. 우리의 역사 연구에서 중요한 것은 타국의 생각이나 그들이 바라본 우리 모습이 아닌, 우리 스스로 자각하고 있는 본바탕이기 때문이다.

다른 나라의 군사력이나 자금력을 빌려서라도 안전하고 풍요하게 살면 되지 않느냐는 생각은 위험하다. 정체성을 잃어버리면 안전과 풍요가 무슨 소용이겠는가? 백제를 멸한 후 당군이 신라를 공략하려 하자, 위기에 처한 신라가 자기 군대를 백제군으로 가장시키면서까지 당군에 맞서 과감히 싸우려 하였고, 마침내는 당과의 전면전을 통해 한반도에서 그 세력을 완전히 축출해냈던 역사 경험을 오늘에 되살려야 할 것이다.

신라가 이룬 삼국통일은 우리 민족에게 독자성을 띤 건강한 문화가 중요하다는 것을 일깨워주었다. 신라의 삼국통일을 여·당 전쟁의 부산물 정도로 생각하고 마는 견해를 경계하는 이유가 여기에 있다. 상호 간의 신뢰와 배려 위에 구축된 건강한 문화를 꽃피우는 것이 우리가 갈 길이고 살 길이다.

사진 출처

27, 50(사진 6 오른쪽), 50(사진 7), 76, 77, 78, 92, 219, 229, 230, 262(사진 18), 265, 405, 406, 411, 412쪽 ⓒ서의식

50(사진 6 왼쪽)쪽 국립경주박물관 공공누리 제1유형 개방저작물 제공 사진 (gyeongju.museum.go.kr)

208, 218, 407, 408쪽 한국학중앙연구원 공공누리 제1유형 개방저작물 제공 사진(www.aks.ac.kr)

332쪽 국립익산박물관 공공누리 제1유형 개방저작물 제공 사진 (iksan.museum.go.kr)

31, 49, 270, 341, 399(사진 29)쪽 Wikimedia Commons

34, 41, 262(사진 17), 269, 273, 325, 333, 335쪽 『국립중앙박물관도록』, 솔출판사, 2005.

399(사진 28)쪽 서의식 외, 『젊은이에게 전하는 열린 한국사』, 솔출판사, 2012.

새로 쓰는
우리 고대사

1판 1쇄 인쇄   2021년 8월 9일
1판 1쇄 발행   2021년 8월 16일

지은이   서의식
펴낸이   임양묵
펴낸곳   솔출판사

편집장   윤진희
편집   최찬미 윤정빈
디자인   오주희
마케팅   조아라
경영관리   박정윤

주소   서울시 마포구 와우산로29가길 80(서교동)
전화   02-332-1526
팩스   02-332-1529
홈페이지   www.solbook.co.kr
이메일   solbook@solbook.co.kr
출판등록   1990년 9월 15일 제10-420호

ISBN   979-11-6020-157-4 (03910)

· 잘못된 책은 구입한 곳에서 바꿔드립니다.
· 책값은 뒤표지에 표시되어 있습니다.